AF524649

Andreas Kossert

FLUCHT

Eine Menschheitsgeschichte

Pantheon

Penguin Random House Verlagsgruppe FSC® N001967

1. Auflage

Umschlaggestaltung: Büro Jorge Schmidt, München
Umschlagabbildung: Junge Flüchtlinge aus
osteuropäischen Regionen und ihr Gepäck, 24. Juni 1949
© Theo Scheerer/Vintage Germany
Satz: Uhl + Massopust, Aalen
Druck und Bindung: CPI books GmbH, Leck
Printed in Germany
ISBN 978-3-570-55450-0

www.pantheon-verlag.de

Für meine Mutter Lieselotte
(1944–2018)

Inhalt

Fremdenfeindlich

Als Millionen Vertriebene
mit wenig Gepäck
und lastender Erinnerung
im restlichen Vaterland
zwangseinquartiert wurden,
riefen viele Heimische,
die sich durch Zuzug beengt sahen:
Geht hin, wo ihr hergekommen seid!

Aber sie blieben, und eingeübt
blieb der Ruf: Haut endlich ab!
bald galt er Fremden,
die später, noch später
von weither gereist kamen
und unverständlich sprachen;
sie blieben gleichfalls
und vermehrten sich seßhaft.

Erst als die immer schon Heimischen
sich fremd genug waren,
begannen auch sie
in all den Fremden,
die mühsam gelernt hatten,
ihr Fremdsein zu ertragen,
sich selbst zu erkennen
und mit ihnen zu leben.

GÜNTER GRASS, *Vonne Endlichkait*

JEDER KANN MORGEN EIN FLÜCHTLING SEIN

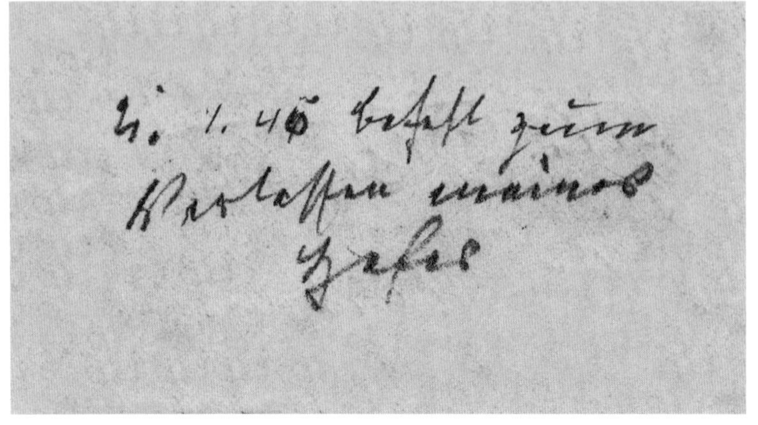
21. 1. 45 befehl zum
Verlassen meines
Hofes

»21.1.45 Befehl zum Verlassen meines Hofes«, mit diesem Eintrag beginnt der Bericht, den der Bauer Friedrich Biella während der Flucht aus Masuren verfasst. Es ist das Dokument eines Abschieds von allem, was sein Leben bis dahin ausgemacht hatte.

Am frühen Morgen des 21. Januar 1945 bricht Friedrich Biella mit seiner Familie und zwei Pferdewagen aus einem kleinen Dorf in Masuren auf. In seinem Notizbuch steht für diesen Tag der knappe Eintrag »Befehl zum Verlassen meines Hofes«. Ungelenk formuliert, kündigt der Bauer in diesem Moment den ungeschriebenen Generationenvertrag mit seinen Vorfahren. Er muss alles zurücklassen, was gestern noch wichtig war, Land und Hof, Einrichtung und Erinnerungen – und auch die Tiere. »Unsere Hündin ›Senta‹ hat uns ein Stück Weges begleitet. Je weiter wir uns vom Dorf entfernten, wurde sie immer unsicherer. Sie ist dann schließlich auf unser Anraten wieder nach Haus gelaufen.«

Weil die Anstrengungen der Flucht alle Kräfte binden, setzen die Aufzeichnungen erst Ende März 1945 wieder ein, als Friedrich Biella nach einer Odyssee durch Ostpreußen und über das vereiste Frische Haff, durch Hinterpommern, über die Oder und schließlich durch Mecklenburg im Herzogtum Lauenburg strandet. Nach Kriegsende fragt er Woche für Woche bei der britischen Militärkommandantur nach, wann er zurückkehren könne. Dort vertröstet man den alten Mann. In seinem Notizbuch verzeichnet er die stets gleichlautende Antwort: »Mit der Rückfahrt noch warten.« Sein Leben in der Britischen Zone, zwangseinquartiert bei fremden Menschen, erträgt der Bauer nur schwer.

Im Dezember 1946 steht das zweite Weihnachtsfest in der Fremde vor der Tür. Seine Frau Luise sorgt sich um die Kinder und Enkelkinder, die verstreut über die Besatzungszonen leben. Friedrich Biella schreibt am 21. Dezember 1946 an seine jüngste Tochter Lotte, die mit ihren vier kleinen Kindern Obdach im Raum Hannover gefunden hat. »Meine lieben Kinder alle! Ich will Euch auch einmal einen kleinen Brief aus unserem Asyl schreiben«, beginnt er. »Wie lange dieser Zustand noch dauern wird, wissen wir alle nicht.« Die große Familie kann nicht zusammenkommen, und das bedrückt den alten Mann. Er selbst und seine Frau sind wenigstens auf dem Land untergekommen, wo sie in der kalten Jahreszeit heizen können. »Wir machen uns viele Sorgen um Euch alle, jetzt vor allen Dingen wegen des Brennmaterials, wir auf dem Lande können noch etwas besorgen, aber die in den Städten sind sehr schlimm dran.« Da er aus der Ferne nicht helfen kann, muss er sich auf Weihnachtsgrüße an die Tochter und die Enkelkinder beschränken. »Weihnachten verlebt dieses Jahr, wie es uns die Verhältnisse gestatten, und Dir, mein Lottchen, schicke ich als Weihnachtsmann diese Kleinigkeit, mög es Dir gut zu statten kommen. Wenn Eure Zeit es gestattet, so laßt von Euch hören, denn jedes Briefchen von Euch erfreut uns beide sehr. Und nun lebt recht herzlich wohl, alle meine lieben Kinder, und seid alle geherzt und geküßt von Euren alten Eltern.«

Im folgenden Jahr schwinden Friedrich Biellas Kräfte. Es weiß nun, dass es sinnlos ist, bei der Kommandantur nachzufragen, denn eine Rückkehr in die masurische Heimat ist unmöglich. Im Winter stirbt er mit 73 Jahren an Heimweh.[1] Für Friedrich Biella aus Masuren erfüllt sich sein größter Wunsch, die Rückkehr in die Heimat, nicht mehr. In der Weltchronik über das Fliehen steht seine Geschichte für Abermillionen ähnlicher Schicksale.

Flüchtlinge, ganz gleich, ob es sich um Fremde oder Landsleute handelt, sind gewöhnlich nicht willkommen. Daran hat sich im Laufe der Jahrhunderte nichts geändert. Im August 2019 ist an der Eingangstür des *Mayhill Convenience Store* im US-Bundesstaat New Mexico ein Schild angebracht mit der Aufschrift *»Illegal Immigrants NOT Welcome Here«*. 2014 fordern Dresdener Demonstranten auf Plakaten »Bitte weiterflüchten«, und britische Rechtsextreme halten Banner mit der Aufschrift *»Refugees go home«* in die Höhe. Noch deutlicher lassen sich das Unverständnis und die Ignoranz in den Aufnahmegesellschaften nicht zum Ausdruck bringen. Flüchtlinge können nicht einfach weiterflüchten, und sie würden nichts lieber tun, als nach Hause zurückkehren, aber genau das können sie nicht. Wo auch immer sie stranden, sie stören. Auf die Sesshaften wirken sie wie Heuschreckenschwärme, die über ihre geordnete Welt herfallen und abgewehrt werden müssen. Nicht selten werden sie als Illegale und Asoziale beschimpft.

> »Wie müde sie aussehen, wie erhitzt sie sind«, wiederholten die Leute, aber keiner kam auf den Gedanken, seine Tür zu öffnen, einen dieser Unglücklichen zu sich einzuladen, ihn in eines jener kleinen schattigen Paradiese zu bitten, die hinter dem Haus zu erahnen waren, mit einer Holzbank unter einer Laube,

> Johannisbeersträuchern und Rosen. Es gab zu viele Flüchtlinge ... Das schreckte die Nächstenliebe ab. Diese jammervolle Menge hatte nichts Menschliches mehr; sie ähnelte einer fliehenden Herde.[2]

Es ist kein Zufall, dass diesen Zeilen nicht zu entnehmen ist, um welches Land, welche Zeit und welche Flüchtlinge es sich handelt. Die unzähligen Geschichten von Flucht vor Gewalt und Krieg ähneln sich so sehr, dass sie zu einer einzigen großen zu verschmelzen scheinen. In diesem Fall beschreibt Irène Némirovsky in ihrem Roman *Suite française*, wie französische Flüchtlinge im Sommer 1940 vor der deutschen Wehrmacht fliehen. Ihnen ergeht es nicht viel anders als dem ostpreußischen Jungen Olaf, der 1945 im bayerischen Chiemgau um Lebensmittel bettelt. »Verschwind's, damisches Gesindel!«, rufen Bauern hinter ihm her und lassen die Hunde von der Kette. »Hinaus mit den Flüchtlingen aus unserem Dorf! Gebt ihnen die Peitsche statt Unterkunft – dem Sudetengesindel! Es lebe unser Bayernland!«, fordern Bayern auf einem anonymen Plakat. Im Raum Hannover schimpfen Einheimische: »Die Zigeuner aus dem Osten verpesten unser Land.« Und auf einem Bauernhof im Münsterland muss eine junge westpreußische Vertriebene mit anhören, was man über sie sagt: »Dieses dämliche Stückchen Polackenscheiße dachte, wir würden die alten Polacken aufnehmen.«[3] Die Millionen deutschen Landsleute aus Ostpreußen, Böhmen oder Schlesien sind jenseits von Oder und Neiße einfach nur *die* Flüchtlinge, und sie sind keineswegs willkommen, sondern werden als bedrohliche Störung empfunden.

Ebenso ergeht es den Menschen aus Syrien, aus Afghanistan oder den Staaten Afrikas, die heute nach Europa kommen. Wer sich für sie einsetzt, läuft Gefahr, als »Gutmensch« verhöhnt zu werden. Zynische Politiker scheuen sich nicht, die Schutzsuchenden herabzusetzen. Matteo Salvini etwa bezeichnete 2018, als er noch italienischer Innenminister war, aus Seenot gerettete Flüchtlinge und Migranten als »Ladung Menschenfleisch«, und US-Präsident Donald Trump schmäht Immigranten ohne Papiere als »Tiere«, als »Mörder und Diebe«, die »unser Land infizieren«.[4] Solchen Worten, das lehrt die Geschichte, drohen mörderische Taten zu folgen. Der Kasseler

Regierungspräsident Walter Lübcke appelliert auf dem Höhepunkt der »Flüchtlingskrise« 2015 an das Mitgefühl seiner Landsleute und wird vier Jahre später von Rechtsextremisten auf der Terrasse seines Hauses hinterhältig ermordet.

Ob aus Syrien, aus Schlesien oder aus Myanmar, *die* Flüchtlinge sind eine beliebte Projektionsfläche für jene, die Angst haben, ins Hintertreffen zu geraten, die ihre Sicherheit bedroht sehen. Das individuelle Schicksal zählt nicht. Der Flüchtling, der ein Gesicht, einen Namen und eine persönliche Geschichte hat, wird nicht als Individuum wahrgenommen, sondern ausschließlich als Repräsentant eines anonymen Kollektivs. Was die Mitglieder dieses Kollektivs empfinden, hat die Syrerin Vinda Gouma beschrieben:

> Versuchen Sie zu erraten, wer ich bin! Ich bin mehr in den Medien als Donald Trump und seine Tweets, Erdogan und seine Demokratie, Putin und seine Politik. Ich war der Hauptgrund für das Scheitern der Regierungsbildung in Deutschland und für das Erstarken der Rechten in Europa. Ich bin die große Sorge vieler Bürger in diesem Land, denn ich bin gefährlicher als Altersarmut, Misshandlungen in den Familien, Umweltverschmutzung, Drogenkonsum, Klimawandel, Mangel an Pflegekräften und Erziehern. Ich bin derjenige, der sich immer schuldig fühlt für die Fehler anderer Menschen. Ich bin derjenige, der sich immer schämt, Nachbarn zu begrüßen, wenn wieder irgendwo etwas passiert. Ich hafte für die Fehler jedes einzelnen und fühle mich bedroht von jedem Bericht in den Medien. Habt ihr mich erkannt? Ich bin *die* Flüchtlinge! Und es ist kein grammatikalischer Fehler aufgrund mangelnder Deutschkenntnisse. Ich bin *die* Flüchtlinge! Und zwar alle Flüchtlinge. Ich bin kein Arzt, kein Jurist, weder Bauer noch Journalist, kein Künstler, kein Verkäufer, weder Taxifahrer noch Lehrer, sondern *die* Flüchtlinge. Obwohl ich auch aus einer kleinen Stadt in Syrien komme und für mich die Leute in Damaskus schon fremd waren, bin ich, seitdem ich in Europa bin, einer von Hunderttausenden Flüchtlingen aus Syrien, Pakistan, Afghanistan, Irak, Iran und Afrika. Obwohl wir unterschiedliche Sprachen sprechen, verschiedene Religionen

> und Vergangenheiten haben, geschweige denn Weltansichten und Meinungen. Aber wen interessieren solche Unterschiede, wir sind am Ende alle die Flüchtlinge. Ich habe durch den Krieg Freunde und Verwandte verloren, Wohnung, Job, Auto, meine Vergangenheit und meine Heimat. Aber ein Verlust, den ich erst später gespürt habe, ist meine Individualität, die ich am Schlauchboot an den Grenzen Europas zurückgelassen habe.[5]

Wie die Juristin aus Syrien empfinden Tausende ihrer Landsleute, die ein friedliches und bürgerliches Leben in ihrer Heimat führten, bis dort nach dem Arabischen Frühling 2011 der Bürgerkrieg ausbrach. Nie hatten sie gedacht, dass sie Syrien einmal verlassen, als mittellose Flüchtlinge irgendwo in der Fremde stranden würden.

Sabria Khalaf ist bereits 107 Jahre alt, als sie 2013 ihre syrische Heimat verlässt. Ihre Muttersprache ist Aramäisch, einst Lingua franca im Nahen Osten und Sprache Jesu. Gemeinsam mit ihrem Sohn Kanal flieht die jesidische Kurdin vor dem Terror des sogenannten Islamischen Staates in die Türkei und weiter in einem Boot über die Ägäis nach Athen. Vier Tage treiben sie auf dem Meer, bis die griechische Küstenwache sie Ende Dezember rettet. Sabria Khalaf möchte nach Deutschland, weil dort bereits die übrige Familie lebt. Sie hofft, es noch »rechtzeitig« zu schaffen. »Zwei Tage bei meiner Familie, und ich kann ruhig sterben.« Doch 2014 gestaltet sich die Einreise schwierig, und so harrt die greise Frau in der Hoffnung, ihre Familie noch einmal wiederzusehen, wie Tausende andere in einem ärmlichen Athener Obdach aus.[6]

»Wisst ihr denn nicht, dass sich hinter diesen ›Zahlen‹ Menschen verbergen?«, fragt die israelische Premierministerin Golda Meir noch Jahre nach der Konferenz von Évian resigniert, wo auf Initiative des US-Präsidenten Franklin D. Roosevelt Vertreter von 32 Staaten und 24 Hilfsorganisationen im Sommer 1938 über die Aufnahme jüdischer Flüchtlinge aus Deutschland und dem angeschlossenen Österreich verhandelten. Doch bis auf die USA zeigte sich dort kaum ein Land bereit, jüdische Flüchtlinge aufzunehmen.[7] *Die* Flüchtlinge, diese gesichtslose Masse, erweckt kein Mitgefühl, vielmehr strahlt sie etwas Apokalyptisches aus und wird mit entsprechenden Metaphern aus der Natur charakterisiert: Flut, Lawine, Welle oder Strom.

Die Flüchtlinge werden so zu einer Art Naturkatastrophe. »Köln versinkt in Flüchtlingsflut«, titelt Deutschlands größte Boulevardzeitung im Frühjahr 2015.[8] Gegen eine derartige Flut kann man sich nur schützen, wenn man ausreichend hohe Dämme errichtet.

Als 2015 die »Flüchtlingswelle« über Deutschland hereinbricht, stehen Tausende auf den Bahnhöfen und heißen die Fremden willkommen. Millionen Deutsche kennen das Flüchtlingsschicksal aus der eigenen Familie oder sind sogar selbst Flüchtlinge gewesen. Die kollektive Fluchterfahrung prägt das Land weit mehr als viele andere Staaten und weit mehr, als es auf den ersten Blick sichtbar ist. Jahrzehnte nach dem Ende des Zweiten Weltkriegs wird offenbar: Flüchtlinge verändern Gesellschaften.

Der gebürtige Danziger Rupert Neudeck, Gründer der Hilfsorganisation »Cap Anamur« zur Rettung vietnamesischer Boatpeople, führt sein Engagement ausdrücklich auf eigene Erlebnisse zurück. »Die Bilder von damals«, schreibt Neudeck über seine Flucht 1945 aus Danzig, »blieben in mir gespeichert, prägten mein weiteres Leben – und machten mir etwas sehr Wichtiges klar: Eigentlich haben die meisten Menschen einen Hintergrund, der mit Migration und Flucht zu tun hat. Und auch wer zu wissen meint, dass seine Familie schon immer da war, wo er jetzt lebt, sollte sich nicht so sicher fühlen. Es könnte durchaus sein, dass es ihn oder seine Nachkommen in Zukunft doch noch erwischt. Denn in uns allen steckt ein Flüchtling.«[9]

Anders als Rupert Neudeck betrachtet der eine oder andere Bundesbürger Flucht und Vertreibung der Deutschen nach 1945 immer noch als exklusives historisches Ereignis, weshalb sich der Vergleich mit anderen Fluchterfahrungen verbiete. Man unterscheidet zwischen »guten« Flüchtlingen, das sind jene, die der eigenen ethnischen Gruppe angehören, und »schlechten«, das sind alle anderen. Obwohl man über diese anderen meist nur sehr wenig weiß, ist man davon überzeugt, dass ein Teil von ihnen gar nichts erlitten habe, sondern nur ein besseres Leben suche. Dann wird Afghanistan schon einmal zum sicheren Herkunftsland erklärt, obwohl man selbst nie in das Land reisen würde, eben weil das Leben dort gefährlich ist.

»Auf die Flucht gehen«, hinter dieser Wendung verbirgt sich ein ungeheuerlicher Vorgang, der das gewöhnliche Vorstellungsvermögen sprengt. Die Fantasie reicht nicht aus, sich vorzustellen, wie es ist, *alles* zu verlieren. Flucht ist kein Abenteuer. Was zurückgelassen wird, ist für immer verloren. Im Augenblick des Aufbruchs macht sich dennoch kaum jemand klar, dass die Flucht ein Abschied für immer sein könnte. Was fühlt ein Bauer, wenn er sein Vieh zurücklassen muss, das seine Lebensgrundlage war, was bedeutet es für einen alten Menschen, ein letztes Mal sein Haus zu sehen oder gar Nachbarn und Angehörigen Lebewohl sagen zu müssen?

Obwohl Ursachen und Verhältnisse, die Menschen zur Flucht bewegen, sehr unterschiedlich sein können, ähneln sich die konkreten Erfahrungen der Flüchtlinge oft sehr. Jeder muss entscheiden: Was nehme ich mit auf die Flucht? Wie viel kann ich tragen, wenn ich zu Fuß unterwegs bin? Soll ich Wertsachen, Fotos, Schmuck und Dokumente einpacken oder besser Verpflegung für die kommenden Tage? Flucht ist eine Zäsur, die Aufkündigung einer ungeschriebenen und über Generationen gültigen Übereinkunft mit den Vorfahren. Denn alles, was auf Erbrecht fußt, gilt plötzlich nicht mehr. Testamente und Investitionen in die Zukunft, Grund und Boden, Sparbücher – im Moment der Flucht versinkt alles in Bedeutungslosigkeit. Wer flieht, muss seine Immobilien und große Teile seines übrigen materiellen Besitzes zurücklassen – und nicht zuletzt die Toten. Friedhöfe liegen verwaist, die Gräber wachsen zu. Niemand kommt mehr, um sie zu pflegen. Was bedeutet es für Alte, ihre Kinder auf die Flucht zu schicken und alleine zurückzubleiben?

1933 erhebt das nationalsozialistische Deutschland den Terror gegen Minderheiten zur Staatsräson. Deshalb sind Deutsche zunächst vor allem Vertreiber und diejenigen, die millionenfach Flucht, Vertreibung und Massenmord verantworten. Die Maßnahmen treffen alle, die nach rassistischen und politischen Kriterien nicht zur Volksgemeinschaft gehören, an erster Stelle die Juden.

Judith Kerr beschreibt in ihrem autobiographischen Roman *Als Hitler das rosa Kaninchen stahl* die Flucht aus der Perspektive eines neunjährigen Mädchens. Die kleine Anna muss mit ihren Eltern kurz vor der sogenannten Machtergreifung Anfang 1933 aus Berlin in die Schweiz flüchten. Zurück bleibt – die Chiffre für Flucht im Kinderbuch überhaupt – ihr rosafarbenes Kaninchen, das mit dem Familienbesitz von den NS-Machthabern beschlagnahmt wird.[10]

Judith Kerrs Stofftier und ihre Geschichte gehören zur Erzählung von Entwurzelung und Heimatverlust, denn das »Wort Heimatvertreibung bekommt einen anderen, besseren Sinn«, so der Schriftsteller Heinrich Böll über die deutsche Erzählung, »wenn man deren Beginn auf 1933 festsetzt«.[11]

Diese Sichtweise auf die Ereignisse nach 1933 ist für viele Deutsche allerdings nur schwer zu akzeptieren. Sie trennt auch den Verleger Kurt Wolff und seine Tochter. Maria und ihr Bruder Niko sind Wolffs Kinder aus erster Ehe, die im nationalsozialistischen Deutschland bei ihrer Mutter zurückbleiben, während er, der linksliberale Intellektuelle jüdischer Herkunft, gemeinsam mit seiner zweiten Frau Helen fliehen muss. Zu seinen Autoren gehörten Franz Kafka, Franz Werfel oder Heinrich Mann, deren Werke seit 1933 aus Deutschland verbannt sind. Nach jahrelanger Odyssee trifft das Ehepaar Wolff 1941 in den USA ein. Im März 1946 nehmen Vater und Tochter einen Briefwechsel auf, in dem sich zwei Perspektiven auf die nationalsozialistische Gewaltherrschaft manifestieren und damit auf die Erfahrungen im Zweiten Weltkrieg. Maria beklagt sich bei ihrem im Exil lebenden Vater über die »Bitternis der letzten 12 Jahre«, wobei sie insbesondere die alliierten Bombenangriffe im Blick hat. Er antwortet in wohl abgewägten Worten, bemüht, seine Tochter nicht zu verletzen und ihr dennoch die Bedrängnisse von Verfolgten aus seiner Sicht klar vor Augen zu führen.

»In Frankreich bin ich vielen Opfern der deutschen Concentrationslager begegnet, Menschen mit zerschlagenen Knochen, Männer, die man entmannt hatte, zu physischen und psychischen Ruinen gemacht. Ich war in Frankreich während des Krieges bis 1941. Und als Euch die lieben deutschen Soldaten aus Paris seidene Strümpfe und Schokolade schickten oder mitbrachten, wurden die flüchtenden französischen Civilisten auf den Landstrassen« von deutschen Tieffliegern beschossen, »und ich, Dein Vater, flüchtete angsterfüllten Herzens zu Fuss in tagelangen Märschen, zerlumpt und gehetzt, um denselben lieben deutschen Soldaten nicht in die Hände zu fallen. (…) O Maria, Du beschreibst die Hölle der Jahre 1944/45. Wo war Euer Gewissen 1939 bis 1943? Warschau, Rotterdam, London, Coventry, Lidice, die Extermination von Hunderttausenden von Polen, Tschechen, Juden, Russen hat Euch nicht den Schlaf geraubt.«[12]

Kurt Wolff hält seiner Tochter stellvertretend für die Deutschen den Spiegel vor. Doch nicht einmal das Kind eines bereits 1933 geflohenen Mannes vermag sich ohne Hilfestellung in dessen Perspektive und Erfahrungen hineinzuversetzen.

Auch heute fällt es vielen immer noch schwer, sich in eigentlich naheliegende Erfahrungen einzufühlen. Wer heute auf Transparenten »Bitte weiterflüchten« fordert, weiß offensichtlich gar nicht, dass viele in der Generation der Eltern und Großeltern nach 1945 Zuflucht suchen mussten und auf Ablehnung stießen.

Nach Kriegsende, als in der Folge des Zweiten Weltkriegs vierzehn Millionen vertriebene Deutsche bei Deutschen eine Bleibe suchen, herrscht keine Willkommenskultur. Obwohl die Ostpreußen, Pommern, Schlesier, die Flüchtlinge aus der Batschka oder vom Schwarzen Meer eigentlich Landsleute sind, gelten sie im Westen als Fremde. Für die meisten Zeitgenossen kommen mitnichten Deutsche zu Deutschen, denn auch wenn man dieselbe Sprache spricht, gibt es doch große Unterschiede in den kulturellen, konfessionellen und mentalen Prägungen. Diese Unterschiede, die damals zu Spannungen führten, sind längst eingeebnet, was zeigt, wie sehr sich unsere Vorstellungen von Fremdheit im Laufe der Zeit verändert haben.

Seit dem Ende des Zweiten Weltkriegs sind Menschen mit anderen und doch in vielem sehr ähnlichen Fluchtbiographien in Deutschland eingetroffen – aus Ungarn, Vietnam, aus der Türkei, aus Burundi oder der Sowjetunion. »Die existentielle Erfahrung eines Heimatverlustes ist Flüchtlingen auf der ganzen Welt gemein«, bringt es Bundespräsident Joachim Gauck 2016 auf den Punkt, »die tiefe Prägung durch eine häufig traumatische Flucht, die Trauer um das Verlorene, das Fremdsein im Ankunftsland, die Zerrissenheit zwischen dem Nicht-mehr-dort- und Noch-nicht-hier-Sein.«[13]

Im Mittelpunkt dieses Buches stehen Flüchtlinge, die aufgrund nationaler, religiöser oder ethnischer Verfolgung ihre Heimat verlieren. Um eine Vielzahl von Stimmen einzufangen, lasse ich sie möglichst oft selbst zu Wort kommen, und zwar nicht gebündelt zu kulturellen oder politischen Gruppen, zwischen denen Hierarchien oder

Konkurrenzen konstruiert werden, sondern als Individuen. Auf diese Weise suche ich die bislang dominierende Erzählung sesshafter Gesellschaften zu überwinden, vor allem die der Täter, die Menschen überhaupt erst zu Flüchtlingen machen. Nicht die Verantwortlichen und deren Absichten, nicht ihre Zahlenspiele und Statistiken stehen hier im Zentrum, sondern die Leidtragenden ihrer Entscheidungen.

Es geht um die Frage: Was bedeutet es für einen Menschen, Heimat für immer zu verlieren, unter Zwang und Gewalt fliehen zu müssen und am Ende im Exil zu leben? Wie lange währt nach dem Ankommen der transitorische Zustand im Exil, und ist er überhaupt zu überwinden? Heimatverlust ist für jeden Betroffenen eine fundamentale Zäsur, die das Leben in ein Davor und ein Danach teilt. Aus der Perspektive von Flüchtlingen zu erzählen, bedeutet, die Weltgeschichte anders zu sehen.

Der Schwerpunkt meiner Erzählung liegt auf Europa und dem Nahen Osten. Dabei öffne ich den Blick immer wieder für andere globale Erfahrungen, denn außerhalb Europas ereignen sich gestern wie heute die großen Flüchtlingsdramen der Menschheitsgeschichte. Es wird erzählt von Individuen im Massenphänomen Flucht, von Ängsten, Träumen und Hoffnungen. Es geht nicht um Schuldzuweisungen, weder gegen Staaten und Völker noch gegen Individuen, sondern vielmehr darum, Erfahrungszusammenhänge herauszuarbeiten.

Die Betroffenen erzählen immer nur ihre jeweils eigene Geschichte, jede ist nur ein Fragment vom großen Ganzen, und vielfach haben ihre Darstellungen etwas Unversöhnliches. Sie offenbaren Widersprüche, Ressentiments und innere Konflikte, aber zugleich sind die Identitäten der Erzähler steten Prozessen und im Verlauf der Ereignisse – vor allem durch die Zäsur des Heimatverlusts – Veränderungen unterworfen. Dabei zeigt sich, dass Flüchtlinge in ihrer Bedrängnis und in ihrer Angst geradezu erstaunliche Fähigkeiten entwickeln, sich auf neue Umstände einzustellen. Flüchtlinge auf die Rolle des Opfers zu reduzieren, hieße, ihnen Handlungs- und Entscheidungsspielräume abzusprechen.

Für meine Kernbotschaft greife ich auf unterschiedliche Quellen zurück: Tagebücher, Erinnerungen und Autobiographien von

Flüchtlingen und ihren Nachfahren als Zeitzeugen, aber auch auf Reportagen von aktuellen Brennpunkten über Menschen auf der Flucht. Historiker verzichten meist auf Belletristik als Quelle, was bei diesem Thema zu bedauern ist, da die literarische Überlieferung gerade zum Heimatverlust viel zum Erkenntnisgewinn beitragen kann, denn viele Autoren verfügen über biographische Erfahrungen zum Thema Flucht und verarbeiten Erlebtes in ihren Werken. Künstler bleiben in ihrer Identität zwischen Realität und Kunst zerrissen, das ist die Grundlage ihrer kreativen Existenz. Doch gerade deshalb vermag die Literatur als Seismograph der leisen Zwischentöne zu wirken, die bei einem derartig emotionalen Sujet ansonsten kaum gehört werden.

Ich beziehe die Belletristik – wie auch die kraftvolle Stimme der Poesie – daher bewusst in die Erzählung ein. Sämtliche hier verwendeten Quellen von Betroffenen spiegeln jene Vielfalt der Stimmen wider, die alle ihre Version der Wahrheit erzählen. Diese Wahrheit kann aber ganz unterschiedlich wahrgenommen werden. Vielfach ergreifen Betroffene Partei oder werden zur Verbreitung gewisser Botschaften benutzt. Jede Quelle – ob aus Zeitzeugnissen oder aus der Belletristik – gibt immer nur *einen* Blick wieder, der niemals allgemeingültig sein kann. Aber viele Perspektiven gemeinsam vermitteln eine Ahnung von dem, was das Gesamtgeschehen ausmacht. Mitunter entstehen auch Ungleichgewichte, weil die Quellen gewöhnlich der Feder gebildeter Protagonisten entstammen, die ihr Schicksal reflektieren. Die meisten – unerzählten – Fluchtgeschichten erleben jedoch Menschen, von denen nicht einmal der Name überliefert ist.

Wenn ich kollektive Zuschreibungen wie Deutsche, Griechen oder Armenier übernehme, muss bedacht werden, dass sich dahinter einerseits individuelle und vor allem in höchstem Maße unterschiedliche Identitäten verbergen können, Individuen andererseits als Teile einer Gemeinschaft aber immer auch über kollektive Identitäten verfügen, die sie mit einer größeren Wir-Gruppe verbinden. Ich danke daher allen, die ihre oft dramatischen Erfahrungen vom Fliehen aufgeschrieben und mir oder anderen Menschen anvertraut haben, denn sie haben dieses Buch überhaupt erst möglich gemacht. Ihre Geschichten sind unschätzbar wertvoll, und ich hoffe, dass ich sie mit dem Respekt wiedergegeben habe, den sie verdienen. Jede von ihnen erzählt von der globalen Katastrophe der Flucht.

Mein Dank gilt überdies den Kolleginnen und Kollegen in aller Welt, deren wichtige und zum Teil bahnbrechende Studien sowohl die Universalität als auch die bestürzende Aktualität des Flüchtlingsthemas unterstreichen. Bei dem umstrittenen Thema bleibt es nicht aus, dass ich Protagonisten heranziehe, deren Meinung ich nicht teile, auf deren Geschichten ich aber nicht verzichten kann, wenn ich der Pluralität der Stimmen und den unterschiedlichsten, auch den unversöhnlichsten Perspektiven gerecht werden will.[14] Doch selbst wenn vieles erzählt wird, kann es niemals alles sein. Was ich nicht erwähne, ist immer mitgedacht und zumindest in den Kernaussagen enthalten.

Die Heimat für immer zu verlieren, unter Zwang und Gewalt fliehen zu müssen und am Ende im Exil zu leben, was das bedeutet, davon haben manche Gesellschaften nicht einmal die geringste Vorstellung. In Island etwa fehlt der entsprechende Erfahrungshintergrund vollkommen, da seine Bewohner – zu ihrem Glück – nie fliehen mussten. Eine Ostpreußin, die es dorthin verschlug, hat das erfahren, als sie »von der Flucht« erzählte. »Wohl hörte man ihr interessiert zu, aber dann kam die Frage: ›Ja, wurden eure Möbel denn nachgeschickt?‹«[15]

Auf derartig rührende Ahnungslosigkeit treffen Flüchtlinge in der Regel nicht. Viel weiter verbreitet ist der Verdacht, dass sie irgendetwas auf dem Kerbholz haben, denn »wer eine ehrliche Weste hat, wird nicht vertrieben«. Dass man sie für Diebe oder Kleinkriminelle auf der Flucht vor der Polizei hält, ist gerade für politische Flüchtlinge, die ihren Schergen entkommen sind, schwer zu ertragen. Oft haben sie in ihrer Heimat für bessere Verhältnisse gekämpft und leiden besonders unter dem Exil. Aber ganz gleich, aus welchen Gründen sich jemand auf die Flucht begibt, der Verlust der Heimat wiegt immer schwer.

Der kubanische Schriftsteller Reinaldo Arenas, der als politischer Dissident das Land seiner Geburt verlassen muss, schreibt, »daß es für einen Verbannten keinen Ort auf der Erde gibt, wo er leben kann«. Für die Heimat gebe es keinen Ersatz, »weil der Ort, wo wir geträumt, wo wir eine Landschaft entdeckt, das erste Buch gelesen und das erste Liebesabenteuer gehabt haben, immer das Land unserer Träume bleiben wird«. Im Exil sei er nur noch ein Gespenst, nicht mehr als ein Schatten, der vor sich selbst flieht.[16] Und André Aciman, der aus einer jüdischen Familie in Alexandria stammt und seine ägyptische Heimat als Kind verlassen musste, meint, was das Exil zu einer derartig tückischen Angelegenheit mache, sei »weniger die Tatsache, weg zu sein, als vielmehr die Unmöglichkeit, jemals *nicht* weg zu sein – nicht allein abwesend zu sein, sondern sich niemals von dieser Abwesenheit befreien zu können«.[17] Die verlorene Heimat ist stets da, ob Flüchtlinge das wollen oder nicht. »Im Verschwinden kleiner Dinge las ich Zeichen meiner eigenen Entwurzelung, meiner eigenen Vergänglichkeit«, so André Aciman weiter. »Ein Exilant liest Veränderung ebenso wie Zeit, Erinnerung, Liebe, Angst, Schönheit stets im Zeichen des Verlusts.«[18] Nichts fürchte er mehr, als dass der Boden des Exils ihm verweigert, wieder Wurzeln zu schlagen.

Im Ankunftsland haben die, die schon da sind, die Deutungshoheit, sie allein definieren die kulturellen und sozialen Normen. Die Flüchtlinge begreifen sie nur zu oft als Bedrohung, denn sie stellen diese Besitzstände und Hierarchien infrage, und zwar nicht aus Überzeugung, sondern weil sie häufig mit der Kultur, der Sprache und der Religion der Aufnahmegesellschaft nicht vertraut sind. Zuweilen wird schon ihre bloße Anwesenheit als bedrohlich wahrgenommen. Flüchtlinge stehen am Rand und müssen um Einlass bitten, und dennoch sind sie nicht nur Spielball politischer Entscheidungen, die von Sesshaften getroffen werden, sondern als globales und Gesellschaften herausforderndes Phänomen zentraler Akteur der Moderne – heute mehr denn je.

Das Uneindeutige endet nicht mit der Flucht. Opfer können zuvor Täter gewesen sein und ebenso umgekehrt. Bei Vertreibungen zeigt sich nicht selten das Wechselspiel von Gewalt.[19] Vertriebene bemühen sich energisch um die Anerkennung ihres Verlusts, insbesondere wenn sie als Interessenvertretung organisiert sind, und pochen auf ihren Opferstatus. Sie sind hilflose, manchmal ungelenke Versehrte und treten zugleich kraftmeierisch auf. Deutsche Vertriebene fordern von Polen und der Tschechischen Republik, die Vertreibung der Deutschen als Unrecht anzuerkennen, das Gleiche fordern Italiener von Slowenen und Kroaten, Polen von Ukrainern, Griechen von Türken, Krimtataren von Russen. Die Liste reicht bis in die jüngste Gegenwart, wie die juristischen Auseinandersetzungen in Myanmar zeigen, wo die muslimischen Rohingya von ihren buddhistischen Landsleuten vertrieben wurden. Flucht und Vertreibung sind oft das Ergebnis von Verstrickungen, von Fragen nach Schuld und Verantwortung, von Instrumentalisierungen oder einer Politik der Revanche, die Gesellschaften und Staaten spalten können. Es gilt, solchen Versuchungen möglichst souverän die Stirn zu bieten und vor allem die Spannungen und Widersprüche auszuhalten.

Geschichten vom erzwungenen Fortgehen, von den gefährlichen Fluchtrouten, vom Ankommen, von Heimweh, Anpassung, Schweigen, von Tabus und Traumata gibt es in allen Sprachen, Kulturen, Religionen und Weltanschauungen. Fremd zu sein ist eine Erfahrung, die Menschen auf der ganzen Welt und zu allen Zeiten gemacht haben und machen. Es ist ein Schicksal, das ihnen von anderen aufgezwungen wird. Der Flüchtling ist ein Entwurzelter, den der Schatten der Erinnerung niemals verlässt, der ihn manchmal sogar über den Tod hinaus begleitet, wie die Schriftstellerin Olga Tokarczuk aus der eigenen Familie zu berichten weiß: »In privaten Erinnerungen, in Familienerzählungen kehrt das Drama mit der Hartnäckigkeit eines Albtraums wieder – zerrissene Familienbande, verschollene Familienmitglieder, verbrannte Dokumente, eine unbestimmte Nostalgie nach den Geburtsorten, die Faszination von Gegenständen, die im Chaos dauerhafter zu sein scheinen als die Menschen und die Erinnerung an sie; das Gefühl der Fremdheit in einer Welt, die man sich erst und immer wieder zu Eigen machen muss, ihre Undurchschaubarkeit, und das Empfinden, Unrecht erlitten zu haben.«[20]

Was bedeutet es für einen Menschen, die Heimat für immer zu verlieren, unter Zwang und Gewalt fliehen zu müssen und am Ende im Exil zu leben? Dem polnischen Dichter Zbigniew Herbert erscheint seine verlorene Heimat Lemberg – das heutige ukrainische Lwiw und einst polnische Lwów – in dem Gedicht »Kraj« (Das Land) wie eine Traumwelt, die ihm durch Krieg und Nachkrieg genommen wird:

> Im äußersten winkel der alten karte liegt das land, nach dem ich mich sehne. Es ist die heimat der äpfel, hügel, der trägen flüsse, des herben weines und der liebe. Leider hat eine riesige spinne darüber ihr netz gesponnen und mit klebrigem speichel die schranken der träume geschlossen. So ist es immer: der engel mit dem feuerschwert, die spinne, das gewissen.[21]

Das Heimweh von Zbigniew Herbert ist so unermesslich wie das jedes einzelnen Kareliers, Ukrainers, Darfuri, irakischen Juden, Inders oder Syrers im Exil. Indem sie ihre Geschichten erzählen, entsteht eine »Pluralität von Wahrheiten« über die erzwungene Entwurzelung. Trecks, Abschiebe- und Auffanglager, Massengräber, die Toten am Straßenrand sind keineswegs nur Erscheinungen aus dem Europa der Weltkriegsepoche,[22] sondern universale Erfahrungen.

Sabria Khalaf und Vinda Gouma aus Syrien, Judith Kerr aus Berlin und Zbigniew Herbert aus Lemberg, Friedrich Biella aus Masuren, Rupert Neudeck aus Danzig, Reinaldo Arenas aus Havanna und André Aciman aus Alexandria – sie alle erzählen eine Geschichte, verleihen *den* Flüchtlingen eine Stimme. »Viele der Stimmlosen erzählen eigentlich die ganze Zeit. Sie sind laut, wenn du ihnen nur nah genug kommst, um sie zu hören, wenn du fähig bist zuzuhören und wenn du das spürst, was du nicht hören kannst«,[23] sagt der Schriftsteller Viet Thanh Nguyen über *die* Flüchtlinge, zu denen auch er gehört. Es kann jeden treffen, deshalb gehen die Geschichten von Flucht und Vertreibung alle an.

Leider sahen wir noch genug der Armen vorbeiziehn,
Konnten einzeln erfahren, wie bitter die schmerzliche Flucht sei,
Und wie froh das Gefühl des eilig geretteten Lebens.
Traurig war es zu sehn, die mannigfaltige Habe,
Die ein Haus nur verbirgt, das wohlversehne, und die ein
Guter Wirt umher an die rechten Stellen gesetzt hat,
Immer bereit zum Gebrauche, denn alles ist nötig und nützlich;
Nun zu sehen das alles, auf mancherlei Wagen und Karren
Durch einander geladen, mit Übereilung geflüchtet.

JOHANN WOLFGANG GOETHE,
Hermann und Dorothea

Vom Refugié zum Flüchtling in der Moderne – eine Begriffsklärung

Kaum hatte die Gesellschaft für deutsche Sprache und Dichtung »Flüchtling« zum Wort des Jahres 2015 gekürt, hagelte es Kritik. Manche plädieren dafür, »Flüchtling« durch »Geflüchtete« zu ersetzen, da »Flüchtling« zu niedlich, zu negativ, zu abwertend oder auch zu männlich wirke.[1] Aus historischer Perspektive ist gegen »Geflüchtete« wiederum einzuwenden, dass der Begriff verharmlost und die Erfahrungen von Gewalt, Willkür und Schutzlosigkeit kaum zu erfassen vermag. Zudem suggeriert das Partizip Perfekt »Geflüchtete«, dass der Prozess des Fliehens und der Flucht mit der Ankunft abgeschlossen ist und somit vollendete Tatsachen geschaffen sind. Genau das ist der Trugschluss, dem vor allem Nichtbetroffene häufig erliegen. Flüchtlinge dagegen müssen erfahren, dass sich das Thema für sie nie erledigt.

Flüchtlinge verlieren ihre Heimat meistens für immer. Sofern sie die Strapazen der Flucht überleben, retten sie sehr oft kaum mehr als das nackte Leben. Dass Überleben möglich ist, ist der entscheidende Unterschied zwischen Vertreibung und Genozid. Vertreibungen können dennoch genozidale Dimensionen annehmen, wie das Schicksal der Armenier und der orientalischen Christen 1915 gezeigt hat.[2] Auf jeden Fall gilt: Vertriebene *und* Flüchtlinge fliehen vor Gewalt, Krieg und Terror, um ihr Leben zu retten, oder werden gezielt – häufig von staatlichen, aber auch gesellschaftlichen Akteuren – aus dem Land getrieben.[3]

Nach der Definition der Genfer Flüchtlingskonvention vom 28. Juli 1951 gilt als Flüchtling jede Person, die »aus der begründeten Furcht vor Verfolgung wegen ihrer Rasse, Religion, Nationalität, Zugehörigkeit zu einer bestimmten sozialen Gruppe oder wegen ihrer politischen Überzeugung sich außerhalb des Landes befindet, dessen Staatsangehörigkeit sie besitzt«.[4]

Es ist nötig – und längst überfällig –, diese Definition auf Menschen auszudehnen, die wegen ihrer sexuellen Orientierung verfolgt werden. Neuerdings wird auch erwogen, die Opfer von Naturkatastrophen und von dauerhaften klimatischen Veränderungen zu berücksichtigen. Überhaupt scheint eine Aktualisierung der Genfer Konvention, der eine noch weitgehend eurozentrische und vor allem weiße Weltsicht zugrunde liegt, dringend erforderlich.

Schon die Frage, wer ein Flüchtling ist und was ein Flüchtlingsschicksal ausmacht, ist nicht leicht zu beantworten. Für den Philosophen David Miller »sind *Flüchtlinge* am ehesten als Menschen aufzufassen, deren Menschenrechte unweigerlich in Gefahr gerieten, wenn sie an ihrem gegenwärtigen Aufenthaltsort bleiben würden«.[5]

Betroffene fühlen sich aus unterschiedlichen Gründen stigmatisiert. Die Philosophin Hannah Arendt etwa will nicht als Flüchtling gelten, weil sie das gleich in zweifacher Hinsicht als diskriminierend empfindet. »Vor allem mögen wir es nicht, wenn man uns ›Flüchtlinge‹ nennt«, schreibt sie 1943, nachdem sie in den USA Aufnahme gefunden hat.

> Als Flüchtling hatte bislang gegolten, wer aufgrund seiner Taten oder seiner Weltanschauungen gezwungen war, Zuflucht zu suchen. Es stimmt, auch wir mussten Zuflucht suchen, aber wir hatten vorher nichts begangen, und die meisten unter uns hegten nicht einmal im Traum irgendwelche radikalen politischen Auffassungen. Mit uns hat sich die Bedeutung des Begriffs »Flüchtling« gewandelt. »Flüchtlinge« sind heutzutage jene unter uns, die das Pech hatten, mittellos in einem neuen Land anzukommen und auf die Hilfe der Flüchtlingskomitees angewiesen waren.[6]

Der Schriftsteller Bertolt Brecht, der ebenfalls in die Vereinigten Staaten floh, legt hingegen Wert darauf, dass er seine Heimat wegen seiner politischen Überzeugungen verlassen musste. Er reibt sich an dem Begriff »Emigrant«, da damit das Schicksal der vor den Nationalsozialisten vertriebenen Deutschen verharmlost werde.

> Immer fand ich den Namen falsch, den man uns gab:
> Emigranten.
> Das heißt doch Auswanderer. Aber wir
> Wanderten doch nicht aus, nach freiem Entschluss
> Wählend ein anderes Land. Wanderten wir doch auch nicht
> Ein in ein Land, dort zu bleiben, womöglich für immer.
> Sondern wir flohen. Vertriebene sind wir, Verbannte.
> Und kein Heim, kein Exil soll das Land sein, das uns da
> aufnahm.[7]

Flüchtling, Vertriebener, Emigrant? Hannah Arendt und Bertolt Brecht, beide Opfer der nationalsozialistischen Diktatur, können sich nicht auf einen Begriff einigen, der ihr Schicksal treffend beschreibt. Ihr Dissens offenbart, wie schwierig eindeutige Zuordnungen, ob nun Selbst- oder Fremdzuschreibungen, sind. *Der* »Flüchtling« im ethnisch-religiösen Sinn repräsentiert letztlich nur eine Teilgruppe. Welchen Personenkreis er umfassen soll und welchen nicht, unterliegt einem ständigen Wandel. So müssen Flüchtlinge heute etwa den Verdacht entkräften, sogenannte Scheinasylanten zu sein, worunter man jene versteht, die weder aus religiösen noch aus politischen Gründen Verfolgte sind, sondern Menschen, die sich aus wirtschaftlichen Erwägungen auf den Weg gemacht haben.

Der Begriff »Flüchtling« in seiner aktuellen Bedeutung ist eine Schöpfung des späten 19. und frühen 20. Jahrhunderts, doch die Wörter »Flucht« und »Flüchtlinge« sowie »Vertreibung« und »Vertriebene« sind viel älter.

Nach dem *Deutschen Wörterbuch* von Jacob und Wilhelm Grimm stammt »Flucht« ab vom Althochdeutschen *fluht*, dänisch *flugt*, schwedisch *flykt*, niederländisch *vlugt*, englisch *flight*. »Vertreibung« wird historisch-etymologisch auf das althochdeutsche *firdribunga* zurückgeführt. In seiner ursprünglichen Bedeutung meint das Wort Austreibung, Verstoßung, Verbannung, Verweisung – wie etwa die Vertreibung aus dem Paradies –, bleibt zunächst aber auf religiöse und familiäre Motive begrenzt.

Die deutsche Klassik verwendet den Begriff häufig metaphorisch, manchmal gar als »Weltflucht« im Sinne von Eskapismus. Bei Goethe sagt Faust zu Mephisto:

Was ist die Himmelsfreud in ihren Armen?
Laß mich an ihrer Brust erwarmen!
Fühl ich nicht immer ihre Not?
Bin ich der Flüchtling nicht? der Unbehauste?
Der Unmensch ohne Zweck und Ruh?
Der wie ein Wassersturz von Fels zu Felsen brauste,
Begierig wütend nach dem Abgrund zu?[8]

In dem 1796/97 entstandenen Epos *Hermann und Dorothea* schreibt Goethe dagegen über die »armen Vertrieb'nen« und »die schmerzliche Flucht« in ihrer aktuellen Bedeutung. In einem Städtchen am rechten Rheinufer treffen Flüchtlinge ein, die vor den Truppen der Französischen Revolution – wahrscheinlich aus dem Elsass – fliehen. Hermann, der Sohn wohlhabender Wirtsleute, verliebt sich in das Flüchtlingsmädchen Dorothea, das mit einem Flüchtlingstreck die Stadt passiert. Teils mitleidig, teils hämisch betrachten die örtlichen Honoratioren wie auch die anderen saturierten Einheimischen den Elendszug. »Ist doch die Stadt wie gekehrt! Wie ausgestorben! Nicht funfzig, / Deucht mir, blieben zurück von allen unsern Bewohnern. / Was die Neugier nicht tut! So rennt und läuft nun ein Jeder, / Um den traurigen Zug der armen Vertrieb'nen zu sehen.«[9]

Dem modernen Verständnis des Begriffs »Flüchtling« kommt die Bezeichnung am nächsten, die aus dem Französischen stammt und bald auch im Englischen Aufnahme fand. Bis ins 19. Jahrhundert spricht man im Englischen von *refugees* und im Französischen von *réfugiés*, wenn es sich um aus Frankreich vertriebene Protestanten (Hugenotten) handelt. Die *Encyclopedia Britannica* vermerkt in ihrer ersten Ausgabe von 1771 unter *refugees*: »Französische Protestanten, die durch die Aufhebung des Edikt von Nantes gezwungen wurden, vor Verfolgung zu fliehen und Schutz in anderen Ländern zu suchen.«[10] Die vierte Auflage von 1810 fasst den Begriff bereits weiter und schließt alle ein, die ihre Heimat »in Zeiten von Bedrängnis« verlassen mussten.[11] Bereits in die Ausgabe von 1771 ist überdies der Begriff *expulsion* – Vertreibung – aufgenommen. Er bezeichnet jemanden, der »gewaltsam aus seiner Stadt, Gesellschaft etc. gejagt wird«.[12] In der Ausgabe von 1810 geht es in erster Linie um eine juristische Erklärung für den Ausschluss aus dem Parlament oder aus einer Vereinigung, es wird aber auch eine *expulsion of aliens* erwähnt, also die Abschiebung von Ausländern, deren Aufenthalt unerwünscht ist.

In Deutschland übernimmt man häufig das französische Wort *réfugiés* und versteht darunter französische Protestanten. In *Zedlers Universal-Lexicon* von 1733 wird zwar »Flucht« aufgenommen, aber es gibt noch keinen »Flüchtling«. Flucht wird hier vor allem rechtlich bewertet als Flucht vor Straftaten oder Flucht aus einem landesherrlichen Territorium etwa in der Absicht, sich dem Militärdienst zu entziehen. Flucht kann jedoch auch erforderlich sein, wenn der Betreffende sich zwar nichts hat zuschulden kommen lassen, aber »ein grösseres Uebel« vermieden werden soll.[13] Letztere Definition kommt dem heutigen Verständnis bereits sehr nah.

Unter »Flucht« versteht *Meyers Konversations=Lexikon* von 1875 den »Rückzug einer Truppe vor dem Feind ohne Ordnung und geregelte Verbindung der einzelnen Abtheilungen, welche sich vielmehr auflösen und davonlaufen«. Ein zweiter Eintrag beschreibt die »Flucht eines Verbrechers«.[14] Als das *Deutsch-amerikanische Conversations-Lexicon* mit dem Untertitel *Mit specieller Rücksicht auf das Bedürfnisz der in Amerika lebenden Deutschen* ... 1871 in New York erscheint, wird »Flucht« dort erstmals im modernen Sinn aufgeführt – als Verlassen eines Ortes, »um einer Gefahr, namentlich einer Lebensgefahr, zu entgehen«.[15]

Für das *Brockhaus Conversations=Lexikon* von 1883 bedeutet »Flucht« wiederum »das eigenmächtige, widerrechtliche Verlassen eines angewiesenen Aufenthaltsortes«, wird also allein strafrechtlich gedeutet. Der »Flüchtling« existiert nicht.[16] Als Flucht und Flüchtlinge längst zu einem Massenphänomen der Moderne geworden sind, kennt jener *Brockhaus* in seiner fünfzehnten Auflage nach dem Ersten Weltkrieg immer noch keine »Flucht«. Für die deutschsprachigen Leser hält er nur zwei Erklärungen bereit: die Flucht in der Architektur als »Bauflucht« sowie die Flucht in der Jägersprache als »schnelles Davonstürmen des Wildes nach Beunruhigung (Schuß usw.); auch der einzelne Sprung dabei«. Den »Flüchtling« gibt es ebenso wenig wie die »Vertreibung« oder den »Vertriebenen«.[17]

Der Begriff »Flüchtling« in seiner für dieses Buch maßgeblichen Bedeutung setzt sich erst nach dem Ersten Weltkrieg durch, als

Millionen Menschen in Europa zu Staatenlosen wurden, weil die Imperien, deren Staatsbürger sie bis dahin gewesen waren, zu existieren aufhörten. In den neuen oder konsolidierten Staaten finden sie keine neue Heimat. Auf Initiative des Völkerbunds lenkt der norwegische Polarforscher Fridtjof Nansen als Hoher Flüchtlingskommissar *(High Commissioner for Refugees)* das Augenmerk auf dieses internationale Flüchtlingsproblem und sucht es mittels einer multilateralen Einrichtung zu lösen. Am 5. Juli 1922 beschließt der Völkerbund dann, die Staatenlosen – meist Flüchtlinge – mit einem besonderen Dokument auszustatten, dem sogenannten Nansen-Pass.

In Deutschland bleibt der Begriff »Flüchtling« zunächst für Deutsche reserviert. Der Leiter der Flüchtlingsfürsorge des Deutschen Roten Kreuzes, Wolfram Freiherr von Rotenhan, erklärt 1922, unter diesem Begriff habe man während des Krieges »aus dem feindlichen Auslande verdrängte Reichsdeutsche oder deutschstämmige Auslandsdeutsche« verstanden. »Heute sind ›Flüchtlinge‹ vor allem die aus den abgetretenen und besetzten Gebieten des Reiches verdrängten Deutschen.«[18] Gelegentlich heißen diese auch »Grenzlandvertriebene« oder »vertriebene Auslandsdeutsche«. Im deutsch-polnischen Grenzgebiet bezeichnet die *Flatower Zeitung* ebendiese Personengruppe von 1920 an nüchtern als »Abwanderer«,[19] und auch der führende Vertreter der jüdischen Gemeinde in Posen, Max Kollenscher, der 1921 seine Heimat infolge der Bestimmungen des Versailler Vertrags verlassen muss, benutzt den Begriff »Abwanderung«.[20]

Während gängige Standardlexika »Vertreibung« nicht kennen, verwenden jüdische Enzyklopädien den Begriff häufig. Hier spiegeln sich die spezifisch jüdischen Erfahrungen, die von der nichtjüdischen Gesellschaft kaum rezipiert werden. Das *Jüdische Lexikon* von 1929 enthält einen Artikel zu »Judenverfolgungen und -vertreibungen«, in dem eingangs festgestellt wird, das Leben der Juden in Europa sei »eine fast ununterbrochene Kette von Leiden und Verfolgungen«. Im Folgenden wird dann auf die Vertreibung sämtlicher Juden aus Spanien, Portugal, Deutschland, England und Frankreich eingegangen.[21] Der Historiker Simon Dubnow verwendet ganz selbstverständlich in seiner in den 1920er Jahren publizierten *Weltgeschichte des jüdischen Volkes* die Begriffe »Vertreibung« und »Ver-

OFFICE
DES
RÉFUGIÉS ARMÉNIENS
15, RUE JEAN-GOUJON
PARIS (8e)

TÉL. ÉLYSÉES 67-03

PARIS, LE 17 Décembre 1935

CERTIFICAT POUR USAGE ADMINISTRATIF

L'Office des Réfugiés Arméniens certifie, par la présente, que Madame BABIKIAN Zaghig, sans profession, demeurant actuellement, 20, Rue Beauséjour, à Sarcelles (S.&.O.) est réfugiée d'origine arménienne n'ayant acquis aucune autre nationalité.

En foi de quoi le présent Certificat d'origine est délivré à l'appui de sa demande d'un titre de voyage.

Le Directeur de l'Office
des Réfugiés Arméniens

INDJIDJIAN Aram.

OFFICE DE PARIS DES RÉFUGIÉS ARMÉNIENS

Das Büro für armenische Flüchtlinge *(office des réfugiés arméniens)* in Paris bescheinigt der Armenierin Zaghig Babikian, dass sie eine Staatenlose ist, ein Schicksal, das nach dem Ersten Weltkrieg Millionen Menschen trifft. Die Armenierin aus der anatolischen Provinz Harput hat im Zuge des Völkermords ihren Ehemann und fast alle ihre Kinder verloren. 1920 heiratet sie in Istanbul Kasbar Babikian, dessen Ehefrau und Kinder gleichfalls Opfer der *Aghet* wurden. Die beiden machen sich auf die Suche nach Zaghigs überlebenden Kindern und finden schließlich als Einzige die Tochter Serpouhi in einem libanesischen Waisenhaus. Gemeinsam verlassen sie die Türkei 1922 in Richtung Frankreich. Zaghigs Tochter heiratet später einen Neffen ihres Stiefvaters, der in den USA lebt. Nach dem Tod ihres zweiten Mannes zieht es Zaghig Babikian 1936 zu ihrer Tochter nach Amerika, wo sie 1946 verstirbt.

triebene« für das Mittelalter etwa in dem Titel »Eduard I. und die Vertreibung der Juden aus England«.[22]

Nach dem Zweiten Weltkrieg entsteht im Deutschen das Begriffspaar »Flucht und Vertreibung«, das lange Zeit allein für deutsche »Vertriebene« bei Kriegsende und in der unmittelbaren Nachkriegszeit reserviert ist. Darüber hinaus kursieren unterschiedliche Bezeichnungen wie »Flüchtling«, »Vertriebener«, »Ostumsiedler« und »Ostflüchtling«.

Die Genfer Flüchtlingskonvention definiert 1951 die bis heute international gebräuchlichen Begriffe, die jedoch einem steten Wandel unterliegen. Im Englischen spricht der Hohe Flüchtlingskommissar der Vereinten Nationen (UNHCR) meist von »Flüchtlingen«, meint aber stets alle, die zwangsweise entwurzelt werden *(forcibly displaced* – durch Zwang disloziert) und damit das, was im Deutschen unter den Begriffen »Flüchtling« oder »Vertriebener« verstanden wird. In Reaktion auf die Weltkriege und Diktaturen in der ersten Hälfte des 20. Jahrhunderts verpflichten sich die Mitgliedsstaaten der Vereinten Nationen in ihrer »Allgemeinen Erklärung der Menschenrechte« vom 10. Dezember 1948, ein Recht auf Asyl zu schaffen. Die Bundesrepublik Deutschland hat 1949 den Schutz von politisch Verfolgten in Artikel 16 des Grundgesetzes verankert. Der Artikel gehört seit 1990 zu den verfassungsmäßig geschützten Grundrechten des vereinten Landes.

Das Bundesvertriebenengesetz vom 19. Mai 1953 legt erstmals einheitliche Rechtsbegriffe zu »Vertreibung« und »Vertriebene« fest, die bis heute gültig sind. In der DDR gibt es dagegen weder Flüchtlinge noch Vertriebene. Sie sind dem Arbeiter-und-Bauern-Staat aus politisch-ideologischen Motiven abhanden gekommen.[23] Stattdessen ist verharmlosend von »Umsiedlern« die Rede.

Wie eng die Begriffe auf den deutschen Nachkriegsfall beschränkt bleiben, zeigt ein Blick in Lexika aus den frühen Jahren der Bundesrepublik. Der *Volks-Brockhaus* von 1958 versteht unter Vertriebenen »dt. Staatsangehörige, die ihren Wohnsitz in den unter fremder Verwaltung stehenden dt. Ostgebieten oder in den Gebieten außerhalb der Reichsgrenzen vom 31.12.1937 hatten und den Wohnsitz im Zusammenhang mit den Ereignissen des 2. Weltkrieges infolge Vertreibung, insbes. Ausweisung oder Flucht, verloren haben«. Im Eintrag zu den Flüchtlingen werden dort neben Deutschen »aus der Sowjetzone und Berlin (Ost)« in einem Unterpunkt Displaced Persons zumindest erwähnt, doch die Vertreibung bleibt nach dieser Sichtweise im Wesentlichen ein deutsches Nachkriegsschicksal. Nichtdeutsche Personengruppen sowie die von 1933 an aus dem Reich vertriebenen deutschen Juden und politischen Flüchtlinge werden in die Definition nicht einbezogen. Das spiegelt die zu jener Zeit in der Bundesrepublik vorherrschende Stimmung wider. Viele Deutsche fühlen sich als die wahren Opfer der NS-Herrschaft, für sie stehen Stalingrad und Dresden als Chiffren des Leids, nicht Dachau, Leningrad oder Auschwitz.

Das muss auch der 1933 vor den Nationalsozialisten ins Exil geflohene Willy Brandt erfahren, der in Wahlkämpfen als »Emigrant« gebrandmarkt wird, weil er anders als die meisten Deutschen die schweren Stunden des Krieges im sicheren Schweden verbracht habe. Konservative Kräfte schelten ihn sogar einen »Vaterlandsverräter«. Franz Josef Strauß erklärt im Wahlkampf 1961 – sechzehn Jahre nach der Befreiung von Auschwitz – suggestiv, man werde Herrn Brandt »doch fragen dürfen: Was haben Sie zwölf Jahre lang draußen gemacht? Wir wissen, was wir drinnen gemacht haben.«[24] Der Wehrmachtsoffizier Strauß diffamiert damit den politischen Flüchtling Brandt als jemanden, der sich der deutschen Schicksalsgemeinschaft und seiner patriotischen Pflicht gegenüber dem Vaterland durch Flucht entzogen habe. Da das Misstrauen gegen die Emigranten bei den meisten Deutschen tief verankert ist, zeigen die Anwürfe die gewünschte Wirkung. Die traumatischen Erfahrungen von Flucht und Entwurzelung der vom NS-Regime Verfolgten zählen bei der Mehrheit der Deutschen weniger als das Leid, das sie selbst – etwa in den Bombennächten – erlebt haben. Überdies können Mitläufer und selbst Täter im Zuge solcher Kampagnen behaupten, in der umkämpften Heimat tapfer ihren Mann oder ihre Frau gestanden zu haben.

Die Schriftstellerin Herta Müller erklärt in ihrem Plädoyer für einen Gedenkort an das deutsche Exil, »diese von Hitler Vertriebenen werden unter dem Begriff Exil oder Emigration verbucht«, und nimmt damit gewissermaßen den Disput von Arendt und Brecht wieder auf. »Das Wort Vertreibung gehört nur den Vertriebenen aus den ehemaligen Ostgebieten. Sie heißen ›Heimatvertriebene‹. Und die von Hitler Vertriebenen heißen ›Emigranten‹. Es ist ein sehr unterschiedliches Wortpaar: Das Wort ›Heimatvertriebener‹ hat einen warmen Hauch, das Wort ›Emigrant‹ hat nur sich selbst. Man könnte sagen, einem Herzwort steht ein Kopfwort gegenüber. Man muss sich doch fragen, wurden die ›Emigranten‹ nicht aus der Heimat vertrieben?«[25]

Im Kalten Krieg sind Vertriebene und Vertreibung immer wieder Themen ideologischer Grabenkämpfe. Der einseitige Opferdiskurs der deutschen Vertriebenenverbände und der westdeutschen Politik gerät in den 1970er Jahren allmählich in die Defensive und wird im linken Spektrum mit dem Vorwurf des Revanchismus belegt.

In Bezug auf die Kriege im ehemaligen Jugoslawien spricht man während der 1990er Jahre von »ethnischen Säuberungen«. Der ursprünglich aus dem Serbokroatischen stammende Begriff soll eine Vorstellung von gründlichem Auskehren vermitteln.[26] Es ist ein Begriff der Tätersprache, der das Schicksal der Opfer ausblendet und auf frühe Konzepte von ethnischer Reinheit zurückgeht. Bezeichnenderweise gibt es keine Entsprechung für Betroffene, keine »Ausgekehrten«.

Norman Naimark plädiert für die Verwendung des Begriffs »Zwangsdeportationen«, weil damit das »Gewalthafte dieser Maßnahmen sowie das Engagement des Staates in diesem genuin politischen und inhumanen Akt« unterstrichen werde.[27] Jochen Oltmer prägt den Begriff »Gewaltmigration«.[28] Letztlich hat die komplexe Geschichte eine allumfassende Definition bisher verhindert, weshalb in diesem Buch ohne Wertung und vor allem ohne Hierarchisierung von Flüchtlingen wie von Vertriebenen die Rede sein wird. Gemeint sind damit Menschen, die ihre Heimat unter den Einwirkungen von Krieg und Gewalt aufgrund ethnischer, politischer und religiöser Motive verlassen müssen.[29]

Schwierig wird die Begrifflichkeit erst recht, wenn etwa in Europa Nachbarländer mit unterschiedlichen sprachlich-kulturellen Traditionen identische Vorgänge anders bezeichnen. Deutsche mögen es als verharmlosend empfinden, wenn etwa in Polen oder der Tschechischen Republik das Wort »Vertreibung« nicht verwendet wird, ignorieren dabei aber, dass dieser Begriff und viele andere in nichtdeutschen Erinnerungskulturen einen anderen Klang haben. Im Polnischen etwa lösen die Wörter *przesiedlenie* – Umsiedlung – und *wysiedlenie* – Aussiedlung – schreckliche Assoziationen aus, denn so haben die Deutschen während des Zweiten Weltkriegs die Vertreibung und Deportation von Polen und Juden bezeichnet. In Polen verwendet man vielfach *wygnanie* – Verjagung, Herausjagung, Austreibung, im übertragenen Sinn auch Exil –, wenn man von den Vorgängen spricht, die man im Deutschen unter Vertreibung versteht. Ein *wygnaniec* – Verjagter – ist danach ein Mensch, »der verurteilt wurde zur Verjagung, vertrieben aus der Heimat, ein Verbannter«.[30] Polens Vertriebene aus den polnischen Ostgebieten – den *Kresy* – werden dagegen nach kommunistischer Terminologie verharmlosend als »Repatriierte« bezeichnet, obwohl auch sie ihre Heimat unwiderruflich verloren haben.

Seit 2001 erinnert der von den Vereinten Nationen eingeführte Weltflüchtlingstag am 20. Juni an diese von Menschen gemachten Katastrophen. Zu allem, was mit Flucht und Vertreibung sowie Flüchtlingen und Vertriebenen zusammenhängt, gehen die Meinungen weit auseinander, und die politische Stimmungslage in diesem Themenfeld unterliegt extremen Schwankungen. Daher ist eine Differenzierung unerlässlich und *der* Flüchtling im Zuge globaler Migration vor drohender terminologischer Beliebigkeit zu schützen. Nicht alle, die unter Lebensgefahr über das Mittelmeer kommen, sind Flüchtlinge, wobei die Übergänge zwischen Flüchtlingen und Migranten fließend sein können. Weil das so ist, muss hier klar unterschieden werden. Auch wenn Flüchtlinge als »Zwangsmigranten« unbestreitbar ein Teil der globalen Migrationsprozesse sind, liegen Flucht und Migration auf ganz unterschiedlichen Erfahrungsebenen.[31] Wenn in diesem Buch ausschließlich Flüchtlinge im Mittelpunkt stehen, ist damit keine Rangordnung oder eine Abwertung der ebenfalls dramatischen Biographien von Migranten verbunden, sondern es wird lediglich eine Einschränkung vorgenommen. Hier geht es ausschließlich um Flüchtlinge und Vertriebene, die ihre Heimat verlassen müssen, weil ihr Leben bedroht ist, und nicht um Migranten, die ihre Heimat aus vielfältigen Motiven, aber immer aus eigenem Entschluss verlassen, vor allem weil sie auf ein besseres Leben an einem anderen Ort hoffen.

Auf der Flucht vor meinen Landsleuten
Bin ich nun nach Finnland gelangt. Freunde
Die ich gestern nicht kannte, stellten ein paar Betten
In saubere Zimmer. Im Lautsprecher
Höre ich die Siegesmeldungen des Abschaums.
Neugierig
Betrachte ich die Karte des Erdteils. Hoch oben in
Lappland
Nach dem Nördlichen Eismeer zu
Sehe ich noch eine kleine Tür.

BERTOLT BRECHT,
Steffinische Sammlung, 1940

Ein Verrückter war durch dieses Hin und Her zwischen Pakistan und Indien und Indien und Pakistan derartig in einen Teufelskreis geraten, daß er noch verrückter wurde. Schließlich fand er während des täglichen Fegens im Anstaltshofe einen Ausweg aus dem »Indien-oder-Pakistan«-Dilemma, indem er sich auf einen hohen Baum flüchtete. Hier hielt er von einem großen Aste aus über zwei Stunden lang eine ununterbrochene Rede über das brennende Problem. Schließlich baten ihn die Wächter freundlich herunterzukommen, daraufhin kletterte er noch höher. Als man versuchte, ihn einzuschüchtern und ihn gar bedrohte, rief er hinunter: »Ich will weder nach Indien noch nach Pakistan, ich bleibe auf diesem Baum hier!«

SAADAT HASSAN MANTO,
Schwarze Notizen: Geschichten der Teilung

Die endlose Geschichte der Flucht

Von Fremdheit und Flucht in der Bibel

> Wenn ein Fremdling bei euch wohnt in eurem Lande, den sollt ihr nicht bedrücken. Er soll bei euch wohnen wie ein Einheimischer unter euch, und du sollst ihn lieben wie dich selbst; denn ihr seid auch Fremdlinge gewesen in Ägyptenland. Ich bin der HERR, euer Gott (3. Mose 19, 34).[1]

Geschichten von Menschen, die ihre Heimat verlassen müssen, sind so alt wie die Menschheit selbst.[2] In allen Weltreligionen und Kulturen wird von diesem Kernthema der Menschheit erzählt, selbstverständlich auch in der Bibel. Das Alte Testament berichtet von Flucht, Fremdheit und Exil: Hier beginnt die »Weltgeschichte der Heimatlosigkeit«, wie der Theologe Johann Hinrich Claussen gesagt hat. Letztlich sei die Bibel »ein Buch von Flüchtlingen für Flüchtlinge. Heimatverlust und Heimatsuche sind seine Kernthemen«.[3]

Es beginnt mit der Vertreibung der ersten Menschen aus dem Paradies: »Da wies ihn Gott der HERR aus dem Garten Eden, daß er die Erde bebaute, von der er genommen war. Und er trieb den Menschen hinaus und ließ lagern vor dem Garten Eden die Cherubim mit dem flammenden, blitzenden Schwert, zu bewachen den Weg zu dem Baum des Lebens« (1. Mose 3, 23–24). Adam und Eva haben sich nicht an Gottes Gebot gehalten, haben gesündigt und werden hart bestraft – eine Mahnung an alle Nachkommen. Diese biblische Vertreibung unterscheidet sich wesentlich von anderen historisch überlieferten Vertreibungen, weil sie in erster Linie metaphorisch gemeint ist.

Mit dem Auszug der Israeliten aus Ägypten beschreibt die Bibel im zweiten Buch Mose – auch *Exodus* genannt – erstmals ein Ereignis, das möglicherweise einen tatsächlichen historischen Hintergrund hat, allerdings ist dieser Exodus eine Rückkehr in die

Heimat.[4] Beim babylonischen Exil handelt es sich nachweislich um eine Epoche in der jüdischen Geschichte. Das wird konkret, als der babylonische König Nebukadnezar II. Jerusalem, die Hauptstadt von Juda, erobert. Alles liegt am Boden, ist im *Buch der Könige* zu lesen.

»Und er führte weg das ganze Jerusalem, alle Obersten, alle Kriegsleute, zehntausend Gefangene und alle Zimmerleute und alle Schmiede und ließ nichts übrig als geringes Volk des Landes. Und er führte weg nach Babel Jojachin und die Mutter des Königs, die Frauen des Königs und seine Kämmerer; dazu die Mächtigen im Lande führte er auch gefangen von Jerusalem nach Babel« (2. Könige 24, 14–15).

Viele Bewohner des Königreichs Juda werden zu Vertriebenen und Verbannten. Im fernen Babylon halten sie jedoch die Erinnerung an die Heimat wach. Bei Hesekiel und in den *Klageliedern Jeremias* offenbart sich allerdings, dass die babylonische Gefangenschaft bei den Israeliten eine tiefe Verstörung hinterlässt. Der zweite Exodus ist dann die Rückkehr aus dem babylonischen Exil in das Land der Vorfahren. »Darum siehe, es kommt die Zeit, spricht der HERR, daß man nicht mehr sagen wird: ›So wahr der HERR lebt, der die Kinder Israel aus Ägyptenland geführt hat‹«, heißt es beim Propheten Jeremia, »sondern: ›So wahr der HERR lebt, der die Kinder Israel geführt hat aus dem Lande des Nordens und aus allen Ländern, wohin er sie verstoßen hatte.‹ Denn ich will sie zurückbringen, in das Land, das ich ihren Vätern gegeben habe« (Jeremia 16, 14–15).

Die Exilerfahrung steht im Mittelpunkt der jüdischen Überlieferung. Die Erinnerung an das Exil, an das, was in der Diaspora geschehen ist, wird von Generation zu Generation weitergegeben. »Die entschwundene Heimat lebte in der Erinnerung der Verbannten fort. Ihre heiße Sehnsucht nach dem Vaterlande ergoß sich in rührenden Hymnen oder Psalmen, von denen einer für alle Zeiten zum Hymnus der nationalen Trauer geworden ist«,[5] schreibt Simon Dubnow in seiner *Weltgeschichte des jüdischen Volkes*. Psalm 137 bringt sowohl den Wunsch nach Vergeltung als auch unstillbares Heimweh zum Ausdruck:

An den Wassern zu Babel saßen wir und weinten,
wenn wir an Zion dachten,
Unsere Harfen hängten wir
an die Weiden dort im Lande.
Denn die uns gefangen hielten,
hießen uns dort singen
und in unserm Heulen fröhlich sein:
›Singet uns ein Lied von Zion!‹
Wie könnten wir des HERRN Lied singen
in fremdem Lande?
Vergesse ich dich, Jerusalem,
so verdorre meine Rechte.
Meine Zunge soll an meinem Gaumen kleben,
wenn ich deiner nicht gedenke,
wenn ich nicht lasse Jerusalem,
meine höchste Freude sein.
HERR, vergiß den Söhnen Edoms nicht,
was sie sagten am Tage Jerusalems:
»Reißt nieder, reißt nieder bis auf den Grund!«
Tochter Babel, du Verwüsterin,
wohl dem, der dir vergilt, was du uns angetan hast!
Wohl dem, der deine jungen Kinder nimmt
und sie am Felsen zerschmettert!

Der Zerrissenheit und dem tiefen Schmerz über das Leben in der Diaspora verleiht der jüdische Gelehrte Jehuda Halevi in seinen *Zionsliedern* unvergleichlichen Ausdruck. Von Halevi, der 1075 im spanischen Toledo geboren wird, sind etwa achthundert Gedichte in hebräischer Sprache überliefert. Heinrich Heine verehrte ihn als einen der größten Dichter der Menschheit. Aus den *Zionsliedern* stammt die bekannte Elegie »Zwischen Ost und West«, die der Historiker und Philosoph Franz Rosenzweig ins Deutsche übertragen hat:

Mein Herz im Osten, und ich selber am westlichsten Rand.
Wie schmeckte der Trank mir und Speis? wie? dran Gefalln je ich fand?

Weh, wie vollend ich Gelübd'? wie meine Weihung? da noch
Zion in römischer Haft, ich in arabischem Band.
Spreu meinem Aug alles Gut spanischen Bodens, indes
Gold meinem Auge der Staub drauf einst das Heiligtum stand![6]

Als Jehuda Halevi diese Zeilen verfasst, dauert die Zerstreuung der Juden, die mit dem babylonischen Exil begann, bereits mehr als anderthalb Jahrtausende an, aber die Sehnsucht nach Eretz Israel brennt nach wie vor in seinem Herzen, und die Hoffnung auf eine Rückkehr lässt nicht nach.[7] Erst knapp ein Jahrtausend später soll mit der Gründung des Staates Israel die beispiellose Fluchtgeschichte der Juden ein Ende finden.[8] Die ursprünglich religiöse Bedeutung von Exil (hebräisch *galut*) erfährt im Zionismus eine neue, diesmal politisch-nationale Aufladung, und auch aus der einst religiösen *Aliya* – der Rückkehr nach Eretz Israel – wird ein weltliches Projekt.[9]

Das Neue Testament setzt die Erzählung von Flucht und Exil fort. Nach christlicher Auslegung überwindet Jesus Christus die alttestamentarische Bedeutung, wie sie in der jüdischen Überlieferung bestimmend bleibt. Jesus, der neue Mose, wird bereits kurz nach seiner Geburt zum Flüchtling. Gott warnt Josef durch einen Engel vor der Gefahr, die ihm und seiner Familie durch König Herodes droht. »Steh auf, nimm das Kindlein und seine Mutter mit dir und flieh nach Ägypten und bleib dort, bis ich dir's sage; denn Herodes hat vor, das Kindlein zu suchen, um es umzubringen. Da stand er auf und nahm das Kindlein und seine Mutter mit sich und entwich nach Ägypten und blieb dort bis nach dem Tod des Herodes, damit erfüllt würde, was der Herr durch den Propheten gesagt hat, der da spricht (Hosea 11, 1): ›Aus Ägypten habe ich meinen Sohn gerufen‹« (Mt 2, 13–15). Damit wird die Geschichte Jesu und des Neuen Testaments in die große Erzählung des Volkes Israel eingereiht, das Mose aus Ägypten geführt hat. Die biblische Botschaft ist unmissverständlich: Der Mensch soll nicht übermütig auf vermeintlich angestammte Rechte pochen, denn alle Existenz auf Erden ist nur vorläufig. Gott habe »die Fremdlinge lieb, daß er ihnen Speise und Kleider gibt. Darum sollt ihr auch die Fremdlinge lieben; denn ihr seid auch Fremdlinge gewesen in Ägyptenland« (5. Mose 10, 18–19).

Die Christen im Römischen Reich, die wegen ihres Glaubens verfolgt, drangsaliert und getötet werden, hoffen, da sie keine sichere Heimstatt auf Erden haben, auf das himmlische Jerusalem. Der Apostel Petrus adressiert seinen ersten Brief an eine Gemeinde von »Fremdlingen in der Zerstreuung in Pontus, Galatien, Kappadozien, der Landschaft Asien und Bithynien« (1. Petrus, 1). Nach der christlichen Überlieferung sind die Menschen Fremde auf Erden, deren Heimat anderswo liegt. Flucht und Vertreibung ist ein Schicksal, das jeden treffen kann, jeder ist daher aufgefordert, dem Fremden zu helfen, der an seine Tür klopft. Damit liefert die christliche Botschaft klare Hinweise zum Umgang mit Flüchtlingen – gestern, heute und morgen.

Vertreibungen in der Vormoderne

Während die biblischen Überlieferungen in christlich geprägten Kulturen noch weithin geläufig sind, liegen viele der Fluchterfahrungen späterer Jahrhunderte wie im Erinnerungsschatten. Daher sei hier exemplarisch an einige der frühen Vertreibungen erinnert.

In vornationaler Zeit lodern in ganz Europa immer wieder die Scheiterhaufen, auf denen als Ketzer Gebrandmarkte einen qualvollen Tod sterben. Im Namen Gottes hetzen religiöse Fanatiker gegen Andersgläubige, verfolgen, ermorden und vertreiben sie. Herrscher stellen die Loyalität religiöser Minderheiten infrage. 1492 trifft es die spanischen Juden, die im Hebräischen Sephardim heißen.[10] Sie tragen erheblich zur Blüte von Kultur und Wissenschaft in Spanien bei und erfahren unter den Mauren, die von 711 an über weite Teile Iberiens herrschen, besondere Toleranz. Während der katholischen Reconquista bleiben die jüdischen Gemeinden unter anderem in Sevilla, Toledo und Saragossa zunächst bestehen, doch im 14. Jahrhundert kommt es zu ersten Pogromen etwa in Sevilla, wo christliche Spanier 1391 Tausende Juden ermorden. Um der Verfolgung zu entgehen, treten viele Juden nun zum Katholizismus über. Bald verbreiten sich Gerüchte über eine angebliche Unterwanderung der Christenheit durch die *Conversos*.

Getauften Juden wird mit dem antijüdischen »Gesetz zur spanischen Blutreinheit« der Zugang zu öffentlichen Ämtern verwehrt. Den Konvertiten begegnet man mit offener Ablehnung und bezeichnet sie als *Marranos* – »Schweine«. Aus der Ablehnung der getauften Juden wird schließlich die berüchtigte Spanische Inquisition, die 1478 beginnt.

Nach mehr als sechs Jahrhunderten muslimischer Herrschaft geht mit dem Emirat Granada 1492 die letzte maurische Bastion verloren. In diesem Jahr wird das Schicksal der iberischen Juden besiegelt, denn Isabella von Kastilien und Ferdinand von Aragón ordnen im sogenannten Alhambra-Edikt deren Vertreibung an. »Nunmehr waren die Geister auf den längst in Aussicht genommenen Akt der Judenvertreibung gründlichst vorbereitet«, schreibt Simon Dubnow. »Wie sollte man auch dulden, während auf den stolzen Zinnen der maurischen Alhambra in Granada das siegreiche Banner des Kreuzes wehte, daß sich im Lande nach wie vor die unverbesserlichen ›Christushasser‹ herumtrieben! Es war nun an der Zeit, Gott für den bescherten Sieg Dank zu bekunden und den Triumph des christlichen Spanien durch eine fromme Tat zu besiegeln.«[11]

Ein knappes Jahrzehnt nach der Eroberung Granadas werden die spanischen Muslime vor die Wahl gestellt, zum Katholizismus überzutreten oder ihre Heimat zu verlassen. Ein Jahrhundert später verfügt Philipp III. die Vertreibung aller Morisken, wie die konvertierten Muslime genannt werden, aus Spanien. Durch diese Anordnung verlieren mindestens 275 000 Menschen ihre Heimat, die in Marokko, Tunesien und Algerien noch lange ihr iberisches Erbe pflegen und auf eine Rückkehr hoffen.

Fast ein halbes Jahrtausend nach der Vertreibung der Juden aus Spanien erzählt die Dichterin Rajzel Zychlinski, die 1910 im mittelpolnischen Städtchen Gąbin geboren wird, von Ibn Danan, »lezter jidischer dichter oif der schpanischer erd«:

Ibn Danan von Andalusien,
letzter jüdischer Dichter
auf der spanischen Erde,
küsste in tiefen blühenden Gärten
das Antlitz seiner Geliebten.

Und er sang:
Blumen sprießen unter deinen Tritten,
du bist so schön wie die Sonne
und wie der Morgenstern,
du meiner Augen Licht.
Kam die Austreibung.
Man verjagte die Juden von Kastilien
und Aragon.
Wovon hat er seither gesungen,
Ibn Danan?
Da schweigt die Geschichte.
Man weiß nur, Tausende
brachen auf in
unbekannte Weiten.
Tausende starben vor Hunger,
Tausende vor Kälte,
wurden beraubt und fielen
Mördern zur Beute.
Und die am Leben blieben –
saßen am Wegrand
auf nackter Erde
und harrten des Messias,
dass er käme
anno 1503.[12]

Zychlinskis Gedichte sind Meisterwerke der jiddischen Sprache. Ausgelöschte Lebenswelten, Flucht, Exil und Vernichtung, das alles kennt die Dichterin aus eigener Erfahrung. Ihr gelingt es 1939, sich vor den Nationalsozialisten in die Sowjetunion zu retten, während der Großteil ihrer Familie in der Schoah ums Leben kommt. 1946 kehrt sie nach Polen zurück, das ihr aber nicht mehr Heimat ist. Über Frankreich geht sie 1948 in die USA, wo sie 2001 hochbetagt stirbt.

Viele iberische Juden finden nach der Vertreibung aus Spanien Aufnahme im Osmanischen Reich, wo ihnen freie Religionsausübung zugesichert wird. Sephardische Gemeinschaften entstehen damals in Italien, in der Levante sowie im nördlichen Afrika, und auch in der dalmatischen Stadtrepublik Ragusa, dem heutigen kroatischen Dubrovnik, heißt man spanische Juden willkommen. Die dortige Synagoge, eines der ältesten sephardischen Gotteshäuser der Welt, bewahrt Thorarollen und einen maurischen Teppich, die die Vertriebenen aus ihrer alten Heimat retten konnten. Viele sephardische Juden lassen sich auch im griechischen Saloniki nieder, das fortan ein spanisches Antlitz trägt. In seinen Gassen erklingen die unterschiedlichen Dialekte der Iberischen Halbinsel, Ladino und Spaniolisch dominieren als Alltagssprache. Salonikis ladinosprachige jüdische Gemeinde wird 1944 in den Gaskammern von Auschwitz ausgelöscht. In Amsterdam und Antwerpen, in Hamburg und Venedig entstehen damals ebenfalls sephardische Diasporagemeinden, in denen zum Teil bis heute Ladino gesprochen und die aus Iberien tradierte Kultur gepflegt wird. Weltweit haben schätzungsweise 3,5 Millionen der heute lebenden Juden sephardische Wurzeln.

Die Vertreibung von mehr als 100 000 Sephardim aus Spanien war eine der größten Zwangsmigrationen der Vormoderne.[13] Danach gibt es bis ins 19. Jahrhundert in Spanien kein jüdisches Leben mehr. 1877 zählt man im ganzen Land nur gut 400 Juden. Im Ersten Weltkrieg entsteht in Madrid wieder eine Gemeinde, wenig später eine weitere in Barcelona. Aufgrund der nationalsozialistischen Verfolgung wird Spanien zum Ziel jüdischer Flüchtlinge, von denen einige für immer bleiben. 1968 hebt der Diktator Francisco Franco das Alhambra-Edikt offiziell auf. 2012 wird ein Gesetz verabschiedet, das den Nachfahren sephardischer Vertriebener die Rückkehr ermöglicht. Justizminister Alberto Ruiz-Gallardón spricht in diesem Zusammenhang »von einer historischen Schuld, die endlich abgetragen werde. Viele Sepharden, so der Politiker, hätten aus alter Verbundenheit die Schlüssel ihrer einstigen Wohnungen aufbewahrt, aus denen sie damals vertrieben wurden. Heute stehe ihnen die Tür wieder offen, um als spanische Bürger zurückzukehren, die sie nie hätten aufhören dürfen zu sein.«[14] Auch Portugal bietet Nachkommen vertriebener Sephardim seit 2013 die Staatsangehörigkeit an. Diese späte Anerkennung für ein historisches Unrecht ist ein Akt von hoher Symbolkraft.

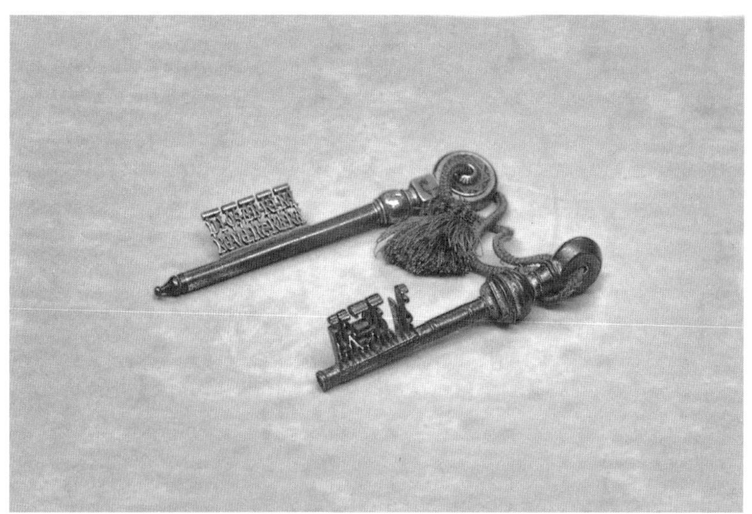

Auch Menschen, die ihre Heimat zwangsweise verlassen müssen, schließen ihre Häuser ab und verwahren die Schlüssel gut in der Hoffnung, dass sie doch einmal zurückkehren können. Schon die sephardischen Familien, die 1492 aus Spanien vertrieben wurden, nahmen ihre Hausschlüssel mit auf die Reise ins Ungewisse. In vielen Familien gab man diese über Generationen weiter. Die hier abgebildeten Exemplare mit hebräischen und arabischen Inschriften sind Reproduktionen aus Sevilla nach Vorlagen aus dem 15. Jahrhundert. Sie gehören zu den wenigen Erinnerungen an die jüdischen Häuser jener Zeit in Toledo, Córdoba, Sevilla oder Granada.

Nach dem Dreißigjährigen Krieg entschärfen sich zwar die Glaubenskriege in Europa, aber Pogrome, Kriege und Vertreibungen aus religiösen Gründen hören nicht auf. Das evangelische Preußen tut sich in dieser Zeit durch eine gewisse religiöse Toleranz hervor, die sich allerdings auf verfolgte Protestanten und freikirchliche Gruppen beschränkt. Zu denen zählen die Arianer, die im 17. Jahrhundert in Polen eine große Anhängerschaft haben und 1658 per Edikt durch König Jan Kazimierz vertrieben werden. Die lutherische Orthodoxie in Preußen, die streng an der Dreieinigkeit festhält, zeigt sich den Arianern gegenüber großherzig, obwohl diese die Trinitätslehre ablehnen. Unter den Vertriebenen aus Polen ist Zbigniew Morsztyn, ein bedeutender Vertreter der polnischen Barockdichtung, der 1661 im preußischen Masuren Zuflucht findet. Im »Lied in großer Pein« beklagt er das Los seiner Glaubensgenossen:

Du hast gesehen, unser Gott, wie schwer wir schieden,
wie ungern wir das Vaterland, die Scholle mieden,
uns trennten von den Nachbarn, Freunden und Verwandten;
wie schwer es war, zu lassen Haus und was wir kannten,
all das, was grausam uns die Menschen weggenommen,
arm sind wir, irrend ihnen nur mit Not entkommen.
Den anderen, die dem äußern Feinde sind entflohen,
bevor sie heimgekehrt zu ihren Trümmern, drohten
sie mit der nächsten schon Verbannung voller Grauen,
so daß die, ihrer Habe bar, im Elend hausten.
Nun will ein anderer in unsern Dörfern walten,
die er als Lohn für sein Verdienst im Krieg erhalten,
und mästet wie ein Wolf sich an der fremden Beute,
trinkt gottlos Waisentränen und das Blut der Leute.
Und andre wieder haben uns schamlos verraten,
auf die wir unsre Güter überschrieben hatten,
bevor wir flohn; nun treiben sie's, als wär's ihr eigen.
Uns bricht das Herz, von Ferne ist dies kaum zu leiden,
sind wir auf Irrfahrt doch, im Elend, kaum bekleidet,
ein Los, um das kein Mensch uns wahrlich je beneidet.[15]

Rund zwei Jahrzehnte nach den Arianern lassen sich 20 000 Flüchtlinge aus Frankreich in Brandenburg-Preußen nieder, wovon in Berlin die Französische Friedrichstadtkirche auf dem Gendarmenmarkt, die Französische Straße sowie die französischen Friedhöfe und der Stadtteil Französisch Buchholz noch heute künden. Nachdem König Ludwig XIV. im Jahr 1685 das Toleranzedikt von Nantes aufgehoben hatte, das den Protestanten im katholischen Frankreich seit 1598 die Glaubensfreiheit zusicherte, können sich die Hugenotten vor Verfolgung nur schützen, wenn sie zum katholischen Glauben übertreten. Auszuwandern ist ihnen verboten, und so bleibt rund 200 000 der insgesamt knapp eine Million Hugenotten, die ihren Glauben nicht aufgeben wollen, nur die Flucht außer Landes. Brandenburgs Kurfürst Friedrich Wilhelm heißt die französischen Protestanten mit dem Potsdamer Edikt von 1685 nicht ganz uneigennützig willkommen, denn er verspricht sich neue Impulse für sein Land.

Lange wird die Aufnahme der Hugenotten außerhalb Frankreichs als ein Beispiel für gelungene Integration gefeiert. In Wahrheit stoßen die Glaubensflüchtlinge vielfach auf massive Ablehnung, gelingt die Eingliederung nur, weil sie durch die Landesherrschaften angeordnet wird. Die einheimische Bevölkerung lässt die Fremden aber deutlich spüren, dass sie unter den Belastungen der Einquartierung und unter Versorgungsengpässen leidet. 1689 klagt ein Vertreter der französischen Flüchtlingskolonie in Halle, dass »Eurer Majestät alte Untertanen in boshafter Absicht nach Mitteln sehen, um die Ruhe, die wir in Ihren Staaten gefunden haben, zu stören durch fortwährende Beleidigungen in Wort und Tat, wenn ihre Frauen, Kinder oder Dienstboten auf die Straße heraustreten. Man schimpft sie aus, man schlägt sie mit Knüppeln, man bewirft sie mit Steinen. Verfaulte Früchte wirft man ihnen auf dem Markt an den Kopf und ins Gesicht. Man wirft ihnen mit Steinen die Fenster ein und fügt ihnen unendlich viel sonstige Schmach zu.«[16]

Nur wenige Monate nach den Hugenotten müssen viele der evangelischen Untertanen des Fürsterzbischofs von Salzburg ebenfalls ihre Heimat verlassen. Erzbischof Firmian greift 1727 schließlich zu drastischen Maßnahmen, indem er nicht nur einzelne Gruppen, sondern gleich sämtliche 20 000 Protestanten vertreibt. In einem Toleranzpatent von 1732 heißt König Friedrich Wilhelm I. von Preußen, der Enkel des Großen Kurfürsten, »Unsere in dem Erzbischofstum Salzburg auf das heftigste bedrängte und verfolgte evangelische Glaubensverwandte« willkommen, die »blos und allein um ihres Glaubens willen«, dem sie nicht abzuschwören bereit seien, gezwungen würden, »ihr Vaterland zu verlassen«.[17] Ein Zug von Salzburger Glaubensflüchtlingen trifft am 25. Juni 1732 in Berlin ein, wo sie länger ausruhen. Ein Berliner Bäcker, der selbst einst aus Glaubensgründen aus Schlesien vertrieben worden war, »schickte eine große Kiste Pfefferkuchen zur Austeilung an die Emigranten, wenn sie in Stettin zur See gehen müßten. Es gab Berliner Häuser, die, so lange Salzburger dar waren, fast täglich zehn bis fünfundzwanzig Leute speisten.«[18] Auf dem Weg nach Ostpreußen, wo sich die Salzburger ansiedeln sollen, läuten die Glocken der Stadtkirchen und heißen sie bei der Ankunft willkommen. Die evangelischen Einwohner bereiten ihnen überall in den deutschen Ländern einen euphorischen Empfang. Solche Beispiele von Willkommenskultur bleiben allerdings die Ausnahme.

Auch in Wien trifft man auf die Geschichte religiöser Flüchtlinge. In der Mechitaristengasse im 7. Bezirk verbirgt sich hinter einer unscheinbaren Mauer das Kloster der gleichnamigen Kongregation.[19] Unter dem Einfluss römisch-katholischer Missionare gründete der armenische Mönch Mechitar von Sebaste 1701 in Konstantinopel einen Orden, der den Regeln des heiligen Benedikt folgt. Wenige Jahre später wird seine erste Gemeinschaft aus der Stadt am Bosporus vertrieben und findet in Methoni auf dem Peloponnes Zuflucht. Als Methoni von den Osmanen erobert wird, fliehen die Ordensbrüder 1717 mithilfe des Dogen nach Venedig. Von Venedig aus gründen sie ein Filialkloster in Triest, das im Zuge der napoleonischen Besatzung sämtliche Besitztümer verliert. Im Jahr 1810 folgen die Triester Brüder einer Einladung Kaiser Franz' I. nach Wien. In Österreichs Hauptstadt entfalten die Mechitaristen eine rege philologische Tätigkeit und tragen wesentlich zum Erhalt der armenischen Schriftkultur in der Diaspora bei. San Lazzaro degli Armeni in Venedig und das Wiener Mechitaristenkloster künden von dieser vormodernen Vertreibungsgeschichte.

Sklaverei

Just imported from Africa, and to be Sold at No. 19 on the Long Wharf, A Parcel of likely, healthy Negro Slaves.

Annonce in *The Boston Gazette and Country Journal,* 22. Juni 1761[20]

Mit der Französischen Revolution und der Verkündung der allgemeinen Menschenrechte kommt die Vormoderne an ihr Ende, ein gravierender Umbruch, in dem auch der Sklavenhandel und die Sklaverei zunehmend ins Zwielicht geraten.

Die Sklaverei stellt einen Sonderfall des Heimatverlusts dar, weshalb eine klare Einordnung in die zuvor definierten Kriterien schwierig ist. Anders als Flüchtlinge und Vertriebene werden Sklaven verschleppt, verkauft und damit zu einer menschlichen Ware. Doch gewaltsame Vertreibung, Deportation, Entwurzelung und den Verlust ihrer Heimat für immer erleiden auch sie. »In den Höhlen gab es keine Sklaven«, beschreibt der südafrikanische Publizist Ronald Segal die Abgründe der Sklaverei. »Erst die Zivilisation schuf das Konzept von Menschen als Eigentum. Deshalb bleibt der größte Widerspruch, dass der menschliche Fortschritt neben so viel Licht zugleich eine Vertiefung des Dunkel gebracht hat.«[21]

Sklaverei ist ein elementarer Einschnitt nicht nur in das Leben jedes einzelnen Sklaven, sondern bestimmt auch das von vielen Generationen nach ihm.[22] Sie degradiert Menschen zu einer Ware. Die Praktiken sind derart barbarisch, dass sie gelegentlich selbst bei den Profiteuren, den Sklavenhändlern, Skrupel auslösen, sie allerdings nicht davon abhält, mit ihrem Geschäft fortzufahren.

Im westafrikanischen Ghana erwirbt etwa der Niederländer William Bosman Sklaven für die Westindische Compagnie. Sein spannender Bericht *A New and Accurate Description of the Coast of Guinea, Divided into the Gold, the Slave, and the Ivory Coasts* erscheint 1705 in London als Übersetzung aus dem Holländischen. Bosman gewährt Einblicke in eine für Europäer recht unbekannte Welt. So berichtet er in einem Brief, den er aus Elima Castle, dem Zentrum des Sklavenhandels, an einen Freund in den Niederlanden schreibt, freimütig von seiner Tätigkeit als Sklavenhändler. Er schildert minutiös, wie die Verschleppten in einem grausamen Verfahren auf ihre Tauglichkeit geprüft und ausgewählt werden. Am Ende brennt man ihnen ein Firmenwappen oder den Namen der neuen Besitzer mit einem heißen Eisen auf die Brust. Damit sind sie zeitlebens als Ware markiert. »Ich zweifele nicht, dass dieses Verfahren für dich sehr barbarisch klingen mag, aber es folgt einer reinen Notwendigkeit«, schreibt Bosman. Die Brandmarkung sei nicht zu umgehen, aber man achte stets darauf, die zur Versklavung Ausgewählten nicht allzu schwer zu verbrennen, »besonders die Frauen, denn sie sind zarter als Männer«.[23]

Sklaven gibt es bereits in den Gesellschaften der Antike, und zwar nicht nur in Afrika. Auf dem afrikanischen Kontinent beginnt der Sklavenhandel im 7. Jahrhundert, als Araber über die Sahara hinaus vorstoßen, um dort Menschen zu fangen und zu verkaufen. Insgesamt geraten bis weit ins 20. Jahrhundert hinein elf Millionen Afrikaner in die Fänge arabisch-muslimischer Sklavenhändler.[24]

Im 16. Jahrhundert setzt dann – vorwiegend an der afrikanischen Westküste – die Versklavungsindustrie der christlichen Länder ein. Sie ist eine äußerst perfide Form der Zwangsmigration, ein System, mit dessen Hilfe über Jahrhunderte hinweg Millionen Menschen auf einem fernen Kontinent vor allem in der Plantagenwirtschaft geschunden werden. Händler wie William Bosman verschiffen knapp zwölf Millionen Menschen nach Amerika, von denen bis zu zwanzig Prozent auf dem Transport umkommen. Wer die Überfahrt überlebt, für den geht das Leiden in der Neuen Welt weiter.[25]

Die Besiedlung Nordamerikas durch Europäer und die damit verbundene Geschichte der Sklaverei beginnt 1619. In den frühesten Dokumenten von Jamestown, der ersten britischen Siedlung auf dem Kontinent, ist die Sklavin Angela erwähnt. Sie wird im heutigen Angola gefangen und von Sklavenhändlern auf einem Gewaltmarsch zu dem portugiesischen Sklavenschiff *San Juan Bautista* in Luanda gebracht. Während der Atlantikpassage kapern englische Piraten das Schiff, nehmen Angela als Beute mit und tauschen sie schließlich an der Küste Virginias gegen Proviant ein. In Jamestown taucht sie im Sklavenregister einer Plantage auf, wo sich nach 1626 ihre Spuren verlieren.[26] Wie Angela ergeht es Millionen anderer Menschen. Ihre

Schicksale bleiben weitgehend im Dunkeln. Es sind nur ganz wenige Biographien, die aus diesem Dunkel heraustreten und dem Massenphänomen Sklaverei ein Gesicht und einen Namen geben. Zu diesen wenigen gehören die Geschichten von Jenny und Omar Ibn Said.

Die Sklavin Jenny – in manchen Quellen taucht sie auch als Jin auf – lebte in dem neuenglischen Städtchen Deerfield. Ihre Lebensgeschichte ist überliefert, weil der Lokalhistoriker George Sheldon 1895 die Erinnerung an die Sklaverei in seiner Geschichte von Deerfield festhält.[27] Jenny – so der Chronist – kommt in Guinea zur Welt, wahrscheinlich um 1722. In Boston wird sie 1738 mit ihrem kleinen Sohn Cato zum Kauf angeboten. Den Zuschlag erhält der Pfarrer Jonathan Ashley, der sie nach Deerfield mitbringt. Hundert Jahre nach ihrem Tod fragt Sheldon die Einwohner der Stadt, welche Erzählungen der früheren Sklavin in ihren Familien überliefert wurden. Jenny ist diesen Zeugnissen zufolge die Tochter eines Königs in Kongo gewesen und im Alter von etwa zwölf Jahren mit anderen »Naturkindern von den sonnigen Stränden der Tropen« von weißen Sklavenjägern gefangen genommen worden und an Bord eines Sklaventransports gelangt.[28] Im weißen Deerfield notiert der Chronist einen Satz, in dem Jennys tiefer Schmerz über ihre gewaltsame Verschleppung zum Ausdruck kommt: »And we nebber see our mudders any more« – und wir haben unsere Mütter niemals wiedergesehen. Jennys bewegende Klage wird mit einem Akzent wiedergegeben, der auf ihre nichtmuttersprachlichen Ursprünge deuten könnte.

Jenny taucht noch dreimal in Dokumenten auf. 1763 fertigt der örtliche Schuhmacher laut einer Rechnung an ihren Besitzer ein paar Schuhe für sie an. Als Pfarrer Jonathan Ashley 1780 stirbt, hinterlässt er laut Testament seiner Frau Dorothy »meine Kutsche, meine graue Stute, zwei Kühe & zehn Schafe, ebenso meinen Sessel, alle Silberwaren, die sie in unsere Ehe mitbrachte, meine Negersklavin Jenny – sowie die Hälfte meines Mobiliars«.

Jenny stirbt nach einem Sturz im hohen Alter von etwa neunzig Jahren, im selben Jahr wie Dorothy Ashley, deren Grab man noch heute auf dem alten Friedhof von Deerfield besuchen kann. Wo Deerfields Sklaven begraben wurden, ist nicht überliefert, und so erinnert kein Grab an Jenny aus Guinea. Der Tod von Sklaven wird bis 1800 in Deerfields Kirchenbüchern gewöhnlich nicht verzeichnet. Als Jenny 1808 stirbt, findet sich zumindest der knappe Eintrag »Jenny Neger 90«.[29]

Omar Ibn Said, der 1770 im heutigen Senegal zur Welt kommt, hat seine Geschichte selbst erzählt. »Mein Name ist Omar Ibn Said«, schreibt er, »mein Geburtsort ist Fut Tur, zwischen den beiden Flüssen.« Wahrscheinlich gehört Omar zur ethnischen Gruppe der Fulbe, die in einer Region zwischen dem Senegal- und dem Gambia-Fluss zu Hause ist. Seine wohlhabende Familie ermöglicht ihm eine Ausbildung in arabischer Theologie, Sprache und Geschichte. 1807 gerät er im Rahmen einer kriegerischen Auseinandersetzung, zu der nichts überliefert ist, in Gefangenschaft und wird von der gegnerischen Seite als Sklave in die USA verkauft.

»Dann kamen fremde Soldaten in unser Land. Sie töteten viele Menschen. Sie verschleppten mich an das große Meer und verkauften mich in die Hände christlicher Männer *(Nasrani)*. Diese führten mich zu einem großen Schiff am großen Meer. Wir segelten anderthalb Monate auf dem großen Meer, bis wir zu einem Ort kamen, der Charleston hieß. Und in der christlichen Sprache verkauften sie mich. Ein schwächlicher, kleiner und bösartiger Mensch namens Johnson hat mich gekauft, ein Ungläubiger *(Kafir)*, der keinen Respekt vor Allah hatte.«

Omar Ibn Said entkommt dem brutalen Mann aus Charleston und landet in North Carolina. Unklar bleibt, wer ihn zur Niederschrift der *Autobiography of Omar Ibn Said, Slave in North Carolina* ermutigt hat, die er 1831 auf wenigen Seiten in einem westafrikanischen Dialekt der arabischen Sprache festhält.

»Ich kann mein Leben nicht niederschreiben, weil ich vieles von meiner Muttersprache als auch vom Arabischen vergessen habe. Auch sind meine Grammatik und mein Wortschatz bescheiden. O meine Brüder, ich rufe euch im Namen Allahs zu, mich deshalb nicht zu verachten, denn meine Augen und mein Körper sind schwach.«

Omar Ibn Said stirbt 1864 in North Carolina. Bis ans Ende seines Lebens bleibt er ein Sklave.[30]

Direkt von den Sklavenschiffen gelangte die lebende Fracht einst auf die Märkte in der Neuen Welt. Die Ausbeutung der Schwarzen machte die weißen Händler in Portugal, Großbritannien, Spanien oder den Niederlanden reich. Zwar wird der Sklavenhandel im Laufe des 19. Jahrhunderts fast überall verboten, aber die Praxis im Nachhinein kaum hinterfragt. So hält sich der damit verbundene Rassismus, den Nachfahren von Sklaven trotz formeller Gleichberechtigung bis heute erleben. Omar Ibn Said ist einer der vielen Sklaven, die in die Neue Welt kamen, und einer der wenigen, die von ihrem Leben erzählt haben. Das Bild entstand um 1850. Die Abschaffung der Sklaverei in den USA hat Omar Ibn Said nicht mehr erlebt.

Heimatlose in der Neuzeit

Die türkischen Jungen werden beschnitten und die griechischen Jungen nicht. Abgesehen davon kann ich zwischen uns keinen Unterschied sehen.

DMETRI KAKMI, *Mother Land*[31]

1948 erscheint in New York das Buch *Europe on the Move* von Eugene M. Kulischer. Unter diesem betont nüchternen Titel, den man mit »Europa in Bewegung« übersetzen könnte, fasst der Soziologe die Ergebnisse seiner Studien zur Zwangsmigration zusammen.[32] Es ist auch sein eigenes Leben, das er hier betrachtet, denn durch die europäischen Zeitläufte wurde Kulischer zum Vertriebenen. 1881 als Jewgeni Kulischer in Kiew geboren, flieht er 1920 vor der Oktoberrevolution nach Deutschland. In der Weimarer Republik setzt er seine in Sankt Petersburg begonnene wissenschaftliche Karriere fort, bis er 1933 – diesmal als Jude vor den Nationalsozialisten – nach Dänemark fliehen muss. 1936 siedelt er nach Paris über, 1941 flieht er in die USA. In Washington arbeitet Kulischer als Soziologe für das *United States Census Bureau* und forscht über Migrationsbewegungen in Europa. Insbesondere die erzwungenen Wanderschaften beschäftigen ihn, ein Thema, das er schon mit seinem Bruder Alexander bearbeitet hat, der 1942 in Drancy von den Deutschen ermordet wird.

In den Zwangsmigrationen der ersten Hälfte des 20. Jahrhunderts erkennt der Wissenschaftler eine besondere Dramatik. Insbesondere der nationalsozialistische Zivilisationsbruch hat Europa in seinen Grundfesten erschüttert. Kulischer prägt den Begriff *displaced persons* für jenen Kreis neuer Staatenloser, zu dem er selbst lange gehört. Seine Darstellung endet 1947, als Europa durch Krieg und Nachkrieg die größte Flüchtlingsbewegung seit Menschengedenken erlebt. Bis zu sechzig Millionen Flüchtlinge, Vertriebene, Deportierte schätzt man damals, das sind zehn Prozent der Bevölkerung des Kontinents. Aus einst regionalen Auseinandersetzungen werden nun Großkonflikte, so dass sich bald niemand mehr in Sicherheit wiegen kann. Das 20. Jahrhundert treibt auf einen Höhepunkt der uralten Geschichte von Flucht, Vertreibung und erzwungenem Exil zu, deren neueste Kapitel in Afrika und Asien geschrieben werden.

Als Russland sein Imperium in der ersten Hälfte des 19. Jahrhunderts mit einer Reihe von Feldzügen immer weiter in die Bergwelt des Kaukasus ausdehnt, entscheiden bald ethnisch-religiöse Kriterien darüber, wer fliehen muss und wer bleiben darf. Alexander Puschkin, der 1820 in den Kaukasus strafversetzt wird, eröffnet mit seiner Verserzählung *Der Gefangene im Kaukasus* den Reigen jener Dichter, die, inspiriert durch die Begegnung mit diesem Vielvölkerkosmos, die Bergvölker inmitten der exotischen Gebirgslandschaft romantisieren. Für die Literaten aus Sankt Petersburg verkörpert die Bergwelt des Kaukasus den fremden und zugleich wilden Orient. Anfänglich befürwortet Puschkin die russische Eroberung, doch als er schließlich mit dem zaristischen Regime in Konflikt gerät, rechnet er mit dem russischen Kolonialismus ab. In der Novelle *Reise nach Arzrum während des Feldzugs im Jahre 1829* wendet er sich gegen die Unterdrückung der »Tscherkessen«, wie die muslimischen Kaukasusvölker der Kabardiner, Tschetschenen, Schapsugen und Ubychen zusammenfassend genannt werden: »Die Tscherkessen hassen uns. Wir haben sie von ihren fetten Weiden verdrängt; ihre Aule sind zerstört, ganze Stämme vernichtet ... Dolch und Säbel sind Teile ihres Körpers, und der Säugling beginnt sie zu beherrschen, noch ehe er sein erstes Wort stammelt.«[33] Im weiteren Verlauf des Feldzugs trifft der Dichter am Fuße des Ararat auf Jesiden, und als er mit den russischen Truppen bis zu der Stadt Erzurum tief im türkischen Armenien vorrückt, schließlich auf Perser, Türken und Armenier.

Michail Lermontows Roman *Ein Held unserer Zeit*, der 1840 publiziert wird, spielt ebenfalls im Kaukasus. Der Ich-Erzähler begegnet dort einem russischen Offizier, der sich wie viele Russen den muslimischen »Bergvölkern« zivilisatorisch überlegen wähnt und aus diesem Gefühl die Ausdehnung des russischen Imperiums über diese Völker legitimiert. »›Dummes Pack!‹, antwortete er. ›Glauben Sie mir, die verstehen nichts, sind keiner Bildung fähig. Unsere Kabardiner oder Tschetschenen sind zwar Räuber und Strolche, aber doch wilde Kerle; diese haben aber nicht mal an Waffen Freude; einen anständigen Dolch sieht man bei keinem von ihnen. Richtige Osseten!‹«[34] Die Tscherkessen, die der russischen Expansionspolitik im Weg stehen, fallen einer der ersten großen ethnisch-religiösen Säuberungen der Moderne zum Opfer.

Die Machthaber in Sankt Petersburg streben keine Unterwerfung an, sondern senden sogenannte Strafexpeditionen, die die kaukasischen Völker vertreiben.[35] Selbst nach heutigen Maßstäben ist die Zahl der muslimischen Vertriebenen aus dem Kaukasus hoch, und sie verändert die Demographie Anatoliens nachhaltig. Die Heimatlosen aus Russland, die als *Muhacir* bezeichnet werden – ein Begriff aus dem Arabischen, der wörtlich »Migrant« bedeutet –, werden im Osmanischen Reich zum Teil weit verstreut an den Grenzen des Kosovo bis nach Syrien angesiedelt. Viele heutige Türken stammen von diesen Muhacirin ab, sind also Nachfahren von muslimischen Vertriebenen – Tscherkessen, Nogaier, Krimtataren und Balkanmuslimen, deren Exodus ebenfalls im 19. Jahrhundert beginnt.

Während die Russen im Osten die Kaukasusvölker unterwerfen, kommt es in den Vereinigten Staaten zur Landnahme durch europäische Siedler, die ebenfalls häufig gewaltsam erfolgt. Dem Mythos von der Eroberung des Westens liegt eine idealisierte Projektion zugrunde, in der die Angehörigen der indigenen Bevölkerung als »edle Wilde« betrachtet werden. Zwar bedauert James Fenimore Cooper den Untergang der indigenen Kulturen, hält diese Entwicklung aber für unausweichlich, wie aus dem Vorwort seines 1826 erschienenen Romans *Der letzte Mohikaner* hervorgeht. »Bei wenig Menschen«, so schreibt Cooper dort, »findet man eine größere Verschiedenheit, wir möchten sagen, größere Widersprüche der Gemüthsart, als bei dem eingebornen Krieger von Nordamerika. Im Kriege ist er unternehmend, prahlerisch, verschmitzt, grausam, rachsüchtig, voll Selbstverläugnung und Aufopferung; im Frieden gerecht, edelmüthig, gastfreundlich, bescheiden, abergläubisch und insgemein keusch ... Die Mohikaner waren Herren des Landes, welches in diesem Theile des Kontinents von den Europäern zuerst in Besitz genommen wurde. Sie wurden daher auch zuerst vertrieben, und das anscheinend unvermeidliche Loos aller dieser Völker, welche den Fortschritten oder vielmehr den Übergriffen der Gesittung bis zum Verschwinden weichen mußten, wie das Grün ihrer Heimathwälder dem schneidenden Froste – haben wir als bereits erfüllt betrachtet.«[36]

Wie die Vertreter des russischen Imperiums im Kaukasus, wähnen sich auch die amerikanischen Pioniere auf einer zivilisatorischen

Aus dem Kaukasus vertriebene Muslime finden überall im Osmanischen Reich Zuflucht – in Anatolien, im Kosovo, in Rumänien, Bulgarien, Syrien, im Irak und im Libanon, in Ägypten und Israel. In Jordanien gehörten vertriebene Tscherkessen seit 1878 zu den ersten Siedlern im heutigen Amman. Als das moderne Jordanien 1921 gegründet wird, ist Amman eine weitgehend tscherkessisch geprägte Stadt. Die 1961 mitten in der jordanischen Hauptstadt von den Tscherkessen errichtete Abu-Darwisch-Moschee kündet von der Identität dieser Gemeinschaft als Muslime aus dem Kaukasus. Die Erinnerung an ihr *Khakuzh* – das alte Land – pflegen die Nachfahren der vertriebenen Tscherkessen bis heute, und zugleich spielen sie im politischen wie wirtschaftlichen Leben Jordaniens sowie in der Armee und am Königshof eine wichtige Rolle.

Mission und sehen sich als Träger einer fortschrittlichen Kultur. In ihrem Selbstverständnis sind Vertreibungen lediglich Kollateralschäden im Dienste einer höheren Sache – sofern sie in den Vertreibungen überhaupt einen »Schaden« sehen. Im Osten der USA wird jedenfalls ganze Arbeit geleistet und das »Zivilisationsprojekt« im Jahr 1850 vollendet. Fast alle indigenen Nationen sind Mitte des Jahrhunderts nach Westen in die weniger fruchtbaren Ebenen der Prärie vertrieben worden. Tecumseh, Chief der Shawnee, erkennt bereits 1811 die systematische Zurückdrängung der First Nations durch die weißen Siedler: »Wo sind heute die Pequot? Wo sind die Narragansett, die Mohawk, die Pokanoket und viele andere einst mächtige Stämme unserer Rasse? Die Habgier und Unterdrückung des weißen Mannes haben sie dahinschwinden lassen wie Schnee an der Sommersonne.«[37]

Adelbert von Chamisso, der nie im »Wilden Westen« war, verfasst 1836 im Rausch der deutschen Indianerbegeisterung das Gedicht »Rede des alten Kriegers Bunte-Schlange im Rate der Creek-Indianer«. Darin erzählt er vom Konflikt zwischen den Angehörigen der Muscogee in Alabama und den weißen Siedlern. Es ist die Geschichte einer Vertreibung. Die Muscogee als Ureinwohner wollen sich dem *Indian Removal Act* von 1832 nicht beugen, mit dem ihre Vertreibung in Reservate im westlichen Oklahoma angeordnet wird.[38] Immer wieder hatten die einheimischen Stämme den Versprechungen der Weißen Glauben geschenkt, doch immer wieder wurden diese gebrochen, und sie mussten weichen. Schließlich deportiert das amerikanische Militär die widerständigen Muscogee gewaltsam aus ihrer Heimat.

Chamissos Gedicht über des alten Häuptlings »Rede klug und weis« ist eine Ausnahme, denn in den gängigen »weißen« Erzählungen kommen die First Nations allenfalls als »Wilde«, »Barbaren«, »Heiden« oder »Rothäute« vor. Die Urbarmachung der »Wildnis« durch Pioniere sowie die Einhegung und Zivilisierung der »wilden« Ureinwohner dominiert die Erzählung, dabei gehören die Vertreibung und die Vernichtung weiter Teile dieser indigenen Kulturen in Wahrheit, so der Historiker Aram Mattioli in seiner Studie über die Indianer Nordamerikas, »zu den großen Menschheitskatastrophen vor dem 20. Jahrhundert«.[39]

Auf dem afrikanischen Kontinent betreiben die europäischen Mächte vor allem im südlichen Teil die Zwangsumsiedlung indigener Völker, um Platz für europäische Siedler zu schaffen. Französische, britische, belgische und deutsche Kolonialkriege und damit einhergehende Massaker offenbaren eine brutale Herrschaftspraxis.[40] Und in Australien arbeiten Behörden und Siedler Hand in Hand bei der Vertreibung der Aborigines, die bis in die jüngste Gegenwart andauert. Auf der Insel Tasmanien leben die Ureinwohner seit 8000 Jahren ohne Kontakt zu anderen Menschen, als die Europäer dort 1803 landen. Innerhalb von nur dreißig Jahren sinkt ihre Zahl um neunzig Prozent. Die letzten Überlebenden deportiert man von 1832 an nach Flinders Island. Es ist die Geschichte einer Vernichtung.

»Seit der Vertreibung aus Spanien kannte die Diaspora keine so anhaltende Verschiebung der Massen wie die, zu der es nach den russischen Pogromen von 1881 gekommen war«, schreibt Simon Dubnow 1929, am Vorabend der nächsten Verfolgungswelle, die in die Vernichtung der europäischen Juden mündet und der er selbst Ende 1941 zum Opfer fällt.[41] Dubnow wird 1860 in der weißrussischen Kleinstadt Mszislau geboren und erlebt dort, wie sich die Lage für die jüdische Bevölkerung dramatisch verschlechtert. Im Russischen Reich werden im Jahr 1897 rund 5,2 Millionen Juden gezählt, das entspricht einem Bevölkerungsanteil von 4,2 Prozent beziehungsweise rund fünfzig Prozent aller Juden weltweit. Nach der Aufhebung der Leibeigenschaft 1861 ergeben sich dort zunächst ganz neue Handelsmöglichkeiten, doch damit wächst auch der Konkurrenzdruck, was zu sozialen Spannungen führt. Einige russische Politiker versuchen diesen Druck auf die Juden abzulenken, indem sie antisemitische Kampagnen schüren. Die aufgeheizte Stimmung entlädt sich schließlich in blutigen *Pogromen* – ein Lehnwort aus dem Russischen, das bald Eingang in viele Sprachen findet. Nach dem Attentat auf Zar Alexander II. im Jahr 1881 kommt es vermehrt zu politischen Unruhen.

In der Stadt Balta in Podolien zerstört eine aufgehetzte Menge 1882 mehr als 1000 Häuser und 300 Geschäfte, 42 Juden werden ermordet und 121 schwer verletzt. Zwar bleiben die antisemitischen Gewaltakte auf einzelne Orte beschränkt, doch die landesweite

Berichterstattung befördert Massenpanik und Fluchtbewegungen. Hunderte von Pogromen werden am Ende zum Auslöser einer beispiellosen Flucht- und Auswanderungsbewegung. Die antijüdische Gewalt bleibt nicht auf das Russische Reich beschränkt. »Kauft nur bei Christen! Kauft nicht bei Juden!«, tönt es im österreichischen Galizien. Boykottaufrufe gegen jüdische Geschäfte gehören bald zum Alltag, Pogrome folgen. Zwischen 1880 und dem Ausbruch des Ersten Weltkriegs kehren insgesamt 2,5 Millionen Juden dem Zarenreich, Österreich-Ungarn und Rumänien den Rücken. Die große Mehrheit bleibt jedoch im Land – und damit in Gefahr.

Der Schriftsteller Israel J. Singer erzählt am Beispiel des polnischen Städtchens Leoncin, wie dort vor dem Ausbruch des Ersten Weltkriegs eine Pogromstimmung entsteht: Ein Christ bietet seinem jüdischen Nachbarn seine Dienste als »Shabbesgoi« an, also als Diener am Shabbat, wenn frommen Juden häusliche Arbeit verboten ist. Der Nachbar lehnt das Angebot ab. Daraufhin setzt der Christ das Gerücht in Umlauf, »die Juden hätten ein Christenkind ins Badehaus gelockt, wo es von Reb Itsche, dem Schächter, mit einem Messer getötet worden sei; dann habe Eber das Christenblut in einem Eimer zu Haskell, dem Bäcker gebracht, der es mit dem heiligen Wasser vermischt und mit dem Matzenmehl verknetet habe. Das Gerücht verbreitete sich wie ein Lauffeuer von Dorf zu Dorf. Ostern stand vor der Tür, und da zu diesem Zeitpunkt die meisten Christen wegen der Kreuzigung ihres Herrn ohnehin besonders erbost auf die Juden sind, begannen die Bauern vor Wut zu kochen ... Die Gojim drohten an, daß sie mit Messern bewaffnet zu dem kurz vor Pessach stattfindenden Jahrmarkt kommen und die Juden umbringen würden, die sich erfrechten, Christenblut zu verzehren.« Für die Juden vor Ort verhieß das nichts Gutes. »Die Juden lebten in Todesangst, Türen und Tore wurden nachts verriegelt.«[42]

Nach dem Ersten Weltkrieg brechen die großen Reiche auseinander, aber der Antisemitismus bleibt in den Gesellschaften Mittel- und Osteuropas virulent. Israel J. Singers Bruder Isaac Bashevis, der 1978 als amerikanischer Staatsbürger den Nobelpreis für Literatur erhält, erinnert sich an eine Zugfahrt nach Warschau, die er Anfang der 1920er Jahre unternahm. Er hat dabei Gelegenheit, »die Tiefe menschlicher Entwürdigung zu beobachten, die Qualen der Juden.

Eine Gruppe von Rowdys hatte den Wagen dritter Klasse bestiegen, der mit jüdischen Reisenden überfüllt war – arme Leute, die mit Säcken, Bündeln und Körben reisten. Die Rowdys wendeten sich sofort gegen diese Juden. Erst beschimpften sie sie mit den übelsten Ausdrücken. Jeder Jude, behaupteten sie, sei ein Bolschewik, ein Trotzkist, ein Sowjetspion, ein Mörder Christi, ein Ausbeuter. Im Lichte der winzigen Birne, die von der Decke hing, konnte ich die ›Ausbeuter‹ sehen – zerlumpte, gebrochene Gestalten, die meisten standen oder hockten auf ihren Bündeln. Die Rowdys hatten die jüdischen Reisenden von den Sitzen weggestoßen und räkelten sich auf den Bänken ... Bald wurden aus den Worten Taten. Sie packten die Bärte der Juden und zogen daran. Sie rissen einer älteren Frau die Perücke vom Kopf. Sie trampelten auf den Sachen der Juden herum. Die Juden hätten die Rowdys leicht abwehren können, aber sie wußten, was daraus entstehen könnte. Im nächsten Wagen reisten Soldaten mit, und es hätte leicht zu Blutvergießen kommen können.«[43] Aufgrund solcher Demütigungen und Ausgrenzungen kehren nach dem Ersten Weltkrieg viele Juden – auch Singer – ihren nun unabhängig gewordenen Heimatländern den Rücken. In Berlin, Antwerpen, Leeds, New York, Buenos Aires und in vielen anderen Städten entstehen jüdische Gemeinden, deren Kern Exilgemeinschaften bilden. Häufig gelten die Neuankömmlinge als Immigranten, streng genommen sind sie aber Flüchtlinge, betrachtet man die Gründe, die sie bewogen, ihre Heimat zu verlassen.

In den Niederlanden breitet sich Entsetzen aus, als man von den antisemitischen Pogromen in Russland erfährt. Der Journalist Pierre van Paassen, der um 1900 im calvinistischen Bürgertum Südhollands aufwächst, berichtet, dass die Informationen über diese Pogrome die Gemeinden seiner Heimatstadt so sehr erschütterten, dass die Gläubigen – nicht frei von missionarischem Eifer – für die Rettung des »Volkes Israel« beteten. Pierre van Paassens Eltern nahmen zwei russische Juden auf, die als Augenzeugen von den Pogromen berichten konnten.[44] Doch die Sympathie für die Flüchtlinge schlägt in Ablehnung und Antisemitismus um, als immer mehr orthodoxe und verarmte »Ostjuden«, wie sie in Deutschland herabsetzend genannt werden, in Westeuropa eintreffen. Dabei hat die Mehrheit der ostmittel- und osteuropäischen Juden gar nicht vor, sich im

Westen niederzulassen, vielmehr wollen sie dem alten Kontinent den Rücken kehren und in der Neuen Welt ihr Glück suchen. 1790 lebten lediglich 1500 Juden in den USA, 1880 sind es bereits 250 000 und 1920 sogar knapp 3,4 Millionen.[45] Für viele jüdische Flüchtlinge aus dem östlichen Europa ist Amerika das Land der Verheißung, in dem ein Leben ohne Diskriminierung und Verfolgung möglich ist.

Die Übergriffe auf die muslimischen Kaukasusvölker, die indigenen Nationen Nordamerikas sowie die Juden im östlichen Europa markieren eine Wende: Im 19. Jahrhundert setzen die ethnisch und religiös motivierten Vertreibungen ein. Kaum etwas steht so sehr für die dunkle Seite der Moderne wie die Vorstellung ethnischer Reinheit. Ethnie, »Rasse« und Nation werden zu Kategorien erhoben, denen oftmals nur vermeintlich rationale Konzepte zugrunde liegen. Der Gedanke der Volkssouveränität wird von den neuen Nationalbewegungen gefeiert, und zugleich bedrohen ihre Vorstellungen von ethnischer, religiöser oder »rassischer« Reinheit jeden, der nicht in ihre Gemeinschaft zu passen scheint. Hybride vormoderne Identitäten haben es zunehmend schwer, denn staatliche Akteure fordern klare Bekenntnisse: deutsch oder polnisch, türkisch oder griechisch, serbisch oder bosnisch-muslimisch, ungarisch oder slowakisch.

In Ostpreußen lösen Mitte des 19. Jahrhunderts vornationale Traditionen sprachlicher Toleranz bestenfalls noch einen romantischen Reflex aus. Schon bald gehen die preußischen Behörden mit kolonialem Sendungsbewusstsein gegen ethnische Gruppen im eigenen Land vor, die als rückschrittlich delegitimiert werden. Die Assimilierung der litauisch- und polnischsprachigen Bevölkerung Ostpreußens in den Landesteilen Preußisch-Litauen und Masuren wird als Sieg einer höheren deutschen Zivilisation gefeiert. In den *Culturbildern aus Altpreußen* wird klar, an welchem Vorbild man sich orientiert: »Wie die Cultur den Indianer tödtet, so raffte sie die Preußen dahin und wird auch die Litthauer tödten, ihren Hauch verträgt kein Naturvolk.«[46] Insbesondere die im Süden der Provinz lebenden Masuren geraten zwischen die Mühlsteine polnischer und deutscher Interessen. Die Masuren sprechen einen polnischen Dialekt, gelten aber als loyale preußische Staatsbürger, die als Protestanten stets bestrebt sind, ihren preußischen Patriotismus zu bekräftigen. Doch spätestens von 1900 an müssen sie sich für eine Seite entscheiden,

Viele Juden im Zarenreich schnüren zu Beginn des 20. Jahrhunderts angesichts immer neuer Pogrome ihr Bündel und wandern nach Amerika aus, wo sie sich an Verwandte oder Landsleute wenden können, die schon vor ihnen diesen Weg gegangen sind und sie in der Neuen Welt willkommen heißen werden. Die 1901 von der *Hebrew Publishing Company* herausgegebene Grußkarte zum jüdischen Neujahrsfest Rosh Hashana setzt diese Hoffnungen und Träume der jüdischen Flüchtlinge ins Bild.

ein Dazwischen gibt es nicht mehr. So gelangt der Nationalismus bis in abgelegene Dörfer. Ethnische Homogenität lautet der Missionsauftrag, und damit entweicht ein unheilvoller Geist aus der Flasche, der Menschen aus ethnischen Gründen aus der Gemeinschaft ausgrenzt und aus vertrauten Nachbarn Fremde macht. Die neuen Nationalstaaten gebärden sich als Wächter der reinen Lehre und entscheiden, wer fremd ist und wer dazugehört. Die neuen Fremden – im Englischen *aliens* – sind fortan ihrer Willkür ausgeliefert.

Mit den neuen Nationalstaaten ist die Stunde der Statistiken gekommen, mit deren Hilfe die eigenen Ansprüche legitimiert werden sollen. Mit den neuen Kategorien Ethnizität und Nation entstehen bis dahin unbekannte Gegensätze und neue Konflikte. Im Kaukasus erweisen sich die Politiker des Zaren wieder einmal als perfide Meister im Schüren von Hass. Um die eigene Herrschaft in der instabilen Kaukasusregion zu sichern, setzt die russische Führung auf lokal begrenzte Konflikte. So instrumentalisiert sie etwa die Armenier lange Zeit als christliche »Kulturträger« gegen die Muslime, beäugt aber argwöhnisch das wachsende armenische Selbstbewusstsein. Zar Alexander III. ordnet schließlich an, den armenischen Einfluss zurückzudrängen. 1885 müssen armenische Kirchenschulen schließen, 1903 folgt die Enteignung des armenischen Kirchenbesitzes. Doch mit diesen Maßnahmen erreichen die russischen Behörden genau das Gegenteil dessen, was sie bezwecken: Sie befeuern die Radikalisierung der armenischen Nationalisten. Als der Erste Weltkrieg ausbricht, vollzieht das Zarenreich erneut eine Kehrtwende und begrüßt die Armenier als christliche Brüder im Feldzug gegen die Osmanen.[47]

Die Ideen ethnischer Reinheit finden weit über den Kaukasus und Europa hinaus begeisterte Anhänger. Im 19. Jahrhundert entstehen erstmals nationale Grenzen, die nach jenen ethnischen Vorstellungen definiert werden. Die neuen Nationalstaaten zeigen sich erstaunlich erfinderisch, wenn es darum geht, ihr kollektives Wir zu schützen – etwa durch Pässe, Einreisevisa und Grenzkontrollen. Die Grenzpfähle wehren Fremde nicht nur symbolisch ab, denn diese müssen nun um Einlass bitten. Wer unerwünscht ist, bleibt draußen. Doch damit nicht genug, schaffen moderne Staats- und Nationskonzepte eine neue Kategorie Mensch – den »Illegalen«. Immer stärker wächst auch der Wille, die Wanderungsbewegungen – seien sie erzwungen oder nicht – zu steuern. Die Weigerung der Delegierten auf der Konferenz von Évian im Jahr 1938, jüdische Flüchtlinge aufzunehmen, entspringt diesem Quotendenken. Bis heute arbeiten die Staaten mit großem Eifer an neuen Abwehrmechanismen, die Unerwünschte – zumeist Flüchtlinge – aufhalten sollen.

Die Verkünder der neuen Ideen wirken rastlos daran, euphemistische Bezeichnungen für die unmenschlichen Vertreibungen zu erfinden: Umsiedlung, Übersiedlung, Ausweisung, Transfer, Säuberung. »Die Idee der ethnischen Homogenität unterscheidet sich von anderen Identitätsschablonen durch ihre semantische Aufladung«, bringt der Soziologe Zygmunt Bauman es auf den Punkt. »Hier wird gleichsam axiomatisch eine Art himmlische Einheit, die von Menschen nicht gelöst werden kann, angenommen; eine Art vorgegebenes Band der Einheit, das vor allen Verhandlungen und Übereinkünften über Rechte und Pflichten existiert.«[48] Nach diesen Vorstellungen sind Nationen und Ethnien also nicht bloß kulturell bedingte Konstruktionen, sondern quasi natürliche Schicksalsgemeinschaften. Und diese Schicksalsgemeinschaften müssen um »Lebensraum« kämpfen, was bestehende Grenzen grundsätzlich infrage stellt. Grenzen können demnach jederzeit verschoben werden, wenn die Bedürfnisse der eigenen Ethnie das erfordern. Am Ende steht der expansive Nationalstaat, ethnisch rein und befreit von lästigen Minderheiten, mit denen ein Zusammenleben nicht mehr vorstellbar ist.

Ethnische Säuberungen folgen einer kalten Logik, die technokratisch auch *demographic engineering* genannt wird. Gewalt ist dabei bewusst einkalkuliert. Der Historiker Uğur Ümit Üngör skizziert am Beispiel der türkischen Politik gegenüber den ethnischen und religiösen Minderheiten in Ostanatolien die Entwicklung vom Planspiel zur ethnisch motivierten Vertreibung.[49] Im konkreten Fall verläuft die Entwicklung nicht linear, sondern weist – zynisch formuliert – unterschiedliche Spielarten auf. Zunächst manipuliert der Staat die Statistiken zu seinen Gunsten und damit zum Vorteil der favorisierten ethnischen Mehrheit. Er setzt alles daran, die Geburtenrate der eigenen Ethnie nach Kräften zu fördern, und erwirkt Grenzänderungen, bis Ethnie und Titularnation mit seinen Vorstellungen im Einklang stehen. Unerwünschte Minderheiten werden zur Assimilation gezwungen, was zum Verlust ihrer ethnischen Identität führt. Wenn das nicht gelingt, versucht man die unerwünschten Gruppen im Zuge ethnischer Säuberungen loszuwerden. In letzter Konsequenz führt das *demographic engineering* – wie das Beispiel der Armenier und orientalischen Christen 1915 zeigt – zum Völkermord.

Am Vorabend des Ersten Weltkriegs suchen alle Regierungen auf dem Balkan durch territoriale Eroberungen eine möglichst große ethnische Homogenität in ihren Ländern herzustellen. Serbien, Montenegro, Bulgarien und Griechenland nutzen 1912 die Gunst der Stunde und greifen das geschwächte Osmanische Reich auf dem Balkan an. Dieser Erste Balkankrieg endet im Frühjahr 1913 mit einem Sieg über die osmanische Armee. Wenige Monate später kämpfen die Sieger im Zweiten Balkankrieg gegeneinander um die territoriale Beute. Mitten im Geschehen befindet sich die Stadt Saloniki, heute besser bekannt als Thessaloniki. Seit 1430 steht sie unter osmanischer Herrschaft, leben in ihren Mauern neben Muslimen türkischer, griechischer und slawischer Sprache auch orthodoxe Griechen, Mazedonier und Bulgaren sowie die Mitglieder der bereits erwähnten sephardischen Gemeinde.

Salonikis Bevölkerung ist von vornationaler Vielfalt, was sich mit der vermeintlichen Notwendigkeit ethnisch-religiöser Homogenität nicht verträgt. Im Jahr 1898 erlebt der britisch-jüdische Weltreisende Elchanan Nathan Adler diese Vielfalt und insbesondere die jüdische Präsenz am Versöhnungsfest Jom Kippur. »Während des Gottesdienstes waren die Straßen leer. Mehr als die Hälfte der zirka 130 000 Einwohner von Saloniki sind Juden, und drei Viertel des gesamten Handels in ihren Händen. Alle Bootsleute des Hafens sind Juden, und an den Sonnabenden können die Dampfer weder einladen noch ihre Ladung löschen.«[50] Nach dem Einmarsch der Griechen 1912 verändert sich das Antlitz der Stadt. Nach verschiedenen Wellen von Vertreibung und dem deutschen Massenmord während des Zweiten Weltkriegs ist Thessaloniki heute eine weitgehend griechische Stadt.

Mit den Balkankriegen endet die osmanische Herrschaft in Südosteuropa. Die christlichen Nationalisten schüren nun nach Kräften antimuslimische Ressentiments. Im Oktober und November 1913 berichten die britischen Vizekonsuln in Skopje und Monastir von der systematischen Einschüchterung muslimischer Bewohner, die willkürlich durch Serben verhaftet, verprügelt und vergewaltigt werden.[51] An der anatolischen Ägäisküste wiederum kommt es 1914 zur Vertreibung von mehr als 100 000 Griechen durch die osmanische Regierung. Ungeachtet dieser Gewalt hält die internationale Gemeinschaft – allen voran die Demokratien des Westens – die sogenannten ethnischen Säuberungen für ein angemessenes Mittel zur »Entflechtung« von Konfliktherden.[52]

Doch der Balkan bleibt ein Pulverfass, was sich nicht zuletzt im Attentat auf den österreichischen Thronfolger am 28. Juni 1914 zeigt. Der durch diesen Mord ausgelöste Krieg beginnt als »dritter Balkankrieg« und wird zum Weltenbrand.[53]

Verjagte seit dem Ersten Weltkrieg

Bilder von Flüchtlingen in Belgien und Ostpreußen gehören mit Beginn des Ersten Weltkriegs zum Alltag. Hunderttausende Zivilisten verlassen bereits im August und September 1914 aus Angst vor der Gewalt deutscher und russischer Soldaten ihre Heimat. Den Widerstand belgischer Truppen haben die deutschen Militärstrategen nicht einkalkuliert, und so gehen sie, als ihr Vorstoß durch das neutrale Königreich in Richtung Nordfrankreich ins Stocken gerät, gewaltsam gegen die Zivilbevölkerung vor. 6500 Zivilisten fallen dem deutschen Militär im Sommer 1914 zum Opfer. Weit im Osten Deutschlands fliehen zu dieser Zeit 800 000 Ostpreußen vor der Armee des Zaren, die den Großteil der Provinz einnimmt. Ob sie jemals zurückkehren können, wissen sie nicht. Von den Zurückbleibenden werden rund 13 000 Männer und Frauen nach Russland deportiert, mehrere Tausend deutsche Zivilisten durch die russischen Besatzer getötet.

Während der Krieg an der Westfront nach den Anfangsmonaten zum Stellungskrieg erstarrt, verschieben sich die Fronten im Osten immer wieder drastisch. Entsprechend ist der Krieg dort vom Bild des Flüchtlings geprägt.[54] Die seit dem Ende des 19. Jahrhunderts forcierte Russifizierungspolitik schlägt im Zarenreich in Massengewalt gegen ethnische Minderheiten um, als deutsche Armeen auf russisches Gebiet vordringen. Juden, Polen und auch Deutsche gelten fortan als innere Feinde. Die Regierungen Russlands und des Osmanischen Reiches bedienen sich eines aggressiven Chauvinismus, um ihre Untertanen gegen vermeintlich illoyale subversive »fünfte Kolonnen« aufzuhetzen, die – so der Vorwurf – den Gegner unterstützen. Eine ungebremste Spionagephobie breitet sich über Russland und darüber hinaus aus.

Die russische Führung setzt bewusst auf ethnisch motivierte Gewalt, indem sie Antisemitismus und Fremdenfeindlichkeit nach Kräften schürt. In frontnahen Regionen veranlasst das Militär die Deportation von Minderheiten in das Innere Russlands. Verbannung als Strafe entspricht alter russischen Herrschaftspraxis,[55] allerdings zeigen sich die Behörden bald hoffnungslos überfordert von der Aufgabe, die Deportationen zu organisieren und die Flüchtlingsbewegungen zu lenken. Heimatlose irren herum, Konflikte zwischen Flüchtlingen und Einheimischen führen zu Verteilungskämpfen um die kriegsbedingt ohnehin knappen Ressourcen. Das alles trägt entscheidend zur inneren Destabilisierung des Reiches bei. Chaos, Krankheiten und Hunger breiten sich aus. Nach Meinung von Peter Gatrell haben die Maßnahmen der kaiserlichen Regierung und der russischen Militärführung ungewollt den sozialen Unfrieden im Land verstärkt, was im Zuge der neuen Konflikte und der wirtschaftlichen Schwächung letztlich zur Revolution beitrug.[56]

Das russische Oberkommando macht die jüdischen Untertanen zu Sündenböcken, und so erlebt Russland eine neue Welle antisemitischer Pogrome. Jüdische Frauen fallen Massenvergewaltigungen durch russische Truppen zum Opfer. Schon in den ersten Kriegswochen 1914 richten russische Militärs schätzungsweise mehrere Hundert Juden hin.[57] Anfang Mai 1915 wird die jüdische Bevölkerung zur Strafe für ihren vermeintlichen Verrat an der russischen Armee aus den Gebieten Kaunas und Kurland vertrieben. Bis zum Sommer 1915 müssen mehr als 200 000 Juden ihre Heimat verlassen.[58] Auch in Kongresspolen, in Galizien und in der Bukowina leiden sie unter Vertreibungen, Massendeportationen, Pogromen und Geiselnahmen. Hinzu kommen Hunger und Seuchen.[59]

Viele Belgier fliehen vor Krieg und Besatzung, als die Deutschen 1914 in ihr neutrales Land einmarschieren. Der Bündnispartner Großbritannien nimmt Hunderttausende Flüchtlinge auf, doch die allermeisten finden Zuflucht im gleichfalls neutralen Nachbarland Niederlande, wo bis zu eine Million Belgier unterkommen, zunächst in Privatquartieren, später in bewachten Lagern. 1915 kehren fast alle zurück in ihre Heimat.

Maurice Paléologue, der französische Botschafter in Sankt Petersburg, notiert am 30. März 1915 aus Augenzeugenberichten in seinem Tagebuch: »Gleich nach Kriegsbeginn durchlebten die Juden Polens und Litauens schwerste Prüfungen. Bereits im August mussten sie die Kampfzone ohne Vorwarnung und ohne jede Habe *en masse* verlassen. Nach einem kurzen Aufschub wurden die Vertreibungen in einer äußerst schlagkräftigen, hektischen und brutalen Art und Weise wiederaufgenommen. Alle israelitischen Bewohner von Grodno, Łomża, Płock, Kutno, Lodz, Piotrków, Kielce, Radom und Lublin wurden nach und nach ins Landesinnere Richtung Podolien und Wolhynien verjagt. Überall ging der Aufbruch mit Gewalt und Plünderungen einher, was die Behörden wohlwollend registrierten. Man sah Hunderttausende dieser armen Menschen durch den Schnee stapfen, wie Vieh getrieben von Kosakentrupps, in tiefster Verzweifelung wurden sie an den Bahnhöfen sich selbst überlassen, mussten im Freien nächtigen und starben an Hunger, Erschöpfung und Kälte.« Während all dies geschieht, dienen 240 000 jüdische Soldaten in der Armee des Zaren.[60]

Wie die jüdischen Untertanen leiden auch die Polen und die Deutschen in Kongresspolen, Weißrussland, der Ukraine und den baltischen Provinzen unter Gewalt und Verfolgung. In den Kampfzonen zum Osmanischen Reich richten sich die Maßnahmen zudem gegen Muslime. Mancherorts versuchen die Behörden systematisch unliebsame Minderheiten loszuwerden und das russische Imperium nach ethnischen Kategorien neu zu ordnen, oft entspringt die Gewalt aber auch Ad-hoc-Entscheidungen oder ist auf die zunehmende Radikalisierung zurückzuführen.[61]

Im Osmanischen Reich richtet sich der Nationalismus bereits vor 1914 gegen christliche Minderheiten, vor allem gegen Armenier, Griechen und assyrische Christen. Doch mit der armenischen Katastrophe, als Vertreibungen und Massenmorde ein bis dahin nicht gekanntes Ausmaß erreichen, bricht 1915 eine neue Zeit an. Mitten im Krieg wird vor den Augen der Weltöffentlichkeit ein Genozid verübt. Der österreichische Schriftsteller Franz Werfel hat dazu 1933 den Roman *Die vierzig Tage des Musa Dagh* veröffentlicht und gilt seither als literarischer Chronist dieses Völkermords. Der Priester

Ter Haigasun spricht am Berg Musa Dagh zu den geretteten Armeniern über das schreckliche Schicksal ihrer Landsleute. Seit Langem habe die osmanische Regierung »diese Metzeleien zwar immer selbst veranstaltet, sich aber nie zu ihnen bekannt. Sie entstanden aus der Unordnung und gingen in der Unordnung unter. Die Unordnung sei aber noch der beste Teil dieser Schurkereien gewesen und das ärgste Schicksal der Tod.« Der Priester unterscheidet klar zwischen den historischen Pogromen und den Ereignissen des Jahres 1915: »Nicht so die Austreibung! Hierbei könne sich noch derjenige beglückwünschen, der durch den Tod, auch den grausamsten, von ihr erlöst werde. Die Austreibung gehe nicht vorüber wie ein Erdbeben, das immer noch einen Teil der Menschen und Häuser verschont. Die Austreibung werde so lange dauern, bis der Letzte des Volkes durch das Schwert getötet, auf der Landstraße verhungert, in der Wüste verdurstet, von Cholera und Flecktyphus hinweggerafft sei.« Diese »Austreibung« unterscheide sich fundamental von den Gewaltexzessen früherer Zeiten, denn »diesmal herrsche nicht regellose Willkür und aufgepeitschter Blutrausch, sondern etwas weit Entsetzlicheres – Ordnung«.[62]

Die »Austreibung« erfolgt unmittelbar nach den für die Türken traumatischen Ereignissen auf dem Balkan. Seit Jahrzehnten erleben sie den kontinuierlichen Zerfall ihres Imperiums. Bis 1914 verlieren sie auf dem europäischen Kontinent fast siebzig Prozent ihrer Bevölkerung und mehr als achtzig Prozent ihres Territoriums. Die Vertreibung vieler Muslime vom Balkan lässt bei türkischen Politikern die Überzeugung wachsen, nur ethnische Reinheit könne den territorialen Bestand sichern. In einem Land, das von jeher Heimat unterschiedlicher Kulturen und Religionen ist, bleibt das zunächst nicht viel mehr als ein frommer Wunsch. Doch die jungtürkischen Nationalisten machen den Islam zur verbindenden Klammer. Anatolien wird zum »Mutterland« für verfolgte osmanische Muslime aus den erodierenden Grenzregionen des alten osmanischen Großreichs. Dieser auf Integration zielende Ansatz ignoriert die tiefen kulturellen Gräben etwa zwischen türkischen, kurdischen oder kaukasischen Muslimen, die gemeinsam die christlichen Minderheiten, allen voran die Armenier, zunehmend mit Argwohn und schließlich sogar mit Hass betrachten.

Die christlichen Armenier sind überdies verdächtig, weil sie seit Ende des 19. Jahrhunderts mehr Gleichberechtigung und Selbstbestimmung fordern. Die türkische Regierung setzt auf einen kompromisslosen Zentralismus. Deshalb fürchtet sie, dass nach den Gebieten auf dem Balkan auch Ostanatolien aufgrund armenischer Autonomieforderungen, die Russland unterstützt, verloren gehen könnte. Eine nationalistische Hysterie breitet sich aus unter einer aus dem übrigen Europa bereits vertrauten Devise, die in der regionalen Variante lautet: »Die Türkei den Türken«. Dieser neue türkische Nationalismus befördert den jungtürkischen Militärputsch vom Januar 1913, der auf eine umfassende Modernisierung und vor allem radikale Turkisierung des verbliebenen Staatsgebiets zielt.

Wie Kemal Atatürk, der Gründer der modernen Türkei, der im heute griechischen Saloniki geboren wurde, stammen viele Politiker aus den Reihen der Jungtürken vom Balkan oder aus Russland. Die Niederlagen der osmanischen Truppen in den Balkankriegen empfinden sie als persönliche Demütigung. Ihr Selbstvertrauen ist erschüttert, sie sind beherrscht von Wut und einem Gefühl der Hilflosigkeit.[63] Die Jungtürken versuchen, nach dem Kriegseintritt ihre nationalistischen Ideen umzusetzen. Am Ende ist es ein ideologisches Aufbäumen gegen den hoffnungslosen Mehrfrontenkrieg, der die osmanische Gesellschaft seit 1914 an ihre Grenzen stoßen lässt.[64]

Der Völkermord von 1915 ist kein überraschendes Ereignis, sondern der Höhepunkt einer schleichenden Entwicklung. Bereits in den Jahren 1894 bis 1896 und erneut 1909 kommt es in Teilen Anatoliens zu Massakern, denen Tausende Christen zum Opfer fallen. In Deutschland warnen Politiker wie der sozialdemokratische Reichstagsabgeordnete Eduard Bernstein schon damals vor weiteren Gewalttaten. Bernstein fordert die deutsche Reichsregierung bereits 1902 auf, sich für die Armenier einzusetzen: »Jetzt wird uns im Falle Armeniens die Möglichkeit geboten, energisch unsere Stimme zu erheben zugunsten eines Volkes, gegen welches langsam, aber zielbewußt ein grausamer Vernichtungskampf geführt wird.«[65]

Doch Bernstein warnt vergeblich. Deutschland und Österreich-Ungarn ziehen 1914 gemeinsam mit dem Osmanischen Reich in den Krieg. Für die deutschen Militärberater ist es kein Problem, dass die jungtürkischen Politiker die Armenier und die Christen im Osmanischen Reich zunehmend als Feinde betrachten und diese für den Niedergang des Imperiums verantwortlich machen.[66] »Es ist ein unmöglicher Zustand, mit den Türken verbündet zu sein und für die Armenier einzutreten. Meiner Überzeugung nach muß jede Rücksicht, christliche, sentimentale und politische, gegenüber einer harten aber klaren Kriegsnotwendigkeit verschwinden«,[67] schreibt Hans von Seeckt 1918, nachdem er ein Jahr zuvor zum stellvertretenden Generalstabschef der osmanischen Armee ernannt worden war. Mit der kühlen Ratio des Militärs betrachtet er den Völkermord an den Armeniern als unausweichlichen Kollateralschaden geopolitisch bedingten Handelns.

Für die christlichen Minderheiten spitzt sich die Lage dramatisch zu, als russische Truppen nach Kriegsbeginn auch nach Ostanatolien vorrücken. Damit drohen alte armenische Siedlungsgebiete der osmanischen Kontrolle entzogen zu werden. Ein Akt armenischer Selbstverteidigung in der ostanatolischen Stadt Van wird den Armeniern zum Verhängnis. In ihrer nationalistischen Überspannung schlagen die Osmanen gegen die seit Langem ungeliebte christliche Minderheit los. Jungtürkische Politiker verbreiten eine Verschwörungstheorie und erklären die Armenier ohne jeden Beweis zur »fünften Kolonne« der Russen. Am 24. April 1915 werden in Istanbul führende Vertreter der Armenier verhaftet. Der Tag geht als Beginn der *Aghet* – der Katastrophe – in die armenischen Geschichtsbücher ein. In ganz Zentral- und Ostanatolien deportieren die Behörden die Mitglieder der armenischen Gemeinschaften. Die Maßnahme ist von langer Hand geplant und erfolgt systematisch. Die osmanischen Truppen trennen die Männer von ihren Familien und bringen sie auf grausame Art und Weise um – häufig mit Unterstützung kurdischer Verbündeter. Frauen und Kinder schicken sie auf endlosen Märschen bewusst in den Tod. Krankheiten, Hunger, Massaker und Überfälle fordern einen hohen Tribut. Nur wenige Armenier überleben.

Die ersehnte ethnisch-religiöse Homogenisierung erreichen die osmanischen Machthaber durch ein »Vernichtungsprojekt« (Enzo Traverso). Dass ihnen durch Vertreibung und Mord die fast vollständige Vernichtung der Armenier Kleinasiens gelingt, werten die jungtürkischen Ideologen als Erfolg. »Jedes Dorf, jede Stadt an seinem Weg war menschenleer«, beobachtet der Protagonist in Yaşar Kemals Roman *Der Sturm der Gazellen*.[68] Die wenigen Überlebenden sind in alle Winde zerstreut, Waisenkinder irren in der verlassenen Landschaft umher. »Er hatte schon viele dieser Kinder gesehen. Kinder von Armeniern, Kurden und Jesiden, die im Krieg umgekommen waren. Aber nie waren sie in einem so elenden Zustand gewesen wie diese. Zu hunderten wehte sie der Wind von Dorf zu Dorf, von Ort zu Ort. Sie holten sich aus den Häusern und Läden, was sie an Essbarem finden konnten, und waren beim nächsten Lidschlag schnell wie der Wind schon wieder fort.«[69]

Nach 1920 richten die Armenier, die in Syrien und im Libanon oder an der türkische Westküste überlebt haben, wo sie zunächst von der Deportation verschont bleiben, ihre Hoffnung auf das sowjetische Armenien. Sie sehnen sich nach einem eigenen Staat, doch kaum haben sie diesen errungen, greifen auch sie zum Mittel der ethnischen Säuberung. Für die Armenier sind die ansässigen Muslime unerwünschte Fremde, weshalb man sie aus der Hauptstadt Eriwan und der Ararat-Ebene vertreibt.[70] In den Gebieten um die späteren Sowjetrepubliken toben ebenfalls ethnische Konflikte zwischen armenischen Christen und aserbaidschanischen Muslimen. Viele armenische Überlebende des Völkermords verlassen die kriegsgebeutelten Regionen im Nahen Osten und im Kaukasus und wagen in Frankreich, Südamerika oder in den USA einen Neuanfang.

Der ethnischen Neuordnung Kleinasiens unter Innenminister Talaat Pascha fallen am Ende auch Griechen und assyrische Christen zum Opfer. Als »assyrisch« wird eine ethnische Gruppe von Christen bezeichnet, die in den zentralen Regionen Kurdistans lebt und verschiedene Dialekte spricht, die aus dem Aramäischen stammen. Ihre kirchliche Struktur ist sehr heterogen, unter anderen umfasst sie die Nestorianer, die Chaldäer sowie die syrisch-orthodoxe Kirche. 1895 werden bei Massakern osmanischer Truppen mit kurdischen und arabischen Helfern 100 000 assyrische Christen im Südosten der heutigen Türkei ermordet.[71] Nach 1915 waren Schätzungen zufolge rund 250 000 Opfer unter den assyrischen Christen zu beklagen, eine Zahl, die nach Meinung des Historikers David Gaunt zu niedrig angesetzt ist.[72] Da die assyrischen Gemeinschaften sehr zersplittert sind und international kaum Gehör finden, liegt dieser Völkermord bis heute im Dunkel der Erinnerung. Auch die Pontosgriechen, die im Nordosten des Osmanischen Reichs am Ufer des Schwarzen Meeres leben, erleiden von 1919 an Massaker und werden auf Todesmärsche geschickt.[73]

Als die Waffen 1918 endlich schweigen, richten sich die Hoffnungen und Erwartungen vor allem der Verlierer auf den US-Präsidenten Woodrow Wilson und sein Vierzehn-Punkte-Programm, das eine stabile Nachkriegsordnung garantieren soll. Das Ansinnen ist gut gemeint, aber realitätsfremd. Wilsons Vorstellungen von Demokratie und Minderheitenschutz kollidieren zu sehr mit der Wirklichkeit in der Alten Welt. Die multi-ethnischen Imperien Russland, Österreich-Ungarn und das Osmanische Reich zerbrechen, aus ihren Trümmern entstehen neue Nationalstaaten (im Falle Polens wird ein untergegangener Staat in anderer Form neu geschaffen), in denen die Minderheiten erneut das Nachsehen haben.

Das von Präsident Wilson propagierte und von vielen Europäern eifrig übernommene Prinzip vom »Selbstbestimmungsrecht der Völker« krankt daran, dass es die Rechte ethnischer Minderheiten beinahe zwangsläufig beschneidet. Im Rahmen der Pariser Vorortverträge von 1919 mit Deutschland (Versailles), Österreich (Saint-Germain), Ungarn (Trianon) und Bulgarien (Neuilly-sur-Seine) sowie dem Vertrag von Sèvres vom 10. August 1920 mit dem Osmanischen Reich wird schließlich der fatale Pfad zur ethnischen »Entflechtung« gewiesen. Man gewährt den Titularnationen der neuen Staaten das Recht auf Selbstbestimmung, erschwert oder verweigert es aber den innerhalb dieser Grenzen lebenden Angehörigen anderer Ethnien. Millionen Europäer finden sich am Ende in Staatsgebilden wieder, in denen sie als kulturell Fremde gelten. »Versailles hatte sechzig Millionen Menschen eigene Staaten gegeben, dafür aber weitere fünfundzwanzig Millionen zu Minderheiten gemacht«, fasst der Historiker Mark Mazower das Ergebnis dieser territorialen Neuordnung zusammen.[74]

In den national umstrittenen Grenzregionen im Osten Europas brechen bald erbitterte Kämpfe um die imperiale Konkursmasse aus. Im Polnisch-Sowjetischen Krieg, in dem es um die politische

Vorherrschaft in den heutigen Territorien von Weißrussland sowie Litauen und der Ukraine geht, kommt es bis in die 1920er Jahre hinein zu Grenzverschiebungen, Vertreibungen und Terror gegen Minderheiten.[75] Politische Landkarten haben kaum Bestand, Grenzen verändern sich über die Köpfe der Menschen hinweg. »Die ›neuen‹ Staaten waren wie die alte Monarchie im Grunde Vielvölkerstaaten, doch betrachteten sie sich als Nationalstaaten mit einer einzigen Staatsnationalität, die den Staat verkörperte und ›besaß‹, während die übrigen Völker als unwillkommene Gäste mehr oder weniger geduldet waren. Die neuen Staaten zeigten im ganzen weniger Toleranz, weniger Weisheit und weniger Zurückhaltung als die alte Monarchie«,[76] urteilt der aus Prag stammende Historiker und frühe Nationalismusforscher Hans Kohn 1965.

Vor allem die Deutschen empfinden Versailles als »Diktatfrieden« und Akt der Demütigung, zumal in einigen Provinzen Volksabstimmungen über die territoriale Zugehörigkeit stattfinden sollen. Die Empörung über die Ansprüche der Republik Polen auf Teile Ost- und Westpreußens, vor allem aber Oberschlesiens, reicht quer durch alle politischen Lager. Intellektuelle wie Max Tau, Joseph Roth, Kurt Tucholsky und Arnold Zweig engagieren sich für einen Verbleib Oberschlesiens bei Deutschland. Der aus Schlesien stammende Zweig schreibt vom drohenden Verlust seiner Heimat »an einen anderen Staat, der sie nicht geschaffen hat, nie hätte schaffen können, und dessen Anrecht auf sie weder natürlich noch sittlich ableitbar ist«.[77] 1921 stimmt die Mehrheit der Wahlberechtigten in einem Referendum für den Verbleib bei Deutschland, doch Polen und der Völkerbund ignorieren die Abstimmungsergebnisse. Am Ende steht die Teilung Oberschlesiens. Gut eine Million Deutsche findet sich über Nacht in einem anderen Staat wieder und muss sukzessive ihre Heimat in den an Polen abgetretenen Gebieten verlassen.

Im Entwurf für den Friedensvertrag von Saint-Germain ist vorgesehen, dass große Teile der Untersteiermark und das Radkersburger Dreieck an den neuen Staat Jugoslawien fallen. Dagegen protestieren am 15. Juni 1919 Tausende Deutsch-Österreicher auf dem Hauptplatz von Mureck. In einer Entschließung drückt die Menge ihre »tiefste Entrüstung und Bestürzung« über den vorgelegten Friedensvertrag aus, dessen Bedingungen »unser deutsches Volk versklaven, wirtschaftlich erdrosseln und Generationen zu Bettlern machen«. Vor allem verletze der Vertrag Wilsons Versprechen vom Selbstbestimmungsrecht der Völker. »Wir fordern stürmisch freie Verhandlungsmöglichkeiten in Paris und die freie Volksabstimmung für das von den Jugoslawen besetzte Gebiet, nach Rückzug der jugoslawischen Truppen den Anschluß an das Deutsche Reich und Abänderung der erdrosselnden wirtschaftlichen Bedingungen.«[78] Trotz wiederholter Vorstöße der österreichischen Delegation lehnt die Pariser Konferenz eine Volksabstimmung für das Gebiet ab. Schließlich werden Teile von Radkersburg und Umgebung der Republik Österreich zugesprochen, das mehrheitlich deutsch bewohnte Abstaller Feld und das Drautal fallen jedoch an Jugoslawien. Radkersburg selbst wird zur geteilten Stadt, der Stadtteil Oberradkersburg südlich der Mur mit seinen Weingärten wird jugoslawisch.

Einer von vielen Millionen Vertriebenen jener Jahre ist der siebzigjährige Harry Bresslau, Professor für Mediävistik im elsässischen Straßburg. Als das Elsass nach dem Ersten Weltkrieg erneut an Frankreich fällt, wird Bresslau als »militanter Alldeutscher« nach Deutschland ausgewiesen. Dabei steht der deutsch-jüdische Gelehrte und Schwiegervater von Albert Schweitzer nationalistischen Kreisen fern, gilt als hochgeschätzter Wissenschaftler, aus dessen Feder viele Grundlagenwerke stammen.[79] »Am Sonntag, 1. Dezember, 11 Uhr vormittags, überbrachte mir ein französischer Gendarm die Ausweisungsorder. Am folgenden Tage, um 3 Uhr nachmittags – so befahl der kommandierende General – sollte ich mich an der Kehler Rheinbrücke einfinden; nur die Mitnahme von Handgepäck sei gestattet; die Möbelfrage würde später geregelt werden. Personen gleicher Nationalität, die unter demselben Dach wohnten, dürften mich begleiten, aber ohne Hoffnung auf Rückkehr. Meine Frau entschloss sich sofort mit mir zu gehen. Am Nachmittage kam die Nachricht, dass die Mitnahme von 40 Kilogr. Gepäck für jeden Reisenden erlaubt sei; sie würden von den Franzosen an die Rheinbrücke befördert werden. Am nächsten Morgen brachte ich zwei eiligst gepackte Koffer an die vorgeschriebene Sammelstelle; ich fürchtete, daß die Franzosen das Gepäck revidieren würden, und ließ deshalb manche Papiere zurück, die ich gern mitgenommen hätte.«[80]

Frankreichs Behörden teilen die knapp 1,9 Millionen Einwohner der Region Elsass-Lothringen in vier Kategorien ein, für die man unterschiedliche Personalausweise ausstellt. Auf Grundlage dieser willkürlichen ethnischen Hierarchisierung, die zudem teilweise auf Denunziationen beruht, vertreiben die Franzosen neben der Familie Bresslau in einer ersten Welle bis Ende 1919 rund 100 000 Menschen aus Elsass-Lothringen. In einer zweiten Welle müssen bis 1923 nochmals 50 000 Elsässer und Lothringer das Land verlassen.[81]

Auf Wilsons »Selbstbestimmungsrecht der Völker« hoffen auch die Kurden 1920 vergeblich. Obwohl Frankreich und Großbritannien ihnen bei den Verhandlungen über den Vertrag von Sèvres Selbstbestimmung zumindest in Form einer Autonomie zusichern, tritt man ihre Interessen mit Füßen, denn den siegreichen Mächten liegt viel an ihren Einflusssphären im späteren Syrien und im Irak. Deshalb überlässt man Mustafa Kemal und seiner modernen Türkei 1923 den größten Teil der kurdischen Gebiete, ohne die Rechte der Bevölkerung als ethnische Minderheit abzusichern. Damit wird ein Konflikt begründet, der bis in die Gegenwart nichts an Sprengkraft eingebüßt hat.

Bis heute betreibt die Türkei eine Assimilierungspolitik und verweigert den jahrzehntelang als »Bergtürken« deklarierten Kurden ihre eigene Identität, Sprache und Autonomie. »Ich bin lediglich das letzte Glied einer sehr langen Kette«, fasst die kurdische Schriftstellerin und Journalistin Yildiz Çakar das kurdische Dilemma zusammen. »Mein Großvater wurde noch im Osmanischen Reich umgebracht. Nicht nur umgebracht. Man schnitt ihn auf und holte seine Organe heraus. Alte Geschichten. Das ist der Grund, warum Armut, Vertreibung und Tod eine große Rolle in meinen Gedichten spielen. Ich suche mir das nicht aus. Das ist geerbtes Material. Die Geschichte ergreift Besitz von mir und nicht umgekehrt.« Yildiz Çakar antwortet auf die Frage, ob sie ein Flüchtling in Deutschland sei: »Nein, nein. Ich bin eine Vertriebene. Ich wurde zweimal vertrieben. Einmal als Bürgerin aus meinem Haus in Diyarbakir. Und als Autorin aus meiner Sprache.«[82]

Ethnische Kurden leben heute in der Türkei, im Iran, Irak und in Syrien. Auf den immer wieder aufkeimenden kurdischen Widerstand reagierte das irakische Regime unter Saddam Hussein mit äußerster

Als es im Zuge der Pariser Friedenskonferenz nach dem Ersten Weltkrieg um die Nachkriegsordnung im ehemaligen Osmanischen Reich geht, bereist eine von Präsident Wilson ernannte interalliierte Kommission Palästina, Syrien, den Libanon und Anatolien. Sie soll die ethnischen Gruppen vor Ort nach ihren Vorstellungen für eine gedeihliche Zukunft befragen und so eine Grundlage für möglichst einvernehmliche Vertragsvereinbarungen erarbeiten. Doch als die Ergebnisse der Befragung schließlich vorliegen, verfolgen Briten und Franzosen längst eigene Interessen. Mit dem Sykes-Picot-Abkommen zerteilen sie den Nahen und Mittleren Osten in bekannter kolonialer Manier. Damit konterkarieren sie alle Bemühungen des amerikanischen Präsidenten um das Selbstbestimmungsrecht der Völker, das abermals auf der Strecke bleibt.

Härte – mit Vertreibungen, mit Morden und sogar mit Giftgasangriffen. Beim Abwurf chemischer Bomben auf die Stadt Halabdscha kommen 1988 bis zu 5000 Menschen elendig ums Leben. In Syrien werden die Kurden in unseren Tagen einer neuen Realpolitik aus geliefert, deren Ausgestaltung Diktatoren und Potentaten vorbehalten bleibt, während die Menschenrechte zu einer Fußnote der Geschichte verkommen.

Am Ende des Ersten Weltkriegs steht auch die angestrebte Nachkriegsordnung für Kleinasien auf der Kippe. Was sich dort ereignet, ist eine Katastrophe mit Ansage, da Politiker und Militärs bereits Jahre zuvor versuchen, die Ideen ethnischer Homogenität durch Pogrome und Vertreibungen umzusetzen. Griechenland träumt seit seiner Unabhängigkeit 1830 von vergangener Größe. Seit der Antike leben Griechen in Kleinasien, in Konstantinopel, entlang der östlichen Ägäisküste mit der Stadt Smyrna, im zentralanatolischen Kappadokien sowie am Schwarzen Meer. Der Traum von einem griechischen Großreich beiderseits der Ägäis – die *Megali Idea* – übt eine große Faszination auf die Hellenen aus. Im Mai 1919 scheint Griechenlands Chance gekommen, als Premierminister Eleftherios Venizelos im Verbund und mit dem Segen der drei großen Siegermächte die griechischen Truppen in Richtung Smyrna und die östliche Ägäisküste in Bewegung setzt und diese okkupiert. Damit begnügen sich die Griechen aber nicht. Im nationalistischen Rausch dringen die Truppen 1921 weiter nach Anatolien vor.

Jeffrey Eugenides beschreibt in seinem Roman *Middlesex* das fast triumphale Gefühl der Griechen an der östlichen Ägäisküste, die sich nach dem Eroberungszug der griechischen Armee im Mai 1919 befreit fühlen. Die *Megali Idea* schien Wirklichkeit zu werden, doch nach dem kurzen Zwischenspiel der Befreiung endet der nationale Triumph mit der »kleinasiatischen Katastrophe«. »Um das Herzklopfen meiner Großmutter psychologisch zu durchleuchten: Es war der Ausdruck von Kummer. Ihre Eltern waren tot – umgekommen kurz zuvor im jüngsten Krieg mit den Türken. Die griechische Armee war, ermuntert von den Verbündeten, 1919 in die Westtürkei einmarschiert, um sich das alte griechische Territorium in Kleinasien zurückzuholen. Nachdem sie jahrelang abgeschieden auf dem Berg gelebt hatten, waren die Leute von Bithynios, dem Dorf meiner Großmutter, herausgetreten in die Sicherheit der Megali idea – der Großen Idee, des Traums von einem Großgriechenland. Nun hielten griechische Truppen Bursa besetzt. Über dem ehemaligen Osmanenpalast wehte die griechische Fahne. Die Türken und ihr Anführer, Mustafa Kemal, hatten sich in den Osten nach Angora zurückgezogen. Zum ersten Mal in ihrem Leben standen die Griechen in Kleinasien nicht mehr unter türkischer Herrschaft. Nun war es den Giaurs (›den ungläubigen Hunden‹) nicht mehr untersagt, helle Kleidung zu tragen oder auf einem Pferd zu reiten, erst recht im Sattel. Nie wieder würden, wie in den Jahrhunderten zuvor, jedes Jahr osmanische Beamte ins Dorf kommen und die kräftigsten Burschen zum Dienst bei den Janitscharen abtransportieren. Wenn die Männer des Dorfs nun mit ihrer Seide auf den Markt von Bursa gingen, waren sie freie Griechen in einer freien griechischen Stadt.«[83]

Das alles währt nicht lange. Die Griechen werden von General Kemal Pascha, später bekannt als Atatürk, im »Befreiungskrieg« der Türken zurückgeschlagen. Hunderttausende christliche Flüchtlinge suchen in Smyrna Zuflucht. Als die türkische Armee die Stadt im September 1922 zurückerobert, übt sie grausame Rache an den nichtmuslimischen Bewohnern. Mit dem Brand von Smyrna geht das griechische Kleinasien endgültig unter.

Der Konflikt findet im Frieden von Lausanne im Juli 1923 formell ein Ende. Unter Führung des Völkerbunds und seines Flüchtlingskommissars Fridtjof Nansen wird ein »Bevölkerungsaustausch« vereinbart. Was als Frieden gefeiert wird, bedeutet für Millionen Menschen eine Katastrophe, denn sie bezahlen ihn mit dem Verlust ihrer Heimat. Der Vertrag beerdigt Wilsons Ideale endgültig, denn er sanktioniert die geplanten Vertreibungen. Bis zu 1,5 Millionen Menschen werden aus der Türkei nach Griechenland deportiert. Die Bevölkerung des kleinen Landes besteht in den 1920er Jahren zu mehr als einem Viertel aus Flüchtlingen. Für die Griechen ist die »Kleinasiatische Katastrophe« die größte Zäsur ihrer modernen Geschichte.[84]

Das Scheitern der *Megali Idea* steht auf zynische Weise für den Beginn eines ethnisch homogenen Griechenland, denn der im Lausanner Friedensvertrag vereinbarte »Bevölkerungsaustausch«

umfasst auch die weitgehende Deportation der griechischen Muslime in die Türkei. Der erst kurz zuvor aus dem Osmanischen Reich hervorgegangene junge Staat muss Hunderttausende muslimische Vertriebene aus Griechenland aufnehmen. Willkommen sind sie nicht im muslimischen »Mutterland«, vielmehr werden sie als *kirli muhacir* – dreckiger Flüchtling – diffamiert. Das Flüchtlingsschicksal prägt als kollektive Erfahrung die osmanische und später die anatolische Gesellschaft.[85]

Yaşar Kemal beschreibt in *Der Sturm der Gazellen* die Hoffnungslosigkeit der Muslime, die in den Mahlstrom der »ethnischen Entflechtung« geraten, ohne recht zu verstehen, wie ihnen geschieht. »Sie waren Tabakpflanzer gewesen. Der Krieg war zu Ende, Tabak brachte wieder Geld, und sie besaßen guten, fruchtbaren Boden, auf dem auch Oliven-, Granatäpfel-, Feigen- und Maulbeerbäume standen«, doch »eines guten Tages war eine Kommission gekommen, hatte ihr Hab und Gut geschätzt und ihnen ein Papier gegeben. Niemand durfte danach etwas verkaufen, und wenn, dann nur noch zu Spottpreisen.« Monatelang schweben die Bauern zwischen Hoffen und Bangen. »Dann kamen eines Tages Bewaffnete. Raue Männer. ›Ab gehts!‹, brüllten sie. Verwirrt machten sich die Dörfler nach einigen Tagen auf den Weg. Alt und Jung mit Kind und Kegel versammelte sich müde und erschöpft auf einem Kai, ein Gewimmel wie auf dem Jahrmarkt. Zu tausenden warteten sie in Wind und Regen auf Dampfer aus der Türkei. Obwohl der Rote Halbmond Garküchen und Krankenstationen auf den Kais eingerichtet hatte, konnten sie Todesfälle nicht verhindern. Alte und Kinder starben an Malaria und Lungenentzündung. Nach langem Warten kamen endlich schrottreife Dampfer in den Hafen, um sie an Bord zu nehmen.«[86]

Infolge der Nachkriegsordnung verlieren Millionen Menschen in Europa nach dem Ersten Weltkrieg ihre Heimat. Die Imperien, deren Staatsbürger sie bis vor Kurzem noch waren, hatten aufgehört zu existieren. Unter denen, die in den neuen oder konsolidierten Staaten keine neue Heimat finden, stellen Hunderttausende Juden aus dem östlichen Europa, die vor Pogromen, Bürgerkrieg und Anarchie fliehen, eine große Gruppe, ebenso die armenischen Überlebenden des Völkermords in der Diaspora. Zu ihnen gesellen sich

An den Ufern des Schwarzen Meeres sind viele verschiedene Kulturen beheimatet. So entwickelte sich etwa in der Hafenstadt Trabzon, auf Griechisch Trapezunt, seit der Antike eine ganz eigenständige griechische – pontische – Kultur, die sich bis ins 20. Jahrhundert behaupten konnte. In der Spätphase der osmanischen Herrschaft geraten die christlichen Minderheiten jedoch in die Defensive. Immer mehr Pontosgriechen weichen nach Russland aus, wo eine weitere pontische Gemeinschaft entsteht, während die verbliebenen Griechen zunehmend der Gewalt der Jungtürken ausgesetzt sind. Viele sterben auf Todesmärschen, die Überlebenden werden nach Griechenland vertrieben. Dort sind sie dem Spott ihrer griechischen »Landsleute« ausgesetzt, die sich den Pontosgriechen überlegen fühlen und nicht selten auch rassistische Vorurteilen gegen diese hegen. Hundert Jahre nach ihrer Vertreibung bewahren viele Griechen aus Pontos noch immer ihre alte Identität, egal ob sie in Thessaloniki, Berlin oder Melbourne leben.

nach Gründung der Sowjetunion Flüchtlinge aus Russland, von denen viele ausgebürgert und fortan staatenlos sind, darunter später berühmte Künstler wie Marc Chagall und Igor Strawinsky.

Die neue Flüchtlingskategorie der Staatenlosen stellt die internationale Gemeinschaft vor große Herausforderungen. Der Völkerbund, der am 10. Januar 1920 seine Arbeit in Genf aufgenommen hat, beschließt am 5. Juli 1922, die staatenlosen Flüchtlinge mit dem sogenannten Nansen-Pass auszustatten. Auch der russische Schriftsteller Vladimir Nabokov erhält einen solchen Pass und erfährt am eigenen Leib die Schattenseiten dieses provisorischen Dokuments »von kränklich grüner Farbe«, dessen Inhaber »wenig mehr als ein auf Bewährung entlassener Verbrecher« ist. Auf Auslandsreisen bekommt Nabokov immer wieder zu spüren, dass »ein Flüchtling etwas von vornherein Verächtliches war, da er außerhalb einer nationalen Verwaltung lebte; und so begegnete man ihm mit der hanebüchenen Missbilligung, die gewisse religiöse Kreise einem unehelichen Kind entgegenbringen«.[87]

Obwohl Millionen vertrieben werden und viele auf der Flucht oder in Lagern sterben, glauben die Diplomaten mit dem Vertrag von Lausanne das vermeintliche Durcheinander der Ethnien ordnen zu können. Vertreibungen sind friedensstiftend, lautet die Botschaft, doch in Wahrheit beginnt mit Lausanne für viele Betroffene ein Leidensweg. Sie sind Entwurzelte in der Fremde, eine neue Heimat finden nur wenige. In *Der Sturm der Gazellen* macht ein griechischer Bauer auf Kreta seinem Ärger Luft, als die Pläne für den »Bevölkerungsaustausch« bekannt werden: »Menschen aus ihrer Erde reißen, auf der sie fünf Jahrhunderte, ein Jahrtausend gelebt haben, das kann kein Mensch, der ein menschliches Herz in sich trägt, gutheißen! – Doch in Lausanne hat ganz Europa so etwas gutgeheißen. Und niemand hat jemanden gefragt, willst du deine Heimat verlassen und nach Anatolien ziehen oder von Anatolien nach Griechenland! Dazu noch unter erbärmlichen Bedingungen, hungrig und durstig, bei Regen und Wind.«[88]

Lausanne signalisiert den nationalistischen Verantwortlichen: Vertreibungen lohnen sich und gelten in der Politik sogar als praktisch und moralisch vertretbar.[89] Die mäßigenden Interventionen des Völkerbundes – etwa in Bezug auf Minderheitenrechte – können nicht darüber hinwegtäuschen, dass die auch vom Völkerbund sanktionierte Nachkriegsordnung ebendieses Minderheitenproblem erst in großem Umfang erzeugt hat.

Unbeachtet von der internationalen Staatengemeinschaft ereignet sich Ende der 1930er Jahre im Osten Anatoliens ein Massenmord, der den Auftakt zu einer Kette ethnischer Säuberungen bildet. In dem Weiler Pinar, tausend Kilometer östlich von Istanbul, liegen unter einem großen Stein ermordete Bewohner begraben, vom einstigen Dorf stehen nur noch Ruinen. Hier und in der ganzen Region schlägt die kemalistische Türkei 1938 mit großer Härte zu. In der Morgendämmerung kommen türkische Soldaten ins Dorf, fesseln siebzig Bewohner und führen sie zum Bach, wo drei Maschinengewehre aufgebaut sind. »Den Großvater und sechs weitere Angehörige habe ich an diesem Tag verloren«, erzählt Yaşar Kaya, der heute in Köln lebt, Jahrzehnte später einem deutschen Journalisten. »Nur mein Vater und meine beiden Onkel überlebten.« Ein Mädchen sei vor seiner Erschießung noch vergewaltigt worden. Als Jungfrau wäre es ins Paradies gekommen.[90]

Pinar liegt in der historischen Landschaft Dersim. Der alevitische Glaube der Dersimer fordert über Jahrhunderte die muslimischen Machthaber in Istanbul heraus, die in ihnen Ungläubige sehen. Der Glaube, dessen Anhänger vielfach abwertend als *Kızılbaş* – Rotköpfe – bezeichnet werden, beruht auf einer Mischung aus schiitischem Islam, Christentum, heidnischen Überlieferungen sowie dem Zarathustra-Kult und wird allein durch mündliche Erzählungen überliefert.[91] Schon allein der Umstand, dass Dersims Aleviten vielen Armeniern 1915 Obdach und Schutz boten, macht sie in den Augen der türkischen Nationalisten verdächtig.

Für die Anhänger eines modernen Zentralstaats stellt der »unzivilisierte« Osten ein Ärgernis dar, weshalb Kemal Atatürk die Region Dersim im November 1936 zum größten internen Problem der Türkei erklärt. Widerstand gegen die zentrale Staatsgewalt könne man nicht dulden.[92] »Züchtigung und Deportation« lautet der Beschluss des türkischen Ministerrats vom 4. Mai 1937. Es ist der Startschuss für Massenmord und Vertreibung. Im Frühjahr 1938 bietet die türkische Regierung den Dersimer Stämmen eine Amnestie an – eine

Falle. Jene, die dem Angebot zustimmen, werden im Sommer 1938 Opfer eines Massenmords durch türkisches Militär. Frauen, Kinder, Alte werden mit Bajonetten und Messern massakriert oder mit Giftgas in Berghöhlen umgebracht. Anschließend werden die Leichen mit Kerosin übergossen und verbrannt oder in Flusstäler und Schluchten gestürzt. Noch Jahrzehnte später findet man in Dersim menschliche Überreste, die auf diese Verbrechen zurückgehen.[93] Bis heute ist die Opferzahl schwer zu beziffern, sie dürfte bei mindestens 40 000 liegen.

In Pinar erinnern die Ruinen des Dorfes an eine Vertreibung, die die Dersimer Aleviten in ihrer Sprache Zaza, einem kurdisch-iranischen Dialekt, *Tertele* – Vernichtung – nennen. »Dersim« verschwindet von den Landkarten, überlieferte Orts- und Familiennamen weichen türkischen Neuschöpfungen. Manche Orte werden sogar nach jungtürkischen Politikern benannt, die federführend an den Massenmorden an Armeniern, Kurden und Dersimer Aleviten beteiligt waren.[94] Heute heißt die Provinz Dersim »Tunceli«. Das türkische Wort bedeutet »Eiserne Faust« und gibt unmissverständlich zu erkennen, wer in der Provinz das Sagen hat. Die einzigartige ethnische und religiöse Identität der Dersimer Aleviten gerät dort immer wieder unter Druck.

Nach jahrzehntelangem Ansiedlungsverbot kehren überlebende Dersimer aus den Verbannungsorten innerhalb der Türkei wieder in ihre alte Heimat zurück, aber 1994 werden viele erneut vertrieben im Zuge einer kollektiven Vergeltung für Aktionen der Kurdischen Arbeiterpartei (PKK), die die Region für ihren Kampf gegen den Zentralstaat instrumentalisiert. Im Kampf gegen die PKK legt das türkische Militär im Sommer 1994 in wertvollen Eichenwäldern Feuer, nachdem es zuvor leicht entzündliche chemische Stoffe über der Gegend versprüht hat. Im Herbst folgt eine »Pazifizierungsaktion«: Das türkische Militär schüchtert die Bevölkerung zunächst ein, dann werden systematisch Dörfer evakuiert, bis zu 45 000 Bewohner vertrieben und ihre Häuser in Brand gesteckt. Abermals müssen die Überlebenden von 1938 die abgelegenen Bergdörfer verlassen, denn sie gelten als Rückzugsorte der kurdischen Rebellen. Noch heute lebt ein Teil der Dersimer in Flüchtlingsunterkünften und Baracken, während ihre angestammten Dörfer in den Bergen verfallen.[95]

Wo sich auf der Landkarte einst die Landschaft Dersim befand, stößt man heute auf die Provinz Tunceli – »Eiserne Faust« –, wie die Region seit 1937 nach dem Willen der türkischen Nationalisten amtlich genannt wird. Dass die grandiose Berglandschaft nordöstlich des Euphrat heute die niedrigste Bevölkerungsdichte in der Türkei aufweist, ist vor allem auf den Massenmord und die Vertreibungen zurückzuführen, die das Militär dort mit »Eiserner Faust« verübte. Überall künden zerstörte Dörfer und Häuser von diesem verdrängten Kapitel türkischer Geschichte. Es gibt auffallend wenige Moscheen, und deren Bau erfolgte, wie die eingemeißelten Jahreszahlen verraten, zumeist erst in jüngerer Zeit. Die Frauen der mehrheitlich alevitischen Bevölkerung tragen keine Kopfbedeckung, und man wählt traditionell links.

Seit den 1960er Jahren sind viele Dersimer Aleviten als »Gastarbeiter« nach Deutschland gekommen. Mittlerweile sind es mehr als 100 000. Ali Başar kommt im November 1961 und wohnt heute in Duisburg-Marxloh. Als kleiner Junge hat er die Massaker an der alevitischen Bevölkerung überlebt.[96] Für die Deutschen ist er einer der vielen »türkischen« Gastarbeiter in diesem Stadtteil.

Die Landschaft Dersim wird von der Türkei weiterhin mit »Eiserner Faust« regiert. Militärposten künden davon wie auch die Hubschrauber am Himmel. Sie kreisen über den verlassenen Dörfern und Ruinen. Es ist eine versehrte Landschaft voller Narben, das Resultat von Vertreibungen und wiederholten Versuchen, eine ethnische Gruppe auszulöschen.

Vertreibungen seit 1933

»Sie haben die Unmenschlichkeit zum Gesetz erhoben, und damit gab es keine Skrupel mehr«,[97] schreibt Siegfried Lenz in dem Roman *Heimatmuseum* über die Politik der Nationalsozialisten. Die Machtübergabe an Hitler 1933 leitet ein neues Kapitel in der Geschichte von Flucht und Vertreibung ein. Der deutsche Staatsterror beginnt mit der Verfolgung Andersdenkender und antisemitischer Hetze. Auf den Boykott der Geschäfte jüdischer Bürger folgen immer perfidere Diskriminierungen. Die Nürnberger Rassegesetze von 1935 bilden die Grundlage für die systematische Ausgrenzung. Schon in den ersten Jahren ihrer Herrschaft vertreiben die Nationalsozialisten rund 300 000 Juden aus ihrer Heimat, Tausende politisch Verfolgte verlassen das Land. In Sanary-sur-Mer im Süden Frankreichs stranden unter anderen Thomas Mann, Lion Feuchtwanger, Franz Werfel und Alma Mahler-Werfel, Bertolt Brecht, Ernst Toller, Arnold Zweig und noch viele weitere.[98]

Nach dem Reichstagsbrand vom 28. Februar 1933 geht Max Herrmann-Neiße ins Exil, denn er ist, wie er George Grosz schreibt, »mit die Brider nu beese, richtig beese, wie wir Schlesier sagen«.[99] Trotz seiner »uralten schlesischen Bauernahnenreihe« gilt seine Literatur als »entartet«, brennen wenig später seine Bücher. In solcher

»Lügen-, Mord-, Tortur-, Räuberluft« kann er nicht leben. Er flüchtet zunächst in die Schweiz, später nach England, wo er seinem Familiennamen in Verbundenheit mit seiner schlesischen Heimatstadt den Zusatz »Neiße« anfügt und bitter den Verrat beklagt, den seine deutsche Heimat an ihm begangen hat.

> Ein deutscher Dichter bin ich einst gewesen,
> die Heimat klang in meiner Melodie,
> ihr Leben war in meinem Lied zu lesen,
> das mit ihr welkte und mit ihr gedieh.
>
> Die Heimat hat mir Treue nicht gehalten,
> sie gab sich ganz den bösen Trieben hin,
> so kann ich nur ihr Traumbild noch gestalten,
> der ich ihr trotzdem treu geblieben bin.
>
> In ferner Fremde mal ich ihre Züge
> zärtlich gedenkend mir mit Worten nah,
> die Abendgiebel und die Schwalbenflüge
> und alles Glück, was einst mir dort geschah.
>
> Doch hier wird niemand meine Verse lesen,
> ist nichts, was meiner Seele Sprache spricht;
> ein deutscher Dichter bin ich einst gewesen,
> jetzt ist mein Leben Spuk wie mein Gedicht.[100]

Für Juden wird es immer schwieriger, ihren Schergen zu entrinnen. Kein Staat will die Bedrohten aufnehmen, die Grenzen werden geschlossen und Einreisevisa verweigert. Der »Anschluss« Österreichs im März 1938 verschlechtert ihre Lage nochmals dramatisch. Schließlich kommen auf Initiative des US-Präsidenten Franklin D. Roosevelt in dem eleganten Kurort Évian-les-Bains am Genfer See Diplomaten aus vielen Ländern mit Abgesandten jüdischer Hilfsorganisationen zusammen, um zu beraten, wie den Bedrängten geholfen werden kann. Doch es zeigt sich, dass kaum eine Regierung bereit ist, etwas zur Rettung der Juden zu unternehmen. Großbritannien, dem vom Völkerbund das Mandat über Palästina übertragen worden ist, betreibt angesichts der vermehrten jüdischen Einwanderung in das Land sogar eine zunehmend restriktive Einwanderungspolitik. Golda Meir, die als jüdische Vertreterin Palästinas an der Konferenz teilnimmt, schrieb später in ihren Erinnerungen: »Dazusitzen, in diesem wunderbaren Saal, zuzuhören, wie die Vertreter von 32 Staaten nacheinander aufstanden und erklärten, wie furchtbar gern sie eine größere Zahl Flüchtlinge aufnehmen würden und wie schrecklich leid es ihnen tue, dass sie das leider nicht tun könnten, war eine erschütternde Erfahrung.«[101]

Letztlich bestätigt die Konferenz nur, dass die deutschen und österreichischen Juden in der Falle sitzen. Als die polnische Regierung Ende März 1938 allen Bürgern Polens, die sich seit mehr als fünf Jahren im Ausland aufhalten, die Staatsangehörigkeit entzieht, trifft es vor allem polnische Juden. Im Oktober 1938 weist die Regierung in Berlin mehr als 16 000 dieser nunmehr staatenlosen Juden kurzerhand aus, und Polen, ihr Heimatland, verweigert »seinen Staatsangehörigen den Schutz des polnischen Staates in einem Augenblick, in dem sie dessen am stärksten bedurft hätten«, beklagt der Historiker Jerzy Tomaszewski. So wird die deutsche Vertreibungsaktion der »Auftakt zur Vernichtung«.[102] Tausende Vertriebene vegetieren wochenlang im Niemandsland zwischen Deutschland und Polen im kleinen Grenzort Bentschen. Als Herszel Grynszpan erfährt, dass seine Eltern unter den Unglücklichen sind, macht er sich in seiner Verzweiflung auf den Weg zur deutschen Botschaft in Paris und schießt auf den Diplomaten Ernst vom Rath. Die NS-Machthaber nehmen diese Verzweiflungstat zum Vorwand für weitere Terrormaßnahmen gegen die deutschen Juden, die sie zynisch als »Sühne-Aktion« ausgeben. Jüdische Gotteshäuser brennen, Friedhöfe, Geschäfte und Wohnungen deutscher Juden werden verwüstet. Spätestens jetzt wird offenbar, dass die Juden in Deutschland in Lebensgefahr schweben.

Zur selben Zeit suchen im Südwesten Europas Menschen Gewalt und Krieg zu entkommen, nachdem der spanische General Francisco Franco im Sommer des Jahres 1936 gegen die republikanische Regierung geputscht hat, um eine Diktatur zu errichten und das Land in einen Bürgerkrieg zu zwingen. Hunderttausende Spanier fliehen zunächst innerhalb ihres eigenen Landes, nach dem Sieg der Faschisten

Anfang 1939 dann über die Pyrenäen nach Frankreich. Auf internationalen Druck erklärt sich die Regierung in Paris zur Aufnahme dieser Flüchtlinge bereit – und interniert sie in Lagern.

In Asien tobt da bereits seit Jahren ein Eroberungskrieg. Im September 1931 überfällt die kaiserliche Armee Japans zunächst die Mandschurei, die zu China gehört, und erobert 1937 im Zweiten Chinesisch-Japanischen Krieg die Millionenstadt Nanking. Innerhalb weniger Wochen werden mindestens 200 000 Chinesen ermordet und mehr als 20 000 Frauen vergewaltigt.[103] Als Vertreter einer »Herrenrasse« errichten die japanischen Offiziere unter den Augen internationaler Beobachter ein Schreckensregime, dem Millionen Chinesen zum Opfer fallen und von dem weitere Millionen in die Flucht getrieben werden. Zu den mutigen Ausländern, die Hunderttausende chinesische Flüchtlinge retten, gehören die amerikanische Missionarin Minnie Vautrin und der deutsche Kaufmann John Rabe.

Als am 1. September 1939 der Zweite Weltkrieg in Europa beginnt, wird Polen zum ersten Opfer des deutschen Eroberungs- und Vernichtungsfeldzugs. Hunderttausende Polen fliehen vor der deutschen Wehrmacht zunächst nach Osten, doch von dort rückt am 17. September 1939 die Rote Armee vor. Stalin überfällt wenig später auch Finnland, und schließlich sitzen auch die baltischen Länder in der Falle. Der Schriftsteller Jan Józef Szczepański hat in dem Roman *Der polnische Herbst* seine Erlebnisse als Kriegsteilnehmer geschildert: »Gestern Nachmittag umfingen uns wieder die Wellen der Flüchtlinge. Sie gingen auf der Chaussee, sie gingen in den Gräben, sie gingen als breiter Strom über die Feldraine und unsichtbaren Feldwege. Ohne die Handwagen, das Bettzeug, die Kühe und Ziegen hätte es ausgesehen wie ein riesiger Ablass-Pilgerzug. Alte Frauen setzten sich auf die Lafetten unserer Geschütze und auf die Munitionswagen, ohne zu fragen, wohin wir führen ... Gegen Abend erreichten wir ein großes Dorf am Rande der Heide von Niepołomice. Mengen von Zivilisten waren in die Gehöfte eingesickert und verteilten sich in die Winkel der dörflichen Gassen. Doch aus den Katen, an denen wir vorbeikamen, ergossen sich, vom Fieber der Flucht besessen, immer aufs neue Menschen.«[104]

Als die deutsche Wehrmacht mit dem Angriff an der Westfront beginnt, strömen zahlreiche Flüchtlinge aus den Niederlanden, Belgien und Luxemburg nach Frankreich, wo sich bereits Zehntausende aus Deutschland geflohene Juden aufhalten. Schon Anfang September 1939 lassen die französischen Behörden die Elsässer aus den grenznahen Gebieten in die Dordogne oder das Département Haute-Vienne evakuieren. »Nie werde ich den langen Strom der bedauernswerten Gestalten vergessen, der sich langsam in Richtung Hauptbahnhof bewegte«, erinnert sich der Elsässer Eugène Kurtz. »Es waren vor allem Frauen und Kinder darunter, mit Karren voller Koffer und Bündel, auch ältere Leute, die nur mühsam vorankamen und von den Jüngeren gedrängelt wurden.«[105] Im Sommer 1940 befinden sich Millionen Franzosen auf der Flucht, fast ein Fünftel der Bevölkerung.

Die deutschen Besatzer zeigen vom ersten Tag an ihre wahren Absichten. Im Westen wollen sie die Entwicklung seit 1918 rückgängig machen und vertreiben die Franzosen aus dem annektierten Elsass-Lothringen in den unbesetzten Landesteil. Im Osten betreiben sie bereits in den ersten Monaten des Krieges eine brutale Germanisierungspolitik. Aus den besetzten polnischen Gebieten werden Hunderttausende in das sogenannte Generalgouvernement »evakuiert«, unter ihnen allein 38 000 Bewohner der Hafenstadt Gdingen. Die Deportierten müssen ihre Wohnung in der Regel innerhalb von fünfzehn Minuten verlassen und dürfen nur dreißig Kilo Gepäck mitnehmen. In Posen verfügt der Höhere SS- und Polizeiführer Wilhelm Koppe am 12. November 1939 für den neu geschaffenen Reichsgau Wartheland, dass »alle diejenigen Polen abgeschoben werden, die entweder zur Intelligenz gehören oder aber auf Grund ihrer nationalpolnischen Einstellung eine Gefahr für die Durchsetzung und Festigung des Deutschtums darstellen können«.[106]

Der Arzt Zygmunt Klukowski lebt in der kleinen Stadt Szczebrzeszyn im Südosten Polens und hält die Ereignisse vom 29. Mai 1940 in seinem Tagebuch fest, als mehr als tausend polnische Vertriebene aus den von Deutschland annektierten westlichen Gebieten Polens eintreffen: »Es sind vor allem Kinder, Frauen und ältere Männer. Sie wurden auf unmenschliche Weise ausgesiedelt, es wurde ihnen befohlen, innerhalb weniger Minuten die Häuser, Höfe und Werkstätten zu verlassen. Ihre Habe durften sie nur in geringer Menge mitnehmen, an Geld nur 20 Zl. pro Person. In Lodz wurde die gesamte Jugend im Alter von 15 bis 24 Jahren einbestellt und nach Deutschland geschickt. Sie transportierten diese unglücklichen Aussiedler einige Tage lang in geschlossenen Güterwagen und unter militärischer Begleitung. Sie kamen hier in einem erbärmlichen Zustand an, übermüdet, erschöpft, viele in völliger Apathie und Resignation, seelisch gebrochen, vor allem die, deren Kinder nach Deutschland gebracht worden waren.«[107]

Einige Wochen später, am 26. Juli 1940, als Vertriebene aus den Kreisen Gostynin, Wieluń und Kutno eintreffen, notiert Klukowski, was diese ihm berichten: »Die Deutschen haben die Menschen aus dem Schlaf gerissen und gezwungen, ihre von den Vorvätern geerbten Höfe zu verlassen, trieben sie wie eine Viehherde zum nächsten Bahnhof, jagten und schlugen die Schwächsten mit Knüppeln.« Unter seinen Schützlingen im Krankenhaus ist »eine 80-jährige, gebrechliche Greisin, der es nicht erlaubt war, ihr langes Leben im heimatlichen Dorf zu beenden. Viele sind so erschöpft und resigniert, dass sie apathisch auf dem Stroh liegen und sich nicht einmal bewegen wollen, um das verteilte Essen anzunehmen.«[108]

Insgesamt werden 1,6 Millionen Polen vertrieben, wobei die zur Zwangsarbeit nach Deutschland Verschleppten in dieser Zahl noch gar nicht berücksichtigt sind. In die Häuser in den Reichsgauen Wartheland und Posen-Westpreußen, aus denen Polen und Juden zuvor verjagt wurden, ziehen auf Anweisung der nationalsozialistischen Führung Angehörige deutscher Minderheiten ein. Wie den Polen in den annektierten Gebieten ergeht es auch den Slowenen in der Krain und in der Untersteiermark, die ebenfalls vertrieben werden.

Die mittelpolnische Stadt Lodz wird zu einer Entscheidungszentrale für die NS-Besatzungs- und Vernichtungspolitik, zu deren Maßnahmen Umsiedlungen, Vertreibungen und Deportationen sowie der Massenmord an den europäischen Juden, Sinti und Roma gehören. Die deutschen Behörden teilen die Menschen in »rassische« Kategorien ein und entscheiden damit über Leben und Tod von Millionen. Nach dem von Heinrich Himmler in Auftrag gegebenen »Generalplan Ost« soll im Osten neuer »Lebensraum« für die germanische »Rasse« entstehen.[109]

Die Umsiedlung Hunderttausender Deutscher von der Ostsee bis zum Schwarzen Meer in das annektierte Polen ist nur der

Auftakt. Seit Jahrhunderten sind das Baltikum, Litauen, Wolhynien, Galizien, das Narew-Gebiet, das Lubliner Land, Bessarabien, die Bukowina, die Dobrudscha, Südtirol und die Gottschee die Heimat vieler Deutscher, und niemand hat sie gefragt, ob sie »Heim ins Reich« wollen, wie die nationalsozialistische Propaganda verkündet. Schon lange bevor die Deutschen nach der Potsdamer Konferenz aus den Ländern Ost- und Mitteleuropas vertrieben werden, zerstören die Nationalsozialisten jahrhundertealte deutschsprachige Gemeinschaften etwa in der Gottschee im Süden Sloweniens, wo die Kultur der Deutschen nach 800 Jahren untergeht. Die deutsche Bevölkerung im Osten Europas wird degradiert zur Verfügungsmasse, nachdem sich die nationalsozialistische Führung mit der Sowjetunion im geheimen Zusatzprotokoll des Hitler-Stalin-Pakts vom 23. August 1939 auf einen Bevölkerungsaustausch geeinigt hat. Dass die betroffenen Deutschen ihre Heimat freiwillig aufgegeben haben, davon kann keine Rede sein.[110] Den »volksdeutschen Umsiedlern« werden Häuser zugewiesen, aus denen zuvor Polen, Slowenen oder Juden vertrieben wurden, oder sie werden in Lagern untergebracht, sehen sich mit der Fremdenfeindlichkeit ihrer »Volksgenossen« konfrontiert und sogar zwangsweise für die Wehrmacht rekrutiert.[111]

Von November 1941 an zwingen die deutschen Besatzer mehr als 110 000 Polen, darunter 30 000 Kinder, die südostpolnische Region Zamość zu verlassen. Damit werden in dieser Region erstmals Teile des »Generalplans Ost« umgesetzt. Am 7. Dezember 1942 notiert Zygmunt Klukowski: »Die Panik dauert weiterhin an. Die Menschen packen, manche schicken ihre Familien irgendwohin an sicherere Orte. Durch die Stadt fahren überladene Fuhrwerke mit den Habseligkeiten der Flüchtlinge aus den umliegenden Dörfern des Kreises Zamość. In der Stadt spricht man nur von der Aussiedlung.« Am 10. Juli 1943 trifft es auch die Stadt Szczebrzeszyn. »Ich weiß nicht, wie ich mich heute ans Schreiben wagen kann. Ich fürchte, und eigentlich bin ich mir sicher, dass meine Feder nicht in der Lage ist, die Erlebnisse des heutigen Tages genau und glaubwürdig wiederzugeben«, schreibt der Arzt inmitten des verzweifelten Chaos. »Es zeigte sich, dass sich ausnahmslos alle Einwohner, unabhängig von Geschlecht und Alter, unverzüglich marschbereit auf dem Marktplatz einzufinden haben. Sofort leerten sich die Straßen. Die Leute

Nach dem deutschen Überfall auf die Sowjetunion gelten die seit 1939 dorthin verbannten polnischen Militärs und Zivilisten als neue Bündnispartner und dürfen die Sowjetunion verlassen. Mithilfe der britischen Regierung werden die polnischen Flüchtlinge über die ganze Welt verteilt. Mehr als 110 000 Polen gelangen über Zentralasien 1942 in den Iran. Fast 20 000 landen in den britischen Kolonien Ostafrikas im heutigen Tansania, in Uganda und in Kenia. In der größten Flüchtlingssiedlung im Norden Tansanias, in Tengeru, finden bis zu 4000 Polen Zuflucht. Der Kanadier Jonathan Durand hat in dem Film *Memory is Our Homeland* die Geschichte seiner Großmutter Kasia Gerech erzählt, die von 1942 bis 1949 unweit des Kilimandscharo als polnischer Flüchtling lebte.

flüchteten in die Häuser und wussten nicht, was sie tun sollten: flüchten, sich verstecken oder bleiben.«[112]

Als Deutschland im Jahr 1941 schließlich seinen kurzzeitigen Bündnispartner Sowjetunion überfällt, verlieren die Angreifer alle Hemmungen und entfesseln einen rassistischen Vernichtungskrieg. Sie kalkulieren den Hungertod von Millionen Menschen ein und planen die Versklavung großer Teile der Bevölkerung. Fayvel Vayner aus Postawy, der als Jude und Antifaschist Angst vor Deutschen wie vor Polen hat, ist einer von denen, die vor den vorrückenden Deutschen fliehen. Am 23. Juni 1941, dem zweiten Kriegstag, schreibt er in sein Tagebuch: »Meine Frau begann, auf mich einzureden, ich solle zu Fuß fliehen und sie mit den Kindern zurücklassen, und das tat ich dann. Ich tat es wohl wissend, dass ich meine Familie in den Fängen eines Raubtiers der deutschen Soldaten und ihrer Gräueltaten zurücklasse. Mir war aber andererseits klar, dass, wenn ich bliebe, mich die Polen, von denen noch viele dageblieben waren, in Stücke reißen würden, noch bevor die Deutschen kämen.« Drei Tage später, am 26. Juni, notiert er: »Unterwegs trafen wir Tausende Fuhrwerke voller Flüchtender, kleine Kinder, Frauen und Alte ... Wo auch immer ich durch Städte und Städtchen zog, traf ich auf eine aufgeregte, niedergeschlagene und gebrochene Bevölkerung, und jeder stellte uns die gleiche Frage: Was wird werden? Was soll man tun?«[113]

Mit den systematischen Vernichtungsverbrechen der deutschen Besatzer treten die Zwangsaussiedlungen von ganzen Dorfgemeinschaften, die Deportationen zur Zwangsarbeit und die Vertreibungen im Rahmen sogenannter Bandenaktionen so sehr in den Hintergrund, dass selbst Betroffene sie kaum noch erwähnen und eher beiläufig davon erzählen. Das beobachtet unter anderen die weißrussische Schriftstellerin Swetlana Alexijewitsch, die Zeitzeugen der Ereignisse befragt: »Am Morgen hatte ein Strafkommando unser Dorf niedergebrannt. Retten konnte sich nur, wer weglief. Wir flohen ohne alles, mit leeren Händen, nicht einmal Brot nahmen wir mit.«[114]

Im Windschatten der deutschen Besatzung, die die polnische und sowjetische Herrschaft in Ostgalizien und der Ukraine beseitigt hat, überfällt die Ukrainische Aufständische Armee (UPA) zu Beginn des Jahres 1943 polnische Dörfer in Wolhynien, wo die Polen eine starke Minderheit bilden. Der »Blutige Sonntag« vom 11. Juli 1943, als die UPA in den Landschaften der polnischen *Kresy* hundert polnische Dörfer auslöscht, gilt als Höhepunkt der ukrainischen Massaker, denen bis Kriegsende allein in Wolhynien Zehntausende ethnische Polen zum Opfer fallen. In der Folge verlassen Hunderttausende von ihnen fluchtartig ihre Heimat. Die Massenmorde kennt man in Polen als *rzeź wołyńska* – »Wolhynische Gemetzel« –, manche sprechen gar von einem Völkermord.[115] Die Vergeltungsaktionen der polnischen Heimatarmee fordern Zehntausende ukrainische Opfer.

Auf ganz andere Weise geht die sowjetische Führung vor, die über langjährige Erfahrung in der Deportation sozialer und ethnischer Gruppen verfügt, etwa von Kareliern, Polen, Griechen, Deutschen und Koreanern. Mit dem Überfall auf Polen am 17. September 1939 und der Annexion der baltischen Staaten, der Nordbukowina und Bessarabiens beginnt dort die sowjetische Terrorherrschaft. Vom Sommer 1940 an erstellt das Innenministerium mit seiner Geheimpolizei NKWD Listen mit sogenannten antisowjetischen Elementen. Am 11. Oktober 1940 beginnen dann die systematischen Deportationen. Betroffenen Familien bleiben zwei Stunden Zeit zum Packen, maximal dürfen sie hundert Kilo Gepäck mitnehmen, alles andere beschlagnahmt der Staat.[116]

Aus tief sitzender Furcht vor subversiver Unterwanderung lässt Stalin bereits in den 1930er Jahren »nationale Aktionen« gegen Angehörige von Minderheiten durchführen. Im Zweiten Weltkrieg werden aus den annektierten ostpolnischen Gebieten 380 000 Polen (darunter polnische Juden), aus Nordrussland 45 000 Finnen, aus Litauen, Lettland und Estland 230 000 Balten und aus den asiatischen Landesteilen 172 000 Koreaner deportiert. Als Nächstes trifft es die 1,2 Millionen sowjetischen Staatsbürger deutscher Herkunft im europäischen Teil des Landes. 1924 hatte die junge Sowjetunion den Russlanddeutschen noch eine eigene Wolgadeutsche Republik zugestanden, doch nach dem deutschen Überfall vom 22. Juni 1941 gelten die Deutschen in der Ukraine, im Kaukasus, auf der Krim und in den Städten Russlands als Staatsfeinde und werden nach Zentralasien und Sibirien deportiert.

Eine zweite Deportationswelle richtet sich 1943/44 gegen ethnische Minderheiten in Regionen, die die Rote Armee von den Deutschen zurückerobert hat. Sie werden der Kollaboration mit den Deutschen bezichtigt und kollektiv mit Deportation bestraft, selbst verdiente Parteimitglieder pfercht man in die Viehwaggons. 183 000 Krimtataren, 362 000 Tschetschenen und 134 000 Inguschen sowie andere muslimische Kaukasusvölker brechen auf ins Ungewisse. Ein Viertel der Deportierten stirbt auf dem Weg in die Verbannung. Insgesamt vertreiben die sowjetischen Behörden mehr als drei Millionen Angehörige ethnischer Gruppen – unter anderen Pontosgriechen, Bulgaren, Armenier, Kurden, Finnen, Balten, Kalmücken – als »feindliche Nationen« und deportieren sie vor allem nach Kasachstan und Sibirien. An das Schicksal der Krimtataren wird noch einmal beim Eurovision Song Contest 2016 erinnert, als die ukrainische Sängerin Jamala den Wettbewerb mit dem Lied »1944« gewinnt, in dem sie die Deportation ihrer krimtatarischen Familie dem Vergessen entreißt.[117]

Das nationalsozialistische Regime vertreibt bis zum Ende des Zweiten Weltkriegs Abermillionen Menschen und deportiert Massen von ausländischen Arbeitskräften ins deutsche Reichsgebiet: Ende 1944 halten sich dort sechs Millionen nichtdeutsche Zivilisten und knapp zwei Millionen Kriegsgefangene auf, darunter zahlreiche Überlebende des Warschauer Aufstands vom August 1944. Nachdem sie große Teile Warschaus dem Erdboden gleichgemacht haben, vertreiben die Deutschen 650 000 Bewohner der polnischen Hauptstadt, von denen 150 000 zur Zwangsarbeit nach Deutschland und 50 000 in Konzentrationslager deportiert werden. Nach Kriegsende kommen zu den Deportierten noch mehr als zwei Millionen ausländische Heimatlose hinzu – Überlebende der Konzentrations- und Vernichtungslager sowie zahlreiche Osteuropäer, die mit der Wehrmacht vor der heranrückenden Roten Armee in Richtung Westen geflohen sind. Insgesamt halten sich nach der Kapitulation der deutschen Wehrmacht zehn bis zwölf Millionen Displaced Persons aus zwanzig Nationen in den vier Besatzungszonen auf. Die meisten können nach Kriegsende in ihre Heimat zurückkehren. Ende 1945 leben noch 1,7 Millionen von ihnen in den drei Westzonen, knapp die Hälfte ist polnisch-jüdischer Herkunft, große

Gruppen kommen aus der Sowjetunion sowie aus den baltischen Republiken.[118]

Von den bis zu 25 Millionen Menschen, die ihre Heimat nach dem Zweiten Weltkrieg verlassen müssen, sind mehr als die Hälfte Deutsche. Sie flüchten 1944/45 vor der sowjetischen Armee oder werden später aus den Ländern Südost- und Ostmitteleuropas vertrieben, deportiert oder ausgesiedelt. Angesichts der Menschheitsverbrechen, die das nationalsozialistische Deutschland in einem beispiellosen Eroberungs- und Vernichtungskrieg begangen hat, halten sich die Skrupel der Alliierten in Grenzen und ebenso ihre Bereitschaft, gegenüber dem besiegten Deutschland Rücksicht walten zu lassen. Auf der Potsdamer Konferenz im Sommer 1945 sanktionieren sie nicht nur Grenzverschiebungen im östlichen Europa, sondern auch die damit einhergehende ethnische Homogenisierung.

Obwohl sich Vertreibungen und Umsiedlungen als Maßnahmen zur Sicherung des Friedens bereits nach dem Ersten Weltkrieg als untauglich erwiesen haben, lassen sich die Alliierten nicht davon abbringen. Auf der Potsdamer Konferenz einigen sie sich am 2. August 1945 auf eine Neuordnung der mitteleuropäischen Landkarte. Schon am 15. Dezember 1944 hatte Churchill in einer Rede im britischen Unterhaus erklärt, es müsse »reiner Tisch« gemacht werden, und in diesem Zusammenhang auf die Vertreibung der Deutschen verwiesen, die er als das »befriedigendste und dauerhafteste Mittel« pries.[119] Als »ordnungsgemäße Überführung« wird die Vertreibung der Deutschen aus der Mitte Europas im Potsdamer Abkommen bezeichnet. Die in Potsdam beschlossene ethnische Neuordnung, urteilt der irische Historiker Raymond Douglas, führte zu »einem gewaltigen Ausbruch staatlich geförderter Gewalt«, der in der Geschichte der Friedenszeiten im Europa des 20. Jahrhunderts einzigartig sei.[120]

Hugo Linck bleibt 1945 als evangelischer Pfarrer in seiner ostpreußischen Heimat zurück, wo er als Seelsorger Verhungernde, Kranke und Sterbende begleitet. Der Winter 1946/47 fordert besonders viele Opfer unter den dort ausharrenden Deutschen. In den Wochen des Frühjahrs 1947 trägt er täglich dreißig bis vierzig Menschen zu Grabe.[121] Ein russischer Neubürger berichtet, die Lage der deutschen Einwohner sei so aussichtslos gewesen, dass sie im »Vorgefühl des Todes selbst auf den Friedhof kamen und sich zum Sterben auf die Gräber ihrer Verwandten legten«.[122] Der Königsberger Michael Wieck, der als »Geltungsjude« die NS-Zeit überlebt hat, übersteht auch die Leidenszeit nach der Befreiung durch die Sowjetarmee: »Herrenlose Hunde sind menschenscheue Wildlinge geworden, die um jeden Preis einen weiten Bogen schlagen, denn die Katzen sind alle schon in die Kochtöpfe gekommen, und irgendwie müssen sie unsere Absichten wittern. Einmal aber überfährt ein rasant fahrender Jeep einen mittelgroßen Hund. Ich gewinne den Wettlauf nach dem verendeten Tier und bringe es nach Hause. Jetzt kommt mir endlich zugute, daß ich zugeschaut habe, wie mein Kaninchen gehäutet und ausgenommen wurde. Genauso machte ich es mit dem Hund, der allen köstlich schmeckte und gut bekommen ist.«[123]

Vierzehn Millionen deutsche Vertriebene treffen nach Kriegsende in Restdeutschland ein, ein kleiner Teil in Österreich. Karelien, Istrien, Siebenbürgen, die Bukowina, Galizien, Schlesien, Böhmen, Wolhynien, Masuren und die Gottschee, alle diese Landschaften verlieren große Teile ihrer alteingesessenen Bevölkerung, die Zwangsmigrationen zum Opfer fällt. Städte wie Fiume, Grodno, Lemberg, Wilna oder Breslau verändern ihren Charakter, da ihre Einwohner vertrieben werden und durch den Bevölkerungsaustausch die ethnische und sprachliche Vielfalt verschwindet. Die Zwangsmigration nach Kriegsende betrifft überdies 300 000 Italiener entlang der dalmatinischen und istrischen Küste, als diese Territorien Teil des neuen Jugoslawien werden. Städte wie Fiume (kroatisch Rijeka) und Zara (kroatisch Zadar) erhalten ein kroatisches Antlitz. Die Italienerin Marisa Madieri, die 1938 in Fiume geboren wird, erzählt in *Wassergrün* von ihrer Kindheit und dem Verlust ihrer Heimat. »Zwischen 1947 und 1948 wurden alle in Fiume gebliebenen Italiener zur ›Option‹ aufgefordert, das heißt, sie mußten sich entscheiden, ob sie die jugoslawische Staatsangehörigkeit annehmen oder das Land verlassen wollten. Meine Familie optierte für Italien und erlebte damit ein Jahr der Ausgrenzung und Verfolgung. Wir wurden aus unserer Wohnung geworfen und mußten mit all unseren aufgestapelten Sachen in einem Zimmer leben.«[124] 1949 landet die Familie im italienischen Triest in einem Flüchtlingslager.

Im Rahmen der sogenannten Westverschiebung verlieren bis zu 1,3 Millionen Polen ihre Heimat in Ostpolen, den sogenannten *Kresy*. In den Umsiedlungsverträgen mit den Sowjetrepubliken Litauen, Weißrussland und der Ukraine wird zwar betont, den Betroffenen stehe es frei, zu gehen, doch de facto ist es ein erzwungener Heimatverlust. Lemberg und Wilna fallen als kulturelle Zentren Polens an die Sowjetunion. Umgekehrt müssen bis Ende August 1946 insgesamt 482 000 Ukrainer sowie 137 000 Weißrussen ihre polnische Heimat Richtung Sowjetunion verlassen. Die in Polen verbliebenen Ukrainer werden 1947 im Rahmen der »Aktion Weichsel« innerhalb Polens – vor allem in die einst deutschen Gebiete – vertrieben.

Ähnliche Massenverschiebungen lassen sich weiter südlich beobachten. Nachdem sich Rumänien im August 1944 von den Achsenmächten getrennt hat, erobert das rumänische Militär gemeinsam mit sowjetischen Truppen die Teile Siebenbürgens zurück, die durch den Zweiten Wiener Schiedsspruch 1940 an Ungarn gefallen waren. »Das ganze Land schien in Trümmern zu liegen, eine Art Völkerwanderung hatte eingesetzt«, berichtet Alaine Polcz, die aus ihrer Heimat Siebenbürgen in Richtung Ungarn flieht. »Alle zogen von einem Ort zum anderen, mit Karren, Rucksäcken, kaputten Fahrrädern, auf Schlitten, kaputten Leiterwagen, die sie hinter sich herzogen, mit den Händen oder selbst angeschirrt.«[125] Weitere 90 000 Magyaren müssen bis 1949 ihre Heimat in der Südslowakei Richtung Ungarn verlassen, während bis 1950 mehr als 200 000 Tschechen und Slowaken aus Gebieten des einstigen Habsburgerreiches und der Sowjetunion in die Tschechoslowakei kommen, unter ihnen 40 000 aus dem sowjetischen Wolhynien. Sie lassen sich in den böhmischen Gebieten nieder, aus denen zuvor die Deutschen vertrieben wurden. In Griechenland bricht 1946 ein Bürgerkrieg zwischen linken und nationalkonservativen Kräften aus, in dessen Verlauf bis September 1949 rund 700 000 Menschen, aufgerieben zwischen den Fronten, in die Flucht getrieben werden.

Im Norden Europas verlieren rund 425 000 finnische Karelier endgültig ihr Zuhause, als die Regierung in Helsinki sich 1944 aus dem sogenannten Fortsetzungskrieg zurückzieht. Zu ihnen gehört die karelische Bauernfamilie Airikka, die auf der kleinen Insel Revonsaari im Dorf Räihälä zu Hause ist. Ihre Heimat ist die Schärenlandschaft im Finnischen Meerbusen. Zweimal müssen sie während des Zweiten Weltkriegs flüchten. Zunächst im sogenannten Winterkrieg 1939, als die Sowjetunion Finnland überfällt und wenige Monate später große Teile Kareliens annektiert. Als Bündnispartner ergreift Finnland im Zuge des deutschen Überfalls auf die Sowjetunion die Gelegenheit, die verlorenen karelischen Gebiete zurückzuerobern. 1942 kehrt die Familie auf ihren heimatlichen Bauernhof zurück. Sie hofft auf einen neuen Anfang. Doch diese Hoffnung wird jäh zunichte gemacht, als die sowjetische Offensive einsetzt und die Airikkas im Juni 1944 abermals zur überhasteten Flucht gezwungen sind. Diesmal gibt es keine Rückkehr mehr. Nach dem Zweiten Weltkrieg machen die vertriebenen Karelier zwölf Prozent der finnischen Bevölkerung aus. Kaum bekannt ist, dass auch viele Samen im Norden des Landes ihre Heimat verlieren, die heute in Russland liegt.

Eine Reihe von Ländern ermöglicht jenen die Einwanderung, die unter nationalistischen oder religiösen Verfolgungen leiden oder Angehörige der jeweiligen Titularethnie sind. Polen, Finnland, Ungarn, Griechenland, die Türkei und Deutschland gestehen Menschen ein Recht auf »Rückkehr« zu,[126] die als Aussiedler oder Spätaussiedler, auch als Rückkehrer oder Repatrianten bezeichnet werden. Allein 4,3 Millionen Deutsche sind von den frühen 1950er Jahren an bis 2011 in die Bundesrepublik Deutschland gekommen. Gerade in den ersten Jahren sind die Grenzen zwischen Flüchtlingen oder Vertriebenen von 1945 und den Aussiedlern, die im Zuge der Familienzusammenführung kommen, fließend.

Darüber hinaus kehren viele Deutsche, die eigentlich unter die Potsdamer Beschlüsse hätten fallen müssen, aber im polnischen Machtbereich als sogenannte Autochthone – insbesondere Masuren, Ermländer, Oberschlesier – oder wichtige Facharbeiter zurückgehalten werden, Polen nach der Entstalinisierung den Rücken. Ebenso wenden im Zuge der sogenannten Repatriierung zwischen 1955 und 1959 rund 245 000 Polen der Sowjetunion den Rücken zu, und zwar vornehmlich den Sowjetrepubliken Weißrussland, Ukraine und Litauen. Aber auch türkische und griechische Minderheiten setzen sich in Bewegung und verlassen zwischen 1950 und 1990 den Balkan oder den Kaukasus und ziehen in die Türkei beziehungsweise nach Griechenland. Im August 1993 rettet die griechische

Pirjo Airikka wird 1946 als Nachkömmling karelischer Flüchtlinge in Piikkiö geboren. 2007 unternimmt sie eine Reise in die Heimat ihrer Vorfahren. Sie erinnert sich an die Sehnsucht ihrer Eltern und Geschwister nach den Binnenschären im Finnischen Meerbusen. »Damals bei uns in Karelien« begann jede Erzählung über die alte Heimat. Ihr Großvater Alfred Airikka hat den Hof in Karelien aus dem Gedächtnis gezeichnet, ihr Vater Lauri Airikka betreut im Exil viele Jahre lang den karelischen Heimatverein »Johannekselaiset«, in dem sich die ehemaligen Bewohner des Kirchspiels Johannes zusammenfinden. 1989 kehrt er erstmals in die alte Heimat zurück, die seit dem Zweiten Weltkrieg zur Sowjetunion gehört. Die Tochter Prijo nimmt zum Andenken an ihre Reise in die Vergangenheit eine Handvoll Erde mit nach Hause.

Marine im Rahmen der »Operation Goldenes Vlies« mit einem Kreuzfahrtschiff mehr als tausend Pontosgriechen – *Rossopontioi* genannt – aus dem georgisch-abchasischen Kriegsgebiet, wo es in der Hauptstadt Sochumi zu einem Massaker kommt.

1947 strandet die Ukrainerin Anna Sudyn nach einer schier endlosen Odyssee in Masuren. Anna stammt aus einem kleinen Dorf im Kreis Lubaczów in Südostpolen. Nachdem sie Zwangsarbeit und Konzentrationslager bei den Deutschen überlebt hat, wird sie von der polnischen Armee mit mehr als 140 000 weiteren Ukrainern 1947 aus den Woiwodschaften Rzeszów, Lublin und Krakau im Rahmen der »Aktion Weichsel« vertrieben. Im Fluchtgepäck der Familie befindet sich etwas Außergewöhnliches: »Wo ich herkomme, gibt es keine Steine. Um einen großen Stein zu finden, mit dem man das Sauerkrautfass beschweren konnte, musste man in der ganzen Wojewodschaft herumfahren. Anstatt Getreide nahm mein Vater damals einen Stein mit auf den Transport, weil er sagte: ›Womit sollen wir sonst im Herbst das Sauerkraut beschweren?‹ Als wir dann hier ankamen, ach du lieber Gott! So viele Steine! Wo man sich bückt, liegen Steine.«[127] Anna Sudyns Geschichte offenbart, wie wenig die Vertriebenen zuweilen von der Fremde wissen, die sie erwartet.

Die Folgen des Zweiten Weltkriegs sind auch außerhalb Europas zu spüren. Viele Juden, die die Schoah überlebt haben, glauben nun, dass allein die Umsetzung der zionistischen Idee – die Gründung eines jüdischen Staates – einen dauerhaften Schutz vor Antisemitismus und Verfolgung bieten kann. Doch die Realisierung ihres Traums beginnt unter traumatischen Umständen. Nach langen Verhandlungen stimmen die Vereinten Nationen auf ihrer Generalversammlung am 29. November 1947 dem Plan zu, das britische Mandatsgebiet in Palästina in einen jüdischen und einen arabischen Staat aufzuteilen. Während die große Mehrheit der zionistischen Bewegung den Vorschlag mitträgt, verweigert die arabische Seite ihre Zustimmung. Im Mandatsgebiet entbrennt daraufhin ein Bürgerkrieg, der auf beiden Seiten viele Opfer fordert.

Nachdem David Ben Gurion am 14. Mai 1948 den Staat Israel ausgerufen hat, greifen die arabischen Länder Syrien, Jordanien,

Als Jugendliche wird Anna Sudyn von den deutschen Besatzern aus ihrem Heimatdorf Lipiny in das Konzentrationslager Majdanek verschleppt. Später kommt sie als Zwangsarbeiterin auf einen Bauernhof im hessischen Homberg. Dort lernt sie ihren Mann kennen, einen Ukrainer, der gleichfalls aus der Nähe von Rzeszów stammt. Die beiden heiraten 1942 in Hessen, wo auch ihre Tochter geboren wird. Nach Kriegsende wird die junge Familie zunächst in einem DP-Lager untergebracht und kehrt schließlich zurück nach Polen, wo zu dieser Zeit erbitterte Kämpfe zwischen der polnischen Armee und ukrainischen Untergrundkämpfern toben. Die Ukrainer werden 1947 vertrieben, ihre Häuser niedergebrannt. Anna landet mit ihrer Familie am Ende in Orlowen (polnisch Orłowo) im einstigen Ostpreußen, wo sie sich in einem geplünderten Haus einrichten müssen.

Ägypten, Libanon und Irak den neuen Staat an. Der Bürgerkrieg wächst sich zu einem internationalen Konflikt aus. Amos Oz schildert die Vorgänge in seinem autobiographischen Roman *Eine Geschichte von Liebe und Finsternis*. »Die Araber nahmen in jenem Krieg in den von ihnen eroberten Gebieten eine noch gründlichere ›ethnische Säuberung‹ vor als die Juden in den arabischen Gebieten: Hunderttausende von Arabern verließen das israelische Staatsgebiet durch Flucht und Vertreibung, aber über hunderttausend blieben in ihren Orten. Demgegenüber verblieben in der Westbank und im Gazastreifen während der jordanischen beziehungsweise ägyptischen Herrschaft überhaupt keine Juden. Kein einziger. Die Ortschaften wurden ausgelöscht und die Synagogen und Friedhöfe dem Erdboden gleichgemacht.«[128]

Aber auch in Palästina lebende Araber werden gezwungen, ihre Heimat zu verlassen. Am 13. Juli 1948 vertreiben jüdische Milizen 35 000 Araber – und damit die überwältigende Mehrheit – aus der Stadt Lydda, dem heutigen Lod östlich von Tel Aviv.[129] »Ich, das vierte Kind, kam kurz nach jener Tragödie zur Welt, welche die Palästinenser die Nakba, die ›Katastrophe‹, nennen«, schreibt Sari Nusseibeh, der langjährige Präsident der Al-Quds-Universität in Jerusalem. »Das Jahr, in dem ich gezeugt wurde, 1948, brachte das Ende des palästinensischen Traums ... Meine Mutter hauste währenddessen in einer überfüllten Wohnung in Damaskus, wo sie mich auch zur Welt brachte, und ihre Familie wurde zusammen mit siebenhunderttausend Palästinensern aus ihrer Heimat vertrieben. Eine seit Urzeiten praktizierte Lebensweise fand auf brutale Weise ihr Ende.«[130]

Die meisten arabischen Flüchtlinge suchen in anderen Teilen Palästinas Zuflucht, der Rest flieht nach Syrien, Jordanien und in den Libanon. In den arabischen Nachbarstaaten – mit Ausnahme Jordaniens – bleiben sie staatenlos, nicht zuletzt weil die arabischen Nachbarstaaten ihren prekären Status gegen Israel ins Feld führen wollen. Der jüdische Staat soll beständig in der Unsicherheit leben, dass die Vertriebenen und deren zahlreiche Nachkommen zurückkehren und die demographischen Verhältnisse zugunsten der Araber verändern.

Wie in Palästina selbst, wo es bereits in den 1930er Jahren zu antijüdischen Pogromen kommt, sind die Juden auch in den arabischen Ländern Ziel von Gewaltakten. »Es ist oft gesagt worden, New York sei eine jüdische Stadt. Doch könnte man mit Fug und Recht ähnliches über Bagdad in der ersten Hälfte des 20. Jahrhunderts sagen«, liest man in Nissim Rejwans Erinnerungen *The Last Jews in Baghdad*.[131] Um 1900 sind 35 Prozent der dortigen Einwohner Juden. Doch hier wie in den anderen Metropolen des Nahen Ostens lösen arabische Nationalisten und radikale Muslime durch antisemitische Pogrome einen Exodus der uralten jüdischen Gemeinden aus. Während der als *Farhud* bekannten Ausschreitungen sterben im Juni 1941 fast 180 Juden in Bagdad und im libyschen Tripolis bei einem antijüdischen Pogrom im November 1945 mehr als 140. Im Dezember 1947 finden etwa 75 Mitglieder der jüdischen Gemeinde im syrischen Aleppo den Tod und 42 weitere im Juni 1948 in Oujda und Jerada in Französisch-Marokko.[132]

Auch die 25 000 Juden Kurdistans, die seit mehr als zweitausend Jahren im heutigen Nordirak lebten und ihre aramäische Sprache pflegten, müssen Anfang der 1950er Jahren ihre angestammten Bergregionen verlassen und nach Israel ziehen. Diese Liste ließe sich noch beträchtlich verlängern.

Auf die Pogrome folgen systematische Vertreibungen. 1950 dekretiert der Irak per Parlamentsbeschluss die Enteignung und Vertreibung der irakischen Juden. Auch Ägypten, das seit der Antike vielen Juden Heimat ist, sucht seine jüdischen Bürger loszuwerden. In den 1960er Jahren wird in Alexandria eine der ältesten jüdischen Gemeinden der Welt ausgelöscht. Unter den Betroffenen ist auch die Familie des Schriftstellers André Aciman. Insgesamt werden seit den 1940er Jahren aus der arabischen Welt mindestens 800 000 Juden vertrieben.

Inzwischen stellen die Nachfahren von Juden aus der arabischen Welt die Hälfte der israelischen Bevölkerung. Neben den Heimatlosen aus jenen Regionen hat Israel Juden in großer Zahl aus der ehemaligen Sowjetunion, aus Somalia und Äthiopien aufgenommen und das Land zu einem sicheren Hafen für bedrängte Juden gemacht. Zwar gibt es enorme kulturelle und soziale Spannungen, doch das Judentum erweist sich als Bindeglied zwischen den Menschen, die aus beinahe allen Teilen der Welt in den jungen Staat kommen.

Weit über Europa hinaus finden die Ideen ethnischer Reinheit begeisterte Anhänger. Der in den Ideenschmieden des europäischen Nationalismus geformte Hass wird zu einem globalen Exportschlager. Politiker und Wissenschaftler ziehen Grenzen, die angeblich auf rationalen Kriterien beruhen und Menschen doch nur willkürlich voneinander trennen. Wie die Russen im Kaukasus die christlichen Armenier gegen die muslimischen Völker für ihre Zwecke instrumentalisieren, spielen die Briten seit dem 19. Jahrhundert auf dem indischen Subkontinent Ethnien und Religionen nach dem Prinzip des *Divide-et-Impera* zunehmend gegeneinander aus, was 1947 zur Teilung führt. Diese als »Partition« in die Geschichte eingegangene Trennung legt als Vermächtnis der britischen Kolonialmacht, verkörpert durch Cyril Radcliffe, die Grenzen zwischen Indien und Pakistan fest. Der Dichter W. H. Auden greift den Zynismus dieser Tat in seinem 1966 erschienenen Gedicht »Partition« auf.

Unbiased at least he was when he arrived on his mission,
Having never set eyes on the land he was called to partition
Between two peoples fanatically at odds,
With their different diets and incompatible gods.
»Time«, they had briefed him in London, »is short. It's too late
For mutual reconciliation or rational debate:
The only solution now lies in separation.
The Viceroy thinks, as you will see from his letter,
That the less you are seen in his company the better,
So we've arranged to provide you with other accommodation.
We can give you four judges, two Moslem and two Hindu,
To consult with, but the final decision must rest with you.«
Shut up in a lonely mansion, with police night and day
Patrolling the gardens to keep the assassins away,
He got down to work, to the task of settling the fate
Of millions. The maps at his disposal were out of date
And the Census Returns almost certainly incorrect,
But there was no time to check them, no time to inspect
Contested areas. The weather was frightfully hot,

And a bout of dysentery kept him constantly on the trot,
But in seven weeks it was done, the frontiers decided,
A continent for better or worse divided.
The next day he sailed for England, where he could quickly forget
The case, as a good lawyer must. Return he would not,
Afraid, as he told his Club, that he might get shot.[133]

In Europa, dem Kontinent in Trümmern, schenkt man den Ereignissen wenig Aufmerksamkeit, und in den betroffenen Gebieten weicht die anfängliche Freude über die erlangte Unabhängigkeit bald einer tiefen Enttäuschung, als die konkreten Folgen für Millionen Menschen auf beiden Seiten ersichtlich werden. Im Sommer 1947 versinkt der indische Subkontinent in einer Welle der Gewalt. Bis zu 14,5 Millionen Inder verlieren ihre Heimat, bis zu eine Million sterben bei den *Riots* – den Unruhen –, die die Vertreibungen in ethnisch-religiös gemischten Regionen begleiten. Schließlich finden sich Muslime in Pakistan wieder (inklusive Ost-Pakistan, seit 1971 Bangladesch), Hindus in Indien.[134] Im pakistanischen Karatschi, wo jeder zweite Einwohner damals ein Vertriebener ist, leben 1955 noch 800 000 Opfer der Teilungen als Obdachlose auf der Straße. Ähnlich sieht es auf der indischen Seite aus. Anfang der 1950er Jahre sind in Delhi 30 Prozent und in Amritsar 43 Prozent der Stadtbevölkerung Vertriebene.[135] Kalkutta wird zum Zentrum der hinduistischen Flüchtlinge aus Ost-Pakistan.

Einer der Betroffenen, der Muslim Sadaat Hassan Manto, muss 1948 seine Heimat im indischen Bombay verlassen; 1955 stirbt er im nunmehr pakistanischen Lahore. In einer Kurzgeschichte führt er die Absurdität jener Entscheidungen vor Augen, die einstige Nachbarn und Freunde zu Feinden werden lässt. Sie handelt von Hauptmann Rab Nawaz, einstmals stolzer Angehöriger der Armee Britisch-Indiens, der sich auf einmal in der pakistanischen Armee wiederfindet und in Kaschmir gegen seine einstigen Kameraden auf der indischen Seite kämpfen muss. Hüben wie drüben wird mit Gewehren aus britisch-indischen Beständen gekämpft. »So viel jedenfalls wußte Hauptmann Rab Nawaz: nun kämpften sie um Kaschmir. Aus welchem Grund sie dieses Kaschmir erobern sollten, war ihm klar; weil der Anschluß dieses Landes für den weiteren Bestand

Pakistans unabdingbar war. Wenn er aber mit seinem Gewehr zielte und vor ihm ein bekanntes Gesicht auftauchte, dann erlosch für ein paar Augenblicke diese Einsicht, dann vergaß er, wofür er kämpfen sollte, mit welcher Absicht er das Gewehr angelegt hatte, und er mußte sich selbst immer wieder ins Gedächtnis rufen, daß er jetzt nicht für Geld, für ein Stück Boden oder einen Orden kämpfte, sondern für sein Heimatland. Für ihn war hier auch zuvor schon Heimat gewesen. Er stammte aus einem Gebiet, das jetzt zu Pakistan gehörte. Und er mußte nun gegen einen Landsmann kämpfen, der vor noch gar nicht langer Zeit sein Nachbar gewesen war, zu dessen Familie seit Generationen Beziehungen bestanden hatten.«

Wie es ist, wenn das nationalistische Feuer entfacht wird und Nachbarn sich gegenseitig umbringen, erlebt Balraj Bahri in der kleinen Stadt Malakwal im westlichen Punjab, wo Muslime, Sikhs und Hindus über Jahrhunderte weitgehend friedlich und getragen von gegenseitigem Respekt zusammenlebten. Doch als im Juni 1947 die Teilung Indiens verkündet wird, ändert sich mit einem Schlag alles. Balraj Bahri hört eines Tages laute Stimmen in der Nachbarschaft, die immer näher kommen, immer lauter werden. »Wir versteckten uns in unseren Häusern unter Tischen und Betten, löschten das Licht und lauschten dem Getöse des Mobs, der schrie und Parolen skandierte. *›Pakistan zindabad! Pakistan zindabad!‹*, bellten sie und reckten ihre Arme, ihre Fäuste geballt, ihre Augen entschlossen. Die Männer führten Fackeln mit sich und brannten alles nieder, was in ihrem Weg war. So etwas hatten wir nie zuvor gesehen. Worte versagen, um jene Atmosphäre zu beschreiben.«[136]

Zu den Vertriebenen gehört auch die Familie von Ritesh Batra. Er wächst mit seinem Großvater väterlicherseits in Bombay auf, der dem Enkel viel von der alten Heimat erzählt, der aber eisern schweigt, wenn es um die von Gewalt begleitete Vertreibung geht. »Im letzten Jahr hat mein Großvater oft über die Teilung geweint. Für ihn jedoch war es keine nationale Tragödie, sondern eine ganz persönliche.« Ritesh Batras Großvater mütterlicherseits, der ebenfalls aus Pakistan vertrieben wurde, eröffnet im indischen Lucknow ein Optikerfachgeschäft, das er nach seiner alten Heimatstadt *Lahore Optical* nennt. Obwohl das Geschäft bei antipakistanischen Krawallen immer wieder attackiert wird, hält die Familie eisern an dem

Flucht und Vertreibung sind in der Regel Massenphänomene, hinter denen sich viele Einzelschicksale verbergen. Das indisch-pakistanische Beispiel offenbart die oft erschreckenden Größenordnungen: Mindestens vierzehn Millionen Menschen verlieren dort in kürzester Zeit ihre Heimat, und in vierzehn Millionen Leben ereignen sich daraufhin unvorhersehbare persönliche Dramen. Die Anthropologin Devika Chawla stammt aus einer indischen Familie, die 1947 Pakistan verlassen musste. Wenn ihre Großmutter von ihrer alten Heimat und den Ereignissen damals erzählt, benutzt sie für *partition* das Wort *batwara* aus ihrer Muttersprache Urdu. In ihrer Studie *Home, Uprooted* vergleicht die Autorin die beiden Begriffe. Das englische *partition*, so stellt sie fest, beschreibt einen bürokratischen Vorgang und klingt wie eine rationale Übersetzung von *batwara*, das ungleich stärker als Resonanzraum für die Betroffenen wirkt und dem Verlust eine stärkere emotionale und vor allem eine persönlichere Dimension verleiht als der englische Begriff.

Namen fest und wirbt im Internet stolz mit der Firmengründung 1936 in Lahore, der alten Heimat.[137]

Unmittelbar nach der Teilung Indiens brechen im Kalten Krieg weitere gewaltsame Konflikte und Stellvertreterkriege aus, zerfallen die alten Kolonialreiche. Unabhängigkeitskriege und ethnische Säuberungen unter anderem in Indochina, Korea und Afghanistan begleiten diesen Zerfall. Im fernen Genf einigt sich die Indochina-Konferenz 1954 auf eine Teilung Vietnams in einen kommunistischen Norden und ein prowestliches Südvietnam. Daraufhin flieht mehr als eine Million Vietnamesen aus dem Norden. Viele gelangen auf französischen und amerikanischen Marineschiffen in den Süden des geteilten Landes, wo die Flüchtlingsfrage bis zum Ausbruch des Vietnamkriegs zwanzig Jahre später virulent bleibt.[138] Darüber hinaus fliehen während des Koreakriegs Millionen Koreaner, werden zu Vertriebenen im eigenen Land. Bis heute trennt die willkürliche Grenze Menschen, die seit der Teilung keinen Kontakt zu ihren nächsten Angehörigen unterhalten können.

Während der Konflikt in Korea 1953 nach drei Jahren der Gewalt mit einem Waffenstillstand beendet wird, hält der Krieg in Afghanistan, der im Dezember 1979 mit dem Einmarsch der Sowjets beginnt, bis heute an. Nach Schätzungen des UNHCR flohen mehr als 6,3 Millionen Afghanen vor den Kämpfen zwischen der Sowjetarmee und den islamistischen Mudschaheddin, davon drei Millionen in den Iran und 3,3 Millionen nach Pakistan. Seitdem die sowjetischen Truppen im Frühjahr 1989 endgültig abgezogen sind, kämpfen verschiedene Warlords um die Macht im Land. Dieser Bürgerkrieg ist aber auch ethnisch motiviert und trifft besonders die Hazara, die wegen ihrer turko-mongolischen Herkunft und ihres schiitischen Glaubens seit Jahrhunderten von den dominierenden Paschtunen verfolgt werden. Khaled Hosseini schildert diese Verfolgung in seinem Roman *Drachenläufer*. Die Geschichte spielt im Kabul der 1970er Jahre. Der Junge Amir freundet sich mit Hassan an, dem Sohn der elterlichen Dienstboten, die zur Minderheit der Hazara gehören. Als Amirs Schulfreund Assef die beiden Jungen beim gemeinsamen Spiel entdeckt, behandelt er Hassan wie einen Aussätzigen und beleidigt ihn rassistisch. Afghanistan sei schon immer das Land der Paschtunen gewesen, allein sie seien die wahren, reinen Afghanen. »Afghanistan den Paschtunen, sage ich. Das ist meine Vision«, erklärt Assef. Die Hazara würden Afghanistan verschmutzen, sein Blut verunreinigen. Er werde dem Präsidenten schreiben und ihn bitten, Afghanistan von den »dreckigen« Hazara zu befreien.[139]

Dramatische Bilder von Schiffbrüchigen im Südchinesischen Meer künden von einem weiteren Großkonflikt des Kalten Krieges. Nach der Niederlage des von den USA unterstützten südvietnamesischen Regimes in Saigon fliehen drei Millionen Menschen vor den siegreichen kommunistischen Vietkong-Kämpfern – zunächst über den Landweg. Da die Aufnahmekapazitäten der asiatischen Nachbarländer bald erschöpft sind, versucht es mehr als die Hälfte der vietnamesischen Flüchtlinge, darunter viele ethnische Chinesen, schließlich über den Seeweg. Auf kleinen Fischerbooten wagen sie sich aufs offene Meer, wo die Boatpeople ständig Piratenangriffen ausgesetzt sind. Bis zu 250 000 Menschen sterben auf der Flucht.

Der Vietnamkrieg ist der erste Krieg des 20. Jahrhunderts, dessen Verlauf Menschen in aller Welt in Echtzeit im Fernsehen verfolgen. Der Weltöffentlichkeit wird so die globale Dimension von Fluchtbewegungen und internationalen Konflikten vor Augen geführt. Das trägt dazu bei, dass anfängliche Skepsis und Kleingeistigkeit sich legen und eine Welle der Hilfsbereitschaft ausgelöst wird. Rupert Neudeck, der deutsche Flüchtling aus Danzig, ist mit dem Rettungsschiff *Cap Anamur* Teil der konkreten Hilfe.

In Südostasien toben aber noch andere Kriege. Kambodschas Rote Khmer unter ihrem Führer Pol Pot etablieren ein kommunistisches Terrorregime, das bis zu zwei Millionen Opfer unter der eigenen Bevölkerung fordert. Die *Killing Fields* stehen als Chiffre für dieses grausame Verbrechen, in dessen Folge Millionen versuchen, aus dem Land zu fliehen. Nach der Befreiung durch vietnamesische Truppen von Ende 1978 an ziehen sich die Roten Khmer zurück, verstricken das Land aber bis 1991 in einen Guerillakrieg.

1959 öffnet Indien seine Grenzen für Flüchtlinge aus Tibet, die vor dem Terror der chinesischen Besatzer fliehen. Die spektakuläre Flucht des Dalai Lama findet international viel Aufmerksamkeit, weil das geistige und weltliche Oberhaupt der Tibeter vielen durch die autobiographischen Erinnerungen Heinrich Harrers *Sieben Jahre in Tibet* bekannt ist. Bis heute residiert der Dalai Lama in Dharamsala, wo sich auch die meisten jener 80 000 Tibeter eingefunden haben, die über die Bergketten des Himalaja nach Indien flohen. Die in den USA lebende Schriftstellerin Tsering Wangmo Dhompa ist dort als Tochter von Exiltibetern aufgewachsen. Sie spricht den tibetischen Dialekt der Heimatregion ihrer Mutter, hat das Land selbst aber nie gesehen. Für die Mutter bleibt das verlorene Vaterland – *Phayul* – zeitlebens allgegenwärtig. Dieses Wort begleitet die Tochter in der Kindheit, durch die sich wie ein roter Faden die Hoffnung auf »Rückkehr« nach Tibet zieht. »Obwohl es für seine Existenz weder fotografische noch menschliche Beweise gab«, sagt Tsering Wangmo Dhompa, »war Tibet unsere wirkliche Heimat.«[140]

Flucht und Vertreibung hören auch in Europa nicht auf. Von Mitte Dezember 1956 an fliehen 200 000 Menschen aus Ungarn, nachdem sowjetische Truppen den Aufstand gegen die Besatzung niedergeschlagen haben; das entspricht zwei Prozent der Gesamtbevölkerung. Als es im März 1968 in Polen zu Protesten gegen die kommunistische Regierung kommt, zettelt diese eine antisemitische Hetzkampagne an. Unter der Parole »Zionisten nach Zion!« vertreibt sie 15 000 polnische Juden – die meisten Überlebende der Schoah – aus ihrer Heimat. Von einem Tag auf den anderen verlieren sie ihre polnische Staatsangehörigkeit.[141]

Bald nach dem 500. Jahrestag der Eroberung Konstantinopels durch die Osmanen breitet sich laut Orhan Pamuk, dem Chronisten seiner Heimatstadt Istanbul, in der Stadt am Bosporus ein »Erinnerungsfieber« aus, schürt der türkische Staat erneut den Hass gegen Minderheiten.[142] Im September 1955 fallen einem fanatisierten Mob bei einem antigriechischen Pogrom fünfzehn Menschen zum Opfer. Evangelos Alexandridis, Mitglied der griechischen Minderheit in der Türkei, trifft am 6. September 1955 nach einem Kinobesuch in seiner Heimatstadt Istanbul auf »eine riesige Menge von Männern, mit Pfählen, Hacken, Pickeln und ähnlichem Gerät bewaffnet«. Er fürchtet sich vor dem Mob und versucht so schnell wie möglich nach Hause zu kommen. »Die Polizei trat an diesem Abend an keiner Stelle in Erscheinung«, erinnert sich Evangelos Alexandridis. »Es war zehn Uhr abends, als ich unser Haus erreichte. Einige versuchten, unser Eisentor aufzubrechen, zum Glück ohne Erfolg. Dann wurde das Haus mit Steinen beworfen.« Um sich vor den Steinen zu schützen, harrt die Familie voller Angst die ganze Nacht unter den Betten aus. Am kommenden Morgen zeigt sich das ganze Ausmaß der nächtlichen Verwüstung.[143] Viele Griechen verlassen daraufhin ihre Heimat. 1964 verschärft die Türkei ihre nationalistische Politik ein weiteres Mal, was zur letzten großen Vertreibung der Griechen führt. Zwanzig Kilo Gepäck und zwanzig Dollar in bar darf jeder von ihnen mitnehmen.[144]

Einschließlich der Pontosgriechen aus der ehemaligen Sowjetunion, die seit den 1980er Jahren als Spätaussiedler in das »Mutterland« übersiedeln, nimmt Griechenland im 20. Jahrhundert mehr als zwei Millionen griechische Flüchtlinge auf. Heute haben vierzig Prozent aller Griechen kleinasiatische Wurzeln.

Die Griechen Konstantinopels wie auch die griechische Bevölkerung auf den in der nördlichen Ägäis gelegenen Inseln Imbros (Gökçeada) und Tenedos (Bozcaada), die nach dem Ersten Weltkrieg der Türkei zugesprochen werden, sind nach dem 1923 ausgehandelten Vertrag von Lausanne von Vertreibung ausgenommen. Doch die staatlich forcierte Ansiedlung muslimischer Neubürger schürt bewusst antigriechische Stimmungen, und in den 1950er Jahren verschärft der türkische Staat im Zuge des Zypernkonflikts die nationalistische Rhetorik noch.

Auf Tenedos, wo Dmetri Kakmi 1961 als Kind griechischer Eltern auf die Welt kommt, macht man sich zunehmend Sorgen. Dmetris Großvater sieht die Zukunft der Familie düster und prophezeit: »Bald werden es so viele von ihnen sein, dass sie uns ins Meer treiben werden.«[145] Während für die muslimischen Neubürger vom Festland neue Moscheen errichtet werden, schweigen die Kirchenglocken der alten orthodoxen Gotteshäuser aus Furcht vor Ausschreitungen. Der kleine Dmetri mutmaßt, dass die Glocken Angst haben. »Selbst am Sonntag, wenn sich die Christen festlich kleiden und den langen, geraden Weg hinauf gehen, der die Oberstadt teilt, bleiben die Glocken sprachlos, eingefroren im Glockenturm. Sie glauben wohl, wenn sie schwiegen, würde die Moschee vergessen, dass ihr Nachbar Christ ist.«[146] Immer mehr Griechen stellen sich die Frage: Gehen oder Bleiben? Der Exodus der Griechen auf dem Eiland in der Ägäis beginnt.

In fast allen Teilen der Welt bricht nach dem Zweiten Weltkrieg die europäische Kolonialherrschaft zusammen. Bis zu sieben Millionen Europäer kehren in den folgenden Jahren aus den ehemaligen Kolonien in ihre Mutterländer »zurück«. Am Ende zählt beispielsweise Portugal 600 000 *Retornados* aus Mosambik, Angola, Kap Verde, Guinea-Bissau, São Tomé und Principe, das sind sieben Prozent der portugiesischen Bevölkerung.

Algerien schreibt im Prozess der Dekolonialisierung ein eigenes Kapitel. Im Zuge des Algerischen Unabhängigkeitskriegs vertreibt die französische Kolonialmacht von 1954 an mehr als eine Million Algerier. Ein Teil flieht nach Marokko, die anderen werden kollektiv in Sammellagern interniert. Als das Land 1962 unabhängig wird, gelten die Nachfahren und loyalen Verbündeten der Kolonialmacht als Verräter. Viele haben sich während des Krieges radikalisiert und an Kriegsverbrechen beteiligt. Nun sterben sie zu Tausenden durch die Hand algerischer Unabhängigkeitskämpfer. Im Sommer 1962 verlassen die sogenannten *pieds-noirs* in Scharen das Land. *La valise ou le cercueil* – Koffer oder Sarg – lautet die Devise. Insgesamt treffen in Frankreich mehr als 800 000 *répatriés* ein. Allerdings zögert Frankreich lange, die Bedrängten aufzunehmen. Auf die Ankunft so vieler Menschen ist Frankreich nicht vorbereitet. Besonders schwer tut man sich mit der Aufnahme muslimischer Harkis. Erst im Rahmen einer illegal organisierten Fluchtbewegung gelangen 88 000 dieser Gehilfen der französischen Armee nach Frankreich, wo ein großer Teil von ihnen jahrzehntelang in Lagern hausen muss.

Als Nigeria, das größte Land Afrikas, 1960 unabhängig wird, verstärken sich dort die ethnischen und religiösen Konflikte. Die christlichen Igbos, die lange Zeit von den Briten privilegiert wurden, stoßen im muslimischen Norden auf Ablehnung, wo man die einseitige Machtverteilung nicht mehr akzeptieren will. Die Spannungen um die postkoloniale Ordnung führen schließlich zum Bürgerkrieg. Ethnisch motivierte Ausschreitungen gegen die Igbo fordern bereits im Vorfeld 30 000 Todesopfer und machen eine Million Nigerianer zu Vertriebenen. Die Igbo fliehen in ihr Stammland Biafra im Südosten Nigerias. Am 30. Mai 1967 erklärt dieser Landesteil seine Unabhängigkeit als souveräne Republik Biafra. Es kommt zum Krieg, weil Nigeria die einseitige Abspaltung nicht akzeptiert. Nach dem Sieg über die Separatisten wird Biafra 1970 wieder in den nigerianischen Zentralstaat eingegliedert.

Biafras Schicksal findet international erst Aufmerksamkeit, als die Fernsehkorrespondenten über die Hungersnot berichten, die der Krieg verursacht hat, und auf den Bildschirmen Kinder mit aufgeblähten Bäuchen zu sehen sind. Dass zu diesem Zeitpunkt bereits zwei Millionen Menschen ums Leben gekommen sind, war der Weltöffentlichkeit entgangen. John Lennon gibt im Herbst 1969 aus Protest gegen die britische Unterstützung für den Krieg der nigerianischen Zentralregierung seine ihm von Königin Elisabeth II. verliehene Auszeichnung *Member of the British Empire* zurück. In Frankreich entsteht als Reaktion auf die humanitäre Katastrophe in Biafra die Hilfsorganisation *Médecins sans Frontières*.

In den Staaten Mittel- und Südamerikas liefern sich die Vertreter der beiden konkurrierenden Weltanschauungen im Kalten Krieg Stellvertreterkriege. Hier geraten indigene Völker und Oppositionelle ins Visier rechter Militärdiktaturen. Im mittelamerikanischen Guatemala etwa wird 1954 mithilfe der USA die erste demokratische Regierung des Landes gestürzt. Eine Militärdiktatur übernimmt die Kontrolle. Sie macht die Landreformen rückgängig und verdrängt die indigene Bevölkerungsmehrheit zunehmend aus ihren angestammten Lebensräumen. Dabei kommt es zu ethnisch motivierten Vertreibungen und Massakern. Der Widerstand der Bedrängten mündet 1960 in einem mehr als dreißig Jahre währenden Bürgerkrieg. Die Militärdiktatur betrachtet die Maya-Völker als Unterstützer der Rebellen, lässt Hunderte Dörfer niederbrennen und ganze Landstriche durch Flächenbombardements zerstören. Sexuelle Gewalt sowie insbesondere die Tötung von Schwangeren und Kleinkindern wird gezielt als Mittel zur Vernichtung der indigenen Bevölkerung eingesetzt. Schätzungsweise 200 000 Bewohner des kleinen Landes verlieren im Bürgerkrieg ihr Leben, die allermeisten sind Angehörige eingesessener Stämme.

Rigoberta Menchús Familie wehrt sich mit anderen Quiché-Maya gegen den Landraub durch reiche Großgrundbesitzer. Die Dörfer der Indigenen werden zur Zielscheibe von Militäraktionen. Rigobertas Eltern und mehrere Brüder werden ermordet, sie selbst erhält Todesdrohungen und geht 1981 ins mexikanische Exil. Durch ihre Autobiographie macht sie 1983 international auf das Schicksal der indigenen Nationen aufmerksam. 1992 wird sie mit dem Friedensnobelpreis ausgezeichnet.[147]

Noch Mitte des 20. Jahrhunderts gelten Vertreibungen als legitimes Mittel der Politik, während des Kalten Krieges werden sie als Kollateralschäden von Stellvertreterkriegen hingenommen. Mit dem Ende des Kalten Krieges kommt nicht die ersehnte Zeitenwende. Wer auf eine neue, gerechtere Weltordnung gehofft hatte, sieht sich bald enttäuscht. Die von der Zentralregierung in Moskau nur mühsam eingehegten nationalen Konflikte brechen nun mit Macht aus: Bereits im Februar 1988 erschlagen Einwohner der aserbaidschanischen Stadt Sumgait bei einem Pogrom gegen ihre armenischen Mitbürger mehr als fünfzig Menschen. In den folgenden Monaten verlassen rund 180 000 Armenier Aserbaidschan.

Als zu Beginn des Jahres 1990 erneut anti-armenische Pogrome ausbrechen, verlässt der langjährige Schachweltmeister Garry Kasparow mit seiner jüdisch-armenischen Familie seine Heimatstadt Baku. 1992 besetzt Armenien das mehrheitlich armenisch besiedelte, aber mitten in Aserbaidschan gelegene Berg-Karabach mitsamt der Landbrücke zu dieser Exklave. Bis zu eine Million muslimische Azeris werden aus Armenien, Berg-Karabach und anderen besetzten Gebieten vertrieben, weitere 450 000 Armenier müssen Aserbaidschan verlassen. Da die georgische Regierung in Tiflis die Unabhängigkeit der von Russland unterstützten Autonomen Republik Abchasien nicht anerkennen will, tobt dort ebenfalls ein ethnopolitischer Konflikt. Seit 1991 sind mehr als 230 000 Georgier aus Abchasien vertrieben worden. Um Georgiens strategische Neuorientierung jenseits von Russland zu torpedieren, schürt Moskau mit der völkerrechtlich zu Georgien gehörenden Region Südossetien den abchasischen Konflikt weiterhin.

In den 1990er Jahren vollzieht sich ganz allmählich ein Umdenken. Vor dem Hintergrund der Kriege in den Nachfolgestaaten Jugoslawiens bekennt sich die internationale Staatengemeinschaft zu ihrer Schutzverantwortung, der *responsibility to protect*. Wie in der Sowjetunion zerbricht in Jugoslawien mit dem Fall des Kommunismus die Klammer, die den Vielvölkerstaat zusammengehalten hatte. Kroaten, Slowenen und Bosnier sind nicht mehr bereit, die Rolle Serbiens als Primus inter pares zu akzeptieren, und erklären ihre Unabhängigkeit, die Belgrad ihnen mit Gewalt vorenthalten will. »1991 waren Zugehörigkeiten ein Zündstoff geworden. Alle tranken dasselbe Benzin. Jede Herkunft konnte die falsche sein. Das Feuer wurde angefacht«,[148] beschreibt der aus Bosnien stammende Schriftsteller Saša Stanišić die explosive Lage, als im ehemaligen Jugoslawien neuer alter Hass zu Vertreibungen und Völkermord führt. Weite Teile Bosniens werden von serbischen Milizen besetzt, hinter denen die jugoslawische Volksarmee steht, 2,5 Millionen nichtserbische Bewohner aus Bosnien vertrieben. Den serbischen Paramilitärs, bei denen es sich häufig um Freiwillige aus der Region handelt, die ihre Opfer kennen, fallen Tausende Frauen in die Hände. Viele werden in eigens eingerichteten Vergewaltigungslagern missbraucht.

Obwohl der UN-Sicherheitsrat Srebrenica zur sicheren Zone erklärt, ereignet sich dort im Sommer 1995 das schlimmste Verbrechen dieses Krieges: Serbische Truppen überrennen die Stadt, sondern 8800 bosnische Jungen und Männer ab und ermorden sie in den umliegenden Bergen. Fünfzig Jahre nach dem Zweiten Weltkrieg kommt es auf dem scheinbar befriedeten Kontinent Europa erneut zu einem Genozid.

Der Krieg in Bosnien-Herzegowina ist der schlimmste unter den ethnischen Konflikten im ehemaligen Jugoslawien, aber nicht der letzte. Schon Jahre bevor der serbische Präsident Slobodan Milošević den Bosnienkrieg anzettelt, macht er die mehrheitlich von Albanern besiedelte Provinz Kosovo zum Schlachtfeld seiner nationalistischen Propaganda. 1988 lässt er die Autonomie Kosovos annullieren und betreibt die gezielte Entrechtung und Isolierung der albanischen Mehrheit.

Für serbische Nationalisten steht das Kosovo – das Amselfeld – für das Ende serbischer Größe, denn auf dem Amselfeld unterlag das serbische Heer im Jahr 1389 der osmanischen Streitmacht. Die weitgehend albanische und muslimische Bevölkerung des Kosovo kämpft unter ihrem Anführer Ibrahim Rugova viele Jahre gewaltlos für ihre Rechte und einen unabhängigen Staat. 1999 kommt es schließlich aber doch zum Krieg zwischen der kosovarischen Untergrundarmee UÇK und den serbischen Streitmächten. Zwischen März und Juni 1999 vertreiben serbische Soldaten rund 860 000 Menschen aus dem Kosovo, von denen 442 000 von Albanien aufgenommen werden. Als die Nato in den Krieg aufseiten der UÇK eingreift und die serbische Armee zurückschlägt, müssen von Sommer 1999 an mehr als 100 000 Serben Kosovo verlassen. Auch viele der im Lauf der Geschichte immer wieder als »Zigeuner« verfemten und gebrandmarkten Roma werden von den siegreichen Albanern drangsaliert und verlieren ihre Heimat.[149]

Ähnlich fassungslos wie auf die Gewalt im ehemaligen Jugoslawien blickt die internationale Öffentlichkeit auf einen Völkermord, der sich zur selben Zeit im zentralen Afrika ereignet. Die ethnopolitischen Konflikte, die Ruandas Tragödie auslösen, sind größtenteils auf koloniale Konzepte zurückzuführen, die die Tutsi-Minderheit privilegierten. Radikalisierte Hutu in Ruanda ermorden vor den Kameras internationaler Journalisten und unter den Augen von UN-Blauhelmen binnen wenigen Monaten bis zu eine Million Tutsi – das sind drei Viertel dieser ethnischen Minderheit. Ihren Höhepunkt erreicht die Tragödie Ruandas, als die Mordwelle von der Hauptstadt Kigali aus am 6. April 1994 auf das gesamte Land übergreift und in kurzer Zeit zu dem von extremistischen Hutu-Politikern von langer Hand geplanten Genozid an den Tutsi führt. Nach der Machtübernahme der Tutsi-Rebellen in Ruanda fliehen Hunderttausende Hutu im Sommer 1994 aus Angst vor kollektiven Racheaktionen in den östlichen Kongo (Zaire), aber auch nach Tansania und Uganda. Mittlerweile gibt es Bemühungen, das Unvorstellbare behutsam und auf einen immer noch fragilen Frieden gestützt aufzuarbeiten. In Ruandas Hauptstadt entsteht 2004 das *Kigali Genocide Memorial Centre*, in dem die sterblichen Überreste von 250 000 Opfern verwahrt werden.[150]

Weitgehend unbeachtet von der Weltöffentlichkeit bleiben hingegen die ethnopolitischen Konflikte, die das Nachbarland Burundi durchleben muss. Auch dort verläuft ein tiefer Graben zwischen der führenden Tutsi-Minderheit und der Mehrheit der Hutu. »Das Lager war wie ein Vorname, den man sich nicht aussuchen kann, man wurde hineingeboren und konnte es sein Leben lang nicht abschüt-

Das Foto zeigt eine albanische Familie, die 1999 bei Morina über die Grenze nach Albanien flüchtet. Nach dem Bosnienkrieg bleibt das ehemalige Jugoslawien ethnisch und politisch tief gespalten. Vielfach leben Opfer und Täter nebeneinander. 1999 eskaliert auch der Konflikt im Kosovo derart, dass die Nato schließlich interveniert. Deren Sprecher Jamie Shea bezeichnet die zivilen Opfer des Einsatzes im Kosovo mit der kühlen Logik des Militärs als »Kollateralschaden«. Die Gesellschaft für deutsche Sprache erklärt den Begriff daraufhin zum »Unwort des Jahres« 1999, weil es die »Tötung Unschuldiger als Nebensächlichkeit« verharmlose. Auch in den Millionen Flüchtlingen und Vertriebenen weltweit sehen viele lediglich eine unvermeidliche Begleiterscheinung der Zeitläufte.

teln. Hutu oder Tutsi. Dieses oder jenes. Kopf oder Zahl. Wie ein Blinder, der plötzlich sehend wird, begann ich damals Gesten und Blicke zu begreifen, Ungesagtes und Verhaltensweisen, die mir schon immer ein Rätsel gewesen waren«, berichtet der elfjährige Protagonist Gabriel im Roman *Kleines Land* von Gaël Faye über eine Kindheit in Burundi.[151] Gabriel realisiert auch in der Schule, wie die ethnische Zugehörigkeit eine immer stärkere Rolle spielt. Der französische Schriftsteller und Rapper Gaël Faye erzählt in dem Roman von einem Jungen, der wie er selbst aus einer französisch-ruandischen Familie stammt. Faye kommt 1982 in Bujumbura in Burundi zur Welt. 1995 flieht er mit seiner Familie nach Frankreich. In seinem gleichlautenden Lied »Petit pays« singt er in Kirundi und Französisch von seiner Kindheit im Schatten der Konflikte zwischen Tutsi und Hutu, von Entwurzelung und Exil.

Gahugu gatoyi
Gahugu kaniniya
Warapfunywe ntiwapfuye
Waragowe ntiwagoka
Gahugu gatoyi
Gahugu kaniniya

Petit pays
Quand tu pleures, je pleure
Quand tu ris, je ris
Quand tu meurs, je meurs
Quand tu vis, je vis
Petit pays, je saigne de tes blessures
Petit pays, je t'aime, ça j'en suis sûr

Kleines Land
Wenn du weinst, so weine ich
Wenn du lachst, dann lache ich
Wenn du stirbst, dann sterbe ich
Wenn du lebst, dann lebe ich
Kleines Land, aus deinen Wunden blute ich
Kleines Land, ich liebe dich, das ist gewiss

Burundi ist auch die Heimat von Hilaire Nininahazwe, der 1962, im Jahr der Unabhängigkeit, geboren wird. Doch sein Land hat bisher keinen Frieden gefunden.

»Ich bin der Sohn meines Vaters vom Stamm der Hutu. Ebenfalls bin ich Sohn meiner Mutter, die dem Stamm der Tutsi angehört. Logischerweise würde ich mich definieren als halb Hutu und halb Tutsi.« Doch das ist nicht möglich, denn über die ethnische Zugehörigkeit entscheidet die väterliche Linie. Hilaire stammt aus Vugizo im Süden des Landes unweit des Tanganjikasees. Seine Muttersprache ist Kirundi. Immer wieder kommt es in seiner Heimat zu blutigen Konflikten zwischen den ethnischen Gruppen – der führenden Tutsi-Minderheit und der großen Mehrheit der Hutu.

Die ethnischen Spannungen erreichen 1972 einen neuen Höhepunkt. Überall werden Menschen willkürlich festgenommen, bis zu 200 000 Hutu werden ermordet. Eines der Opfer ist Hilaires Vater Pierre Basenyourwubatse, ein angesehener Lehrer. Hilaire ist damals zehn Jahre alt. »Mein Vater und meine Onkel waren dabei. Tausende Massengräber bestehen bis heute.« Viele Hutu verlassen das Land und leben seither als Flüchtlinge vor allem in Ruanda und Tansania. Hilaires Familie wird diskriminiert, ihm und seinen Geschwistern wird der Schulbesuch verweigert, das Vieh der Familie von den Machthabern gestohlen. Er selbst gilt damit in den Augen der Tutsi-Machthaber als *umumenja* – Feind und Landesverräter. »Ich bin mit Angst aufgewachsen, ich war immer unsicher, was die Zukunft bringen würde. Meine Befürchtung war, wann ich selber an der Reihe sein würde.«

Das Land kommt nicht zur Ruhe. Immer wieder brechen die ethnischen Konflikte auf, die von der korrupten Regierung geschürt werden. 1993 keimt für einen kurzen Moment Hoffnung auf. Burundi wählt erstmals in freien Wahlen einen Präsidenten, der zur Bevölkerungsmehrheit der Hutu gehört. Doch schon bald nach der Wahl wird er vom Militär gestürzt und ermordet. Bei erneuten Massakern werden Hilaires jüngerer Bruder und viele seiner Freunde ermordet, Hunderttausende zu Flüchtlingen. Er selbst ist zu jener Zeit als Stipendiat in Deutschland und kann nicht mehr in seine Heimat zurückkehren. Deshalb stellt er einen Asylantrag und darf als Flüchtling in Deutschland bleiben. Wenn Hilaire an seine Kindheit im Krieg denkt, denkt er an Hass und Ausgrenzung, an Zerstörung und niedergebrannte Häuser, an Morddrohungen und Töten, an ständige Angst und den Verlust von Freiheit. »Letztlich hat Deutschland mir die Lebensfreude wiedergeschenkt und die Chance auf ein Leben ohne Angst und ständige Furcht.« Er engagiert sich für seine Heimat und hofft für Burundi auf eine Zukunft in Freiheit und Frieden.[152]

Auch in anderen Teilen Afrikas toben ethnische Konflikte. Im Westen Sudans – in Darfur – wehren sich die Darfuris gegen die langjährige Marginalisierung und fordern Autonomie. 2003 entbrennt ein offener Konflikt, der durch anhaltende Dürreperioden zudem zu einer Konkurrenz um Nahrungsressourcen führt. Nach UN-Angaben sterben bis Anfang 2008 etwa 300 000 Menschen, mehr als zwei Millionen Darfuris müssen ihre Heimat verlassen.

In Kenia, Uganda und dem Libanon leben heute Millionen Menschen in Lagern, allein 290 000 im Lager Bidi-Bidi in Uganda und 200 000 im Flüchtlingslager Dadaab im Norden Kenias. In Libyen werden Flüchtlinge und Migranten bereits auf modernen Sklavenmärkten versteigert und ausgebeutet.

Als der sogenannte Islamische Staat sein Terrorregime im Sommer 2014 über weite Teile des nördlichen Irak und Syriens ausweitet, erobert er die Siedlungsgebiete der religiösen Minderheit der Jesiden. Berichte über die Hinrichtung von Tausenden jesidischen Männern in der Region Sindschar und jesidischen Frauen und Mädchen, die als Sklavinnen von islamistischen Terrormilizen sexuell misshandelt und in muslimische Ehen mit ihren Peinigern gezwungen werden, erschüttern die Welt.

Die Jesiden wurden von den muslimischen Herrschern schon immer als »Ungläubige« verfolgt, doch erst die Terrorherrschaft des Islamischen Staates zerstörte ihre historischen Siedlungsstrukturen in Syrien und im Nordirak endgültig.[153] Mit etwa 200 000 Mitgliedern entsteht eine ihrer größten Exilgemeinschaften in Deutschland. Neben den Jesiden werden die uralten christlichen Minderheiten des Nahen Ostens verfolgt. Nachdem die jüdischen Gemeinden in der arabischen Welt systematisch vertrieben worden sind, droht den Christen, von denen viele Aramäisch – die Sprache Jesu – als Mutter-

»Ich mag die Inanga, eine Zither, die mein Vater mit Leidenschaft gespielt hat. Ich mag das Bild meines Vaters. Er war 33 Jahre, als er erschossen wurde. Ich vermisse ihn bis heute schmerzlich.« Nur ein einziges Foto, das ihn an seinen Vater und damit an sein Leben in Burundi erinnert, ist Hilaire Nininahazwe geblieben. In dem kleinen Land kommt es immer wieder zu blutigen Konflikten zwischen der führenden Tutsi-Minderheit und der Mehrheit der Hutu, die seit 1972 eskalieren. Mindestens 200 000 Hutu werden allein in jenem Jahr ermordet, unter ihnen Hilaires Vater Pierre Basenyourwubatse. Hilaire Nininahazwe lebt seit 1993 in Deutschland.

sprache pflegen, durch islamistischen Terror und religiösen Fanatismus ein ähnliches Schicksal.

Immer mehr geraten auch die Kurden im Iran, im Irak und in Syrien in Bedrängnis. 2013 flieht der kurdische Journalist und Menschenrechtler Behrouz Boochani aus seiner Heimat Iran, wo er sich für die Rechte der kurdischen Minderheit einsetzt. Zunächst erreicht er Indonesien, wo er monatelang umherirrt, bis er schließlich auf Schlepper trifft, die ihm versprechen, ihn nach Australien zu bringen. Auf einer hochseeuntauglichen Nussschale mit anderen kurdischen und iranischen Flüchtlingen auf dem offenen Ozean treibend, hält Behrouz Boochani seine Todesangst fest: »Mitternacht. Es herrscht vollständige Finsternis. Die überragenden Wellen schlagen den Körper unseres zersplitternden Bootes ohne Unterbrechung.«[154] Schließlich werden die Dahintreibenden von der australischen Marine aufgegriffen. Boochani kommt in ein Internierungslager auf Manus Island, wo er jahrelang gefangen gehalten wird.

Das uralte Kulturland Syrien ist seit einigen Jahren zum Spielball internationaler Interessen geworden, was Millionen Menschen mit dem Verlust ihrer Heimat bezahlen müssen. Nach Angaben des UNHCR flohen bis 2016 rund 4,8 Millionen Menschen aus dem Land, von denen nun 2,7 Millionen in der Türkei, 640 000 in Jordanien, 246 000 im Irak und 1,1 Millionen im Libanon leben. Der Versuch, Europa über das Mittelmeer zu erreichen, endet nur allzu oft tödlich. Die Künstlerin Banu Cennetoğlu holt Zehntausende dieser Flüchtlinge, die im Mittelmeer umkamen, mit einer Kunstaktion aus der Anonymität. Sie versucht den Toten einen Namen zu geben, zumindest aber gibt sie jedem Toten eine Nummer. Am 9. November 2017 sind es 33 293 Positionen.[155]

Im neuen Jahrhundert hat der unerklärte Krieg Russlands gegen die Ukraine im Donbass seit 2014 erneut Hunderttausende in Europa zu Flüchtlingen gemacht. Und die Welt verfolgt förmlich wie gelähmt den grausamen Bürgerkrieg in Syrien, wo Millionen zu Flüchtlingen und Vertriebenen werden und damit zu Leidtragenden der Tragödie.

Im Sommer 2017 wird ein weiteres Flüchtlingsdrama zu einem neuen Krisenherd. Mehr als 600 000 muslimische Rohingya suchen sich vor ihren birmanischen Nachbarn, die mordend und brand-

Seit immer mehr Menschen aus Afghanistan, Syrien, Eritrea oder Somalia den Kriegen und Verfolgungen in ihren Heimatländern über das Mittelmeer Richtung Europa zu entkommen suchen, stoßen Touristen an den Stränden auf angespülte oder zurückgelassene Schwimmwesten, Schuhe, Schlauchbootreste wie hier auf der griechischen Insel Samos. Die säuberlich sortierten Hinterlassenschaften künden von dramatischen Fluchtgeschichten mit oft tödlichem Ausgang.

schatzend durch ihre Dörfer ziehen, in das bitterarme Nachbarland Bangladesch in Sicherheit zu bringen, wo sie notdürftig in Lagern unterkommen. In die westlichen Gebiete Birmas kamen die muslimischen Rohingya erst in der Zeit des Britischen Empire, weshalb die birmanischen Bürger in ihnen noch immer *Bengali* – Fremde – sehen. Auch sie sind Opfer der Kolonialherrschaft, jener Epoche, als Grenzen noch keine Rolle spielten, was sie im 21. Jahrhundert zu den »letzten Waisenkindern des Imperialismus« macht.[156]

2019 erschüttern geleakte Regierungsdokumente die Weltöffentlichkeit, aus denen hervorgeht, dass Chinas Unterdrückungspolitik sich nicht nur gegen die Tibeter richtet, sondern seit Langem auch gegen die muslimischen Uiguren. Mehr als eine Million Uiguren werden von China in Lagern festgehalten, wo man die Angehörigen der muslimischen Minderheit einer systematischen Gehirnwäsche unterzieht. Diese Umerziehungslager sind die Basis staatlicher Zwangsarbeit, weshalb der Anthropologe Adrian Zenz von einem »kulturellen Genozid« an den Uiguren spricht.[157]

Ob der Stein für das Sauerkrautfass der Ukrainerin Anna Sudyn oder das Brillengeschäft *Lahore Optical* der indischen Familie von Ritesh Batra: Sie stehen als Chiffren für das Leben von Millionen Flüchtlingen. Ihre Erfahrungen widersprechen modernen Menschenrechtsvorstellungen, die sich eigentlich gegen Völkerverschiebungen als Mittel internationaler Politik richten. Doch in diesem Punkt kann man sich nicht immer sicher sein. Infolge des Bosnienkriegs und des Genozids in Ruanda wacht die Weltgemeinschaft auf, wird die Forderung laut, ethnopolitische Konflikte nicht mehr als »innere Angelegenheiten« zu behandeln. Im Zuge dieses Umdenkens bildet sich in den 1990er Jahren die Bereitschaft heraus, zur Durchsetzung von Menschenrechten zu intervenieren. Allerdings zeigen die Konflikte in Afghanistan, Irak und Libyen die Grenzen dieser Bemühungen. Die internationale Gemeinschaft steht vor dem Dilemma, dass weder Intervention noch Abstinenz zu brauchbaren Lösungen führen, und so verfolgt sie förmlich wie gelähmt die Tragödie in Syrien, die Millionen zu Flüchtlingen und Vertriebenen macht und damit zu Opfern dieses Krieges.

Eugene M. Kulischer hat in seiner Studie *Europe on the Move* aus dem Jahr 1948 unaufgeregt festgestellt, dass Vertreibungen humane

Katastrophen in der Geschichte des 20. Jahrhunderts darstellen, eine Erkenntnis, die bisher nicht zu einem grundlegenden Politikwechsel geführt hat. Kulischers Buch müsste heute um viele weitere Kapitel ergänzt werden. Lange nach seinem Tod 1956 zeigt die Aktualität von Zwangsmigrationen, dass die Weltgemeinschaft weiterhin vor großen Herausforderungen steht. Jesiden, Kurden, Rohingya, Darfuri, Tutsi, assyrische Christen, sie alle bezeugen die dramatische und vor allem globale Fortschreibung dieser Geschichte im 21. Jahrhundert. Alle Kapitel handeln dabei von Menschen, die gezwungen werden, ihre Heimat zu verlassen.

HEIMAT.
VON DEN AMBIVALENZEN EINES GEFÜHLS

Herkunft sind die süß-bitteren Zufälle, die uns hierhin, dorthin getragen haben. Sie ist Zugehörigkeit, zu der man nichts beigesteuert hat.

SAŠA STANIŠIĆ, *Herkunft*

Das alte germanische Wort »Heimat«, das immer wieder missbraucht, überhöht, verdammt und karikiert wird, ist wegen seiner emotionalen Vielschichtigkeit kaum in andere Sprachen zu übersetzen. Dieses so deutsche Wort fordert Widerspruch heraus, man tut sich schwer mit der Vielfalt seiner Bedeutungen, aber es lässt sich eben auch nicht ignorieren und ist uns über alle ideologischen Verirrungen erhalten geblieben. Gegenwärtig befassen sich Talkshows und Feuilletons mit dem Begriff, und 2018 erfährt er sogar besondere Wertschätzung, als »Heimat« in die offizielle Bezeichnung eines deutschen Bundesministeriums aufgenommen wird. Das Wort, das so viele Gefühle weckt und so viele Landschaften in Erinnerung ruft, gibt es nur im Singular, was ihm etwas geradezu Elementares verleiht.

Heimat bezeichnet zunächst einmal eine Identität, die aus Kultur und Geschichte erwächst, aber es ist darin auch eine Sehnsucht nach Geborgenheit enthalten, die Verheißung, dass es in einer komplexer werdenden Welt einen vertrauten Ort gibt, an dem man geschützt ist und ungestört innehalten kann. Mit Heimat ist das verbunden, was den Herausforderungen der Globalisierung trotzt. Edgar Reitz hat diese widersprüchliche Erinnerungschiffre mit seiner Fernsehtrilogie *Heimat* semantisch neu aufgeladen, allerdings aus der Perspektive von Sesshaften und Menschen, die die Heimat freiwillig verlassen. Er nennt Heimat ein »unerfüllbares Versprechen«. Der Lebensstil der Menschen gleiche sich weltweit an, Konsum, Mode, letztlich alles Äußere globalisiere sich. »Diese Entwicklung wird zunächst mal positiv erlebt«, sagt Reitz, »weil sie mit Mobilität verbunden ist und mit neuen Erfahrungen. Es hat aber eben auch dazu geführt, dass das, was mit Heimat gemeint ist, als Verlust empfunden wird. Dass man das Gefühl hat, hier ist uns etwas abhanden gekommen. So sehr wir an Raum und Erfahrungshorizont gewonnen haben, ist uns eine Intensität verlorengegangen.«[1] Für all dieses Verlorene und die Sehnsucht danach muss Heimat herhalten.

Heimat ist vor allem ein Konstrukt. Wie alle kulturellen Erzeugnisse lässt auch dieses Konstrukt eine derartige Bandbreite an Sichtweisen zu, dass sich mitunter kaum zu überbrückende Widersprüche einstellen. Der Historiker Rudolf von Thadden überliefert dazu eine anschauliche Anekdote. Im Grenzdurchgangslager Friedland trifft er auf russlanddeutsche Spätaussiedler, »ein älteres Ehepaar aus Alma Ata in Kasachstan, das in die ›Heimat der Väter‹ zurückkehren wollte. Auf meine Frage, aus welcher Heimat denn die Vorfahren – vor zweihundert Jahren! – ausgewandert seien, erhielt ich die Antwort: ›Aus dem Elsass‹. Neben mir lächelte ein dunkelhaariger Junge, der unauffällig hinzugetreten war. Seine Familie stammte – wie er sagte – aus Italien; er ging in Göttingen auf die Schule und sprach nicht nur besser Deutsch als die Russlanddeutschen, er sah offenbar auch im Elsass kein deutsches Heimatland mehr.«[2]

Im argentinischen Exil fordert der polnische Schriftsteller Witold Gombrowicz die polnische Exilgemeinschaft auf: »Gern gießt ihr mit Tränen die Beete der Erinnerung und sehnt euch innig nach den verlorenen Heimatorten, wenn die Festzeit naht. Macht euch nicht lächerlich, laßt die Sentimentalitäten!« Alles, was die alte Heimat im Rückblick so bedeutend mache, sei nachträgliche Verklärung. »Nein, niemals waren wir glücklich in der Heimat. Die Kiefern, Birken und Weiden dort sind in Wahrheit gewöhnliche Bäume, die euch mit endlosem Gähnen erfüllten, solange ihr sie jeden Morgen gelangweilt aus dem Fenster betrachtetet. Es ist nicht wahr, daß Grójec mehr sei als ein entsetzliches Provinzloch, in dem eure graue Existenz sich einst fristete. Nein, lügt nicht! Radom war nie ein Gedicht, selbst bei Sonnenaufgang nicht! Die Blumen dort waren nicht wundervoll und unvergeßlich – und Elend, Schmutz, Krankheit, Langeweile und Unrecht haben euch damals umringt wie zur Dämmerung heulend die Hunde auf den öden polnischen Dörfern.«[3]

Was unter Heimat zu verstehen ist, was sie bedeutet, das bleibt stets subjektiv und ist nicht verhandelbar. Wenn beschrieben werden soll, wie elementar der Heimatverlust ist, wird gern die Wurzelmetapher gebraucht. Das ist schon deshalb nicht unproblematisch, weil sie von jenen rassistischen Vordenkern diskreditiert wurde, die von »Blut und Boden« fantasierten. Sie denken die Wurzel allein dem Kollektiv – dem Volk – zu, nicht dem Individuum. Dieser Missbrauch durch rassistische Ideologen ist zu beklagen, aber er ändert nichts an der Tatsache, dass Menschen aus ihrer Herkunft einen wichtigen Teil ihrer Identität ableiten. Flüchtlinge erleben den Heimatverlust als Entwurzelung, allein das verleiht der Metapher enorme Sprengkraft, denn Entwurzelte stehen jenen gegenüber, die über Heimat verfügen und als fest Verwurzelte darüber entscheiden, ob Flüchtlinge aufgenommen oder abgewiesen werden.

Bei der Ankunft in einer fremden und häufig feindlich gesinnten Aufnahmegesellschaft sehen sich Flüchtlinge herausgefordert, sehen ihre gerettete Identität beständig auf die Probe gestellt. In einem Interview im *New Yorker* antwortet der Schriftsteller Reinaldo Arenas 1983 auf die Frage, ob New York für ihn ein guter Ort zum Schreiben sei, er habe Kuba nur physisch verlassen und sei nun gezwungen, im Exil zu leben. »Jeder Mensch, der außerhalb seines Umfelds lebt, ist etwas wie ein Geist, weil ich hier bin, aber zugleich kenne ich einen Menschen, der auf jenen Straßen entlanggeht, der dort ist, und diese eine Person bin ich. Deshalb weiß ich manchmal wirklich nicht, ob ich hier oder dort bin.«[4] Es ist ein Spagat zwischen dem Hier und dem Dort, den der Exilant jeden Tag vollführt.

Um das Leben in der emotionalen Spannung zwischen alter und neuer Welt geht es in dem Gedicht »Föhren«. Die Verfasserin Lea Goldberg wird 1911 in Königsberg geboren und wächst im litauischen Kaunas auf. Über Stationen in Bonn und Berlin kommt die überzeugte Zionistin 1935 nach Palästina.

Hier hör ich nicht den Kuckuck rufen,
hier tragen Bäume keinen Hut aus Schnee.
Im Schatten aber dieser Föhren
wacht meine ganze Kindheit in mir auf.
Die Nadeln läuten leis: Vor langer Zeit –
und Heimat nenne ich das Feld voll Schnee,
das Eis, das grün den Bach gefesselt hält,
die Sprache des Gedichts in fremdem Land.
Zugvögel, sie allein, kennen vielleicht
so hängend zwischen Erd und Himmel
den Schmerz von dem, der doppelt Heimat hat.
Zweimalig wurde ich mit euch gepflanzt
und mit euch, Föhren, wuchs ich auf
und meine Wurzeln treiben hier und dort.[5]

Während sie die Föhren in der neuen Heimat betrachtet, tauchen vor ihrem inneren Auge die Föhren ihrer alten litauischen Heimat auf, ob sie will oder nicht. Dass die Erinnerungen an das Verlorene unaufhörlich fortleben, eingebettet in eine »Geografie der Seele«,[6] macht jede Empfindung zwiespältig für jene, die »doppelt Heimat« haben. Diesen inneren Zwiespalt, den die Entwurzelung auslöst, können viele Geflohene niemals überwinden. Sie können an dem neuen Aufenthaltsort keine Wurzeln schlagen, sie sind Geister – im Exil *und* am alten Ort. Noch nach Jahrzehnten fühlen sie sich heimatlos. Das kann bis zur Orientierungslosigkeit führen, wie aus der Erzählung einer sudetendeutschen Vertriebenen hervorgeht: »Aber ich hatte wahnsinniges Heimweh nach Troppau. Noch viele Jahre später habe ich mich in manchen Straßen in München verlaufen, weil ich dachte, wenn ich jetzt um die Ecke gehe, bin ich in Troppau. Noch heute geht es mir manchmal so.«[7]

Ankommen lässt sich nicht verordnen. Dieser Prozess kann ein Leben lang währen und manchmal sogar darüber hinaus. »Er konnte die Entwurzelung nicht überleben. Es ist schwer, Emigrant zu sein«,[8] schreibt Max Tau über den Berliner Verleger Bruno Cassirer, der von den deutschen Nationalsozialisten vertrieben wurde und im Londoner Exil starb.

Die Romanistin Christy Wampole, die sich mit den philosophisch-literarischen Ursprüngen der Wurzelmetapher beschäftigt und damit, warum Menschen so gern »botanisieren«,[9] meint, dass dahinter das Bedürfnis stecke, in einem größeren Kontext mit der Welt verwoben zu sein. Menschen suchen nach Anknüpfungspunkten – sei es durch Familienforschung, sei es durch regionale Bezüge zu Heimat, Sitten oder Dialekt. Sie sehnen sich nach einer Vergangenheit, die oft idealisiert wird und klarere Identifikationsangebote liefert als die komplexe, ja komplizierte Gegenwart. Doch bei aller Sehnsucht nach den Wurzeln bleibe Verwurzelung am Ende immer eine Metapher, mahnt Wampole. Die Wurzelmetapher steht für die Verbundenheit mit der Vergangenheit und findet sich nicht von ungefähr in allen Kulturen und Epochen. Gerade heute – in Zeiten der Globalisierung – versichern sich viele ihrer Wurzeln. Umweltbewegungen und neuerdings auch die Proteste gegen den Klimawandel entspringen letztlich derselben Sehnsucht nach einer heilen Welt.

»Unserer Familie gehörte ein großer Apfelgarten, dessen Äpfel wir in die Stadt brachten und dann auf dem Markt verkauft haben ... Unser Garten hat über vier Generationen vieles gesehen: spielende Kinder, Grenzverschiebungen, Krieg und Zerstörung.« Ludmila Piletskaja hat ihre Heimat niemals verlassen, doch ihre Geschichte zeigt, wie zerbrechlich vermeintliche Zugehörigkeiten und Gewissheiten sein können. Als sie 1928 in eine weißrussische Bauernfamilie hineingeboren wird, liegt ihr Geburtsort in Polen. »In unserem Dorf Swojatycze lebten Polen und Weißrussen gemeinsam, sprachen Polnisch und Weißrussisch.« Im September 1939 besetzt die Sowjetunion das Land. »Ich erinnere mich an die Tränen meiner Mutter, als die Russen unsere Kuh aus dem Hof holten«, erzählt Ludmila Piletskaja. »Die katholische Kirche wurde geplündert und in einen Getreidespeicher verwandelt. Die polnische Sprache wurde in der Schule verboten. Und wenn jemand dagegen Widerstand leistete, wurde er verhaftet und deportiert.« Von 1941 an machen die Deutschen Weißrussland zu einem Zentrum ihres Vernichtungskrieges. Nach dem Krieg wird die Familie getrennt, die ältere Schwester Maria geht nach Polen. Über Jahrzehnte sieht Ludmila Piletskaja den polnischen Teil der Familie nicht. Sie stirbt 1997 in ihrem Elternhaus, das jetzt wieder in Weißrussland liegt.

Das Interesse an den eigenen Wurzeln nimmt gewöhnlich zu, wenn man sie für bedroht hält und die eigene Identität herausgefordert sieht.[10] Heimat ist eben zeitlos aktuell.

Exil, Diaspora, Emigration und Vertreibung – alle diese Begriffe sind eng mit der Metapher der Entwurzelung verknüpft, gerade weil die Verbindung zu Vorfahren, Heimat und Erde gekappt ist. Gerade weil sie entwurzelt sind, bemühen sich Flüchtlinge, sich ihrer Herkunft und damit ihrer Identität auf besondere Weise zu versichern. Ohne festen Stand, ohne Wurzeln ist diese Identität das Einzige, was ihnen geblieben ist. Das Wissen um das Woher verleiht ihnen die Kraft, im Exil überhaupt zu überdauern. Reinaldo Arenas muss in New York notgedrungen mit seiner Entwurzelung leben. Der Schriftsteller Erich Kästner wählt 1933 das innere Exil, eine Option, die damals vielen verwehrt ist, weil sie um Leib und Leben fürchten müssen, und entscheidet sich gegen die Flucht aus Deutschland, obwohl er seine eigenen Bücher brennen sieht.

Ich bin ein Deutscher aus Dresden
in Sachsen.
Mich läßt die Heimat nicht fort.
Ich bin wie ein Baum, der – in Deutschland gewachsen –
wenn's sein muß, in Deutschland verdorrt.[11]

Kritiker mögen einwenden: Der Mensch ist doch kein Baum. Das stimmt, doch solange Flüchtlinge sich als Entwurzelte begreifen, ist die Wurzelmetapher als elementare Vergewisserung unentbehrlich.

Heimat galt lange als »Un«-Wort – vermint, verpönt, belastet. Heimat wurde zum Ladenhüter der Geschichte, war verbunden mit verstaubten Heimatfilmen und Blut-und-Boden-Parolen. Damit will man nichts zu tun haben. Diese Haltung fußt auf einem unverdienten Privileg und offenbart eine selbstgerechte Gesinnung, denn wer keinen Gedanken an seine Heimat verschwendet, der hat sie nie verloren.

In der Kurzgeschichte *Ibrahim Babas Brunnen* erzählt die Griechin Elli Alexíou, wie es ist, die Heimat zu verlieren, und wie es

Mit seiner Kamera hat Rudi Weissenstein im Hafen von Tel Aviv eingefangen, wie ungewiss die Zukunft von Vertriebenen ist: Das in einem Container verstaute alte Leben einer aus Deutschland verjagten Familie hängt 1939 buchstäblich in der Luft, und darüber schwebt die Hoffnung auf ein neues Leben. Weissenstein kommt 1936 als überzeugter Zionist aus Böhmen nach Palästina und wird zu einem der bedeutendsten Fotografen Israels. Er und seine Frau Miriam hüten seine Fotos zur Alltagsgeschichte in ihrem Fotogeschäft in Tel Aviv. Seit 2011 wird die Sammlung Weissenstein von ihrem Enkel Ben Peter betreut. Mit mehr als einer Million Negativen gehört sie zu den größten Fotosammlungen Israels.

schmerzt, wenn die wahnwitzige Idee von ethnischer Reinheit ganz persönliche Bande des Zusammenlebens zerreißt. »Es war noch kein Jahr vergangen, als der Befehl über das Land hereinbrach, daß die Türken in die Türkei und die Griechen von dort hierher kommen müßten. Zunächst konnte das niemand glauben noch fassen. Die Zeitungen druckten wieder und wieder die Bestimmungen in großen schreienden Buchstaben, die Türken und die Griechen lasen sie gemeinsam, in Gruppen an Straßenecken und in Kaffeehäusern. Aber die Zeitungen schreiben doch, was sie wollen ... Ist denn so etwas denkbar? Kann man ein ganzes Volk aus seinem Haus vertreiben? Aus seiner Gegend entwurzeln? Was ist es denn? Eine Truhe, die man packt und wegtransportiert? Man kann das Öl vom Wasser scheiden, sagt man, aber nicht die Milch vom Wasser. Denn in so vielen Jahren des Zusammenlebens waren sie untereinander durch alle möglichen Bande, Geschäfte, Transaktionen, Freundschaften und Liebe unentwirrbar verbunden. Sie waren wie zwei unterschiedliche Pflanzen, die in denselben Topf gepflanzt werden. Obwohl sie sich als Fremde empfinden, wachsen unter der Erde ihre Wurzeln ineinander und über der Erde ihre Zweige, und wenn man an einer zieht, um sie zu entwurzeln, folgt auch die andere.«[12]

Türken wie Griechen wird buchstäblich der Boden unter den Füßen entzogen, als sie ihre Heimat verlieren. Wenn Vertriebene an die verlorene Heimat denken und ihren Nachkommen davon erzählen, sprechen sie von Seele und Tiefe, nichts von Leichtigkeit und Unbeschwertheit liegt darin. Sie malen ihren Kindern, die jene Heimat nie gesehen haben, das Bild einer in warmes Licht getauchten Landschaft. Wenn ihr Vater »die Felder seiner alten Heimat in Posen beschrieb, die Weite und das überfließende Gelb des Korns«, erinnert sich Anna Tüne, »war so viel Liebe und Wehmut in seinen großen beschreibenden Händen. Das Gelb des Korns, er formte es in der Höhlung seiner Hand nach als ein Küken, und dort blieb es geborgen, bis er die Hand öffnete, um das Blau der gigantischen Himmel seiner alten Welt nachzuzeichnen«.[13] Fast zärtlich klingen diese Beschreibungen. Sie lassen ein Kind wie Anna Tüne den Verlust spüren, den der Vater erlitten hat.

Wenn Sari Nusseibehs Mutter über die verlorene Heimat sprach, tat sie es in kraftvollen Bildern, erinnert sich der palästinensische

Araber, und sie vermittelte dem Sohn dabei »die idyllische Unberührtheit ihres magischen Traumlandes. Wenn sie mir von den Orangen ihrer Heimat erzählte, malte ich mir die süßesten Früchte auf Erden aus, reifend in einer Plantage, die sich bis hin zu den sanften Wellen des Mittelmeers erstreckte.«[14]

Auch Aanchal Malhotras Großvater Balraj Bahri verklärte die Mangofrüchte seiner verlorenen Heimat im heutigen Pakistan, wenn er auf den Familienfeiern in Delhi von früher erzählte: »›Das hier sind keine Mangos‹, sagt er. ›In unserem Qadirabad waren die Mangos so groß‹«, und er zeichnete mit seinen Handflächen eine riesige Frucht nach.[15] Und bei Madhushree Ghoshs Vater, der aus Dhaka, dem heutigen Bangladesch, stammt und nach der Vertreibung ebenfalls in der indischen Hauptstadt landet, ist das ähnlich. Alles, was er in Delhi pflanzt, wird niemals an das heranreichen, was in dem Gemüsegarten seiner Heimat reifte: »Unsere Kürbisse waren größer als die Sonne«, hört ihn seine Tochter über Bangladesch sagen, »die Rosen dufteten intensiver, die Auberginen waren von viel kräftigerem Lila, die Fische frischer – Delhi konnte nie mithalten.«[16]

In Klaus-Jürgen Liedtkes ostpreußischer Familie kreisen sämtliche Erinnerungen um einen versunkenen, magischen Ort, »*das* Dorf« genannt: »Ich habe *das* Dorf nie zu sehen bekommen«, in dem alles zurückblieb, was das Leben der Großeltern bis zum Zeitpunkt der Flucht ausgemacht hatte. »Was hatten sie nicht zurücklassen müssen: das Wohnhaus mit allem Mobiliar und Hausrat, das Geviert des Hofes – mit Fuhrwerken und Schrotmühle und Werkzeug im Schauer und mit all ihrem Vieh im Stall und dem Hühnerstall –, ihren Garten, die Bienenzucht, den Brunnen, ihre Felder und die vertraute Landschaft – kurz: einen ganzen Komplex, genannt Heimat, schließlich alle Nachbarn und Mitbewohner und Mitmenschen ringsum, ob verwandt oder nicht, alle einer gemeinsamen Sprache mächtig. Auch dieser ihrer Landschaft waren sie mächtig, hatten sie auf Kuppen und Wiesen mit ihrem Vieh besetzt, das verwirrt davonstob, als es erobert wurde. Was blieb, war die Ohnmacht.«[17] Für das Kind ist die verlorene Heimat der Familie stets gegenwärtig, im Exil wird sie zu einer Art Paralleluniversum, einem steten Fixpunkt. Sie dient als eine Rückversicherung der eigenen Identität.

Obwohl alle Erdenbewohner auf eine gemeinsame Abstammung zurückblicken, konstruieren Sesshafte ein exklusives Wir. Aus diesem Privileg leiten sie Regeln ab – meistens über eine gemeinsame Herkunft und Geschichte – und bestimmen, wer dazugehören darf und vor allem wer nicht. Flüchtlinge bleiben draußen, müssen als Zaungäste jene selbstreferenziellen Inszenierungen verfolgen, die ihnen den Zugang in die Kreise der Aufnahmegesellschaft versperren. Der Dichter Max Herrmann-Neiße drückt das in dem Gedicht »Heimatlos« aus, das im Jahr 1936 im Londoner Exil entstand.

> Wir ohne Heimat irren so verloren
> und sinnlos durch der Fremde Labyrinth.
> Die Eingebornen plaudern vor den Toren
> vertraut im abendlichen Sommerwind.
> Er macht den Fenstervorhang flüchtig wehen
> und läßt uns in die lang entbehrte Ruh
> des sichren Friedens einer Stube sehen
> und schließt sie vor uns grausam wieder zu.
> Die herrenlosen Katzen in den Gassen,
> die Bettler, nächtigend im nassen Gras,
> sind nicht so ausgestoßen und verlassen
> wie jeder, der ein Heimatglück besaß
> und hat es ohne seine Schuld verloren
> und irrt jetzt durch der Fremde Labyrinth.
> Die Eingebornen träumen vor den Toren
> und wissen nicht, daß wir ihr Schatten sind.[18]

Flüchtlinge haben keine Wahl, sie können die Heimat nicht so einfach abschütteln, für sie ist sie elementar. Die ideologischen Debatten und diskursiven Verwerfungen sind für sie ein Luxusproblem. »Man muss Heimat haben, um sie nicht nötig zu haben«, meint der Schriftsteller Jean Améry,[19] was erklärt, warum Heimat für Flüchtlinge eine ganz andere Bedeutung hat als für Nichtflüchtlinge.

Während die einen sie haben und wenig Gedanken darauf verschwenden, ist sie für die anderen unerreichbar und in ihrer Vorstellung ständig präsent. Flüchtlinge müssen mit der inneren Zerrissenheit zwischen *dort* und *hier* leben, ob sie wollen oder nicht. In seinem Essay *Heimat als Utopie* unterstreicht Bernhard Schlink, dass Heimat am intensivsten erlebt werde, »wenn man weg ist und sie einem fehlt; das eigentliche Heimatgefühl ist das Heimweh«.[20] Und er fährt fort: »Staatenlose Flüchtlinge, Vertriebene, *displaced persons*, Insassen von Internierungs- und Konzentrationslagern sind dieses Rechts regelmäßig beraubt. Diese Rechtlosigkeit ist die eigentliche, die letzte, die zerstörerische Heimatlosigkeit.«[21]

Allein die Hoffnung, in diese Heimat einmal zurückzukehren, treibt Flüchtlinge an. Alles andere liegt wie hinter einem Schleier.

Wenn man ein Land verlässt, nimmt man sich Zeit, um sich von den Menschen, den Dingen, den Orten zu verabschieden, die man geliebt hat. Ich habe das Land nicht verlassen, ich bin geflohen. Ich habe die Tür hinter mir offen gelassen und bin gegangen, ohne mich umzudrehen.

GAËL FAYE, *Kleines Land*

Nacheinander geht alles nur, solange man am Leben ist, um einem Kind einen Splitter aus dem Fuß zu ziehen, den Braten rechtzeitig aus dem Ofen zu nehmen oder ein Kleid aus dem Kartoffelsack zu nähen, aber von Schritt zu Schritt wird auf der Flucht das Gepäck weniger und das, was man zurückläßt, mehr, und irgendwann hält man an und sitzt nur noch, und dann ist gerade noch das Leben vom Leben übrig, und alles andere liegt in vielen Gräben vieler Straßen …

JENNY ERPENBECK, *Heimsuchung*

Weggehen

Fliehen

Fliehen oder sich auf die Flucht machen – das sagt sich so leicht daher. Dabei ist der ungeheuerliche Vorgang, der sich dahinter verbirgt, für nicht Betroffene kaum zu erfassen. Fremd und wie aus der Zeit gefallen wirken die Flüchtlinge auf ihrem Weg. »Es gibt Flugzeuge, die schneller als der Schall fliegen, und Schiffe, die wie Urlaubsstädte anmuten, es gibt Züge so bequem wie Wohnzimmer und Linienbusse mit Küche, Bad und Schlafsesseln, es gibt Taxis mit drahtlosem Internet und bald selbstfahrende Autos – aber im Jahr 2015 marschieren die Flüchtlinge durch Europa wie das Volk Israel nach der Flucht aus Ägypten«,[1] schreibt Navid Kermani, der 2015 Flüchtlinge durch Europa begleitet. Doch etwas hat sich verändert: Jeder kommt ganz nah an die Flüchtlinge heran. Nachrichten brauchen nicht mehr Wochen oder Tage, bis sie sich verbreitet haben, sondern sind innerhalb von Sekunden im Internet abrufbar. Dort kann man live mit Flüchtlingen unterwegs sein und unmittelbar an ihrer Tragödie teilhaben. Jeder kann das, aber in der Regel will man es nicht, nicht einmal wenn man vor Ort ist. Ungerührt reisen Touristen im Billigflieger weiterhin ans Mittelmeer, wo so viele Flüchtlinge ertrinken bei dem Versuch, in die vermeintliche Sicherheit Europas zu gelangen. Nach wie vor sonnen sich Urlauber an den Stränden des Mittelmeers in der Gewissheit, jederzeit nach Hause zurückkehren zu können.

Die Flucht zu ergreifen, ist eine freie Entscheidung, die aufgrund bedrohlicher äußerer Umstände getroffen wird. Nicht selten ist es die letzte Entscheidung, die Betroffene selbst treffen. Todesangst ist wohl der wichtigste Grund für den Entschluss, die vertraute Umgebung zu verlassen. Vertriebene hingegen werden gegen ihren Willen gezwungen, ihre Heimat zu verlassen. Die Vertreibung aus dem Haus und vom eigenen Hof basiert auf Entscheidungen, die andere fällen und die von Betroffenen selbst nicht beeinflusst werden können. Wer nicht rechtzeitig flieht, liefert sich womöglich der Willkür anderer aus. Die Übergänge sind oft fließend, und so können Flüchtlinge am Ende zu Vertriebenen werden.

»Ich bin der Gefangene einer Straße, die ich mir nicht ausgesucht habe«, notiert der französische Schriftsteller Léon Werth im Sommer 1940 über seine Flucht vor den Deutschen. »Ich bin zum Flüchtling geworden. Und ich habe keinen Zufluchtsort. Ich bin müde. Warum weiterfahren?«[2] In dem Bericht offenbart sich eine tiefe Resignation, nicht zuletzt hervorgerufen durch die Umstände der Flucht, die chaotisch und planlos verläuft. »Die Karawane der Autos wird von Männern und Frauen auf Fahrrädern und von humpelnden Fußgängern überholt. Deren Köpfe scheinen wie zum Boden gezogen. Die einen tragen Rucksäcke, andere einen oder zwei Koffer. Kann man sich vorstellen, wie anstrengend das Gehen mit Koffern in den Händen ist? Andere schieben einen Kinderwagen, beladen mit Kindern oder mit Bündeln, dem Wertvollsten ihres Besitzes, von Bastlern gebaute Fahrzeuge aus Brettern und alten Fahrradreifen.«

Angst, Hoffnungslosigkeit und Erschöpfung, das ist es, wovon man in den Berichten von Flüchtlingen vor allem liest. »Das ganze Land schien in Trümmern zu liegen, eine Art Völkerwanderung hatte eingesetzt«, heißt es im Bericht der Ungarin Alaine Polcz, die bei Kriegsende 1945 aus ihrer siebenbürgischen Heimat flieht. Aus Angst vor sowjetischen Truppen sucht sie dem unvorstellbaren Chaos zu entkommen, das überall im Land herrscht. »Ich konnte mich vor Erschöpfung kaum rühren … Im Keller gab es für uns keinen Platz zum Sitzen, und ich konnte mich kaum mehr auf den Beinen halten.«[3]

Das schlechte Wetter setzt den Flüchtlingen überdies schlimm zu, das Gedränge und der fürchterliche Zustand der Straßen hindert sie am Fortkommen. So ergeht es auch Julius Margolin bei Kriegsbeginn 1939, als er vor den anrückenden Deutschen aus Lodz nach Warschau und weiter nach Osten flieht. »Am 7. September um 11 Uhr morgens verließen wir Warschau. Die ersten Kilometer bis Mińsk Mazowiecki fuhren wir Schritttempo im dichten Gedränge. Auf der Chaussee ballte sich ein unvorstellbares Durcheinander, Fußgänger, Reiter und Kinderwagen verloren sich zwischen Pritschenwagen und

Lastern, Busse drängten sich zwischen Leiterwagen und Kutschen, Planwagen zwischen Pkw und mit ärmlichen Habseligkeiten beladenen Handkarren.«[4]

Zu Beginn des Ersten Weltkriegs ist das kaum anders. Nahe der galizischen Front beobachtet der österreichisch-ungarische Husarenleutnant Pál Kelemen Ende August 1914, wie die Einwohner der Stadt Halitsch sich vor der russischen Armee durch Flucht in Sicherheit zu bringen suchen. »Alle haben mitgenommen, was sie tragen können. Und auf allen Gesichtern sind Erschöpfung, Staub, Schweiß und Panik zu sehen, eine entsetzliche Mutlosigkeit, Qual und Leiden. Ihre Augen sind voller Angst, ihre Bewegungen zaghaft; ein furchtbarer Schrecken lastet auf ihnen. Es ist, als ob die Staubwolke, die sie aufwirbeln, an ihnen festklebt und nicht weiterziehen kann.«[5]

Ein Jahrhundert später trifft der deutsche Journalist Arne Perras die 25-jährige Zohura Khatun, eine Angehörige der Rohingya, der die Strapazen der Flucht aus Birma förmlich ins Gesicht geschrieben sind, als sie mit ihrer Familie am 13. September 2017 in Bangladesch eintrifft. Sie hat bereits drei Söhne und ist hochschwanger. »Jetzt brennt die Sonne, der Mutter rinnt Schweiß übers Gesicht, ihre Füße sind zerschunden«, berichtet der Journalist. Die Familie ist vor birmanischen Soldaten durch Wälder und über Berge geflohen, fast ausschließlich nachts und mit der Angst im Nacken, denn der Weg ist voller Gefahren. Nichts als ihr Leben kann Zohura Khatun retten. In Bangladesch ist sie zwar in Sicherheit, doch die Schrecken, das Entsetzliche, was sie auf der Flucht erlebt hat, lassen sie nicht los.[6]

Eindrücke von den Mühseligkeiten einer Flucht durch unwegsames Gelände hält der Schriftsteller und Journalist Guram Odischaria in seinem Tagebuch fest. 250 000 Georgier müssen im Zuge des Georgisch-Abchasischen Krieges im Herbst 1993 die nur von Russland anerkannte »Republik Abchasien« verlassen. Mit vielen anderen flieht Odischaria aus seinem Heimatdorf Matschara vor den von russischen Soldaten unterstützten abchasischen Truppen nach Zentralgeorgien. »Der Flüchtlingsstrom nimmt kein Ende: Kinder, Ältere, Frauen und Männer, Professoren, Minister und ranghohe Beamte, hart und ehrlich arbeitende Menschen, Bauern und Fischer, Lastwagenfahrer und Kriminelle. Sie alle nehmen teil an dieser traurigen Parade, sich qualvoll dahinschleppend.«

Niemand scheint für die Flüchtlinge zuständig zu sein, schreibt Odischaria, »und sie unterliegen auch nicht den üblichen Vorgaben des Alltags: weder den Stunden auf dem Zifferblatt noch der Zeit, in der wir leben. Sie alle sind aus ihrem Garten Eden vertrieben worden und wandern nun ziellos in ihrer eigenen trauernden Gedankenwelt umher wie in einem vernebelten Labyrinth.«[7]

Nur langsam kommen die Flüchtlinge in den unwegsamen Tälern und über die gefährlichen Gebirgspässe des Kaukasus voran. »Sie alle steigen ununterbrochen den Berg hinauf, aber kein Moses und kein Hirte leitet sie. Sie stehen nicht unter dem Schutz eines Heiligen, und ihren Glauben haben sie auch verloren ... Sie wissen nicht einmal, wohin ihr Weg sie führt.« Odischaria und seine Leidensgenossen sind zu Fuß unterwegs zu einem mehr als 2600 Meter hohen Bergpass, der die neue Grenze zwischen Abchasien und dem restlichen Georgien markiert. Da dieser Bergkamm keinen Namen trägt, tauft er ihn *Pass der Flüchtlinge.* Unter diesem Titel wird er später sein Tagebuch veröffentlichen.

Odischaria beobachtet, dass Menschen am Wegrand einfach liegen bleiben. »Ein Großteil der Flüchtlinge verendete, weil sie mit ihren Nerven am Ende waren und mit gebrochenem Herzen und leerem Magen den Anstrengungen unter der Last, die sie trugen, nicht mehr standzuhalten vermochten.«[8] Die Lebenden ziehen an ihnen vorbei weiter auf dem Weg, von dem sie nicht wissen, wohin er führt, in der Hoffnung auf Rettung vor dem Tod. Ob sie gerettet werden, ist ungewiss, Sicherheit gibt es für sie nirgendwo.

Die Geschichten der Flüchtlinge in aller Welt gleichen sich oft so sehr, dass nur Details erkennen lassen, wo und wann sie sich ereignet haben. »Hundert Menschen in einer Gruppe flohen aus dem Dorf, sieben aus unserer Familie, darunter das Kind. Überall war Schnee und Eis. Viele hatten Erfrierungen an ihren Füßen ... Wir brauchten zwei Wochen. Die Russen griffen uns unentwegt an. Sie haben uns Tag und Nacht bombardiert. Das Mädchen war auf einem Pferd mit einem Baby unter ihrem Arm. Das russische Flugzeug flog niedrig und sie fühlte, wie Blut rann. Das Blut stammte vom Baby. Sie fiel vom Pferd, das Baby war tot.«[9] In welchem historisch-politischen und geographischen Kontext diese Flucht steht, lässt sich kaum zuordnen. Schnee und Eis und russische Flugzeuge könnten

Hinweise auf die Flucht der Einwohner Ostpreußens im Winter 1944/45 sein, aber es sind Afghanen, die im Winter 1979 vor der Sowjetarmee fliehen. Hier wie dort herrscht eisige Kälte, behindern Tiefflieger die Flucht und erhöhen die Todesgefahr.

Nach dem Fall des südvietnamesischen Regimes versuchen sogenannte Boatpeople in klapprigen Fischerbooten über das Südchinesische Meer zu fliehen. »Unser Trawler war achtzehn Meter lang und drei Meter breit«, erzählt Chi Dung Ngoan. »Wir waren 218 Personen an Bord. Man kann sich vorstellen, wie es unter Deck aussah, wir mussten uns zusammenkauern und als menschlicher Ballast fungieren.« Das Schiff hat Schlagseite, Essen und Trinkwasser sind knapp. »Unsere Notdurft verrichteten wir in Eimern, die wir in die See entleerten. Zu den Ausdünstungen unserer Körper mischte sich der Qualm der Maschine; dies und die aufs Deck brennende Sonne ließ manchen übel und elend werden.«[10] Das Südchinesische Meer ist für den Flüchtenden eine »dunkle endlose Masse mit einem ungebändigten Bewegungsdrang«. In den sieben Tagen der Überfahrt habe es keine ruhige Stunde gegeben. »Immer wieder schlugen die Wellen gegen die Bootswand, hielten die kleine Nussschale in ständig schaukelnden Bewegungen, sodass die zumeist städtischen Bewohner, die bislang das Meer weder zu Gesicht bekommen noch je in einem Boot gesessen hatten, seekrank wurden.« Die ständige Übelkeit zehrt an den Kräften. In der drangvollen Enge gibt es keinen Platz zum Ausruhen. An Schlaf ist nicht zu denken, denn auf dem engen Trawler sind alle dazu verdammt zu stehen. »Sobald aber die absolute Dunkelheit den Kopf befiel, drehte sich alles, bis der Schwindel einen Grad der Unerträglichkeit erreichte und der Körper den Ausgleich suchte, indem er den Mageninhalt auswarf. Fast jeder übergab sich.«[11]

Der Syrer Ahed Halak, der 2015 mit seinen Kindern in einem Schlauchboot die Flucht über das Mittelmeer nach Europa wagt, sagt: »Das Schlimmste ist nicht, dass deine Kinder schreiend auf dem Boden des Schlauchboots liegen. Das Schlimmste ist, dass du zum ersten Mal in deinem Leben deinen Kindern die Angst nicht nehmen kannst. Du schreist mit.«[12] Den Strapazen der Flucht geht etwas Unfassbares voraus: der Augenblick, in dem es heißt, Abschied vom alten Leben zu nehmen. Es ist ein Moment, der die Betroffenen für ihr Leben zeichnet und es einteilt in ein Vorher und ein Nachher.

Am 15. Juni 1944 trifft es die Bewohner des karelischen Dorfes Räihälä auf einer Insel in der Wiborger Bucht. Dort hat bereits der Sommer Einzug erhalten. An jenem Tag erhalten sie den Evakuierungsbefehl der finnischen Regierung – mit nur zwei Stunden Vorwarnung. Der 38-jährige Bauer Lauri Airikka ist zu dieser Zeit Soldat in der finnischen Armee und ahnt nichts vom Schicksal seiner Familie. Da seine Einheit unweit seines Heimatdorfs stationiert ist, erhält er kurzfristig Urlaub, um zu Hause nach dem Rechten zu sehen. Als er dort eintrifft, sind bereits alle fort bis auf seinen alten Vater Alfred.

Bereits im Winterkrieg hatte die Familie erstmals fliehen müssen. Als sie zwei Jahre später in ihre Heimat zurückkehren können, bauen die Airikkas ihren Bauernhof wieder auf. Doch nun, im Juni 1944, müssen sie ihre Heimat Karelien endgültig verlassen. In aller Eile zimmern Vater und Sohn einige Holzkisten, um die wichtigsten Dinge, auch das gute Porzellan, für die Flucht zu verpacken. Dann binden sie die Tiere los. »Eine tiefe Stille lag über den heimischen Feldern, wo einmal das Leben pulsiert hatte, im Glauben an die Zukunft«, schildert Lauri Airikka den Moment des Abschieds. Gemeinsam verlassen die beiden Männer am frühen Morgen des 18. Juni als Letzte der einst zweihundert Dorfbewohner die heimatliche Insel.

»Das Saatgut grünte, und hoch am blauen Himmel zwitscherte eine Lerche ihre sommerliche Melodie. Als ich diese mir so vertraute Landschaft betrachtete, kam mir alles düster und beängstigend vor. Da herrscht das Gefühl der Leere. Ich ging hinein, betrat jedes Zimmer, als ob ich in meinem Gedächtnis ein bleibendes Bild von allem gespeichert hätte, was mir in den vergangenen Jahren an Freude und Leid widerfahren ist.« Alles, was ihm bis zu diesem Moment vertraut und selbstverständlich erschien, will er noch einmal bewusst wahrnehmen und sich einprägen. »Der Gedanke ging mir nicht aus dem Kopf: ›Verlasse ich diesen Ort zum letzten Mal?‹ Wenn es denn so wäre, würde ich eine Flasche Sand von der Heimat zur Erinnerung mitnehmen, aber das würde ja bedeuten, dass ich nie zurückkehrte. Ich werde aber zurückkehren. Mit diesen Gedanken verließ ich Haus und Hof. Noch einmal drehte ich mich um und schaute nach hinten. Zwischen den vertrauten Kiefern sah ich den Hof und nahm endgültig Abschied, in dem lauen Sommerwind spürte ich den vertrauten Harzduft der Wälder und Auen. Jetzt musste ich die Heimatinsel zurücklassen, leer und verlassen für den neuen Besitzer.«[13] Lauri Airikka bewahrt diese Bilder zeitlebens in seinem Herzen, bis er 1997 im finnischen Exil stirbt.

Wenige Monate zuvor, am 17. März 1944, setzt sich ein Pferdetreck im Dorf München bei Odessa in Bewegung. Seit dem frühen 19. Jahrhundert leben hier fromme katholische Schwarzmeerdeutsche, unter ihnen die Familie Reiswich. Tochter Magdalena kommt 1928 zur Welt. Unmittelbar danach setzt die stalinistische Zwangskollektivierung ein, die Millionen Opfer in der Sowjetunion fordert. Die Menschen sterben im Holodomor, was wörtlich »Tötung durch Hunger« bedeutet. Mehrere Geschwister, die auf Magdalena folgen, verhungern schon als Säuglinge. Magdalena erinnert sich an das Frühjahr 1933, da ist sie fünf Jahre alt: »Wir hatten alle einen dicken Bauch, aber nicht weil wir zu viel gegessen hatten, sondern vor Hunger. Wir waren so ausgezehrt, dass uns die Kraft fehlte, die Fliegen auf unseren Gesichtern zu verscheuchen.«[14]

Wer den Holodomor übersteht, erlebt zu Beginn des nächsten Jahrzehnts den deutschen Überfall auf die Sowjetunion und anschließend die deutsche Besatzung. Am 12. März 1944 wird die Familie Reiswich mit den anderen Dorfbewohnern von den Besatzungsbehörden aufgefordert, sich vor der herannahenden Roten Armee in Sicherheit zu bringen und mit der zurückweichenden Wehrmacht in Richtung Westen ins Deutsche Reich zu ziehen. In Magdalena Reiswichs Erinnerung ist die Heimat ein Ort, der von der Gewalt ringsherum unberührt blieb. Wie sie folgen Tausende Schwarzmeerdeutsche dem Evakuierungsaufruf. Während die Eltern und die kleinen Geschwister mit dem Zug vorwegfahren, folgt die fünfzehnjährige Magdalena mit dem Treck. »Diesen Tag vergesse ich nie«, erinnert sie sich später. »Das Dorf befand sich in einer apokalyptischen Stimmung. Es galt Abschied zu nehmen von der Heimat, von Haus und Hof, von allem, was uns lieb und teuer, von allem, was uns auch in Zeiten der Not ans Herz gewachsen war. Viele weinten, andere waren einfach hektisch.« Das wertvolle Vieh, die Lebensgrundlage der Bauern, muss zurückbleiben. Es wird im letzten Moment freigelassen. »Auf den Straßen liefen Kühe und Kälber, Schweine, Hühner und Gänse verstört umher. Das Vieh brüllte, die Hunde heulten, als ahnten sie bevorstehendes Unheil.«[15]

Im hinterpommerschen Rötzenhagen erhalten die Bewohner die Anordnung zur Flucht »am 6. März 1945 kurz vor Mittag«, berichtet Martin Krause, der den Aufbruch als kleiner Junge erlebt. »Unsere beiden Ackerpferde, ›Hans‹ und ›Lotte‹, wurden vor den Planwagen gespannt, das junge Pferd wurde an der Seite mitgeführt.«[16] Auch in Rötzenhagen binden die Bauern das Vieh los, bevor sie sich auf den Weg machen. Manche Tiere folgen den flüchtenden Menschen in gewohnter Anhänglichkeit, sie spüren, dass etwas Außergewöhnliches geschieht. Der Abschied von den treuen Tieren, die man im Stich lässt, fällt besonders schwer.

Im ostpreußischen Langendorf muss sich der siebenjährige Gunter Nitsch von seinem Hund Senta verabschieden, als der Aufbruch naht. »Am Samstag, den 27. Januar 1945, am späten Nachmittag«, so erinnert er sich, »verließen wir in zwei Planwagen, die von je zwei Pferden gezogen wurden, Langendorf. In einem Wagen waren Mutti, Hubert, Oma, Opa und ich. Das Wetter war eisig. In der Ferne hörten wir schwachen Kanonendonner. Mutti und Oma weinten. Wie konnten wir einfach alles stehen und liegen lassen? Unseren Hof, unser Haus, unsere Möbel, die meisten unserer Lebensmittel, unsere Kühe, unsere Hühner, meine Spielsachen und sogar meine elektrische Eisenbahn? Das Schlimmste aber war für mich, Senta allein zu lassen. Sie rannte wie wild und Schwanz wedelnd hinter unserem Wagen her.« Schließlich befiehlt der Großvater dem Hund, sich zu setzen. »Als unsere Wagen die Einfahrt zur Straße entlangruckelten, konnte ich noch sehen, wie Senta vor Aufregung hin und herlief. Ich heulte wie ein Baby.«[17]

Der griechische Schriftsteller Ilias Venesis hat in dem Roman *Äolische Erde* den Moment, als der Großvater Abschied nimmt von Haus und Hof und den heimatlichen Bergen ringsherum, eindringlich beschrieben: »Der Großvater drehte sich um und blickte hinter sich, nahm Abschied von den Bäumen und den Kimindenia.«[18] Dem Roman, in dem das Geschehen aus der Perspektive des kindlichen Ich-Erzählers Petros geschildert wird, liegen eigene Erfahrungen des im anatolischen Ayvalik geborenen Schriftstellers zugrunde. Bis zu seinem zehnten Lebensjahr ist Venesis häufig zu Besuch auf dem Landgut seiner Großeltern. In der Großfamilie gilt der Großvater als unerschütterlicher Fels in der Brandung, als willensstarker Patriarch,

Auf die Flucht kann man gewöhnlich nur wenige Habseligkeiten mitnehmen. Daher verstecken Menschen, die hoffen, nach einiger Zeit zurückkehren zu können, liebgewonnene oder für sie selbst kostbare Gegenstände. Friedrich Biellas Schwiegertochter vergräbt im November 1944 ein Porzellanservice auf dem Areal des Bauernhofs in Masuren. Im Januar 1945 tritt die Familie die Flucht an und kehrt nie mehr zurück. Jahrzehnte später kommen einige Porzellanteile zufällig bei Bauarbeiten ans Licht, darunter die Sauciere, die Teil eines Verlobungsgeschenks war.

doch im Moment des Abschieds bricht der alte Mann zusammen. »Er stand einen Augenblick vor dem großen Hoftor, die Augen darauf gerichtet. Dann nahm er seine Mütze ab, kniete demütig nieder, bückte sich zu Boden und küsste die Erde, die er mit seinem Leben gesegnet hatte. ›Lebt wohl!‹«[19]

Als sich die Familie in letzter Minute von Smyrna aus über die Ägäis rettet, blicken die Großeltern von Bord des Schiffes noch einmal auf ihre Heimat, die Berge der Kimindenia, die am Horizont verschwinden. »Die Großmutter war müde. Sie wollte ihren Kopf an die Brust des Großvaters lehnen, der seine Augen auf das Festland gerichtet hatte, ob er noch von den Kimindenia etwas unterscheiden könne. Aber es war nichts mehr zu sehen. Die Nacht hatte die Formen und Linien in sich aufgesogen.«[20] Seit der Großvater niedergekniet und den Boden geküsst hatte, waren sie Entwurzelte. Nur eine Handvoll Erde vom eigenen Grund und Boden hat er auf die Flucht mitgenommen. »Ja, etwas Erde von ihrem Boden. Um ein Basilikum hineinzupflanzen, sagte er ihr, in dem fremden Land, in das sie zögen. Zur Erinnerung ... Erde, äolische Erde, Erde meiner Heimat ...«[21] Nun befinden sie sich auf einem Schiff in eine ungewisse Zukunft. »Auf der Ägäis schwammen unsere kindlichen Träume«, sinniert der Enkel Petros. »Schlaft, ihr Träume! In dem fremden Lande, in das wir ziehen als Flüchtlinge, was wird uns da erwarten, was für Tage werden wir da erleben?«[22]

Die Flucht über die Ägäis tritt auch die Familie Stephanides an. Von ihrem Abschied aus den Bergen der kleinasiatischen Kimindenia erzählt Jeffrey Eugenides, der gleichfalls Wurzeln in Kleinasien hat, in seinem literarischen Welterfolg *Middlesex*. »Eleutherios und Desdemona Stephanides verließen Bithynios am 31. August 1922.« Sie nehmen Abschied, tun fast alles zum letzten Mal. »Vor der Abreise ging Desdemona noch einmal in den Garten und bekreuzigte sich auf orthodoxe Art, mit dem Daumen. Sie verabschiedete sich von dem pudrigen, modrigen Geruch der Seidenraupenzucht und von den Maulbeerbäumen, die die Mauer säumten, von den Stufen, die sie niemals wieder würde hinaufsteigen müssen, und auch von dem Gefühl, über der Welt zu wohnen.«[23]

Abschied nehmen müssen auch Wahram und seine Familie, Armenier, die 1915 vor den Türken fliehen. Hinter dem armenischen

Jungen verbirgt sich der Schriftsteller Victor Gardon, der in seinem autobiographischen Roman *Brunnen der Vergangenheit* von seiner Kindheit im ostanatolischen Van erzählt, wo er 1903 als Wahram Gakavian geboren wird. 1923 kommt er nach einer langen Odyssee nach Frankreich. Dort schließt er sich im Kampf gegen die deutschen Besatzer der Résistance an. Sein Deckname »Victor Gardon« wird später sein Künstlername. Gardon erzählt vom Untergang der armenischen Welt im östlichen Anatolien.

Wie Petros den Großvater als Patriarchen erlebt, ist bei Wahram die Großmutter, die bereits die Massaker an den Armeniern von 1894 und 1909 überlebt hat, die Matriarchin der Großfamilie. Heimlich und voller Unruhe beobachtet der zwölfjährige Wahram, wie sie Abschied von ihrem Zuhause nimmt. »Im Garten sah er Großma unter der Rosenhecke. Sie lehnte an dem mächtigen Stamm des dreihundertjährigen Birnbaums und hielt den Blick auf die Bäume gerichtet. Langsam glitten die Perlen des Rosenkranzes durch ihre Finger, und ihre Lippen bewegten sich wie zu einem Murmeln.«[24] Dann versammelt sich die Großfamilie ein letztes Mal zum Abendessen. Alle knien nieder zu einem langen Gebet. »Das Essen zog sich lange hin. Niemand sprach. Jeder blickte auf das Bild in dieser Runde, als wolle er es auf ewig in seinem Gedächtnis bewahren.«[25] Am Ende segnet die Großmutter jeden einzelnen. Am folgenden Tag brechen sie auf. »Das ist der Morgen, der Morgen des schrecklichen Abschieds. Die Menge trottete dahin. Man hörte Weinen und Klagen; die Kühe und die Büffel brüllten dumpf.« Bis die Familie an der Reihe ist, steht Wahram am Fenster und beobachtet das Treiben auf der Straße. »Die Staubwolken verschmolzen die einzelnen Gestalten dieses Zuges zu einer fließenden, einheitlichen Masse. Erschöpfte Frauen hielten ihre Kinder an der Hand, setzten mechanisch einen Fuß vor den anderen und trieben die mit Decken und Paketen beladenen Kühe vor sich her.«[26] Schließlich verlassen auch sie das Haus.

»Die Tür zur Straße stand offen, die zum Garten schloss sich endgültig. Sie gingen hinaus. Auf der Straße warteten Harutiun und Sarkis neben einem Wagen, vor den zwei schwarze Büffel gespannt waren. Sie halfen Großma, hinaufzusteigen und inmitten zahlloser Pakete auf einer dicken Decke Platz zu nehmen. Der Wagen setzte sich in Bewegung. Aghawni drehte den Schlüssel in der Tür um und reihte sich weinend in den Zug der Flüchtlinge ein, die ihre Heimat verließen. Überall strömten aus den Türen ähnliche Menschengruppen und Kühe, die unter ihrer Last fast zusammenbrachen. Die Augen der Menschen waren rot, ihre Gesichter vor Kummer wie versteinert. Die Heimatlosigkeit wurde zu einer unerbittlichen Tatsache. Bisher hatten alle diese Menschen ein Zuhause gehabt. Jetzt verwandelte ein teuflischer Wille sie unwiderruflich in eine Schar von Vertriebenen.«[27]

Wahrams Familie reiht sich ein in die endlose Kolonne der Flüchtenden, die in Richtung der russisch besetzten Gebiete Armeniens ziehen. »Von einem Horizont zum anderen bewegten sich Männer, Frauen, Greise, Kinder und Tiere, alle schwer beladen, in einer Staubwolke dahin – eine endlose Herde.«[28] Sie leiden unter der Hitze, entsetzlicher Durst plagt sie. Unterwegs muss der kleine Wahram mit ansehen, wie Tausende der fliehenden Armenier von Türken und Kurden niedergemetzelt werden.

Menschen, die flüchten, geraten oft zwischen die Fronten und werden Opfer kollektiver Vergeltung. Sie sind dem Wohlwollen wie der Willkür anderer ohnmächtig ausgeliefert. Die Todesangst, die sie angesichts eines aggressiven Gegners befällt, ist nur allzu oft berechtigt. Die schutz- und wehrlosen Flüchtlinge trifft die in Kriegszeiten herrschende Gewalt mit unerbittlicher Härte. Wenn die Front näher rückt ist es höchste Zeit, Hab und Gut zurückzulassen, sich auf den Weg zu machen, um wenigstens das nackte Leben zu retten.

Als die Deutschen im Juni 1941 die Sowjetunion überfallen, fliehen Millionen Menschen vor der vorrückenden Wehrmacht. Unter den Flüchtlingen aus dem litauischen Kaunas ist der dreizehnjährige Solly Ganor mit seiner Familie. »Die schmale Straße nach Ukmerge und zur lettischen Grenze quoll über vor Flüchtlingen und zurückweichenden Sowjettruppen. Ein endloses Band aus Vehikeln, Pferdewagen, Motorrädern und Fahrrädern schlängelte sich durch den gigantischen Schwarm von Fußgängern. Kolonnen zerlumpter Sowjetsoldaten mischten sich darunter, doch in erster Linie waren Zivilisten zu Fuß unterwegs, die meisten von ihnen Juden.« Außerhalb der Stadt Kaunas fliegt die deutsche Luftwaffe Angriffe direkt auf die fliehenden Menschen. »Es schien, als sollte alles, was sich nur bewegte, unter Feuer genommen werden. Jeder warf sich in die Stra-

Die Stadt Van liegt an dem gleichnamigen See unweit der türkischen Grenze zum Iran. Hier ist die armenische Familie des angesehenen Juweliers Harutiun Gakavian seit Generationen ansässig, bis sie 1915 ihre Heimat verlassen muss und nach Russland flieht. Ihre Geschichte hat der Nachfahre Wahram Gakavian unter dem Pseudonym Victor Gardon in dem Roman *Brunnen der Vergangenheit* überliefert. Auf dem Foto von 1906 sieht man vorne in der Mitte Wahrams Vater Harutiun und rechts daneben seine Mutter Aghawni. Die Matriarchin Vosgehad sitzt links neben dem Vater. Sie stirbt auf der Flucht, im Roman bleibt ihr Schicksal inmitten eines türkisch-kurdischen Massakers ungewiss. Der kleine Wahram, der zwischen Großmutter und Vater steht, kommt 1922 nach Frankreich. Er studiert in Paris und verfasst drei große autobiographische Romane, mit denen er seiner Familie und der armenischen Lebenswelt seiner Kindheit in Van ein literarisches Denkmal setzt.

ßengräben. Ich lag mit dem Gesicht im Dreck und zitterte, während Kugeln um uns her einschlugen und Staubwolken aufwirbelten.«[29]

Nur nicht den Deutschen in die Hände fallen, lautet die Devise. 1941 wissen die Flüchtenden längst, was den Juden droht. Schon vor dem Überfall der Wehrmacht auf Polen haben viele wie der Literaturwissenschaftler Leopold Silberstein den NS-Terror am eigenen Leib erfahren. Er ist bereits zum zweiten Mal auf der Flucht vor den Nationalsozialisten. 1933 war er »aus rassischen Gründen« aus Deutschland in die Tschechoslowakei emigriert, wie er der estnischen Sicherheitspolizei erzählt, als diese ihn im Juli 1941 im estnischen Dorpat festnimmt. Bei dem Versuch, aus der zwischen Wehrmacht und Roter Armee umkämpften Stadt zu fliehen, gerät er in eine Polizeikontrolle und wird wegen seiner jüdischen Herkunft verhaftet.[30]

Als die Teilung Indiens im Sommer 1947 verkündet wird, strömen Flüchtlinge – Hindus und Sikhs – scharenweise in die Stadt und berichten von Massakern in der Region Jammu. Im indischen Chandigarh erzählt Ajit Kaur Kapoor der Autorin Aanchal Malhotra viele Jahre später von der Flucht aus Mirpur, das heute in Pakistan liegt. In der Hand hält die alte Dame aus einer Sikh-Familie dabei ein Schwert, das auf der Flucht von besonderer Bedeutung war. Im November 1947 ist es noch ruhig in Mirpur. Die hochschwangere sechzehnjährige Ajit Kaur Kapoor sitzt mit der Familie im Garten ihres Hauses, als plötzlich Flugzeuge über der Stadt kreisen und Gewehrfeuer die Stille durchbricht. Alle geraten in Panik und suchen sich vor den Kugelsalven in Sicherheit zu bringen, fliehen, ohne irgendetwas mitzunehmen. Häuser brennen, überall herrscht Chaos.[31]

Ajit Kaur Kapoors Ehemann Janak Singh kann seine Frau nicht beschützen, denn als der Angriff erfolgt, hat er gerade Dienst auf einem Wachposten. Die Schwangere ist in höchster Lebensgefahr. Um sie herum werden viele Sikhs und Hindus ermordet, darunter ihr Vater, der vor ihrem Elternhaus erschossen wird. Die junge Frau findet in einem Keller Unterschlupf, verliert im Chaos aber ihre Familie aus den Augen. Viele der Flüchtenden werden verschleppt, Frauen missbraucht und vergewaltigt. Einige begehen in ihrer Verzweiflung Selbstmord. Endlich findet ihr Ehemann sie in dem Keller. Als ehemaliger britisch-indischer Soldat verfügt er über eine Schusswaffe und ein Schwert. Beides trägt er bei sich. Gemeinsam mit anderen Soldaten verlassen sie das Kellerversteck und fliehen quer durch die Stadt in den Dschungel.

»Vor uns war nichts als Dschungel, so dass die Menschen drauflosrannten, einfach irgendwohin. Um uns herum überall dornige Stauden, Büsche und Bäume. Niemand wußte, wohin wir gingen, aber weil das Gewehrfeuer immer wieder aufflackerte, liefen die Menschen einfach in eine Richtung, in der sie sich in Sicherheit wähnten«, erzählt Ajit Kaur Kapoor. Der Zug der Verzweifelten bahnt sich einen Weg durch das Dickicht. Immer wieder müssen sie Deckung suchen und so gut sie können auf dem Waldboden weiterkriechen, denn die Luftangriffe hören nicht auf.[32] Die Hochschwangere ist am Ende ihrer Kräfte, als plötzlich die Wehen einsetzen. Sie bittet ihren Mann, sie zurückzulassen und sich zu retten. Doch er bleibt und hält unter den panisch Flüchtenden nach einer Frau Ausschau, die ihm bei der Geburt helfen kann. Als das Kind – ihre Tochter Malkeet – endlich auf der Welt ist, fragt die unbekannte Geburtshelferin nach etwas Scharfem zum Durchtrennen der Nabelschnur. Ajit Kaur Kapoors Mann reicht ihr sein Schwert. Der Dschungelboden ist voller Blut, Ajit Kaur Kapoor verliert das Bewusstsein. Die Lage ist so dramatisch, dass ihr Mann für einen Augenblick den Kopf verliert. »Ohne überhaupt nachzudenken, schleuderte er das Baby beiseite und stellte mich auf die Füße.« Um seine Frau zu retten, ist er bereit, sein Kind zu opfern. Ajit Kaur Kapoor ist viel zu schwach, um dagegen aufzubegehren. Sie stützt sich auf ihren Mann, aber nach ein paar Schritten hören sie die Tochter weinen. Er geht zurück, wickelt die kleine Malkeet in sein Turbantuch, und dann fliehen die drei weiter mit Gewehr und Schwert.[33]

Nachdem der größte Teil seiner Familie vom Pol-Pot-Regime ermordet worden ist, flieht Ronnie Yimsut Anfang 1978 vor den Soldaten der kambodschanischen Roten Khmer in Richtung thailändische Grenze. Weil die Häscher ihnen dicht auf den Fersen sind, müssen die jugendlichen Flüchtlinge oft rennen, so schnell sie können. Vier Tage ist die Gruppe durch den hügeligen Regenwald unterwegs, immer im Schutz der Dunkelheit. Sie machen kein Feuer, um nicht die Aufmerksamkeit der Suchtrupps zu erregen, und schlafen kaum vor Hunger. »Ich wollte für immer schlafen, aber immer wieder wachte ich auf, hungrig«, erinnert sich Ronnie Yimsut.[34]

Nach dem Genozid an den Tutsi in Ruanda fliehen viele Hutu aus Angst vor Racheaktionen in den östlichen Kongo. Unter ihnen ist auch Marie Béatrice Umutesi. Sie berichtet vom Leben in den Flüchtlingslagern im östlichen Kongo und ihrer Flucht über zweitausend Kilometer zu Fuß. Aber das ist nicht das Ende. Am 29. Oktober 1996 flieht sie erneut, diesmal aus Bukavu, wo nun Tutsi-Rebellen die Flüchtlingslager der Hutu überfallen. Regenfälle, Hunger und Kälte setzen Béatrice körperlich so sehr zu, dass sie immer öfter über Wurzeln und Gestrüpp stürzt und bisweilen sogar die Orientierung verliert.[35] Die kleine Gruppe meidet die Straßen und flieht durch den unwegsamen Dschungel, über Bananenplantagen und Felder, aber auch dort stellen Tutsi-Rebellen ihnen nach. »Wir konnten nicht einmal für eine Pinkelpause halten. Wir taten es, während wir rannten. In einem Moment dachte ich, meine Blase würde platzen, aber ich konnte nicht anhalten, weil die Granaten um uns herum einschlugen. Erst einige Kilometer weiter spürte ich meine nassen Hosen und erinnerte mich daran, was passiert war.«[36]

Als Srebrenica in die Hände serbischer Tschetniks fällt, ist für eine bosnische Muslima aus dem Dorf Bajramovici nahe Srebrenica Flucht der letzte Ausweg. Der Bericht der damals knapp fünfzigjährigen Frau gehört zu einer eindrücklichen Sammlung anonymisierter Augenzeugenberichte aus dem Bosnienkrieg, den die »Gesellschaft für bedrohte Völker« zusammengetragen hat. Die Zeitzeugen bleiben anonym, weil die Überlebenden des Krieges nach der Rückkehr in ihre Dörfer wieder in unmittelbarer Nähe ihrer einstigen Peiniger leben müssen. Mit ihrem Ehemann und den drei erwachsenen Söhnen versucht sie sich durch die Wälder in Richtung Tuzla durchzuschlagen. Tuzla liegt bereits in einer der sogenannten freien Zonen, jenen *Safe Areas*, die von UN-Friedenstruppen gesichert werden.

»Als wir das Dorf verließen, fing ein Granatenbeschuß an. Es gab viele Verwundete und Tote. Wir kamen im Dorf Kamenica an, wo uns Serben aus einem Hinterhalt aus angriffen. Es kam zu Panik. Wieder wurden wir mit Granaten und Giftgasen beschossen. Dort wurden meine beiden Söhne Alija und Fuad verwundet. Alija wurde in den linken Fuß getroffen. Mein Ehemann und ich verbanden seine Wunde. Fuad wurde im Bereich des linken Lungenflügels getroffen, so daß er nicht mehr laufen konnte. Auch ihn verbanden wir und gingen, ihn tragend, weiter. Den dritten Sohn haben wir während des Panikausbruchs aus den Augen verloren und haben ihn auch nicht mehr gesehen.« Als Tschetniks auf die flüchtenden Menschen schießen, gibt es erneut Tote und Verletzte. »Von Panik ergriffen wußten wir nicht mehr, was wir machen sollten. Dort blieben wir stehen. Es war auf einer Wiese in der Nähe des Dorfes Sandici. Mein Ehemann Hasan ging zum Teich, um Wasser zu holen, damit wir unseren Durst stillen und unsere verwundeten Söhne erfrischen können. Da es sehr viele durstige Verwundete gab, reichte das Wasser, was er mitgebracht hatte, nicht für alle, so daß er wieder zum Teich ging. Er kam jedoch nicht mehr zurück.«[37]

Ein weiterer Augenzeugenbericht aus dieser Sammlung stammt von einem jungen Mann aus dem bosnischen Cerska, der im Krieg drei Brüder, seinen Vater sowie zahlreiche Verwandte verliert. Auch er versucht sich mit anderen bosnischen Muslimen im letzten Augenblick vor den bosnisch-serbischen Einheiten in das freie Territorium von Kladanj und Tuzla zu retten. Er taucht zunächst für fünfzehn Tage unter. »Ich aß Wildbirnen, -äpfel und Schnecken, um zu überleben.« Weitere zwanzig Tage versteckt er sich auf dem Berg Udrc. »Ich stieg ab und zu in die abgebrannten moslemischen Dörfer. Die Tschetniks bemerkten und umzingelten uns, um uns lebend einzufangen. Bei diesem Hinterhalt war ich gerade beim Baden. Ich habe es geschafft zu fliehen, hatte dann jedoch nur die Unterwäsche an. So bekleidet oder besser gesagt nackt verbrachte ich zwei Tage auf dem Berg Udrc. Ich kehrte zurück, nachdem die Serben gegangen waren und fand auch meine Kleidung wieder.« Hunger ist sein ständiger Begleiter während er in dem Versteck in Cerska ausharrt. »In einer Mühle traf ich auf sechs Männer. Dort verbrachten wir den Herbst und blieben solange, bis der erste Schnee gefallen war. Wir aßen alles, was wir in der Natur finden konnten. Als der erste Schnee gefallen war, machten wir uns auf einen Weg des Lebens und Todes. Es war der 13. November 1995. Barfuß und nackt, durchgefroren machten wir uns auf in Richtung Westen. Wir durften kein Feuer machen, um nicht entdeckt zu werden. Der Schnee erschwerte unsere Fortbewegung. Nach fünf Tagen konnten wir ins freie Territorium in der Nähe von Kladanj vordringen.«[38]

2003 eskaliert der vorwiegend ethnisch motivierte Konflikt im Sudan, da die Regierung mit Unterstützung arabischer Milizen die Zivilbevölkerung Darfurs terrorisiert. Im ägyptischen Asyl erzählt Fatima Abdelrahman, die aus Darfur im westlichen Sudan stammt, im Juni 2007 dem Journalisten Craig Walzer in einem Interview auf Arabisch ihre Geschichte. »Als viele aus unserem Dorf in Richtung der Großstadt Nyala flohen, sagte ich meinem Vater, dass wir auch fliehen sollten.« Doch Fatimas Vater will das Dorf Marla nicht verlassen. »Es ist schwer, mein Land Darfur zu verlassen, das Land meines Großvaters. Besser, ich sterbe hier.«[39] Als Fatima noch schläft, dringen eines Tages in der Morgendämmerung Milizen in das Dorf Marla ein. In ihrer Angst und Panik weiß die Frau nicht wohin. »Als das Feuer losging, geriet alles außer Kontrolle. Ich schnappte meine Mädchen – Sahar, Sarah und Sammar. Meine Jungens waren in der Moschee. Ich war zu diesem Zeitpunkt schwanger mit meinem Sohn Abdulrahman. Wir fingen an zu rennen. Auch meine Mutter fing an zu laufen, aber dann kehrte sie um.« So wird sie Zeugin, wie die Milizen ihren Ehemann vor dem Haus erschießen und viele weitere Dorfbewohner ermorden. Nun flieht sie doch mit ihrer hochschwangeren Tochter Fatima und den Enkeltöchtern in ein nahe gelegenes Tal. Die Milizen, die das Blutbad im Dorf angerichtet haben, folgen den flüchtenden Frauen und Kindern. Als sie die Gruppe einholen, vergewaltigen sie die Flüchtenden wahllos. Fatimas Mutter will die Tochter schützen und ruft den Männern zu, ihre Tochter sei schwanger, sie hätten kein Herz. Daraufhin wird sie mit einem Gewehrkolben niedergeschlagen. »Die Männer vergewaltigten mich, sie vergewaltigten meine Mutter. Dann kehrten sie um.«[40]

Frauen tragen oft die Hauptlast der Flucht – physisch und emotional. Sie tragen Verantwortung für Eltern und Kinder, für die Organisation des Nötigsten und sind ständig von sexueller Gewalt bedroht. Vergewaltigungen sind eine besondere Form der Demütigung des Gegners, ein unauslöschlicher Eingriff in die Unversehrtheit des Menschen. Die Todesangst der Mütter überträgt sich auf die Kinder.

Rupert Neudeck, der als kleiner Junge Flucht und Gewalt erlebte, erinnert sich, wie beim sowjetischen Einmarsch in seiner Heimatstadt Danzig den Erwachsenen die Schrecken buchstäblich ins

Während viele Vertriebene mit traumatischen Erfahrungen häufig nur noch das eigene Leid sehen, ergreift Rupert Neudeck, das Flüchtlingskind von einst, die Initiative, als die Welt gebannt auf die verzweifelten vietnamesischen Boatpeople schaut, aber zunächst kaum ein Staat bereit ist, Verantwortung zu übernehmen. In einer dramatischen Aktion rettet die *Cap Anamur* 1986 unter anderen diese Kinder aus dem Meer. Auch heute sind es im Mittelmeer und andernorts vorwiegend Ehrenamtliche, die Menschen vor dem Ertrinken bewahren, während die Politik sich im Prüfen und Abwägen erschöpft, bürokratische Verordnungen erlässt und am Ende nicht selten zu dem Schluss kommt, dass man nichts tun könne.

Gesicht geschrieben stehen, auch seiner Mutter. »Die Angst schien um sie herumzuschleichen, und wenn sie schon Angst hatte, dann lief etwas gewaltig schief. Das Spüren einer fortwährenden Furcht ist ein Gefühl, das wohl jedes Flüchtlingskind kennt.« Kinder müssen mit ansehen, wie schutzlos und ohnmächtig die Menschen, bei denen sie Schutz suchen, selbst anderen ausgeliefert sind, und dass sich niemand dieser Gewalt entziehen kann. Neudecks Mutter und Tante werden in einem Keller vergewaltigt. »Wir Kinder erlebten Furchtbares, versuchten aber auch zu vergessen«, sagt Neudeck. »Die ganze Tragweite der politischen Ereignisse, deren Opfer wir waren, bekamen wir nicht mit, dafür waren wir zu klein. Einzig Ingrid speicherte mehr von den grausamen Geschehnissen ab, wohl auch, weil sie einmal dabei war, als unsere Mutter vergewaltigt wurde. Zeit ihres Lebens kam sie nicht darüber hinweg.«[41]

Der achtjährige Hans-Burkhard Sumowski wird im April 1945 Zeuge der Besetzung seiner Heimatstadt Königsberg. Täglich erlebt er die Gewalt sowjetischer Soldaten. »Sie ergriffen Frauen aus dem Treck, zerrten sie über den niedergetretenen Friedhofszaun, warfen sie auf die Gräber, rissen ihnen die Kleider herunter und vergewaltigten sie vor aller Augen.«[42] Hans-Burkhard Sumowski muss mit ansehen, wie solche Gewalt auch seinen nächsten Angehörigen und am Ende sogar seiner Mutter widerfährt. »Kaum war Tante Christel wieder zurück, verzweifelt und weinend, wurde sie erneut von einem Russen gepackt. Dies ging mehrere Male so, und Großmutter war völlig außer sich. Es war für sie unerträglich, dass ihrer Tochter ein solches Leid geschah. Dann aber wurde auch sie selbst mehrmals Opfer der Brutalität der Russen. Nur meine Mutter blieb verschont, weil sie Siegbert auf dem Arm trug. Ich hatte ein Gefühl von größter Hilflosigkeit und grenzenloser Angst.« Der Achtjährige durchlebt alles in unmittelbarer Nähe. »Als Tante Christel, wieder und wieder vergewaltigt, am Ende ihrer Kräfte, zu uns zurückkam und zusammenbrach, legte meine Mutter ihr zum Schutz Siegbert in die Arme. Das tat seine Wirkung. Die Männer ließen Tante Christel eine Weile in Ruhe, doch dafür war nun Mutter an der Reihe. Sie wurde grausam malträtiert, Blut lief ihr die Beine herunter, es war ja erst einige Wochen her, dass sie Siegbert geboren hatte.«[43] Am nächsten Morgen ist Hans-Burkhards kleiner Bruder Siegbert tot, weil seine Mutter keine Milch mehr hat. Der Kleine ist verhungert und erfroren in den Armen seiner Mutter. Als sie den Befehl zum Weitermarsch erhalten, müssen sie sich von ihm trennen und das tote Kind im Straßengraben zurücklassen.[44]

Zu den sowjetischen Offizieren, die die Gewalt ihrer Kameraden gegen deutsche Zivilisten zu unterbinden versuchen, gehören die späteren Dissidenten Lew Kopelew und Alexander Solschenizyn. Kopelew wird wegen »bürgerlich-humanitärer Einstellung in Form von Mitleid mit den Deutschen« vor ein Militärtribunal gestellt. Solschenizyn, der die Gewalt und den sexuellen Missbrauch bei der Eroberung Ostpreußens im Januar 1945 als sowjetischer Politoffizier erlebt, hält das Geschehen in der Dichtung *Ostpreußische Nächte* fest, die erst erscheint, nachdem er 1974 aus der Sowjetunion ausgewiesen worden ist. Er schildert, wie die Frauen der masurischen Kreisstadt Neidenburg nach der sowjetischen Eroberung zum Freiwild werden.

> *Zweiundzwanzig, Höringstraße.*
> Noch kein Brand, doch wüst, geplündert.
> Durch die Wand gedämpft – ein Stöhnen:
> Lebend finde ich noch die Mutter.
> Waren's viel auf der Matratze?
> Kompanie? Ein Zug? Was macht es!
> Tochter – Kind noch, gleich getötet.
> Alles schlicht nach der Parole:
> NICHTS VERGESSEN! NICHTS VERZEIH'N!
> BLUT FÜR BLUT! – und Zahn für Zahn.
> Wer noch Jungfrau, wird zum Weibe,
> und die Weiber – Leichen bald.
> Schon vernebelt, Augen blutig,
> bittet: »*Töte mich, Soldat!*«
> Sieht nicht der getrübte Blick? –
> Ich gehör' doch auch zu jenen![45]

In der Endphase des Zweiten Weltkriegs sind Frauen von sexueller Gewalt durch Rotarmisten betroffen, wo immer die sowjetische Armee vorrückt. Zu den zahlreichen Ungarinnen, die solche Gewalt erleiden, gehört Alaine Polcz. Sie erzählt in ihren Erinnerungen *Frau an der Front*, wie sie auf der Flucht aus ihrer siebenbürgischen Heimat von sowjetischen Soldaten vergewaltigt wird. »Drei Russen kamen herein, sie sagten auf rumänisch, ich solle mit ihnen kommen. Ich wusste genau, was sie wollten, ich weiß nicht woher, aber ich wusste es … Das Bett bestand aus bloßen Brettern, darauf lag ich. Über mir einer der Russen. Ich hörte, wie mir von der Zimmerdecke eine Frauenstimme entgegenschlug: ›Mutter, meine Mutter!‹, schrie sie. Da begriff ich, daß es meine eigene Stimme war, daß ich es war, die schrie.« Alaine Polcz ruft vergeblich nach ihrer Mutter. »Als ich es begriff, hörte ich auf zu schreien, ich lag still und reglos. Das körperliche Empfindungsvermögen war mit dem Bewusstsein nicht zurückgekehrt, es war, als wäre ich erstarrt oder ausgekühlt. Vielleicht fror auch mein Unterleib in dem fensterlosen, unbeheizten Zimmer. Ich weiß nicht, wie viele Russen danach noch über mich drübergingen, auch nicht, wie viele davor. Als es dämmerte, ließen sie mich allein. Ich erhob mich, konnte mich nur sehr schwer bewegen. Ich hatte Kopfschmerzen, mein ganzer Körper tat weh. Ich blutete stark. Mein Gedanke war nicht, dass ich vergewaltigt, sondern dass mein Körper geschändet worden war. Mit Beischlaf oder Sexualität hatte das nichts zu tun. Es hatte mit nichts etwas zu tun. Es war einfach – jetzt, wo ich es niederschreibe, begreife ich, wie genau das Wort ist –, es war Gewalt.«[46]

Diese Demütigung, die Gewalt gegen das Individuum in seinem intimsten, innersten Kern, ist wohl das Schlimmste, was Flüchtlingen widerfahren kann, denn es zeigt ihnen auf grausamste Art, wie ausgeliefert und schutzlos sie sind.

Bereits Jahre zuvor, im Dezember 1937, wird Nanking zum Schauplatz sexueller Gewalt gegen chinesische Frauen und Mädchen, als japanische Truppen die Stadt erobern. Mitten in der umkämpften Stadt suchen Tausende Flüchtlinge Schutz im Ginling College, das von der amerikanischen Missionarin Minnie Vautrin geleitet wird. Vautrin und ihre langjährige Kollegin Tsen Shui-fang machen das College kurzerhand zum Flüchtlingslager und gewähren mehr als 10 000 Flüchtlingen Schutz. Die Wochen der Besatzung halten beide in ihren Tagebüchern fest, Vautrin auf Englisch, Tsen auf Chinesisch. Hilflos müssen sie miterleben, wie immer wieder japanische Soldaten in den Campus eindringen, obwohl das Ginling College in der sogenannten Sicherheitszone liegt. In diesen Tagen kommt es überall zu Vergewaltigungen chinesischer Frauen und Mädchen durch japanische Soldaten. Am Donnerstag, den 16. Dezember 1937, notiert Minnie Vautrin in ihrem Tagebuch: »Dreißig Mädchen haben sie letzte Nacht aus der Sprachenschule mitgenommen, und heute hörte ich weitere herzerweichende Geschichten von anderen Mädchen, die letzte Nacht aus ihren Häusern geholt wurden – eines der Mädchen war erst 12 Jahre alt.« Minnie Vautrin zerreißt es förmlich, dass sie ihnen nicht beistehen kann. »O Gott, besänftige heute Nacht die grausame Gemeinheit der Soldaten in Nanking, tröste die Mütter und Väter, deren Herzen gebrochen wurden, als ihre unschuldigen Söhne heute erschossen worden sind, und wache über den jungen Frauen in den langen qualvollen Stunden dieser Nacht.«[47] Diese wenigen Zeilen vermitteln eine Ahnung von dem Leid, das für Minnie unaussprechlich bleibt.

Tsen Shui-fang hält am Sonntag, den 19. Dezember, in ihrem Tagebuch fest: »Ich kann es nicht ertragen, Zeugin solch schrecklicher Taten der japanischen Soldaten zu sein. Selbst am Tag wagen sie solche Frevel, aber nachts ist es stets viel schlimmer.« Und vier Tage später, am 23. Dezember: »Letzte Nacht kamen keine Soldaten. Sie gingen in andere Unterkünfte, um Mädchen zu finden.«[48]

Als Thomas H. Nguyen im März 1980 übers Meer aus Vietnam flieht, wird das Fischerboot von Piraten gekapert, die sich an den Frauen vergehen. »Kurz darauf hörte ich einen Schrei unten aus der Luke. Ich machte den Deckel auf und sah, dass eine Frau aus Saigon vergewaltigt wurde. Alle anderen, auch Frauen und Kinder, waren mit dabei und mussten zusehen. Kurz darauf wurde dieselbe Frau nochmals vergewaltigt, außerdem auch ein etwa 14-jähriges Mädchen ... Plötzlich ging das Licht aus und einige Frauen schrien. Nach ein paar Sekunden ging das Licht wieder an und einige Frauen waren verschwunden. Sie wurden irgendwo an Deck oder in einer Kabine vergewaltigt. Das wiederholte sich mehrmals. Auch die zwei schon vorher Vergewaltigten wurden dabei wieder nach hinten geschleppt.« Hilflos muss er zusehen, wie die Frauen und Mädchen in der drangvollen Enge auf dem kaum seetauglichen Boot der Gewalt der Piraten ausgeliefert sind.[49]

Sexuelle Gewalt gehört in den 1990er Jahren im ehemaligen Jugoslawien zur alltäglichen Kriegspraxis, ebenso später in Ruanda, in Libyen oder an den jesidischen Frauen. Zuweilen gibt es sogar Lager, in denen systematisch die sexuelle Erniedrigung des Gegners praktiziert wird. In den Jahren 1992 und 1993 existiert ein solches Lager in der bosnischen Stadt Foča, und in Doboj richtet die serbische Armee in einer Schulsporthalle ein Sammellager speziell für Frauen ein. »Sie haben uns Flaschenhälse in das Geschlecht gedrückt«, erinnert sich die bosnische Muslima Kadira an ihre dreiwöchige Internierung an diesem Ort, »manchen Frauen haben sie sogar zerbrochene, zersplitterte Flaschen hineingedrückt ... Gewehre auch. Und dann weißt du nicht, ob er abfeuern wird, du stirbst vor Angst.« Kadira stammt aus einem Dorf bei Doboj, das Anfang Mai 1992 von serbischen Truppen erobert wird.[50]

Über sexuelle Gewalt während der Flucht oder unter einem Besatzungsregime wird zumeist geschwiegen. Das Erlebte übersteigt die Vorstellungskraft, und vieles bleibt für die Betroffenen unsagbar. »Ich kann heute nicht alles erzählen«, sagt Esmia Kundora aus Foča, die vor ihrem zehnjährigen Sohn vergewaltigt wird. »Ich kann immer nur einen Teil der Qualen schildern, denn die Dinge, die mir auf der Seele brennen, wird nie jemand nachvollziehen können.«[51]

Nach der Teilung Indiens 1947 werden Hindu-Frauen und -Mädchen im pakistanischen Lahore entführt und sexuell missbraucht. Ihre Familien fliehen daraufhin nach Indien. Als die Mädchen später befreit werden, weigern sich viele, zu ihren Familien nach Indien zu gehen, weil sie Angst haben, von den Angehörigen nach dem Schrecklichen, das ihnen angetan wurde, nicht mehr akzeptiert und sozial verstoßen zu werden. Die sozialen Konventionen verhindern, dass sie als Vergewaltigungsopfer – und Heimatlose – jemals irgendwo ankommen.[52]

Viele Frauen können nicht weiterleben nach der Gewalt, die ihnen angetan wurde, erzählt die Rohingya Jobeda Begum in einem Interview über ihre Tochter, die beim Viehhüten von buddhistischen Arakanesen (Rakhine) vergewaltigt wird. »Nachdem sie sie gedemütigt hatten (Pause) ... hinterließen sie ihr Geld und sagten ›hau ab nach Hause‹. Da sie nicht nach Hause kam, machte ich mir Sorgen und suchte sie. Ich fand die Kuh an Ort und Stelle, aber

»Eine Frau aus Ruanda bricht mit ihrem Baby auf dem Rücken auf der Straße zusammen«, schreibt die Bildagentur Reuters zu diesem Bild. Niemand kennt den Namen der Frau aus Ruanda, den Namen ihres Kindes, geschweige denn ihre Geschichte. Das Foto wurde am 28. Juli 1994 auf einer Straße zwischen dem Flüchtlingslager Kibumba und Goma im östlichen Kongo aufgenommen. Kaum jemanden dürfte die Szene unberührt lassen, denn man wird hineingezogen in das persönliche Drama dieser Frau, die vor Erschöpfung oder Verzweiflung zusammenbricht. Auch wenn der Betrachter zwangsläufig Voyeur eines Leids wird, das ganz und gar intim ist, ist es wichtig, dass Bilder die Flucht als globale Katastrophe dokumentieren.

von ihr war nichts zu sehen. Andere fanden sie im Dschungel, vollständig aufgelöst, und brachten sie nach Hause (Pause). In dieser Nacht nahm sie sich das Leben (Stille … Tränen laufen über ihre Wangen).«[53]

Dass über die sexuelle Gewalt gegen Frauen geschwiegen, dass die Erinnerung an das Leid der Frauen verdrängt wird, dafür gibt es verschiedene Gründe.[54] Vergewaltigte Frauen sind keine Kriegshelden, und in der Regel zählen sie zu den Besiegten. Mitleid und Anerkennung bleiben ihnen deshalb versagt. Häufig geht das sogar so weit, dass Zweifel an der Authentizität ihrer Aussagen aufkommen. Der wesentliche Grund für das Schweigen aber ist die Scham, die Betroffene daran hindert, über die ihnen angetane sexuelle Gewalt zu sprechen. Der Schriftsteller Ralf Rothmann, dessen Mutter auf der Flucht aus Westpreußen vergewaltigt wird, beschreibt, wie sie beharrlich jeglichen Nachfragen zu diesem Thema ausweicht. »Sie hat das natürlich nicht so ausgedrückt, sie hat gesagt, ›einmal hat mich einer geschnappt‹, und auf jede weitere Neugier nur mit ›Frag mir kein Loch in den Bauch‹ reagiert – und damit war der Fall für sie erledigt.«[55]

Auch Günter Grass will von seinen Eltern und der Schwester wissen, was ihnen beim Einmarsch der Sowjets in ihrer Heimatstadt Danzig widerfahren ist. Eine Antwort bleibt aus. »Ich fragte dennoch: ›Wie war das, als die Russen kamen? Was ist wirklich geschehen? Warum erzählt Daddau nur lauter drollige Sachen? Auch Papa druckst nur rum. Wie ist es Daddau, wie ist es dir ergangen? Haben die Russen euch … Und als dann die Polen kamen …‹ Aber sie findet keine Worte. Allenfalls bekomme ich zu hören: ›Das ist vorbei nun. Besonders für deine Schwester. Frag nich so viel. Dadurch wird nix besser. Zum Schluss haben wir noch bisschen Glück gehabt … Leben noch … Was vergangen ist, ist vergangen‹«, schreibt Grass in seiner Autobiographie *Beim Häuten der Zwiebel* rückblickend. »Während der wenigen Jahre, die ihr noch blieben, hat meine Mutter nie einen Satz auch nur begonnen, nie ein Wort fallenlassen, aus denen herauszuhören gewesen wäre, was im leergeräumten Geschäft, unten im Keller oder sonstwo in der Wohnung geschah, wo und wie oft sie von russischen Soldaten vergewaltigt wurde. Und dass sie sich, um die Tochter zu schützen, ersatzweise angeboten hat, war erst nach ihrem

Was nie eine Rolle spielte, wird in ethnischen Konflikten auf einmal wichtig. In Burundi lernen die Schüler 1993 »Hutu oder Tutsi. Dieses oder jenes. Kopf oder Zahl.« Wer nicht dazugehört, ist unerwünscht, und ihm bleibt nur, um sein Leben zu laufen. »Das Brandmal ethnischer Zugehörigkeit kann niemand abschütteln, es verfolgt alle, ob sie wollen oder nicht«, sagt Gaël Fayes Protagonist in *Kleines Land*. Manchmal müssen Opfer und Täter weiter zusammenleben – etwa in Ruanda, Burundi, Kambodscha oder in Bosnien-Herzegowina. Im bosnischen Mostar bieten Souvenirhändler an der berühmten Brücke über die Neretva Kugelschreiber und Schlüsselanhänger an, die aus Kriegsmunition gefertigt wurden – eine befremdlich anmutende martialisch-reißerische Erinnerung an den vergangenen Krieg.

Tod andeutungsweise von der Schwester zu hören. Es fehlten die Worte.«[56]

Es fehlen die Worte, es wird geschwiegen, eisern. Das muss auch Susanne Fritz erfahren, die sich auf einfühlsame Weise der Geschichte ihrer Mutter annähert. Aber es gibt eine Zeitspanne, über die die Mutter nichts preisgibt. Als Vierzehnjährige gerät sie auf der Flucht aus ihrer Heimatstadt Schwersenz in der Nähe von Frankfurt an der Oder in die Hände der Sowjets. Am 8. April 1945 wird sie von ihrer Familie getrennt und verschleppt. »In den Tagebüchern«, so Susanne Fritz, »die meine Mutter nach ihrer Entlassung aus der Gefangenschaft 1949 zu schreiben beginnt und die ich jetzt, vier Jahre nach ihrem Tod, lese, notiert sie, dass vieles von dem, was sie erlebt habe, in ihrem Tagebuch nicht vorkomme, *weil es nicht geschrieben werden kann und nicht geschrieben werden darf*. Sie nennt die Zeit zwischen dem 1. Februar und dem 8. April 1945, versieht das Datum mit doppeltem Ausrufezeichen. Daten und Satzzeichen müssen genügen, um ihre Erinnerung zu sichern – für sich selbst und gegen den Blick von außen.«[57]

Aus Angst vor dem Kriegsgegner können Betroffene wie gelähmt sein und unfähig, irgendeine Entscheidung zu treffen. Andere reagieren panisch, zuweilen breitet sich auch eine Massenhysterie aus. Und wieder andere machen dem Schrecken ein Ende und nehmen sich das Leben. Das geschieht besonders oft, als die Sowjetarmee tief ins Deutsche Reich vorrückt. Dazu trägt die NS-Propaganda nicht unwesentlich bei, indem sie Tatsachen und Gerüchte durch erfundene Gräuel aufbauscht und somit eine Endzeitstimmung befördert, in der sich die grausame Eigendynamik entfaltet. Im neumärkischen Wildenhagen östlich der Oder nimmt sich ein Viertel der Einwohnerinnen und Einwohner das Leben, als die Sowjetarmee im Januar 1945 das Dorf erreicht. Fünfzehn Frauen erhängen sich, andere schneiden sich die Pulsadern auf.[58] Pfarrfrau Maria Meinhof berichtet davon, was sich im Frühjahr 1945 im vorpommerschen Ducherow beim Einmarsch der Sowjets ereignet: »Da ergriffen die Großmütter je ein Kindchen und die jungen Mütter nahmen ihre Jüngsten aus dem Kinderwagen, stürzten in ihrer Angst und Verzweiflung in die Nacht und ertränkten sich im Bauernpfuhl. Eine junge Frau, ein junges Mädchen und ein Jungchen von 5 Jahren wurden noch lebend geborgen. Aber vierzehn unglückliche Menschen waren tot, acht ertranken und sechs haben ihrem Leben durch Erhängen ein Ende gemacht«.[59] Die Panik erfasst auch Vorpommern und Teile Mecklenburgs. Neustrelitz verzeichnet bei Kriegsende 737 Selbstmorde, im Städtchen Demmin treibt die apokalyptische Angst zwischen April und 3. Mai 1945 bis zu tausend Menschen in den Tod.[60]

Flucht entwurzelt. Wer überstürzt fliehen muss, lässt alles zurück, die Heimat und alles, was bis dahin von Bedeutung war, denn zumeist bleibt keine Zeit, Erinnerungsstücke mitzunehmen. Der Anblick von Menschen, »die unter dem flammenden Himmel eine Stadt verlassen, in der Hand ein Koffer mit Dingen, ohne die sie nicht leben können«, schreibt der Schriftsteller Stefan Chwin, habe sich für immer in Europas Gedächtnis eingebrannt. Hinter der nüchternen Wendung »auf der Flucht« verbergen sich Fragmente eines Menschheitsdramas, Geschichten wie die von Stefan Chwins Vater, »als er aus dem von Russen besetzten Wilna fliehen musste. Er hatte nicht einmal Zeit, vom Tisch ein paar Familienfotos zu schnappen.«[61] Der hektische Aufbruch mit unbestimmtem Ziel erfolgt in Todesangst. Am Ende sind sämtliche Bande zu dem, was bis dahin das Leben ausgemacht hatte, gewaltsam gekappt.

Als die Dichterin Rasha Habbal 2015 aus ihrer Heimat Syrien flieht, erfasst sie im Moment des Aufbruchs noch gar nicht, dass dieser Abschied endgültig ist. »Am frühen Morgen jenes Tages wusste ich noch nicht, dass mein Leben die Tür hinter sich geschlossen und den Schlüssel unwiederbringlich verschluckt hatte. Von jenem Moment an würde ich keinen Schritt zurück tun können und für immer den Boden unter den Füßen verlieren.«[62] Mit der Flucht werden aller Besitz, alle Erinnerungsstücke an das Leben, das so überstürzt aufgegeben werden muss, der kulturelle und soziale Status, Freunde und zuweilen sogar die Familie zurückgelassen. »In der Hand ein Koffer mit Dingen, ohne die sie nicht leben können«, und im Kopf das unsichtbare Gepäck aus Prägungen und Erfahrungen, Bildung und Kultur, Glaube und Werten – und Erinnerungen.

Vertreibung macht aus Menschen Objekte fremden Willens. Ohnmächtig sind sie ihren Gegnern ausgeliefert. Wer vertrieben wird, muss gegen seinen Willen gehen, meist von einem Moment zum anderen, nachdem die Betroffenen oft bis zuletzt gehofft hatten, bleiben zu dürfen.

»Sie holten alle aus ihren Häusern. Zuerst holten sie die Leute heraus. Alle«, berichtet Rigoberta Menchú. Sie, das sind die Söldner der Großgrundbesitzer, die 1967 in ein Bergdorf der Quiché-Maya in Guatemala eindringen. »Dann gingen sie wieder hinein und holten die Sachen der Indios hinaus. Ich weiß noch, daß meine Mutter damals ihre silbernen Halsketten im Haus aufbewahrte, Erinnerungsstücke ihrer Großeltern. Nichts davon tauchte je wieder auf. Sie stahlen alles. Dann unser Geschirr, unser irdenes Geschirr. Sie warfen es hinaus, und es flog durch die Luft, und – ach Gott – als es zu Boden fiel, zerbrach alles. Alle unsere Töpfe, Teller und Krüge. Sie warfen alles hinaus, und es zerbrach.« Dabei bleibt es nicht. »Sie hatten unsere Tiere getötet. Viele unserer Hunde. Für uns Indios ist das dasselbe, als ob Menschen getötet worden wären. Wir waren tief verletzt, weil sie unsere Tiere getötet hatten.«[63] Die Maya sind bitterarm, und sie leben ständig in der Angst, dass ihnen das Land, das sie gerodet und urbar gemacht haben, wieder geraubt wird. Die indigenen Völker Lateinamerikas sind immer wieder schutzlos der Willkür von Militärdiktatoren und korrupten Regierungen ausgesetzt. Ihre Siedlungsräume wecken Begehrlichkeiten, und die Machthaber setzen auf gewaltsame Vertreibungen, wenn es darum geht, die Ureinwohner loszuwerden.

Ganz ähnlich wie Rigoberta Menchú und ihrer Familie in Guatemala ergeht es der muslimischen Rohinyga Hamida Begum aus Akyab, die als Flüchtling in Bangladesch lebt. 1991 kommen birmanische Grenzpolizisten und Militärs in ihr Dorf, um die Bewohner zu registrieren. Als Hamida Begums Ehemann seinen Familiennamen nennt, schlagen die Polizisten ihn, dringen in das Haus ein, schmeißen wahllos das Hab und Gut der Besitzer hinaus und zerren Hamida Begum vor die Tür. Sie und die anderen Dorfbewohner werden mit vorgehaltener Waffe aufgefordert, ihr Zuhause zu verlassen. »So

In den Gesellschaften Lateinamerikas haben Bürgerkriege – oft von außen befeuerte Stellvertreterkonflikte – tiefe Wunden hinterlassen. 36 Jahre wütete der Bürgerkrieg in Guatemala und forderte mehr als 200 000 Menschenleben, vor allem unter der indigenen Bevölkerungsmehrheit. Hunderttausende werden zu Flüchtlingen und Vertriebenen. Noch immer sind zahlreiche Schicksale ungeklärt. 2018 werden in der kleinen Stadt San Juan Comalapa die sterblichen Überreste von 172 Bürgerkriegsopfern beigesetzt, die aus anonymen Massengräbern stammen und exhumiert worden sind. Die Identität der ermordeten Guatemalteken konnte nicht ermittelt werden. Die Aufarbeitung der Verbrechen dürfte noch Jahre dauern, doch jüngste Amnestiegesetze sehen bereits Straffreiheit für die Täter vor, jene Mitglieder rechter paramilitärischer Einheiten, die für Exekutionen, Verschleppungen, Folter und sexuelle Gewalt verantwortlich sind.

verließen wir alles. Wir konnten nichts mitnehmen ... Wir haben nur unser Leben retten können, indem wir alles zurückließen und wegrannten.«[64]

Staatliche Willkür und Vertreibung sind Maßnahmen, zu denen in Diktaturen und autoritären Regimen gern gegriffen wird, aber auch demokratische Staaten zeigen hin und wieder ihre »dunkle Seite«.[65] So schafft die US-Regierung nach dem Angriff auf Pearl Harbor 120 000 amerikanische Staatsbürger japanischer Herkunft in Lager im Landesinnern. Verschwörungstheorien kursieren, säen Hass gegen diese Einwanderergruppe. Sie gelten kollektiv als fünfte Kolonne der Japaner, obwohl die Betroffenen persönlich gar keine Schuld auf sich geladen oder sich den USA gegenüber illoyal verhalten haben. Die so Stigmatisierten dürfen zwei Koffer mitnehmen, alles andere muss zurückbleiben. Blinder Hass macht sie zu Vertriebenen im eigenen Land. Michiko Kakutani und ihre Familie müssen als *enemy alien* ihr bürgerliches Leben im kalifornischen Berkeley aufgeben und werden im April 1942 in das *Topaz Relocation Center* deportiert, ein Lager in der Wüste von Utah. Dort beziehen sie Baracke 16, einen ehemaligen Pferdestall, in dem sie in den folgenden Jahren auf engstem Raum leben müssen.[66]

Am frühen Morgen des 28. Oktober 1938 weckt ein Polizist den achtzehnjährigen Marcel Reich-Ranicki in Berlin. Der Schüler ist polnischer Staatsbürger und wird sozusagen direkt aus dem Bett heraus aus dem nationalsozialistischen Deutschland vertrieben. »Nur fünf Mark durfte ich mitnehmen und eine Aktentasche«, erinnert sich der Literaturkritiker später. »Erst am späten Nachmittag, als es schon dunkel war, brachte man uns zu einem Nebengleis des Schlesischen Bahnhofs. Dort wartete ein langer Zug. Alles war genau vorbereitet, alles lief ruhig ab, es wurde weder gebrüllt noch geschossen. Offensichtlich sollte die Aktion der Bevölkerung nicht auffallen.« Niemand sagt den Betroffenen, dass es in Richtung Osten geht, nach Polen. »An der deutschen Grenze mussten wir aus den Waggons steigen und uns in Kolonnen aufstellen. Es war vollkommen dunkel, man hörte laute Kommandos, zahlreiche Schüsse, gellende Schreie. Dann kam ein Zug an. Es war ein kurzer polnischer Zug, in den uns die deutschen Polizisten brutal hineinjagten. In den Waggons war es drängend voll. Sofort wurden die Türen kräftig zugeschlagen und plombiert, der Zug fuhr ab. Jetzt blieben wir, die Ausgewiesenen, unter uns, darunter auch Frauen aus verschiedenen Städten. Sie hatte man meist mitten in der Nacht verhaftet, ihnen wurde häufig nicht erlaubt, sich anzuziehen: Sie waren nur mit einem Nachthemd und einem Mantel bekleidet.«[67]

Als Anna Sudyn 1947 ihr ukrainisches Heimatdorf in Südostpolen verlassen muss, ist es nicht viel anders. Den Dorfbewohnern bleiben nur wenige Stunden zum Packen, bis man sie vertreiben wird. »Soldaten verbrannten die Häuser, damit keiner zurück konnte. Die Leute wollten jedoch nicht und flüchteten in die Wälder. Als wir aus dem Wald zurückkamen, gab es keinen Platz mehr, auf dem wir uns niederlassen konnten. Also musste man sich beim Militär melden und dort unterschreiben, dass man aus eigenem Willen wegfährt. Nicht unter Zwang, freiwillig.«[68] Anna wird als Ukrainerin vom polnischen Staat vertrieben und in einem Gebiet zwangsangesiedelt, das bis 1945 die Heimat von Deutschen war.

So unterschiedlich die politisch-historischen Hintergründe auch sein mögen, jede dieser Geschichten erzählt von der Ohnmacht der Betroffenen. Als der Zweite Weltkrieg zu Ende geht, kommt es in der Tschechoslowakei – noch vor der Potsdamer Konferenz – zu »wilden Vertreibungen« der einheimischen deutschen Bevölkerung. Damit sollen vollendete Tatsachen geschaffen werden.

Sieben Jahre alt ist Otto Görig aus dem böhmischen Neutitschein, als er mit Mutter und Geschwistern von tschechischen Milizen vertrieben wird. »Am 3. Juli 1945 kurz vor Mitternacht wurden wir mit Gebrüll geweckt: ›Deutsche Schweine, raus oder ihr werdet an die Wand gestellt.‹ Mutter (geb. 1893) war allein mit uns drei Kindern. Sie konnte nur einen Rucksack mit einem Kopfkissen, eine Kleiderbürste und ihre Geldbörse mitnehmen, was ihr aber auf dem Marktplatz in Neutitschein schon weggenommen wurde. Um den ganzen Marktplatz standen die aus den Wohnungen Gejagten in Dreierreihen. Mutter bekam, wie andere auch, einen Zettel mit einer Schnur. Auf dem Zettel musste sie unsere Namen mit Anschrift aufschreiben, am Schlüsselbund anbinden und in einen großen Weidenkorb werfen, wo schon viele andere lagen.«[69]

Noch jünger als Otto Görig ist die Armenierin Khoren Margossian zum Zeitpunkt ihrer Deportation 1915. »Dann kam der Tag, an dem unser Dorf von Türken umzingelt wurde«, beginnt sie 1990 mit ihrem Bericht von dem, was sie als Sechsjährige erlebte. »Der Dorfvorsteher, Baron Tevanian, Dikran Tevanian, ging von Haus zu Haus und sagte: ›Bereitet euch vor, ihr müsst in zwei Stunden aufbrechen.‹ Das war die Stunde der Deportation. Meine arme Mutter, was hätte sie machen können? Es gab keinen Mann zu Hause. Zuerst hat sie die Tiere losgebunden und freigelassen. Sie musste das Gefühl gehabt haben, dass wir nicht zurückkommen würden. So hat sie die Tiere losgebunden und die Tür des Stalles offengelassen.«[70]

Chavarche Nartouni ist 16 Jahre, als er die Ereignisse vom 13. August 1915, dem Tag der Deportation aus Ayvaszian, in seinem Tagebuch festhält. »Da kommt der Befehl zum Aufbruch. Meine Mutter steht auf, setzt Hapopig auf den Schoß meiner Großmutter und schließt, warum weiß ich nicht, die Tür unseres Hauses mit dem Schlüssel ab. Dann bekreuzigt sie sich, sie küsst Tür und Wände, sie breitet die Arme aus, als ob sie sie an sich drücken will, als ob sie ihr Haus umarmen und küssen will. Ich sehe, dass sie weint, sie murmelt etwas, vielleicht eine Wehklage.« Chavarche Nartouni möchte seine Mutter trösten, aber sie »weint und klammert sich an den Wänden fest. Wie kann sie sich von dem Haus trennen, das sie unter großen Opfern hat bauen lassen, das sie innig geliebt hat wie eins ihrer Kinder?« In der Hoffnung, noch ein paar Habseligkeiten retten zu können, haben viele Armenier türkische oder kurdische Fuhrleute engagiert. »Der türkische Fuhrmann schimpft, weil andere Karren vor uns losfahren. Auf einmal öffnet meine Großmutter den Mund und stößt Verwünschungen aus. ›Nichts soll ihnen bleiben! Nichts soll für diese Hunde übrig bleiben! Alles soll über ihnen zusammenbrechen! Gottes Feuer verbreite sich über sie und verbrenne sie bei lebendigem Leibe mit ihren Müttern und Kindern!‹«[71] Abschiedsschmerz, Entsetzen, ohnmächtige Wut brechen aus der alten Frau heraus.

Die Geschichte der bei ihrer Vertreibung 1920 erst neunjährigen Themía ist sehr viel später von ihrer Tochter erzählt worden. *Not Even My Name*, so lautet der Titel dieser Lebensgeschichte, die die New Yorker Journalistin Thea Halo aus der Perspektive ihrer pontosgriechischen Mutter erzählt. Seit Menschengedenken sind die Vorfahren der Familie in den Bergdörfern der Pontischen Alpen unweit des Schwarzen Meeres in der heutigen Türkei zu Hause. Dann

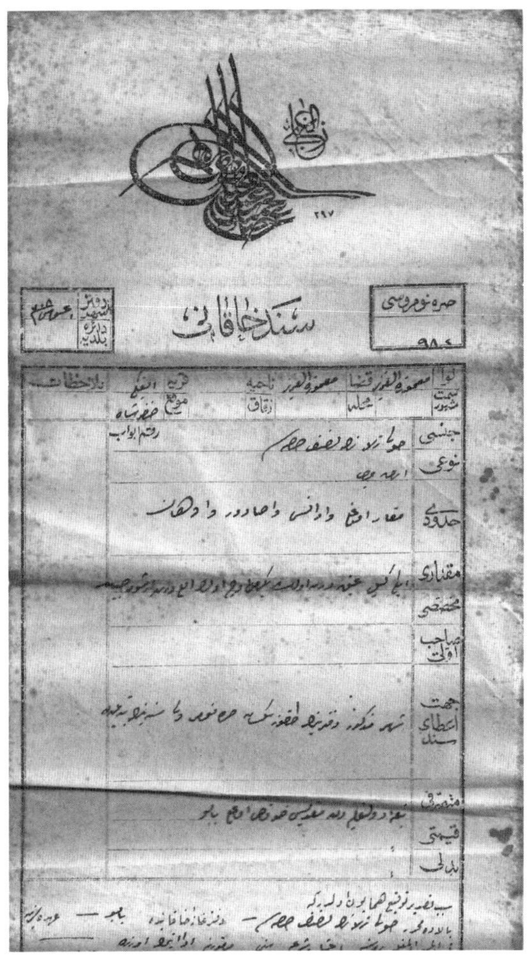

سند خاقانی

جنسی

نوعی

حدودی

مقداری

صاحب اولی

قیمتی

بدلی

Als den Armeniern 1915 die Deportationsbefehle verkündet werden, packen viele, als sie ihre Heimat verlassen, die alten osmanischen Katasterurkunden ein, die *Tapus*, die ihren Grundbesitz bestätigen. Die Dokumente, die mit dem Abschied wertlos werden, stehen für das alte Leben, sind wie ein hilfloses Pochen auf alten Rechten. »Was würdest du mitnehmen, wenn du innerhalb von fünf Minuten dein Haus verlassen und ins Exil gehen müsstest«, fragt Stefan Chwin in *Ein deutsches Tagebuch*. Ja, was nimmt man mit, wenn der Moment des Aufbruchs gekommen ist? Wie viel darf man überhaupt mitnehmen, und wie viel kann man tragen? Kaum ein Betroffener begreift die Endgültigkeit des Abschieds in diesem Augenblick, weil es einfach unvorstellbar ist, dass man nie mehr zurückkehren wird.

kommen eines Tages türkische Soldaten ins Dorf. Ängstlich beobachten die Dorfbewohner sie von den Fenstern und Hauseingängen aus, nur wenige treten auf die Straße, um zu hören, was die Soldaten zu vermelden haben. Der Offizier steigt vom Pferd und verliest den Befehl der türkischen Regierung, während die Soldaten mit geladenen Gewehren das Dorf umstellen.

»›Ihr müsst von hier verschwinden‹, schreit der Offizier. ›Ihr habt drei Tage, um eure Sachen zu packen. Ihr nehmt nur mit, was ihr tragen könnt.‹

›Wohin bringt ihr uns‹, fragt ein alter Mann.

›Ihr müsst von hier verschwinden‹, wiederholte der Offizier, diesmal entschiedener. ›Ich bin nicht hier, um eure Fragen zu beantworten. Seid bereit, wenn die Soldaten euch abholen kommen.‹«[72]

Themía erkennt in den Gesichtern der Erwachsenen den Ernst der Lage. Die ängstliche Sorge der Großen überträgt sich auf die Neunjährige, als sie beobachtet, wie ihre Mutter Abschied von ihrem Haus nimmt. »Mutter schloss langsam die Tür unseres Hauses. Dann lehnte sie sich mit ihrer Stirn gegen die Hauswand und schloss ihre Augen, als ob sie im Gebet verharre. Sie beugte sich, um den Boden vor der Veranda mit ihren drei mittleren Fingern zu berühren, dann hob sie jene Mittelfinger, um sich auf Stirn und Brust zu bekreuzigen.«[73] Alle Bewohner versammeln sich in der Dorfmitte und brechen schließlich auf. Themía reiht sich mit ihrer Familie ein in den Zug der mehr als dreitausend Bewohner aus drei pontosgriechischen Dörfern. Die Dorfbewohner sehen, wie von den nahen Bergen Kurden auf ihre Häuser hinabschauen und es kaum erwarten können, ihre Beute in Besitz zu nehmen.[74] Die Pontosgriechen verlassen ihr Heimatdorf für immer.

Mieczysław Tankielun kommt 1930 in Daszyszki, einem kleinen Dorf vierzig Kilometer östlich von Wilna, zur Welt. Am 14. April 1946 muss er mit seiner Familie seine Heimat verlassen, die bis 1939 zu Polen gehörte und nun an das sowjetische Weißrussland fällt. Auch hier werden zum Abschied Gebete gesprochen, wird das, was man zurücklassen muss, Gott anvertraut. »Meine Mutter rief uns Kinder zu sich. Wir weinten alle, ergriffen von Verzweiflung und Wehmut. Sie ging mit uns zu einem großen Kreuz aus Eichenholz mit einem Bild des gekreuzigten Christus, das bei uns schon ewig im

Garten stand und vor dem unsere Familie zusammen mit den Nachbarn an den Maiabenden Gebete sprach. Auch Vater kam zu dem Kreuz. Dort sprach die ganze Familie knieend ein Gebet und bat Gott darum, uns und unser zurückgelassenes Haus zu behüten. Wir küssten alle andächtig das Kreuz, und dann füllte meine Mutter ein paar Handvoll Erde von dort in ein Säckchen (diese Erde hat sie heute noch). Danach gingen wir noch einmal in die Wohnung, wo wir auf Anweisung meiner Mutter die zwei dort zurückgelassenen Heiligenbilder, den Tisch, die Türschwelle und die Eingangstür küssten. Aus der Entfernung von einigen hundert Metern, etwa dort wo unser Feldweg endete, habe ich noch für einen Augenblick unseren Hof gesehen; die hohe Ziehstange des Brunnens und die alte Linden- und Ahornallee vor unserem Haus.«[75]

Die Vertreibungen aus dem Osten Polens – den *Kresy* – bezeichnen die kommunistischen Machthaber verharmlosend als Repatriierung, und die Zwangsausweisungen werden als Rückkehr ins Heimatland umgedeutet. Die Wahrheit, nämlich dass Menschen aus ihrer Heimat vertrieben werden, vertraut Alma Heczko, die am 18. Mai 1945 ihre Heimat Lemberg für immer verlassen muss, nur ihrem Tagebuch an. »Morgen fahren wir weg. Das ist der letzte Abend in Lemberg. Ich schreibe im Esszimmer auf einer Kiste. Ein Gewitter nähert sich, von weitem hört man den Donner. Heute habe ich zum letzten Mal das Hohe Schloss gesehen. Das kann nicht wahr sein, dass ich nie wieder hierher zurückkehren soll … In dem Zimmer, in dem jetzt unsere Tochter schläft, wurde ich geboren. Jetzt muss ich hier weg. Sie vertreiben uns von unserer heimatlichen Erde.«[76]

Wie die Deutschen harren auch Polen, Litauer, Weißrussen und Ukrainer unter Besatzungsherrschaften aus zwischen der Hoffnung, bleiben zu können, und der Furcht, dass der Befehl zum Aufbruch sie ereilt. Michał Sobków ist gerade 17 Jahre alt, als er mit seiner Mutter und der schwerkranken Schwester im September 1945 aus seiner ostgalizischen Heimatstadt Koropiec aufbrechen muss, die fortan zur sowjetischen Ukraine gehören wird. »Das Fuhrwerk war mit Säcken voller Getreide und bescheidenem Hab und Gut beladen, hinten waren eine Kuh und ein Pferd angebunden. Ringsum wimmelte es von Nachbarn, nahen Bekannten und Verwandten. Alle weinten.« Schweren Herzens machen sie sich auf den Weg. Die Beschönigungsformeln der neuen Machthaber können sie über den Verlust der Heimat nicht hinwegtrösten. »Es war uns bange, als wir unser Zuhause verließen. Polen ist ein großes Wort, aber irgendwo muss man eine Heimstatt finden ... Wir fuhren völlig ins Ungewisse.«[77]

Wenn nicht alle Bewohner einer Gemeinschaft vertrieben werden, bleiben auch Nachbarn und Freunde zurück, von denen die Trennung schwerfällt. Als die Muslime im Zuge des griechisch-türkischen »Bevölkerungsaustauschs« im Jahr 1922/23 ihre griechische Heimat verlassen müssen, sind auch ihre christlichen Nachbarn betroffen. »Die Griechen, vor allem die Frauen, begleiteten die Türken bis zum Schiff, hakten sie ein oder trugen ihre Säuglinge. Sie wollten irgendwas für einander tun, irgendwas machen, und tauschten irgendein Geschenk zum Andenken aus. Das letzte Tuten des Schiffes wurde begleitet von traurigem Gemurmel unter den Kopftüchern, von unterdrücktem Schluchzen und Seufzern. Aufträge gingen hin und her: Schreib uns unbedingt, Dirayet hanim, sobald Deine Ihsani niederkommt, über das Kind, das sie zur Welt bringt. Warum geht ihr weg und lasst uns mit der Ungewissheit zurück? Ich bitte, sobald Stavros vom Militär zurückkommt, schreib mir, was er Dir gesagt hat ...«[78]

Wie eine in Jahrhunderten gewachsene Nachbarschaft auseinanderbricht, schildert Elli Alexíou in ihrer Erzählung *Ibrahim Babas Brunnen*. Sturköpfig ignoriert der greise Protagonist die staatlichen Ausweisungsbefehle, als beträfe ihn »diese Angelegenheit« nicht. »Diese Angelegenheit jedoch hatte Fristen, und die Fristen liefen heute oder morgen ab. Da endlich machte sich Ibrahim Baba auf und ging zum Bischof. Daran hatte er seine Hoffnungen geknüpft, das gab ihm die Ruhe: Wenn mir nichts anderes übrigbleibt, wird er sich gesagt haben, lasse ich mich taufen.

›Effendi‹, sagte er zum Bischof, ›ich kann nicht weggehen, ich will nicht weggehen, lieber werde ich Christ!‹

›Ich verstehe‹, sagte der Bischof, ›leider ist es uns aber untersagt, die vom Bevölkerungsaustausch Betroffenen zu taufen, ich kann Dir nicht helfen ... Es war schon jemand da mit demselben Anliegen.‹

›Türkisch kann ich nicht. Ich bin alt und allein, meine Frau zählt nicht mehr, ein Bündel auf der Sofakante ... Wohin soll ich denn gehen …? Hast Du, Effendi, schon mal einen Menschen gesehen, dem man das Herz ausreißt und dann sagt, steh auf und geh … Das versuchen sie mit mir zu tun.‹«[79]

Für die Machthaber zählen Abstammung, Religion oder Loyalitäten, ihre Befehle, Verordnungen und Dekrete nehmen keine Rücksicht auf Ibrahim Baba oder überhaupt auf individuelle Schicksale. Bei Vertreibungen gibt es kein Erbarmen. Das muss die neunjährige Themía erfahren, die mit ihrer pontosgriechischen Dorfgemeinschaft in die zentralanatolische Ebene getrieben wird, wo die Vertriebenen gleißender Hitze ausgesetzt sind. Diesen Todesmarsch habe sie aus ihrem Gedächtnis gelöscht, um weiterleben zu können, erzählt sie ihrer Tochter. Doch in den Gesprächen mit der Tochter tauchen jene Bilder wieder auf, die sie so lange verdrängt hatte. Auf einmal ist sie wieder ein kleines Mädchen, das alles sieht, riecht und hört, als sei es gerade erst passiert. Menschen sterben auf offener Straße an Hunger, Krankheiten und Durst. »Als wir Zentralanatolien erreichten, war es so heiß, dass jede Bewegung eine Qual war. Wasser war knapp; die Sonne brannte unentwegt. Sie ließ unsere Lippen aufplatzen, deren Blut unsere geschwollenen Zungen berührte.«[80] Themía hat die Bilder des unvorstellbaren Elends, das sie durchlebt hat, zeitlebens nicht vergessen, sosehr sie sich auch immer wieder darum bemühte. »Ein neugeborenes Kind liegt direkt nach der Entbindung im Staub, unmittelbar nach der Geburt noch mit einem Blutfilm bedeckt. Die an ihm klebenden Erdklumpen formen aus dem Baby eine grausame Hülle. Seine Mutter liegt neben ihm in ihrem eigenen Blut.«[81]

Süleyman Ağlar ist sieben Jahre alt, als es sein Heimatdorf Halvori in der ostanatolischen Provinz Dersim trifft. Im Sommer 1938 wird es von türkischen Soldaten angegriffen, die fast alle alevitischen Dorfbewohner ermorden. Das Massaker ist Teil einer langfristig geplanten Vertreibungsaktion. Als der Überfall stattfindet, treibt Süleyman mit seiner Mutter und anderen Verwandten gerade das Vieh auf einer Bergweide zusammen. Jahrzehnte später erzählt er einem deutschen Journalisten, wie er in der Ferne, dort, wo das Dorf liegt, Rauch aufsteigen sah. Die Viehhirten »entschließen sich, nicht nach Hause zurückzukehren, und übernachten in einer Berghöhle. In Halvori war an diesem Tag ein türkischer Offizier aufgetaucht. Er erklärt den versammelten Dorfbewohnern, sie würden nach Anatolien in ein neues Dorf umgesiedelt, bekämen neue Häuser und gut zu essen. Als sich die Menschen auf den Weg machen, werden sie auf einem Feld während einer Pause plötzlich von Soldaten umstellt, die fast alle Dorfbewohner – Frauen, Männer und Kinder – ermorden und ihre Körper anschließend in eine der tiefen Schluchten des Munzur-Flusses werfen. Nur vier Menschen überleben, darunter die Frau eines Cousins von Süleyman, die am nächsten Morgen schwer verletzt vom Verbrechen berichtet.« Süleyman wird mit den überlebenden Dorfbewohnern vertrieben. 1947 erlaubt ihnen die türkische Regierung, in das Dorf Halvori zurückzukehren, das inzwischen Karsilar heißt – »die dagegen sind«.[82]

Bereits seit Kriegsbeginn 1939 kommt es in Polen unter den deutschen Besatzern zu Vertreibungen; die Menschen sind ihnen schutzlos ausgeliefert, sie werden gedemütigt und erniedrigt. Bronisław Brandt lebt mit seiner polnischen Familie nahe Neupaleschken (Nowe Polaszki) im Kreis Berent. Es ist der 20. November 1939, als die deutschen Besatzer sie vertreiben. »So brachen wir nur spärlich angezogen und nur mit dem ausgestattet, was man so in kurzer Zeit mitnehmen konnte, ins Unbekannte auf«, erzählt Bronisław Brandt. »Zusammen mit anderen polnischen Familien, die wie wir aus ihren Häusern geworfen worden waren, wurden wir in Lastwagen mit offenem Verdeck verladen. Von nun an ›kümmerten‹ sich fette, überhebliche und angetrunkene junge SA- und SS-Männer um uns. Unter Gespött und Gelächter wurden wir buchstäblich wie Vieh auf die Lastwagen getrieben.«

Es beginnt ein langer Leidensweg. »Morgens, nach drei furchtbaren Tagen, wurden einige Pritschenwagen bereitgestellt. Wie üblich wurden wir mit Schreien auf die Straße getrieben und auf die Fahrzeuge geladen!« Schließlich werden die Brandts mit vielen anderen Polen vom Bahnhof Gladau in die weit östlich gelegene Region Podlasie deportiert. »Und wieder, wie üblich unter Fluchen und Beschimpfungen in der Art von ›polnische Schweine‹ und einem brutalen Umgang mit uns, stopfte man uns in die bereitgestellten Waggons, wobei man sich der Peitschen und Gewehrkolben bediente. Wir wurden gestopft wie irgendeine Ware, von der so viel wie möglich in den für sie vorgesehenen Räumlichkeiten Platz haben sollte.«[83] Am

Zielort angekommen, werden die Verschleppten von den deutschen Besatzern bei den ansässigen Polen zwangseinquartiert.

Die Dynamik der Gewalt im Zuge von Vertreibungen bringt Reinhard Jirgl in seinem Roman *Die Unvollendeten* mittels einer stilistisch eigenwilligen Verdichtung zum Ausdruck. »Zuerst ... drangen von-Überall-her die Warnschreie menschlicher Stimmen an : *!Heutmorgen sind Viele schon er-schlagen & erschossen worden* –.– In der kleinen Stadt Komotau im Sudetenland wurden seit Stunden Straßen & Gassen mit immerdenselben Durchsagen in tschechischer Sprache beschallt. 30 MINUTEN ZEIT – MIT HÖCHSTENS 8 KILO GEPÄCK PRO PERSON – AM BAHNHOF SICH EINZUFINDEN – DIEJENIGEN, DIE GEGEN DIESEN BEFEHL VERSTOSSEN; WERDEN NACH DEN KRIEGSGESETZEN BESTRAFT – Und war nach-Kriegsende der Beginn jener *Wilden Vertreibungen.*«[84]

Schaulustige und Clacqeure säumen die Straße im böhmischen Komotau und verhöhnen die Gedemütigten. Es mögen ganz unterschiedliche Gefühle sein, die sie zu solchem Verhalten veranlassen, Rache und Hass gehören gewiss dazu, vor allem aber sind niedere Instinkte im Spiel, wenn am Boden Liegende getreten werden.

»Mehr und immer weitere Menschenscharen aus Seitenstraßen u Gassen, zunächst wie eilig schnürende Rinnsale, dann schubweise wie Erbrochenes hinein in den Hauptstrom und, in-Mitten der Allee gehalten, dort voran durch Spaliere Milizposten & Einwohner, von spittsigen Pfiffen Geschrei Verwünschungen aus Generationen=alter Wühlarbeit in Mühsal Hunger Verlorenheit Demütigung & Verachtung getrieben, Jetzt & Hier all dies zu Tag Geförderte in die Menschenströme reingeworfen als giftiger Abfall der Zeiten –.– Bald schon ließ Man es nicht bei Geschrei&Applaus für ausgeteilte Schläge; bald aus den Spalieren flogen Steine od Man zerrte 1 der Vorübergetriebenen Koffer od Kleiderbündel aus der Hand – eine Frau neben Anna stürzte plötzlich hervor, auf die Straße & riß wutschreiend 1 anderen Frau die Ohrringe fort –: Anna sah noch den dünnen Faden Blut der wie 1 zerreißende Schmuckkette am Ohrring haftend der Faust der wutschreienden Frau ins Spalier am Straßenrand nachschnellte.«[85]

Vertreibungen spielen sich zumeist vor aller Augen ab, ein Spektakel für Gaffer und Schaulustige. Gauner, Profiteure und Opportunisten fühlen sich ermutigt, ihrer Raffgier ungehemmt und skrupellos freien Lauf zu lassen. Als die Muslime Griechenland verlassen müssen, gibt es viele, die sich an den Elenden bereichern wollen. Elli Alexíou beschreibt, wie die Bedrängten verzweifelt versuchen, das, was sie nicht mitnehmen dürfen, in letzter Minute zu verkaufen: »Indessen begannen viele Türken, soweit sie große Familien hatten, mit dem Aufbruch. Sie verkauften, so gut es ging, ihre Habe, um, wenn schon, so früh wie möglich zu gehen, um vielleicht etwas besser unterzukommen, wenn sie unter den ersten wären. In den Dörfern verkauften sie ihre Tiere und ihr Öl, denn nach der Vorschrift durfte man nur die bewegliche Habe verkaufen, und stiegen, so schnell sie konnten, hinunter zum Hafen. Unsere allzeit ruhige Stadt war auf den Beinen und verwandelte sich von einem Tag zum anderen in eine riesige Börse. Altmodische Uhren, eingeschlossen unter Glasstürzen, und Backformen, die seit fünfzig Jahren am selben Nagel gehangen hatten, befanden sich jetzt in den Händen der Marktschreier und suchten einen Käufer.«[86] Raffgierige Opportunisten bereichern sich an Hab und Gut der Davongejagten.[87] Haus und Hof und auch die Wertsachen der Vertriebenen sind auf einmal zu Spottpreisen zu haben, und das weckt selbst bei den einstigen Nachbarn Gier.

Im Dezember 1938 entschließen sich viele Danziger Juden angesichts des eskalierenden nationalsozialistischen Terrors zur Auswanderung. Im August 1940 gelingt es letztmalig 527 jüdischen Danzigern, ihre Heimatstadt zu verlassen. Als der Transport am 26. August um vier Uhr nachmittags aufbricht, finden sich Schaulustige ein, die den Exodus ihrer jüdischen Nachbarn nicht verpassen wollen. »Viele Einwohner der Stadt, die auf den Bürgersteigen standen, hinter Blumenkästen aus Fenstern guckten oder ihren Balkon besetzt hatten, verabschiedeten ihre ehemaligen Mitbürger lauthals«, lässt Günter Grass seinen Protagonisten sagen. »Flankierendes Gelächter, Spottverse als Mitgift, Ausspucken.«[88]

Wie es ist, unter dem Gejohle eines Mobs seine Heimat zu verlassen, gedemütigt und erniedrigt von Menschen, mit denen man jahrelang Tür an Tür gewohnt hat, erleben Juden überall im »Dritten Reich«. Die Schriftstellerin Nelly Sachs ist als »Jüdin« gezwungen, ihr Elternhaus in der Berliner Lessingstraße 33 zu verkaufen.

Ihre Mutter Margarete und sie bekommen eines Tages ungebetenen Besuch. »Es kamen Schritte. Starke Schritte. Schritte, in denen das Recht sich häuslich niedergelassen hatte. Schritte stießen an die Tür. Sofort sagten sie, die Zeit gehört uns!«, erinnert sich Nelly Sachs, der das Eindringen des staatlichen Terrors in ihre private Lebenswelt ins Mark fährt. »Die Tür war die erste Haut, die aufgerissen wurde. Die Haut des Heims.« Nachbarn, ihre eigenen »arischen« Mieter, aber auch Beamte und Händler bereichern sich am Hausrat der Familie Sachs. »Bei einer Generalplünderung von Leuten, die ausgaben vom Sturmkommando oder SS und SA zu kommen, wurde das, was ihnen gefiel, mitgenommen«, schreibt sie rückblickend aus dem Stockholmer Exil 1952. »Und da wir immer unter der Drohung von Anzeigen und Deportationen lebten, wagte man keinen Einspruch zu erheben. Was sich von den schweren Möbeln zu Geld machen ließ, »beispielsweise ein Rokokoschlafzimmer in italienisch Nußbaum, ein gleicher Damensalon mit Lioner Sammert und Seidendraperien, ... wurde dann von sogenannten Händlern, die von der Straße kamen, mit ganz geringer Bezahlung fortgeschleppt«.[89]

Im Elsass haben die deutschen Bewohner nach dem Ersten Weltkrieg ebenfalls unter Häme zu leiden, aber ihnen droht wenigstens keine Gefahr für Leib und Leben. Pascale Hugues' Großmütter Marthe und Mathilde stammen beide aus Colmar, wurden 1902 im damals deutschen Elsass geboren und sind seit Kindheitstagen beste Freundinnen. Nachdem die Region nach dem Ersten Weltkrieg erneut an Frankreich kommt, erlebt die »deutsche« Großmutter Mathilde, wie der Nationalismus eine lokale Gemeinschaft spaltet. »Die Deutschen sitzen auf ihren Koffern. Sie warten auf den Befehl zum Aufbruch. Manche gehen zu Fuß, ihren Koffer auf einem Kinderwagen. Die Kinder tragen Bündel. Die Colmarer, die sich auf dem Trottoir versammelt haben, werfen ihnen Beleidigungen hinterher. ›Plünderer!‹, ruft eine Elsässerin. ›Für einmal gehen sie nicht schwerer beladen, als sie gekommen sind!‹ Ein Spalier des Hasses formt sich den Gehsteig entlang. Eine ehrenwerte Bürgerin spuckt auf den Gehrock eines Deutschen. Die Jungen auf der Steinmauer singen ›*Muss i denn, muss i denn zum Städtele erüs ...*‹.«[90] Großmutter Mathilde wird im November 1918 als »Boche«, wie Deutsche in jenen Tagen herablassend bezeichnet werden, aus der

Schulgemeinschaft ausgeschlossen. »Als sie die Schule ... verlässt, zeigt eine Elsässerin mit dem Finger auf Mathilde und singt: ›Pock de Schwöb om Krajele, Setz ne en des Wajele, Fähr ne ewer de Rhin, 'S Elsoss isch net sin‹.«[91]

Nach dem Ende des Zweiten Weltkrieges müssen deutsche Zivilisten in der Tschechoslowakei und in Teilen Polens Armbinden oder weiße Stoffflecken mit einem aufgezeichneten N (für Nemec/Niemiec – Deutscher) tragen, die sie als Deutsche kennzeichnen. Die junge Dorothea Koch-Thalmann lebt mit ihrer Familie im schlesischen Wüstewaltersdorf, als diese Anordnung erfolgt. »›Alle Deutschen müssen weiße Armbinden tragen, kein Deutscher darf abends nach 20.00 Uhr auf der Straße sein. Wer ohne Armbinde angetroffen wird und sich nach 20.00 Uhr auf der Straße zeigt, wird erschossen!‹ Mutter nähte für alle auf dem Hof aus weißen Taschentüchern weiße Armbinden. Mit Sicherheitsnadeln wurden sie am linken Ärmel festgesteckt.«[92]

Am 19. August 1946 tauchen dann zwei polnische Behördenvertreter im Vorgarten auf und rufen die Namen der Familienmitglieder auf, die sie in einer Liste abhaken. Unaufgefordert betreten sie das Haus, bringen amtliche Zettel an sämtlichen Türen an, verschließen diese und befehlen den Bewohnern, das Haus zu verlassen. Dorothea und die anderen Familienmitglieder schultern die in weiser Vorahnung gepackten Bündel und Rucksäcke, dann wird die Haustür verschlossen, der Schlüssel abgezogen und das Türschloss vor den Augen der Familie versiegelt.[93] Sie werden das Haus nie mehr betreten. Zu Fuß machen sie sich auf zum Bahnhof in Altwasser, wo schon ein Güterzug für die Vertriebenen bereitsteht. »Wieder Geschrei überall, deutsches und polnisches. Gelbe Miliz und rotgrüne russische Soldaten mit umgehängten Gewehren stehen am Zug und schieben und stoßen die Leute mit ihrem Gepäck in die Waggons. Ist ein Waggon voller Leute, wird die Tür zugeschoben.«[94] Dorothea verlässt ihre Heimat Schlesien in einem Viehwaggon – für immer.

Lager, Zwangsarbeit und Deportation gelten als kollektive Bestrafung für jene, die als »Feinde« eingestuft werden. Diese belastende Erfahrung bleibt den Menschen auf der Flucht und bei Vertreibungen selten erspart. Lorenz Baron kommt 1932 in dem donauschwäbischen Dorf Rudolfsgnad zur Welt, wo jugoslawische

Lothar Bernet wird 1927 im ostpreußischen Ermland geboren. Sein Großvater, ein Käser aus dem Schweizer Kanton Sankt Gallen, war dorthin ausgewandert. Lothars Vater Hugo führt eine Molkerei in Bischofstein. Als Schweizer Staatsbürger halten die Bernets sich von den Nationalsozialisten fern. Als die Front näher rückt, vertrauen sie auf den Schutzbrief, den die Schweizer Gesandtschaft ihnen ausgestellt hat. Am 24. Januar 1945 fliehen sie schließlich doch und werden schon wenige Tage später von der Front überrollt. Lothar wird mit seinem Vater zur Zwangsarbeit ins Lager Georgenburg verschleppt. Der Vater überlebt die sowjetische Lagerhaft nicht, doch dem Sohn gelingt die Flucht und die Rückkehr zu Mutter und Bruder nach Bischofstein. Im November 1945 werden die drei mit der deutschen Bevölkerung aus dem Ermland vertrieben. Ende 1945 betritt Lothar Bernet – nach offizieller Lesart ein Rückkehrer – erstmals Schweizer Boden. Bis zu seinem Tod 2018 lebt er in Luzern. Mit mehr als 85 Jahren besucht er 2013 seine ostpreußische Heimat.

Partisanen bei Kriegsende ein Arbeitslager für Deutsche errichten. Fast drei Jahre leistet er dort Zwangsarbeit, bis er im Januar 1948 schließlich freikommt. »Am schwersten war der Winter 1946. Vier Tage lang um Weihnachten gab es nichts zu essen. Damals begann das Massensterben.« Die große Kälte setzt den Lagerinsassen zu, es fehlt an allem, Kleidung, Nahrung, Heizung. »Wir hatten nichts, alles hatten sie uns genommen. Kein Stück Seife, keine Pfannen, keine Töpfe. Überhaupt kein Holz, und als die Leute die Fußböden herausrissen, oder die Scheunen niederrissen, schossen die Wachen und töteten jene, die nicht fortlaufen konnten.« Es herrscht gespenstische Stille in jenen letzten Dezembertagen. »Am Anfang starben täglich 70, dann an die einhundert, ich glaube, dass 120 die obere Grenze war. Am Morgen fuhren lange Bauernwagen vorbei. Die Toten wurden auf die Hausgänge und auf die Straße geworfen. Üblicherweise waren sie in ihre Fetzen gewickelt. Auf dem Friedhof schichteten wir sie in vier Reihen. Das Grundwasser hob im Frühjahr 1946 die Massengräber an.«[95]

Rudolfsgnad, das einst Lorenz Barons Heimatdorf war, wird für die Donauschwaben zur Chiffre für unendliches Leid: 12 000 Frauen, Kinder und Alte sterben in diesem Lager in der Nähe der Theiß. Mit zwölf Jahren kommt Heinrich Köller dorthin. »Im Sommer 1947 gingen wir elf Kinder zur Theiß hinaus, um zu baden«, berichtet er. »Das Baden in der Theiß war an diesem Tage gestattet, eigentlich nur das Waschen, weil es im Dorf überhaupt kein Wasser gab, von Seife keine Rede.« Ein Wächter sieht die Badenden von der Brücke aus und schießt auf sie. Die Kinder versuchen, sich ans Ufer zu retten, wo sie den Partisanen in die Arme laufen. »Sie entschlossen sich gleich, uns zu erschießen. Nach ihren Richtlinien war die Flucht über die Theiß mit Erschießen zu bestrafen. Sie überlegten gar nicht, hörten uns nicht an und stellten uns in zwei Reihen auf. Ein Feuerstoß. Der Knabe vor mir brach unter dem Feuerstoß zusammen, riss auch mich mit und bespritzte mich mit seinem Blut und seinem Hirn. Blutüberströmt lag ich im Sande und bewegte mich nicht. Der Partisane sagte: ›Los, werfen wir sie in die Theiß!‹ Während die ersten zur Theiß gezogen wurden, nützte ich die Gelegenheit zur Flucht über den Damm ins Lager. Ich hatte noch nicht einmal bemerkt, dass ich selbst verwundet war und versteckte mich.«[96]

Der zu diesem Zeitpunkt 14 Jahre alte Heinrich Köller entkommt und flieht über Ungarn nach Österreich.

Von 1943 an nutzten die Deutschen Zgoda im oberschlesischen Schwientochlowitz als Nebenlager »Eintrachthütte« des Konzentrationslagers Auschwitz, in dem vor allem jüdische Häftlinge Zwangsarbeit leisten müssen. Nach Kriegsende richtet der polnische Staat dort ein Lager für Deutsche ein. Im Frühjahr 1945 wird der vierzehnjährige Gerhard Gruschka als deutscher »Kriegsverbrecher« dorthin verschleppt. »Im Lager sammelte man ungewöhnliche Erkenntnisse und übte bisher völlig unbekannte Verhaltensweisen«, resümiert Gerhard Gruschka. »So lernte man zum Beispiel, dass Schläge mit einem Holzknüppel im Augenblick des Schlags äußerst schmerzhaft wirkten. Schläge mit einem Gummiknüppel empfand man zunächst als stumpfer, doch auf die weitere Wirkung hin waren sie die schlimmeren. Die getroffenen Körperstellen schwollen an, färbten sich blau und wurden immer schmerzhafter. Wenn die Schläge mit dem Gummiknüppel besonders wuchtig geführt worden waren, platzten diese Stellen auf, und die auf diese Weise entstandenen offenen Wunden verursachten noch lange große Schmerzen.«[97]

»Die Unfreiheit war meine Welt, der Ort, von dem ich kam«, erzählt Martha Kent, die mit sieben Jahren in das polnische Arbeitslager Potulice kommt. Als sogenannte Volksdeutsche leistet ihre Mutter mit den Kindern dort mehrere Jahre Zwangsarbeit. »Alle Erinnerungen meiner Kindheit drehten sich um die Gefangenschaft. Meine Gedanken wanderten so oft zum Tor von Potulice zurück, weil Potulice das Dorf meiner Kindheit, mein Heimatdorf war. Ich kannte keinen besseren Ort. Das Lager war für uns der normale Platz, an dem wir Kinder unser junges Dasein erlebten.« Marthas Welt endet an den Lagertoren, von der Weite der Welt hinter diesen Toren ahnt sie nichts. »Ich kannte den Tod und konnte sein Kommen vorhersehen. Ich konnte die ständige Gegenwart von Bedrohung und Vernichtung spüren.«[98]

Im Gegensatz zur kollektiven Bestrafung, Demütigung und Erniedrigung durch Vertreibung werden die Opfer von Deportationen nicht aus ihrem Heimatland verjagt, sondern in abgelegene Gebiete verbracht, wo sie Zwangsarbeit leisten müssen. Deportationen gelten in NS-Deutschland, aber auch dem zaristischen Russland, der

Sowjetunion oder dem Osmanischen Reich als probate Maßnahme, wenn es gilt, unliebsame Gruppen auszuschalten. In Russland setzen die Machthaber Verbannungen schon im 19. Jahrhundert massiv als Mittel der Unterdrückung ein. In Fjodor Dostojewskis *Aufzeichnungen aus einem Totenhaus* wird ein Lager in der Verbannung als »ein Totenhaus für Lebendigbegrabene« beschrieben.[99] Im Ersten Weltkrieg verhängt der russische Staat Verbannung als Kollektivstrafe für Gruppen von Juden, Polen, Deutschen und Balten.

Der erste Verbannungsbefehl ereilt die Wolhyniendeutschen im Juli 1915. Sie müssen sich auf den langen Weg an die Wolga, ans Kaspische Meer, nach Sibirien und in die mittelasiatischen Gouvernements machen. Manche Wolhyniendeutschen reisen ein halbes Jahr, bis sie das vorgegebene Ziel erreichen. Entbehrungen, Krankheit und Tod begleiten sie. »Das Jahr 1915, der 14. Juli, bleibt mir unvergessen, dieser Tag brachte allen Bewohnern in der deutschen Kolonie Angst und Tränen«, erinnert sich Johannes Wagner an den Tag, als russische *Straschniks* in sein wolhynisches Heimatdorf Cezaryn kommen und den Bewohnern den Deportationsbefehl verkünden. »Unsere Fahrt ging nicht weit. An einer kleinen Eisenbahnstation mussten wir halten. Wir sollten unsere Pferde und Wagen verkaufen. Die Vertriebenen bekamen nur wenig Geld von den Pferdehändlern. Mit nur wenig Gepäck mussten wir in die Viehwaggons steigen. Mit vielen Unterbrechungen und langem Warten auf Abstellgleisen kamen wir nach einigen Tagen nach Minsk. Dort brach unter uns eine Epidemie aus. Zuerst erkrankten Kinder und Frauen. Ursache sollte das Wasser aus den offenen Trinkbrunnen an den Bahnstationen gewesen sein. Im Alter von damals fünf Jahren begriff ich nur wenig von dem, was da vorging. Ich sah nur ein Getümmel von hin- und herlaufenden Menschen und wunderte mich über die vielen Begräbnisse.«[100]

Auch der kleine Ferdinand Dreger muss damals mit seiner Familie von Wolhynien aus in die Verbannung aufbrechen. »Von Tocza bis Dawid Gorodok waren wir zwölf Wochen mit unserem Fuhrwerk unterwegs, ohne einmal unter einem Dach Schutz gefunden zu haben.« In Dawid Gorodok müssen sie ihre Pferde und Wagen verkaufen und auf den Weitertransport warten. Die Familie Dreger ist während dieser Zeit mit anderen Familien in einem Schweinestall untergebracht. »Die ganze Stadt war von Verbannten und Flüchtlingen überströmt. Viele Menschen wurden von den sich rasch ausbreitenden Seuchen dahingerafft. Bei Dawid Gorodok gab es bald einen großen Friedhof, auf dem die Verbannten ihre Toten beerdigten. Es war kaum möglich, für die Toten Särge zu bekommen, da die Tischler mit der Arbeit nicht nachkommen konnten«, erinnert sich Ferdinand Dreger. »In Dawid Gorodok ist auch mein etwa zwölf Jahre älterer Bruder Samuel gestorben. Er wurde auf dem großen Friedhof beerdigt.«[101]

Nach dem deutschen Überfall auf die Sowjetunion 1941 werden die Russlanddeutschen auf Anordnung Stalins nach Sibirien und Kasachstan deportiert, weil sie angeblich als fünfte Kolonne Hitler-Deutschlands agieren. Am 2. September 1941 trifft es die mehrheitlich von evangelischen Deutschen bewohnte wolgadeutsche Gemeinde Sarepta bei Stalingrad. An jenem Tag werden die Deutschen auf Fuhrwerken zum Hafen geschafft. »In Begleitung von Motorkuttern erschienen Schleppkähne, in die die Menschen paarweise einsteigen mussten. ›So gingen sie je zu zweit auf den Schleppkahn, direkt in den Schiffsraum‹, erinnerte sich Hanna Noll. ›Alle schluchzten lauthals, und die Einwohner Sareptas begleiteten sie, ohne zu begreifen, was hier vor sich ging. Als dann die Schleppkähne losfuhren, stimmten die Männer in deutscher Sprache Psalmen an.‹« Sie singen das evangelische Kirchenlied »Jesu, geh voran« von Nikolaus Ludwig Graf von Zinzendorf.[102] Mit dem Lied des Gründers der Herrnhuter Brüdergemeine in der Oberlausitz auf den Lippen ziehen sie wolgaaufwärts und weiter in die sibirische Verbannung. Deportierte Wolgadeutsche arbeiten als Zwangsarbeiter und sind häufig jahrelang in Lagern eingepfercht. Zehntausende sind den Strapazen nicht gewachsen und sterben an Krankheiten und Unterernährung.

Das Schicksal der kollektiven Bestrafung durch Deportation ereilt auch die Familie der 1928 in Pinsk geborenen Aurelia Raszkiewicz. Als die Sowjets ihre ostpolnische Heimat erobern, wird sie mit ihren Großeltern und Geschwistern am 10. Februar 1940 deportiert. Für das Mädchen beginnt eine sechsjährige Odyssee ohne die Mutter, der es vor der Deportation nicht mehr gelingt, zu ihrer Familie zu stoßen. »Nach zwei Tagen und Nächten war der Zug schon angefüllt mit Menschen. Unsere Mutter jedoch hatten sie nicht zu uns zurückgebracht. Es nahte der schlimmste Moment meiner Kindheit. Der Zug fuhr an, die Lokomotive pfiff ohrenbetäubend. Das Donnern der Räder des fahrenden Zuges übertönte das Weinen und die Gebete der Menschen. Ich erinnere mich, dass Großmutter und Großvater sich fest an den Händen hielten und sich verzweifelt anschauten. Sie konnten immer noch nicht glauben, dass sie allein mit uns und ohne die Eltern in diesem Zug saßen. Wir alle sprachen ›Unter Deinen Schutz fliehen wir‹ und unterdrückten die Tränen. Armut, Läuse, Wanzen, Krankheiten und der Tod begleiteten uns.«[103]

Die kleine Aurelia beobachtet voller Kummer die Vögel, als sie eines Tages in der Taiga nach Essbarem sucht. »Die Vögel fürchteten sich überhaupt nicht vor mir. Ich beneidete sie, weil sie fliegen konnten. Auch hatte ich kein Nest mehr, in das ich abends zurückkehren konnte, so wie sie. Ich war eine Waise. Neidvoll beobachtete ich, wie neben uns die Mütter ihre Kinder an ihre Brust drückten, wie sie sie küssten und beschützten. Während all dieser Jahre in der Verbannung hat mich niemand geküsst, niemand hat mich an sich gedrückt. Das Herz und die Wärme meiner Mutter fehlten mir wie das Brot zum Leben.« Aurelias weiteres Leben ist geprägt vom Trauma der Verbannung im Altaigebirge, in Kasachstan, Usbekistan und Sibirien. 1946 kehrt sie nach Jahren in der Verbannung in ein unbekanntes Polen »zurück«. Dort trifft sie ihre Mutter wieder, die 1940 schwer traumatisiert zurückblieb. Die Liebe ihrer Kinder kann sie nicht mehr erwidern. »Wir haben niemals mehr eine gemeinsame Sprache gefunden«, sagt Aurelia. Deportation und Krieg lassen die Mutter emotional sprachlos zurück.[104]

Als der Zweite Weltkrieg ausbricht, befindet sich der Journalist Julius Margolin, der seit 1936 mit Frau und Kind in Palästina lebt, aus beruflichen Gründen im polnischen Lodz. So erlebt er am 17. September 1939 den sowjetischen Einmarsch in Ostpolen, wohin er sich vor den Deutschen gerettet hat. Unerwartet verwehren ihm die sowjetischen Behörden trotz aller Bemühungen die Rückkehr nach Palästina. Die Flucht vor den Deutschen endet schließlich in seiner Heimatstadt Pinsk, wo er am 19. Juni 1940 in die Fänge des sowjetischen Terrorapparats gerät. Als feindlicher Ausländer – Pole und Jude mit einer Aufenthaltsgenehmigung für das britische Mandatsgebiet Palästina – wird er vom NKWD verhaftet. »Im Nu war ich nackt und stand auf allen vieren, wie ein hartgesottener Schwerverbrecher wurde ich von allen Seiten untersucht, inklusive Inspektion des Analtrakts; sie schüttelten meine Kleider aus, befahlen mir, mich wieder anzuziehen, schnitten mir die Knöpfe ab, nahmen mir den Gürtel weg, brachten mich schnell, schnell auf den Hof und luden mich auf ein Auto.«[105] Am 28. Juli 1940 verlässt er in einem Güterzug das Pinsker Gefängnis. Zehn Tage dauert die Reise an den Weißmeer-Ostsee-Kanal, wo ihn ein Arbeitslager des NKWD erwartet. »Ein Mensch, der Jahre in Haft verbringt und vor dessen Augen in dieser Zeit Niagarafälle von Unglück herabstürzen, mit unzähligen Lagerschicksalen, reagiert auf die ihn umgebende Anomalie allmählich nicht mehr heftig wie in den ersten Monaten. Anfangs bestürzt und erschüttert ihn alles. Später hört er auf, sich zu wundern. Er merkt nicht mehr, wie anormal das Anormale ist. Mehr noch: er beginnt, das Normale als anormal zu empfinden.«[106] Am 20. Juni 1945 wird Julius Margolin nach fünfjähriger Verbannung entlassen. Von Polen aus kehrt er schließlich nach Palästina zurück und stirbt 1971 in Tel Aviv.

Bei Kriegsende werden Hunderttausende deutsche Zivilisten – darunter viele Frauen und Mädchen – aus den Ostprovinzen des Deutschen Reiches sowie aus den deutschen Siedlungsgebieten in Rumänien, Ungarn und Jugoslawien als »lebende Reparationen« oder »mobilisierte Internierte« zur Zwangsarbeit in sowjetische Lager deportiert. In Polen, Jugoslawien und der Tschechoslowakei entstehen ebenfalls zahlreiche Arbeitslager für Deutsche. Ihren Höhepunkt erreichen diese Verschleppungen im März 1945.

»Wir stellten uns auf in Reih und Glied – welch ein Ausdruck für diese fünf Elendsregimenter aus dicken Augen, großen Nasen, hohlen Wangen. Die Bäuche und Beine waren aufgepumpt mit dem dystrophischen Wasser. Ob Frost oder Gluthitze, ganze Abende vergingen im Stillgestanden. Nur die Läuse durften sich rühren an uns. Beim endlosen Durchzählen konnten sie sich vollsaufen und Paradegänge absolvieren über unser elendiges Fleisch, uns stundenlang vom Kopf bis in die Schamhaare kriechen.«[107]

In dem Roman *Atemschaukel* erzählt Herta Müller vom Leid der rumäniendeutschen Zivilverschleppten in der Sowjetunion, vom erbärmlichen Leben der zivilen Zwangsarbeiter. »Man kann sich nicht schützen, weder durchs Schweigen, noch durchs Erzählen«, erklärt ihr Protagonist, der mit 17 Jahren von den Sowjets verschleppte Leopold Auberg aus Siebenbürgen. Todesangst, Zwangsarbeit und Heimweh dominieren das Leben der Deportierten, und wer die Lagerhaft überlebt, kann den Schatten der Erinnerung nie mehr abschütteln.

»Was kann man sagen über den chronischen Hunger. Kann man sagen, es gibt einen Hunger, der dich krankhungrig macht. Der immer noch hungriger dazukommt, zu dem Hunger, den man schon hat. Der immer neue Hunger, der unersättlich wächst und in den ewig alten, mühsam gezähmten Hunger hineinspringt. Wie läuft man auf der Welt herum, wenn man nichts mehr über sich zu sagen weiß, als dass man Hunger hat.«[108] Hunger ist allgegenwärtig, schreibt Herta Müller. »Bis man im Kopf kein Hirn, nur das Hungerecho hat. Es gibt keine passenden Wörter fürs Hungerleiden. Ich muss dem Hunger heute noch zeigen, dass ich ihm entkommen bin. Ich bin eingesperrt in den Geschmack des Essens, wenn ich esse. Ich esse seit meiner Heimkehr aus dem Lager, seit sechzig Jahren, gegen das Verhungern.«[109]

Den Hunger im sowjetischen Lager beschreibt auch der polnische Schriftsteller Gustaw Herling-Grudziński, der den Deutschen 1940 Richtung deutsch-sowjetischer Demarkationslinie zu entkommen versucht. Doch die Sowjets nehmen ihn gefangen, und er muss über Jahre in verschiedenen Arbeitslagern im Norden Russlands Zwangsarbeit verrichten. »Hunger – Hunger ist ein furchtbares Gefühl«, erinnert er sich an diese Zeit, »das sich schließlich zu einer abstrakten Idee wandelt, einem fiebrigen Albtraum. Der Körper gleicht da einer überheizten, schlecht geölten, auf hohen Touren laufenden Maschine. Unter den physischen Einwirkungen des Hungers verliert die schon schwankende menschliche Würde ihren letzten Halt.«[110]

Der Hunger beherrscht alles, er ist ein ständiger Begleiter von Vertriebenen und Flüchtlingen. Hunger zersetzt und raubt das Zeitgefühl. Die Wahrnehmung von Zeit und Raum ist ganz von der Suche nach Essbarem bestimmt. Hunger stumpft ab – in jeder Hinsicht. In Klackendorf im südlichen Ostpreußen harrt die Bäuerin Emma Kirstein im September 1945 ängstlich mit ihrer Familie aus.

Gustaw Herling-Grudziński war Mitglied einer polnischen Untergrundorganisation, die gegen die Deutschen kämpfte. 1940 wurde er vom NKWD gefasst und zu fünf Jahren Arbeitslager verurteilt. Seine Erinnerungen *Welt ohne Erbarmen* gehören zum Kanon der Gulag-Literatur. Für das Buch, das 1951 auf Englisch erschien, verfasste der britische Philosoph und Nobelpreisträger Bertrand Russell ein bemerkenswert zeitloses Vorwort. Angesichts der Erfahrung von Kommunismus und Nationalsozialismus schreibt er, »daß der Trieb, andere zu quälen, in sehr vielen Menschen schlummert und nur auf eine Gelegenheit wartet, um sich in seiner nackten Grausamkeit zu offenbaren«, doch er hoffe, dass Bücher wie das von Gustaw Herling-Grudziński dazu beitragen, jene menschlichen Abgründe zu verstehen. »Ich will nicht sagen, daß Verstehen verzeihen ist; es ist vieles, das ich für meinen Teil nicht verzeihen kann. Aber nach meiner Meinung ist Verstehen unbedingt notwendig, wenn verhindert werden soll, daß Schrecken dieser Art sich über die ganze Welt verbreiten.«

Erst erlebt sie die sowjetische Eroberung und Besatzung, schließlich die neue polnische Verwaltung. In ihrem Tagebuch notiert sie: »Das Elend ist kaum zu ertragen. Die Menschen schleichen wie die Schatten umher. Die Kinder die reinsten Elendgestalten. Kein munteres Lachen, kein lebhaftes Spielen, nur ein fast geräuschloses Umherschleichen. Die Gesichtszüge blass und abgespannt. Die Ärmchen und Füße wie die Stöcke, nur die dicken aufgeblasenen Leiber. Alle Tage Tote und nochmals Tote.«[111]

Vertreibungen müssen nicht mit offenkundiger Gewaltanwendung verbunden sein, müssen nicht abrupt von einem Moment auf den anderen erfolgen, sondern können sich schleichend vollziehen als diskriminierender Druck und Verdrängung über Jahre hinweg. Doch am Ende steht auch dann der Heimatverlust.

1951 ist das Ende für die jüdischen Gemeinschaften im irakischen Teil Kurdistans gekommen, die über fast drei Jahrtausende ihre aramäische Sprache bewahrten. Der amerikanische Journalist Ariel Sabar hat sich auf Spurensuche begeben und in *My Father's Paradise* die Geschichte seines Vaters Yona Beh Sabagha erzählt, der 1938 als Sohn von Miryam und Rahamim Beh Sabagha in der kurdischen Stadt Zakho geboren wird. Die Welt der Juden im Irak ist nicht konfliktfrei, aber im Gegensatz zu jüdischen Gemeinschaften in anderen Staaten sind die Juden unter dem Schutz kurdischer Stammesführer nie Verfolgungen ausgesetzt. Das ändert sich im Juni 1941, als es in Bagdad zu antijüdischen Ausschreitungen (arabisch *farhud)* kommt und der arabische Nationalismus sich allmählich in die irakische Gesellschaft hineinfrisst. Schließlich erreicht er auch Zakho, das Jerusalem Kurdistans. Als die irakischen Truppen 1948 im Kampf gegen den neuen Staat Israel unterliegen, müssen die Juden im Irak dafür bezahlen. Man erklärt sie zu Staatsfeinden. Hassprediger säen ihre üble Saat. Schließlich ist auch in Zakho die Rede von den »jüdischen Hunden«. 1950 verlieren die Juden die irakische Staatsangehörigkeit, ihre Vermögen werden eingefroren und sie werden nach und nach enteignet.[112] Als am 14. Januar 1951 eine Bombe drei Menschen in einer Bagdader Synagoge tötet, eskaliert die Lage. Israel gelingt es, über eine Luftbrücke innerhalb eines Jahres mehr als 120000 Juden aus dem Irak auszufliegen. Zu ihnen

Die Juden Kurdistans bleiben innerhalb der jüdischen Gemeinschaft des Irak weitgehend unter sich. Sie leben isoliert in den kurdischen Bergregionen und bewahren dort ihre aramäische Sprache. Als nach Gründung des Staates Israel die Juden überall in den arabischen Staaten in Bedrängnis geraten, trifft das auch die jüdischen Kurden. Der Irak will sie loswerden und erlaubt ihnen 1950 die Ausreise nach Israel. Von 1951 an werden innerhalb eines Jahres mehr als 120 000 irakische Juden über eine Luftbrücke nach Israel ausgeflogen. Die israelische Regierung nennt die Rettungsaktion nach biblischen Vorbildern »Operation Ezra und Nehemiah«. Nach dreitausend Jahren kehren die Juden in ein Land »zurück«, das sie nicht kennen. »Wir teilten uns mit Fremden ein fremdes Leben in der Fremde. Uns allein gehörten drei braune Koffer. Das war genug, weil es genug sein musste«, heißt es in Saša Stanišić' Roman *Herkunft*. Unter den zumeist mittellosen Flüchtlingen, die in Israel stranden, ist auch Ariel Sabars Vater Yona.

zählt der dreizehnjährige Yona Beh Sabagha, der im März 1951 als letzter Junge in Zakho seine Bar-Mizwa feiern kann. Einen Monat später beginnt der Abschied der Juden aus Zakho. Hunderte kurdische Nachbarn begleiten sie zu den Sammelstellen. Alte muslimische Frauen stimmen traditionelle Trauergesänge an, Jugendliche helfen den fortan Heimatlosen, ihre Koffer zu den Bussen zu tragen. Als sie ihren Freunden schließlich Lebewohl sagen, ist es nach 2700 Jahren in den kurdischen Bergen ein Abschied für immer.

Am 16. April 1951 muss Yona mit seiner Familie den Irak verlassen. Anders als in Zakho herrscht am Flughafen von Bagdad eine feindliche Atmosphäre. Die irakischen Juden werden von einem fanatisierten Mob mit hasserfüllten Parolen verabschiedet: »Sterbt, jüdische Hunde – kilab yahud! Verrottet in der Hölle!« Man quält sie noch einmal mit einer Durchsuchung. Jeder darf nur fünfzig irakische Dinar ausführen. »Jüdischer Hund«, schnauzt der Beamte den Jungen an, als er dessen Kleidung filzt. In der Hosentasche findet er drei Briefmarken mit dem Konterfei des irakischen Königs, an die Yona gar nicht mehr gedacht hatte. »Du jüdischer Lügner. Wie kannst du es wagen, irakisches Eigentum zu stehlen?« Der Beamte schlägt ihm dreimal ins Gesicht, ein Schlag für jede Briefmarke.[113] Das ist Yonas Abschied aus seinem Heimatland.

Einen erzwungenen Exodus mit Ansage erlebt auch die jüdisch-sephardische Familie von André Aciman, die Ägypten 1965 verlassen muss. Der arabische Nationalismus richtet sich seit den 1940er Jahren zunehmend gegen christliche und jüdische Minderheiten. In seinen Erinnerungen *Damals in Alexandria* erzählt André Aciman von seiner Familie, die mehrere Generationen nach ihrer Ankunft in Ägypten die Lebensformen des Großbürgertums von Alexandria angenommen hat. Mit der Gründung des Staates Israel im Jahr 1948 spitzt sich die Lage für die Juden in Ägypten zu, nach der Suez-Krise 1956 wird es für die Minderheiten dann noch gefährlicher. Nach und nach werden französische und britische Staatsbürger ausgewiesen, ihre Fabriken, Geschäfte und Bankkonten beschlagnahmt. Dann trifft es die Juden. André Acimans Familienangehörige werden einer nach dem anderen gezwungen, das Land zu verlassen. »Am Ende waren wir nur noch acht: Tante Elsa, Tante Flora, die Prinzessin, Onkel Nessim, meine Urgroßmutter und wir.«[114]

Nationalismus und Fremdenfeindlichkeit bedrohen den Alltag der kleinen Gruppe. Als der junge André einmal mit seinem Großonkel Isaac spazieren geht, stellen sich ihnen zwei Jugendliche in den Weg. »›Seid ihr Juden?‹, rief der eine von ihnen, der einen Stein in der Hand hielt.« Sein Großonkel wählt beherzt die Strategie der Vorwärtsverteidigung: Er tippt einem der beiden an die Brust und fragt, wie er es wagen könne, ihn für einen Juden zu halten. »Sehe ich etwa wie ein Jude aus?«, brüllt er. Die Angreifer verteidigen ihr Verhalten kleinlaut, wobei sie allerdings nicht von ihrer antisemitischen Botschaft abrücken. »Wir dachten, ihr seid dreckige Juden.«[115]

André Aciman besucht die einstige britische Eliteschule *Victoria College*, in der ein arabisch-nationalistischer Ton vorherrscht, nachdem die meisten Briten ausgewiesen worden sind und die Schule verlassen haben. Seine Lehrerin Miss Sharif zwingt ihn, ein Gedicht auf Arabisch aufzusagen, was ihm größte Schwierigkeiten bereitet, weil er die Sprache weder lesen noch schreiben kann, ganz zu schweigen davon, dass ihm das Pamphlet gegen Juden, um das es sich handelt, ohnehin kaum über die Lippen geht. »Die Illustration, die dem Gedicht beigegeben war, zeigte einen jungen ägyptischen Soldaten, der drei alten Männern mit drei zerrissenen Fahnen um den Leib seinen Krummsäbel entgegenschwang. Der erste trug den Union Jack, der zweite die Trikolore, und der dritte, ein glatzköpfiges Männlein mit buschigen Koteletten, mächtiger Hakennase und Spitzbart, war in einen Fetzen mit dem Davidsstern gewickelt.«[116] Immer wieder zieht die Lehrerin sämtliche Register antisemitischer Rhetorik. »Zum Abschluß ihrer kleinen Ansprache zog Miss Sharif über die *Yahud* her, die Juden, indem sie die Faust zu einer Art Salut reckte, und jedesmal, wenn sie das Wort aussprach, spürte ich, wie ein Adrenalinstoß durch meine Adern fuhr. Die Schüler reagierten auf Miss Sharifs Schlachtrufe, indem sie Fragen stellten und Zustimmung äußerten, was die Intensität ihrer Empörung nur noch steigerte. An den Wänden des Klassenzimmers hingen handgeschriebene, bunte Plakate, von den Schülern selbst gemacht, auf denen der Imperialismus, der Zionismus und die Falschheit der Juden verdammt wurden.«[117]

Noch harrt André Acimans Familie aus, aber es ist nur eine Frage der Zeit, bis auch sie das Land verlassen muss. Nacht für Nacht klingelt das Telefon, terrorisieren Anrufer die Acimans. »Mein Vater legte den Hörer auf und sah uns an. ›Es geht los‹, sagte er. Niemandem mußte er erklären, was gemeint war. Alle wußten, daß *diese* Telefonanrufe zu jeder Nachtzeit kamen – drohende, gemeine, obszöne Anrufe, in denen eine namenlose Stimme, angeblich im Auftrag einer staatlichen Behörde, alle möglichen Fragen über unseren Tagesablauf, unsere Gäste, unsere Gewohnheiten stellte und uns daran erinnerte, daß wir niemand seien, keine Rechte hätten und bald aus dem Land gejagt würden, wie vor uns schon die Franzosen und die Briten.«[118] An einem Samstag im Frühjahr 1965 erhält Andrés Vater im Morgengrauen die Nachricht, dass er seinen gesamten Besitz verloren habe. »Wir waren offiziell des Landes verwiesen worden und hatten eine Woche Zeit, unsere Siebensachen zu packen.«[119]

Vor ihrer Abreise feiern die verbliebenen Familienmitglieder noch einmal den Auftakt des Pessachfestes, den Sederabend, in ihrem Haus. Viele Plätze an der großen Tafel bleiben leer, weil die Angehörigen Ägypten bereits verlassen mussten. André soll auf Drängen seiner Tante Elsa in Gedenken an seinen verstorbenen Großonkel Nessim aus der Haggadah vorlesen, dem Buch über die Rückkehr der Juden aus Ägypten in ihre israelitische Heimat. »Ich lehnte beharrlich ab, doch sie insistierte, daß dies das letzte Mal sei, daß in diesem Eßzimmer ein Seder abgehalten werde und daß ich zum Gedenken an Onkel Nessim vorlesen sollte. ›Sein Platz wird leer bleiben, wenn nicht jemand vorliest.‹ Wieder weigerte ich mich. ›Schämst du dich, Jude zu sein? Ist es das? Was für Juden sind wir eigentlich?‹, fragte sie immer wieder. ›Juden, die den Auszug aus Ägypten nicht feiern, weil sie nicht weggehen wollen‹, sagte ich.«[120]

André Aciman geht ein letztes Mal ans Meer. Am nächsten Morgen würden sie aufbrechen. Erst in diesem Augenblick wird ihm bewusst, wie sehr er mit seiner Heimatstadt verbunden ist. Erst jetzt, in der Stunde des Abschieds, wird ihm klar, wie selbstverständlich es ihm schien, dass Alexandria immer zu ihm gehören würde. »Und als ich die feuchte, grobkörnige Oberfläche der Mauer berührte, wußte ich plötzlich, daß ich diese Nacht nie vergessen würde, daß ich mich noch nach vielen Jahren an diesen Moment erinnern würde, an die undeutliche Sehnsucht, die mich überkam, während ich das Meer gegen die mächtigen Felsblöcke unterhalb der Promenade klatschen hörte und die Kinder beobachtete, die in einer spielerischen Prozession zum Ufer tanzten. Ich wollte am nächsten Abend wieder da sein und am übernächsten Abend und am überübernächsten auch, denn ich spürte, daß der Abschied so unsäglich schmerzte, weil ich wußte, daß es nie mehr eine Nacht wie diese geben würde, daß ich nie wieder abends an der Uferpromenade weiche Teigtaschen essen würde, weder in diesem Jahr noch in irgendeinem anderen Jahr, daß ich nie mehr die verwirrende, unvermutete Schönheit jenes Augenblicks erleben würde, in dem ich mich, wenn auch nur für einen flüchtigen Moment, auf einmal nach einer Stadt sehnte, von der ich nicht gewußt hatte, daß ich sie liebte.«[121]

Wie die jüdische Familie Aciman in Ägypten leben Menschen oft lange in einem Dazwischen, bevor sie endgültig aufbrechen müssen und zu Vertriebenen werden. Bei der griechischen Familie Kakmi währt dieser Schwebezustand Jahre. Schließlich kapituliert sie vor den türkischen Nationalisten, die sie schikanieren und ihr das Leben auf der Ägäisinsel Tenedos täglich schwerer machen. Im Winter 1971 brechen die Kakmis auf. Als der Moment des Abschieds gekommen ist, versammeln sich griechische und türkische Freunde und begleiten die Familie in einer stillen Prozession zum Hafen, wobei sie »unsere Fußabdrücke mit ihren Tränen waschen«, erinnert sich Dmetri, der damals zehn Jahre alt war. Der Menschenzug lässt ihn an die Beerdigungen denken, die einst an ihrem Haus vorbei zum Friedhof zogen, nur fehlt diesmal der Sarg. Sein Vater verschließt ein letztes Mal die Haustür, »mit Endgültigkeit, mit einem Geräusch, das diesmal lauter scheint, als es erlaubt wäre, und wir sind für immer ausgeschlossen«. Mit dem Abschließen der Haustür wird das bisherige Leben beendet. Für Dmetri Kakmi erscheint es rückblickend so, als hätte seine Familie in diesem Augenblick alles verloren. Nichts gehört ihnen mehr, alles ist verwirkt.[122] Sie stehen vor dem Nichts.

Was Dmetri und seine Familie im Augenblick des Abschieds empfinden, das erleiden Vertriebene und Flüchtlinge überall auf der Welt. Gedemütigt, erniedrigt, verletzt, heimatlos, das sind die Gefühle im emotionalen Handgepäck, mit dem Vertriebene sich in eine unbekannte Fremde aufmachen.

Flüchtlinge u Dünnschiß kann eben niemand aufhalten. Schnauzte die Witwe & räumte aus dem Zimmer das 1zige Bettgestell raus.

REINHARD JIRGL, *Die Unvollendeten*

Hier retten wir Leben. Auf See ist jedes Leben heilig. Wenn jemand Hilfe braucht, retten wir ihn. Hautfarbe, Rasse, Religion – völlig egal. Das ist das Gesetz des Meeres. Doch wir treten dieses Gesetz mit Füßen, treten auf die Hände, die an Bord des rettenden Schiffs kommen wollen mit letzten Kräften. Wir sagen »das Boot ist voll«, als wären nicht sie auf den vollen Booten auf dem offenen Meer, die kentern, während wir an Land davon reden, dass uns das Wasser bis zum Hals stünde und die Wehrlosen als Bedrohung sehen.

ALBERT OSTERMAIER, »Am Ende Licht«,
Nachwort in Davide Enia, *Schiffbruch vor Lampedusa*

Ankommen

1946 ächzen die vier Besatzungszonen Deutschlands unter Millionen deutschen Heimatlosen, die sie auf alliierten Befehl aufnehmen müssen. Eine junge Vertriebene, die im schwäbischen Göppingen strandet, beschreibt damals in einem Leserbrief an die örtliche Zeitung, was sie empfindet: »Es bäumt sich alles in mir auf, ich kann diese Wirklichkeit immer noch nicht fassen. Mich würgt's im Halse und heulen möchte ich wie ein Hund. Niemand schenkt mir einen Blick, niemand kennt mich hier, niemand nickt mir freundlich zu. Ich sehe nur fremde Gesichter in einer fremden Stadt.« Dann bittet sie: »Jetzt weiß ich's: Nur mein Leib weilt hier in der Fremde, mein Herz in der Heimat, die ich mit den Eltern verlor. Ihr Menschen und Dinge, seht meine Tränen, sie bitten um Güte, um euer Erbarmen, nehmt ein Herz voller Heimweh in eurer Mitte auf. Das Weh um die Heimat ist so schlimm wie der Hunger. An beidem kann man sterben.«[1]

1992 findet die Familie Stanišić aus dem bosnischen Višegrad Obdach in einer Flüchtlingsunterkunft im badischen Walldorf-Wiesloch. »Es lebten sechs weitere Flüchtlingsfamilien in dem Haus. Alle waren permanent enttäuscht. Von den Behörden, von den Preisen, davon, dass nur zwei Herdplatten heiß wurden, von sich selbst. Alle warteten auf gute Nachrichten und ein besseres Leben, es musste nicht mal gut sein. Gut war, noch am Leben zu sein«, erzählt der Schriftsteller Saša Stanišić in seinem autobiographischen Roman *Herkunft*. »Am 24. August 1992 kamen wir in Heidelberg an«, erinnert er sich. Damals war er 14 Jahre alt. »Vater hatte uns über die serbische Grenze gebracht und kehrte nach Višegrad zurück, um bei seiner Mutter zu bleiben. Er kam ein halbes Jahr später nach und brachte mit: einen braunen Koffer, eine Schlaflosigkeit und eine Narbe am Oberschenkel. Ich habe nach der Herkunft der Narbe bis heute nicht gefragt.«[2]

1945 wird Stefan Chwins Vater aus Wilna in die einst deutsche Stadt Danzig verschlagen. »Seine Vertreibung aus Wilna ertrug mein Vater sehr schlecht. Er konnte Danzig niemals als seine Stadt akzeptieren, obwohl er hier geheiratet und Kinder bekommen hatte«, schreibt Stefan Chwin. »Als er am Ende des großen Krieges aus Wilna in den Westen fuhr, trug er einen einfachen Mantel, mit dem er sich zudeckte, eine Lenin-Mütze, die er sich tief in die Stirn schob, und eine ledernde Aktentasche mit einigen persönlichen Sachen, die er als Kopfstütze benutzte. Als er Wilna verließ, blickte er aus dem Zugfenster auf sein Elternhaus, das langsam hinter den Bäumen verschwand. Dann war es verschwunden, und mein Vater sah es nie wieder.«[3]

Nach einer langen, zuweilen jahrelangen Irrfahrt kommen Flüchtlinge irgendwo an. Der Endpunkt der Flucht ist für die allermeisten ein beliebiger Ort, austauschbar, denn sie wollten ihre Heimat nie verlassen. Sie sind zunächst unsicher, ob der Ort tatsächlich ihr Endziel ist oder nur eine weitere Station auf der schier endlosen Flucht. Doch dann drängen sich die alltäglichen Notwendigkeiten in den Vordergrund und beanspruchen ihre Aufmerksamkeit: Wo werden sie schlafen können? In einem Lager, in einer Notunterkunft? Gibt es ein Bett, eine Matratze oder wenigstens ein Dach über dem Kopf, das sie vor der Witterung schützt? Und wo gibt es etwas zu essen, vor allem für die Kinder? Diese elementaren Fragen stehen am Beginn des Lebens in der Fremde.

Die Sorgen, der Abschied von der Heimat, die schrecklichen Erlebnisse während der Flucht bleiben denjenigen, bei denen sie nun unterkommen, verborgen. Den Aufnahmegesellschaften fehlt es oft nicht nur an Vorstellungskraft, sie hegen bisweilen sogar Zweifel an den Berichten der Flüchtlinge. Welten trennen Einheimische und Ankommende voneinander. Manchmal teilen Flüchtlinge die Sprache und Kultur der Aufnahmegesellschaft weitestgehend, doch meistens treffen in jeder Hinsicht Fremde aufeinander. Wer sich seiner Heimat sicher ist, stellt keine Fragen nach der eigenen Identität, wer sie verloren hat, muss sie ständig stellen. Erzwungener Heimatverlust bringt Gewissheiten ins Wanken. »Ankommen« scheint einen ganz normalen Vorgang zu bezeichnen: Am Ende einer Reise kommt man irgendwo an. Aber Vertriebene kommen nicht einfach an, denn nach dem »Ankommen« lastet die erzwungene Wegstrecke schwer auf ihnen. Peter Huchels fragmentarisches Gedicht »Das Gesetz«, das 1950 in der DDR-Kulturzeitschrift *Sinn und Form* erscheint, vermittelt etwas von dem, was Flüchtlinge auf der Flucht erleben und überleben.

Erwürgte Abendröte
stürzender Zeit!
Chausseen. Chausseen.
Kreuzwege der Flucht.
Wagenspuren über den Acker,
der mit den Augen
erschlagener Pferde
den brennenden Himmel sah.
Nächte mit Lungen voll Rauch,
mit hartem Atem der Fliehenden,
wenn Schüsse
auf die Dämmerung schlugen.
Aus zerbrochenem Tor
trat lautlos Asche und Wind,
ein Feuer,
das mürrisch das Dunkel kaute.

Tote,
über die Gleise geschleudert,
den erstickten Schrei
wie einen Stein am Gaumen.
Ein schwarzes
summendes Tuch aus Fliegen
schloß ihre Wunden –

während in heller Sonne
das Dröhnen des Todes weiterzog.[4]

Flüchtlinge tragen das Wissen um den Verlust von Angehörigen bereits auf der Flucht mit sich, zuweilen erreichen Nachrichten vom Tod naher Angehöriger sie auch erst nach dem Ankommen, was dieses nicht leichter macht. Anfang 1945 versuchen Ottilie und Paul Koll mit ihren vier erwachsenen Töchtern aus dem ostpreußischen Neuendorf zu fliehen. Ihr Sohn Josef ist bereits 1944 als Soldat in Italien gefallen. Unterwegs werden sie von der Roten Armee eingeholt. Vater Paul und drei Töchter werden deportiert und kommen in sowjetischem Gewahrsam um. Die vierte Tochter kann sich verstecken und entgeht der Gefangennahme und der Verschleppung zur Zwangsarbeit. Nachdem sie sich mit ihrer einzigen verbliebenen Tochter nach Westen durchgeschlagen hat, notiert Mutter Ottilie die Sterbedaten ihrer Liebsten auf einem Zettel, den ihr Sohn Aloys nach seiner Entlassung aus der Kriegsgefangenschaft zum Gedenken in sein Fotoalbum legt.

> Paul Koll geb. 7.6.1885 in Drewenz Kr. Heilsberg
> gestorben 1946 im Lager Pr. Eilau Ostpr.
> Gertrud geb. 24.9.1919
> gestorben 1945 auf dem Transport nach Rußland
> Annemarie [geb.] 12.9.1923
> [gestorben] Mai [1945] in einem russ. Gefangenenlager
> Brigitte geb. 27.10.1924
> gestorben im Mai 1945 in einem russ. Gefangenenlager
> Josef geb. 27.10.1924
> gefallen am 10. Dez. 1944 in Willianova in Italien.[5]

Ottilie Koll aus Ostpreußen hat nicht nur ihre Heimat verloren, sondern auch geliebte Angehörige. Sie steht vor dem Nichts. Millionen deutsche Heimatlose mit einem ähnlichen Schicksal treffen 1945 in den vier Besatzungszonen Deutschlands ein. Viele Familien sind durch Krieg und Flucht auseinandergerissen worden. Eine Postkarte muss im Spätherbst 1945 ausreichen, um Auskunft über Leben und Tod nächster Angehöriger zu geben. Der Ostpreuße Fritz Biella teilt seinem Schwager mit, dass dessen Frau und Kind leben: »Lieber Walter, Deine Frau mit Siegfried leben, sie befinden sich z. Z. in einem Auffanglager in Dessau, Lottchen mit Kindern ist auch dabei. Was sagst Du nun! Die Freude ist groß! Hoffentlich kommen sie bald in Privatquartiere, denn dann erst können sie uns ihre Anschrift geben. Sie sind bis Ende Okt. in Ostpr. gewesen u. scheinen jetzt ausgewiesen zu sein. Dies nur in aller Kürze. Vielleicht sehen wir uns bald wieder. Was gedenkst Du jetzt anzufangen? Herzliche Grüße Fritz.«[6] Auf diese schlichte Weise wird einem Ehemann und Vater die ersehnte, die erlösende Nachricht übermittelt.

Der achtzehnjährige Günter Grass findet 1946 seine Eltern und seine Schwester im Bergischen Land wieder. »Der Sohn erschrak«, schreibt Grass über sich in der dritten Person, in dem Augenblick, als die Familie ihn in die Arme schließt. »Da standen sie, ärmlich in zu weit gewordene Mäntel gekleidet. Die Mutter verhärmt. Seinen Velourshut hatte der Vater übers Kriegsende hinweggerettet. Die Schwester ohne Zöpfe, kein Kind mehr. Wir umarmten einander unter Wiederholungszwang. Keine oder nur hilflose Wörter. Zuviel und mehr als sich sagen ließ, war im Verlauf einer Zeit geschehen, die ohne Anfang war und keinen Schlußpunkt finden konnte. Manches kam erst viel später, weil zu schrecklich, oder gar nicht zu Wort. Mehrmals erlittene Gewalt hatte die Mutter verstummen lassen. Sie war gealtert, kränkelte bereits. Wenig war von ihrer Heiterkeit und Spottlust geblieben. Und dieses klapprige Männlein sollte mein Vater sein? Er, der sich stets selbstsicher und stattlich um Haltung bemüht gegeben hatte?«[7] Was sie erlebt haben, kann der Sohn an ihren Gesichtern ablesen.

Kinder, die auf der Flucht ihre Angehörigen verlieren und auf sich allein gestellt sind, sehen sich in noch viel stärkerem Maß fremden Menschen ausgeliefert als Erwachsene. Manchmal wissen sie in ihrer grenzenlosen Verlorenheit nicht einmal, wer sie eigentlich sind. Christa Wolf erzählt in der Novelle *August* von einem ostpreußischen Waisenkind, das auf einer Bahnstation in Mecklenburg ankommt. Der Junge hat seine Mutter auf der Flucht verloren, kann sich aber nicht erinnern, wie das passiert ist. »Als der schreckliche Krach anfing und die Leute schrien, hat eine fremde Frau, nicht seine Mutter, ihn am Arm gepackt und aus dem Zug gerissen. Er hat sich hinter die Böschung in den Schnee geworfen und ist liegengeblieben, bis der Lärm aufhörte und bis der Zugführer schrie, alle, die noch lebten, sollten sofort einsteigen. August hat weder seine Mutter noch diese fremde Frau je wiedergesehen. Ja, da lagen Leute über das Feld verstreut, die nicht in den Zug eingestiegen sind, der dann bald weiterfuhr.«[8] Verloren steht der kleine August beim Roten Kreuz.

»Seinen Geburtstag konnte er der Frau sagen, das hatte die Mutter mit ihm eingeübt, für alle Fälle. Er war also gerade acht geworden. Und auch den Namen seines Dorfes wußte er. Ach, Ostpreußen, sagte die Frau. Da kommst du ja von weit her. Und dann hängte sie ihm eine Pappkarte um, auf der stand ›Waise‹ und was er der Frau von sich erzählt hatte.«[9]

Flüchtlinge, die Familienmitglieder zurücklassen, begleitet in der Fremde die Ungewissheit über deren Schicksal. Farideh Goldin muss 1975 mit ihrer Familie den Iran verlassen, als die jüdische Minderheit dort zunehmend bedrängt wird, nur ihre betagte Großmutter bleibt zurück. Als diese im Sterben liegt, möchte sie noch einmal ihren Sohn, Faridehs Vater, sehen. Doch eine Rückkehr in den Iran ist für den Sohn nur unter Lebensgefahr möglich. So bleibt nur ein Ferngespräch mit der Mutter. »Niemals zuvor habe ich meinen Vater so zärtlich gesehen, als er leise weinte. Er hielt den Telefonhörer so liebevoll, als wäre er die Hand seiner Mutter, und flüsterte Khanombozorg seine Worte des Trostes und Liebe in Judi zu, unserer vergessenen Sprache.« Farideh sieht, wie der Vater sich nach dem Telefonat für Stunden auf dem Fußboden krümmt, den Kopf in den Händen. »›Wie konnte ich nicht an der Seite meiner Mutter sein?‹, fragte er sich ständig.«[10] Faridehs Vater kann die Hand seiner sterbenden Mutter nicht halten, und er wird ihr Grab nie besuchen.

Koreanische Flüchtlinge wissen seit der Teilung des Landes nichts über ihre Angehörigen. Während sich nach anderen Kriegen im Laufe der Zeit persönliche Schicksale klären lassen, ist das im koreanischen Fall auch nach siebzig Jahren unmöglich. »Ich suche nach meinem Großvater Noh Jong-Seob. Ich konnte den Namen von meiner Großmutter nicht aufschreiben, weil ich ihn nicht kenne. Mein Vater heißt Noh Gi-Hun. Meine Onkel heißen Noh Gi-Hwan, Noh Gi-Ryong, meine Tanten heißen Noh Gap-Seon, Noh Oh-Seon, und mein Bruder heißt Noh Chun-Heon. Nach ihnen suche ich.« Unbeholfen und eingeschüchtert blickt eine alte Frau im Oktober 2014 in die Kamera, ihre Worte liest sie vom Blatt ab. Sie vertraut dem Koreanischen Roten Kreuz ihre Geschichte an, weil sie hofft, in den kurz zuvor aufgenommenen Programmen für ein Wiedersehen mit Familienangehörigen in Nordkorea berücksichtigt zu werden. »Ich wünsche mir, dass ich meine Geschwister im Norden einmal wieder-

Es gibt kaum eine koreanische Familie, die nicht von Flucht und Verlust betroffen ist. Infolge der vollständigen Abschottung des nordkoreanischen Regimes haben die getrennten Familien seit der Teilung des Landes nichts mehr voneinander gehört. Als es dem Koreanischen Roten Kreuz vor einiger Zeit gelang, Begegnungen zwischen engen Familienangehörigen aus dem Norden und dem Süden zu ermöglichen, ging diese Nachricht um die Welt und bewegte die internationale Öffentlichkeit. Unter dem Blitzlichtgewitter der Fotografen sanken sich Angehörige gerührt in die Arme, erstickte so manches Gespräch in Tränen. Ein kurzer Augenblick des Glücks, doch seither ist wieder jeglicher Kontakt unterbunden. Noh Cho-Heon und ihrem Mann Kong Tae-Hwan blieb es versagt, etwas über ihre Familien im Norden zu erfahren, doch die beiden hielten der Tradition und dem Dialekt ihrer Heimat im Norden zeitlebens die Treue.

sehen könnte, bevor ich sterbe«, spricht sie leise in die Kamera. Sie weiß nicht, ob sie leben, wo sie leben, und es gibt keine Möglichkeit, etwas über das Schicksal ihrer Nächsten zu erfahren.

Die Geschichte von Noh Cho-Heon steht für Millionen Koreaner. Sie stammt aus der nordkoreanischen Hafenstadt Heungnam, wo sie 1936 geboren wird. Im Dezember 1950 flieht die Vierzehnjährige mit ihrer Mutter aus ihrer Heimatstadt vor den chinesischen Truppen in den Süden. Zuvor haben die beiden versucht, Noh Cho-Heons Bruder abzuholen, der sich bei den Großeltern in der weiter nördlich gelegenen Provinz Goryung aufhält, aber die Soldaten verweigern ihnen den Zugang dorthin. Noh Cho-Heon und ihre Mutter entkommen im Dezember 1950 im Rahmen einer dramatischen Rettungsaktion, als Truppen der Vereinten Nationen gemeinsam mit rund 100 000 nordkoreanischen Flüchtlingen auf dem Seeweg aus dem Hafen von Heungnam Richtung Süden evakuiert werden. Im Flüchtlingslager in Südkorea lernt Noh Cho-Heon den jungen Kong Tae-Hwan kennen, der ebenfalls mit einem Schiff aus Nordkorea geflohen ist. Fünf Jahre später heiraten die beiden. Noh Cho-Heons Wunsch, etwas über ihren Bruder, ihren Vater und andere Verwandte in Nordkorea zu erfahren, geht nicht in Erfüllung. Wenige Monate, nachdem das Rote Kreuz ihre Videobotschaft aufgenommen hat, stirbt sie in Seoul.[11]

Flüchtlinge sind nicht am Ziel, wenn sie sich in physischer Sicherheit befinden. Nicht selten nehmen Resignation, Einsamkeit und Ungewissheit nach der Ankunft noch zu. Das »Gebet in der Fremde«, das ein ostpreußischer Pfarrer 1946 mit seiner Gemeinde in der Diaspora betet, gibt dem nicht nachlassenden Kummer Ausdruck. »Vater im Himmel, Du hast es geschehen lassen, daß wir alles verloren haben, was uns lieb und teuer war: Heim und Heimat, Haus und Hof, Hab und Gut. Wir essen das Brot der Fremde und bangen um unsere Lieben, die von uns getrennt, als Fremdlinge in der verwüsteten Heimat weilen oder als Verschleppte oder Vertriebene umherirren. Wir sorgen uns um unsere Zukunft. Du allein kennst unsere ganze Not. Du allein weißt auch, warum all das über uns kam und wohin es uns führen soll.«[12]

Nach all den Entbehrungen von Flucht oder Vertreibung sind die Entwurzelten, wenn sie ein wenig zur Besinnung kommen, vor

Diese Rohingya-Familie in der Region Cox's Bazar kann nicht zurück in ihre Heimat, und ihr bitterarmes Gastland kann den Hunderttausenden Flüchtlingen keine Perspektiven bieten. Ihr Schicksal ist ein Dasein im Transit, ein endloses Warten unter zunehmend erbärmlichen Umständen – während die Hoffnung von Tag zu Tag mehr schwindet. »Ich wohne nirgends mehr. Wohnen bedeutet, mit der Topografie eines Ortes zu verschmelzen, den Körper in die Furchen und Spalten seiner Umgebung einzulassen. Nichts davon hier. Ich bin nur auf der Durchreise. Logiere. Hause. Kampiere«, schreibt Gaël Faye in seinem Roman *Kleines Land*.

allem dankbar, dass sie überhaupt noch am Leben sind. Die Neunzehnjährige Tonima floh 1998 mit ihren Eltern nach Bangladesch, wo sie heute, mehr als zwanzig Jahre später, mit ihrem Ehemann und zwei Söhnen lebt. Sie hat mehrere *Tarana* – Sprechgesänge – überliefert, die in der mündlichen Erinnerungskultur der Rohingya eine wichtige Rolle spielen. In ihrer arakanesischen Muttersprache trägt sie eine Art Gebet vor, »*Ara Hoilam Porbashi*« – Wir sind Flüchtlinge geworden –, in das die Fluchterfahrungen der Rohingya eingeflossen sind: »*O Allah Gafure-rahim / Ara hoilam porbashi / Ara hoilam refugee*« – O vergebender und gnädiger Gott / Wir sind im Exil / Wir sind Flüchtlinge geworden.[13]

Fatma Katu, die als Rohingya mit ihrer Familie aus Birma vertrieben wurde, hat fast allen Besitz verloren. Als die deutsche Journalistin Laura Höflinger sie im Flüchtlingslager trifft, ist ihr nicht mehr geblieben als eine Knolle Knoblauch, eine Flasche Salz und ein Topf Reis. Diesen kärglichen Besitz wickelt sie während des Gesprächs mit der Journalistin »in eine Plastiktüte, so behutsam, als verstaute sie Diamanten«. Nun sitzt Fatma mit ihrem Mann und ihren fünf Söhnen »auf diesem matschigen Erdhügel im Süden der Stadt Cox's Bazar in Bangladesch«, wo sie im Freien schlafen muss, weil unter der Zeltplane nur Platz für ihre Kinder ist, wo es keine Toiletten gibt und die Menschen faulig riechendes Wasser aus einem Erdloch trinken müssen. Es ist ein furchtbarer Ort, aber die Dreißigjährige ist froh, dass sie hier ist und alle überlebt haben. »Wir hungern zwar, aber zu Hause werden wir erschossen.« Erschöpft von den Strapazen, träumt sie von einem besseren Leben. Im Gespräch mit Laura Höflinger »malt sie sich das Haus aus, das sie hier bauen werden, in dem jeder ihrer Söhne ein Zimmer hat. Sie träumt dann von einer Zukunft, in der einer der Söhne Englisch lernt, ein anderer vielleicht den Koran«.[14]

Katharina Elliger kommt nach der Vertreibung aus ihrer oberschlesischen Heimat 1946 im westfälischen Ahlen an. Sie ist irritiert, dass der Krieg hier äußerlich kaum Spuren hinterlassen hat. Zunächst wird die Vertriebene in einer zur Notunterkunft hergerichteten Schule untergebracht. Es verunsichert sie, dass um sie herum eine Normalität herrscht, die ihr selbst längst abhanden gekommen ist. »Von den Stufen der Schule aus sah ich gefegte

Straßen, gepflegte Gärten, Rasen ohne Unkraut, Blumen vor sauberen Häusern, hinter den Fenstern brannten Lampen. Ich ging in die Dämmerung hinein, der Schein der Straßenlaternen war noch schwach. Eine Frau mit einer Einkaufstasche ging vor mir her, ganz selbstverständlich, ganz normal. Kinder, die Ball gespielt hatten, liefen nach Hause, ein Radfahrer kam von der Arbeit. Ich konnte das alles nicht fassen. Hatten die Menschen hier immer so gelebt?«[15]

Als Magdalena Reiswich im Oktober 1974 den Boden der Bundesrepublik betritt, lässt sie ein Leben hinter sich, das von Hunger, Terror, Krieg, Flucht, Deportation und Diktatur bestimmt ist. 1944 legt die Sechzehnjährige aus dem schwarzmeerdeutschen Dorf München bei Odessa mit einem Flüchtlingstreck zweitausend Kilometer in siebzig Tagen zurück. Über Ungarn gelangt die Familie in das damals noch von den Deutschen besetzte Polen, von wo aus sie nach kurzer Zeit vor der heranrückenden Roten Armee weiter nach Brandenburg flieht. In Brandenburg an der Havel sterben Magdalenas Mutter und ihre Geschwister bei einem Bombenangriff. Nach Kriegsende entschließt sich der Vater, mit der überlebenden Tochter in die ukrainische Heimat zurückzukehren. Das Dorf, in dem sie geboren wurde und aufwuchs, werden sie jedoch nicht wiedersehen. Wie fast alle aus dem Ausland zurückkehrenden Sowjetbürger kommen sie in ein sogenanntes Filtrationslager des NKWD und werden von dort als vermeintliche Kollaborateure in den Ural deportiert. Erst nach fast drei Jahrzehnten darf Magdalena, die inzwischen eine eigene Familie hat, ihren Verbannungsort verlassen und in die Bundesrepublik Deutschland übersiedeln. Für sie endet mit der Ankunft in Deutschland eine Odyssee. »Am 19. Oktober 1974 landeten wir mit dem Flugzeug in Frankfurt am Main. Dieser Tag war für mich das, was der 9. Mai 1945 für andere war. Dies war meine ganz persönliche Befreiung. Ich hatte zwei Diktaturen überlebt – Krieg, Terror und Gewalt. Jetzt war ich endlich ein freier Mensch.«[16]

Die Geschichte der Magdalena Reiswich ist eine von vielen. Ankommen ist für jeden Flüchtling kräftezehrend, denn nun stoßen unterschiedliche Erfahrungen aufeinander, manchmal auch Kulturen, Hautfarben, Sprachen und Mentalitäten. Selbst wenn Flüchtlinge sich heute über das Internet besser informieren können und mehr über das Land wissen, in dem sie Schutz suchen, bleibt das

Ankommen eine Herausforderung. Aufnahmegesellschaften funktionieren nicht als Kollektive, ihre Einstellungen hängen entscheidend von persönlichen, aber auch gesellschaftlichen Interessenlagen ab. Aufnehmende leisten nicht selten tatkräftig Hilfe, aber sie hegen auch konkrete Erwartungen, wie sich Flüchtlinge zu verhalten haben. Ankommen ist nach wie vor ein Balanceakt voller Ungewissheiten. Viele Flüchtlinge bleiben Fremde, argwöhnisch beäugt, verdächtigt und verfemt.

Unerwünscht sein – Ressentiment, Hass, Ausgrenzung

Menschen auf der Flucht müssen nicht selten die Erfahrung machen, dass sie nicht nur dort unerwünscht sind, wo man sie vertrieben hat, sondern auch dort, wo sie Rettung und Aufnahme zu finden hoffen. Sie genießen keinerlei Reputation, gelten als Hergelaufene. Eine Gruppe, die das im Laufe der Jahrhunderte immer wieder erlebte, sind Sinti und Roma, die als »Zigeuner« in Europa zwar seit langer Zeit zu Hause sind, aber ständig verfolgt werden und im Grunde nirgendwo willkommen sind. Der Nürnberger Dichter Hans Sachs greift ihre Ausgrenzung schon 1559 in einem seiner Stücke auf. In *Ein Faßnacht-spil mit sechs personen, und wirdt genandt die fünff armen wanderer*, klagt ein fahrender Zigeuner sein Leid:

Mein wandern das wert immer zu
Durch alle land on rast und rhu.
Hab darzu weder karrn noch wagen.
Mein plunder muß ich selbert tragen
In hitz, in kelt, gen thal und berg.
Niemandt mir geren gibt herberg.
Wo ich schleich etwan in ein hauß,
Seh man mich lieber gehn hinauß.
Man trawt mir nicht, wo ich hin kumb,
Und bin gantz unwert umb und umb.
Mit kaufen, verkaufen man sich scheucht.
Jungs und alts sich vor mir verkreucht.

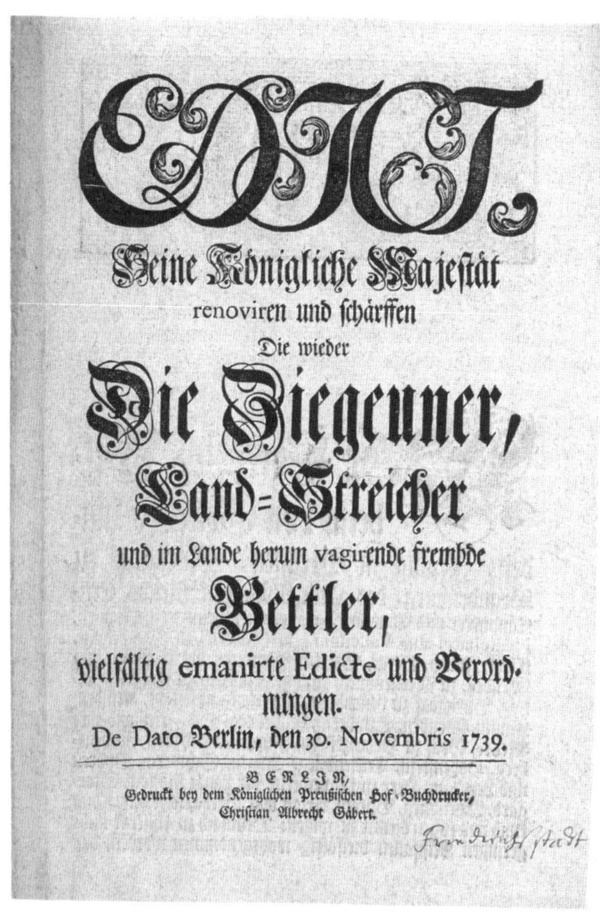

EDICT,

Seine Königliche Majestät
renoviren und schärffen
Die wieder
Die Ziegeuner,
Land-Streicher
und im Lande herum vagirende frembde
Bettler,
vielfältig emanirte Edicte und Verordnungen.
De Dato Berlin, den 30. Novembris 1739.

BERLIN,
Gedruckt bey dem Königlichen Preußischen Hof-Buchdrucker,
Christian Albrecht Gäbert.

Zwischen »Hängt die Wäsche ab, es kommen Zigeuner ins Dorf« und romantischen Liedchen wie »Lustig ist das Zigeunerleben« bewegt sich seit Jahrhunderten die Sicht der sesshaften Gesellschaften auf Sinti und Roma. Immer wieder kommt es zu Pogromen und Verfolgungen, wie das preußische »Edict« von 1739 gegen die »Ziegeuner« belegt. Ihren Höhepunkt erreicht die Verfolgungsgeschichte im 20. Jahrhundert im *Porajmos* – wörtlich »das Verschlingen« –, wie das Romani-Wort für Völkermord lautet. Hunderttausende sterben in der deutschen Tötungsmaschinerie. Zilli Schmidt etwa hat ihre gesamte Familie im Holocaust verloren, sogar ihre vierjährige Tochter Gretel. Heute ist sie 96 Jahre alt und kämpft in ihrer Heimat Deutschland noch immer gegen das Vergessen und für ein Ende der Ausgrenzung von Sinti und Roma.

Pawrn ir hund gar offt an mich hetschen.
Bald muß ich auß eim dorff mich fetschen.
Wo ich nachts uberkom ein stro,
Bin ich mit weib und kinden fro.[17]

Bauern hetzen die Hunde auf ihn, die Hoftore bleiben verschlossen, wenn der »arme wanderer« für sich und seine Familie ein Nachtlager begehrt. Vierhundert Jahre später lassen die Bauern im Chiemgau ihre Hunde von der Kette, als der Flüchtlingsjunge Olaf aus Ostpreußen um Brot bettelt, und es heißt immer noch »Verschwind's, damisches Gesindel«.[18] Die Familie Bernhof, schlesische Flüchtlinge im sächsischen Frauenhain, liest an einem Hoftor einen unmissverständlichen Anschlag.

Die Flüchtlinge essen sich dick und fett
und stehlen uns noch das Letzte weg
Wir Armen, wir haben eine Pein
Herrgott schick doch das Gesindel heim!
Schick sie zurück zur Polackei
Herrgott im Himmel, mach uns frei
Sie haben wenig Glauben
und komische Namen
die dreimal Verfluchten, Amen …[19]

Auf *dem* Flüchtling lastet ein schwerer Makel. Er verkörpert das Asoziale und das Fremde, und er ist ein lästiger Konkurrent bei der Verteilung der Lebensmittel. Das erfahren viele deutsche Vertriebene, als sie nach dem Zweiten Weltkrieg im verbliebenen Rest Deutschlands ankommen. Die vierzehnjährige Dorothea Koch-Thalmann aus dem schlesischen Wüstewaltersdorf, die es 1946 ins westfälische Siegerland verschlägt, kommt in eine Welt, die auf sie fremd und abweisend wirkt. »Schließlich sitzen wir wieder auf unseren Rucksäcken und warten, dass irgendetwas passiert. Leute von der Straße haben uns beobachtet und kommen herüber. Sie fragen, wo wir herkommen«, erinnert sie sich. »›Aber ihr könnt ja Deutsch sprechen, spricht man denn in Schlesien Deutsch?‹ Eine Frau hat das Mutter gefragt. Mutter hat gelacht. ›Was denken Sie denn, wir sind

Sich den Flüchtlingen zuzuwenden, von ihren Sorgen, Ängsten und Bedrängnissen Kenntnis zu nehmen, setzt beim Zuhörer Differenzierung voraus. Wenn dramatische Geschichten von Flucht und Heimatverlust aus den Fremden hervorbrechen, stellt sich Mitgefühl für jene ein, die oft nur das nackte Leben retten konnten. Viel zu oft tritt Flüchtlingen aber blanker Hass entgegen. Wenn Fremde wie auf dieser Dresdener Demonstration im Jahr 2016 als Bedrohung dargestellt werden, wenn pauschale Gleichsetzungen und Verdächtigungen die Oberhand gewinnen und das Individuum in der Hintergrund rückt, wird der Weg zum Miteinander immer weiter und beschwerlicher. »Ich bin *die* Flüchtlinge!«, hat Vinda Gouma gesagt und damit schonungslos den Widersinn von Pauschalisierungen vorgeführt.

Deutsche!‹ Mir wird wieder übel und Angst habe ich auch. ›Mutter, sind wir hier nicht in Deutschland?‹ Was haben die bloß alle?«[20]

In Deutschland vergiftet neben den üblichen Vorurteilen gegen Fremde nach 1945 auch die Prägung durch die NS-Ideologie die Atmosphäre. In den Augen vieler Einheimischer sind die Flüchtlinge »Polacken«, »Zigeuner« oder ganz einfach »Gesindel«. Auf Menschen »aus dem Osten« blickt man herab, in der NS-Zeit galten sie als »Untermenschen«. Nun kommen Millionen Habenichtse von dort, wobei es für die Einheimischen in der Regel keinen Unterschied macht, ob es sich dabei um Displaced Persons oder um Ostpreußen und Schlesier handelt. »Die drei großen Übel, das waren die Wildschweine, die Kartoffelkäfer und die Flüchtlinge«, sagt man nach dem Krieg im Emsland.[21] Aus dem Osten kommt nach weitverbreiteter Auffassung immer nur »Gesochs« – im Kaiserreich die Saisonarbeiter, im Zweiten Weltkrieg dann deportierte Zwangsarbeiter und nach Kriegsende das »Flüchtlingspack«. Kaum einer macht sich die Mühe, da genauer zu unterscheiden.[22]

Vor einer »Überfremdung« der norddeutschen Heimat »durch den Flüchtlingsstrom aus dem Osten« wird im Juli 1945 in einer südschleswigschen Resolution gewarnt.[23] Flensburgs Landrat Johannes Tiedje gewährt damit tiefe Einblicke in sein rassistisches Denken. Er weist Vorschläge zur Umstrukturierung der Landwirtschaft zurück, durch die Vertriebenen eine Möglichkeit zum Neuanfang geboten werden soll. Tiedje stellt fest, »daß wir Niederdeutschen und Schleswig-Holsteiner ein eigenes Leben führen, das in keiner Weise sich von der Mulattenzucht ergreifen lassen will, die der Ostpreuße nun einmal im Völkergemisch getrieben hat«.[24] Ostpreußen und Schlesier werden von den Einheimischen als eine Art biblische Plage wahrgenommen. In Ingolstadt gelten Flüchtlinge vielfach als Bettler, Schmarotzer und Kriminelle, und dementsprechend werden sie »bei Delikten leichter oder schneller verdächtigt« als ein Bayer.[25]

Den Ankommenden fehlt es an allem, an Nahrung, Unterkunft, Kleidung, Arbeit, weshalb sie häufig gezwungen sind, betteln zu gehen. Flüchtlinge und Sesshafte trennen neben unterschiedlichen Wertvorstellungen und politischen Einstellungen vor allem die Besitzverhältnisse. Die einen haben etwas, wenn auch infolge des Krieges nur wenig, die anderen haben gar nichts. Zu den Konflikten, die aus den unterschiedlichen Erfahrungswelten erwachsen, treten in der Nachkriegszeit also noch handfeste Verteilungskämpfe hinzu. »Die Zeitungen u. Vortraghaltenden fordern die Einheimischen auf, die Flüchtlinge mit Liebe aufzunehmen, doch diese schönen Worte werden nicht beherzigt, denn es tut ihnen weh auch nur Etwas von ihrem Überfluss abzugeben!«, schreibt Gerda Preu, die aus Siebenbürgen geflüchtet ist, über das Leben in Hamburg.[26] Da es vielen Einheimischen so schwerfällt, das wenige, das sie besitzen, mit den Fremden zu teilen, bleiben Spannungen nicht aus.

Die soziale Ordnung gerät vielerorts aus den Fugen, weil Einheimische Zwangseinquartierungen fürchten und sich den Vertriebenen gegenüber offen feindselig verhalten. Lokale Honoratioren, alteingesessene oder wohlhabende Einheimische lassen ihre Beziehungen spielen, um sich davor zu drücken. Die Flüchtlingsverwaltungen erweisen sich nur allzu oft als machtlos und kaum in der Lage, gegen die lokalen Seilschaften etwas auszurichten. So kommt es zur Beschlagnahme von Wohnraum für die Neuankömmlinge durch die Militärregierungen, und hin und wieder müssen Angehörige der Besatzungsmächte die Aufnahme der Obdachlosen sogar unter Androhung von Gewalt erzwingen, sodass die Vertriebenen »nicht selten unter dem Schutz der Maschinenpistolen Einzug in die Häuser erhielten«.[27] Im schwäbischen Brettringen etwa ist kaum jemand bereit, freiwillig die Türen für die Flüchtlinge zu öffnen, wie der Bürgermeister Bruno Maurer berichtet. »In jedes Kellerloch, in jede Dunkelkammer, in jede Dachkammer ohne Heizung wurden die Leute hineingepresst«, erinnert er sich später. »Es hat böse Einheimische gegeben, die den Vertriebenen das Leben zur Hölle gemacht haben. Es mussten Einweisungsverfügungen geschrieben werden, für jedes Haus bestand ein Plan, wie die Wohnverhältnisse dort sind und wer dazu eingewiesen werden konnte.«[28] Einquartierung bedeutet fast immer, dass Sesshafte und Flüchtlinge auf engstem Raum Toilette, Küche und Wohnraum teilen müssen. Dieser Zustand währt nicht Tage oder Wochen, sondern Jahre und zuweilen sogar Jahrzehnte. Niemand reißt sich darum, Flüchtlinge aufzunehmen.

Ein im niedersächsischen Steimke ansässiger Bauer wird im Juni 1946 gezwungen, die aus Niederschlesien vertriebene Familie des fünfjährigen Rudi Geisler aufzunehmen. Der kleine Rudi und sein Bruder sehen, wie die alte Bäuerin weint. Die Kinder, die nicht wissen, dass es Tränen der Wut über die ungebetenen Gäste sind, wollen sie trösten. »Als wir beiden Jungen auf die weinende Alte zugingen, um höflich mit tiefem Diener ›Guten Tag‹ zu wünschen, drehte sie sich weg und schimpfte etwas laut auf Plattdeutsch. Das war uns natürlich unbekannt. Darum bin ich erschrocken zurück zu meiner Mutter gerannt und habe gerufen: ›Die spricht ja ooch pullnisch. Ich duchte, mir sein weg von den Pullacken.‹« Der fünfköpfigen Familie wird eine dunkle Kammer von zwölf Quadratmetern zugewiesen. Als sie diese in Augenschein nimmt, versucht sie sich in schlesischem Pragmatismus: »›Nu‹, stellte der Großvater fest, ›mir werdn's schun gemitlich macha. Hauptsache weg von den Pullacken und lange werden mir nich bleiba, dann geht's sowieso heeme.‹«[29] »Heeme macha!«, in die schlesische Heimat zurückzukehren, dieser Wunsch muss unter solchen Umständen noch größer werden.

Die alliierten Militärgerichte scheuen sich nicht, durchzugreifen, wenn ihren Anordnungen nicht Folge geleistet wird. Im Mitteilungsblatt des Landkreises Sulzbach-Rosenberg wird am 14. Dezember 1946 die Verurteilung von zwei Einheimischen bekanntgegeben, die sich der Zwangseinweisung widersetzt hatten. Sie erhalten eine Gefängnisstrafe und sollen sich überdies mit fünfzig Pfund Gepäck in einem Vertriebenenlager einfinden, »wo sie unter den harten Bedingungen, wie sie die Flüchtlinge im allgemeinen zu ertragen haben, leben müssen«.[30]

Als Anfang Mai 1950 im Rahmen der Bundesumsiedlungsverordnung die ersten Vertriebenen in Rheinland-Pfalz eintreffen, meldet der Landrat des Kreises Kreuznach erhebliche Widerstände gegen die Einquartierung. Die Hausbesitzer hätten sich »bis zum Äußersten gegen die Aufnahme der Umsiedler gewehrt«. Erst durch die Androhung der Zwangsräumung durch die Polizei erreicht man schließlich, dass alle Flüchtlinge ein Obdach finden.[31] Noch fünf Jahre nach Kriegsende, also ein Jahr nach Gründung der Bundesrepublik Deutschland, widersetzen sich einige Hausbesitzer der entsprechenden Bundesverordnung. Die Behörden versuchen mit gutem Zureden und Appellen an die Nächstenliebe die weiterhin bestehenden Vorbehalte gegen die Vertriebenen zu überwinden, doch wenn das alles nichts nützt, müssen sie auf die Polizeigewalt zurückgreifen.

Günter Grass hat die Hartherzigkeit jener Deutschen, die ihre materiellen Besitztümer ohne größeren Schaden über den Krieg retten konnten, literarisch verewigt. Seine Eltern werden im Bergischen Land wie Aussätzige behandelt; als Grass sie 1946 wiedersieht, berichten sie, wie es ihnen seit der Trennung ergangen ist. »Die zuständige Behörde hatte die Eltern und die Schwester bei einem Bauern eingewiesen. Dieser Zwang war üblich, denn freiwillig wurden Flüchtlinge und Vertriebene selten aufgenommen.« Der Bauer weist ihnen schließlich eine Futterküche für Schweinemast zu, wo sie auf dem nackten Betonfußboden hausen müssen. Beschwerden sind zwecklos. »›Geht doch hin, wo ihr hergekommen seid!‹«, wird ihnen beschieden. »Allerorts hatte man sich schon immer misstrauisch bis feindselig gegenüber Fremden und – wie es hieß – Hergelaufenen verhalten; dabei sollte es bleiben.«[32] Überdies erinnern die Vertriebenen die übrigen Deutschen schon allein durch ihre Anwesenheit an den gemeinsam verlorenen Krieg, den so viele doch am liebsten verdrängen und vergessen wollen.

Die Vertriebenen sind für die Ansässigen aus vielerlei Gründen ein Ärgernis. Man beschimpft sie, verflucht sie und wünscht sie weit fort – die Lebenden wie die Toten. Am 4. Januar 1949 stirbt Auguste Riediger im brandenburgischen Jänschwalde. Sie stammt aus Lippen im Kreis Crossen an der Oder und wird 1945 von den polnischen Behörden mit Tochter Anna und ihren Enkelkindern vertrieben. In Jänschwalde findet sie auf dem Friedhof in den Reihen der Alteinwohner ihre letzte Ruhe. Was die Angehörigen nicht ahnen: Auf dem Friedhof herrscht eine strenge Hierarchie. Die Trennlinie verläuft zwischen den alten Erbbegräbnissen und einem gesonderten Feld für Vertriebene am Friedhofsrand. Einige Tage nach der Beerdigung empören sich Ortsbewohner, dass die Tote zwischen den Einheimischen bestattet worden ist. Im Gemeinderat wird die Umbettung von Auguste Riediger gefordert, was der Bürgermeister schließlich genehmigt. In einer Nacht-und-Nebel-Aktion wird die Leiche ausgegraben und dann auf der Westseite des Friedhofs unmittelbar am Zaun verscharrt. Als Tochter Anna wenige Tage später das Grab ihrer Mutter besuchen will, kann sie es nicht finden. Die »Umbettung« kommt ans Licht, und Tochter Anna wird gedrängt zu unterschreiben, dass sie den Vorfall für geringfügig erachte. So soll eine Verurteilung des Bürgermeisters verhindert werden. Anna lehnt das ab, der Bürgermeister wird zu einem Jahr Haft verurteilt. Die Verstorbene wird erneut ausgegraben und findet ihre letzte Ruhestätte schließlich im Grabfeld der Vertriebenen.[33]

Als 1922 aus der Türkei vertriebene Griechen auf der Ägäisinsel Chios ankommen, treffen zwar Griechen auf Griechen, doch Saroula Skyfti, die aus einem Dorf in der Nähe von Smyrna stammt, erschaudert angesichts der Kälte, die ihr seitens der Einheimischen entgegenschlägt. »Es nieselte, doch alle Türen blieben für uns verschlossen«, erinnert sie sich Jahre später. »Vielleicht fürchteten sich die Bewohner von Chios vor uns, ich weiß es nicht. Sie blickten aus den Fenstern aus dem Obergeschoss, als wir versuchten, uns vor dem Regen unterzustellen.« Die Vertriebenen entschließen sich, Chios umgehend wieder zu verlassen. »Schließlich gingen wir zu einem Lebensmittelgeschäft, um einige Dinge zu kaufen. Als wir zahlen wollten, sagte der Händler, er würde unsere Banknoten nicht akzeptieren. ›Diese Banknoten sind hier nicht gültig, ich will sie nicht‹, sagte er. So ließen wir die Dinge stehen und verließen das Geschäft.«[34]

Kurz vor Weihnachten, am 22. Dezember 1922, laufen drei Frachter mit sechstausend pontosgriechischen Vertriebenen im Hafen von Patras ein. In der königstreuen Hafenstadt betrachtet man die Passagiere als Eindringlinge und als politische Gegner, weil man in ihnen Anhänger der Republik vermutet. Eine Pontosgriechin schildert ihre Ankunft in der Frühe jenes Dezembertages in Patras: »Das waren wunderbare Menschen! Herzlos, sehr herzlos, die Bewohner von Patras. Hungrig, müde und erschöpft von der Reise hörten wir, wie sie uns willkommen hießen: ›Was wollt ihr in unserem Land, türkische Bastarde?‹« Man zwingt sie, in einem Schuppen zu schlafen. Selbst den Kleinkindern verweigert man für die Nacht einen Sack, der sie vor dem kalten Zementboden schützt.[35] In Griechenland kursieren verächtliche Begriffe für die Flüchtlinge aus der Türkei wie »türkisches Sperma« oder »Abkömmling türkischen Spermas« *(tourkosporoi)*, »in Yoghurt Getaufte« *(yiaourtovaptismenoi)*, »Orientalen« *(anatolites)* oder eben einfach »türkische Bastarde«. Insbesondere die Pontosgriechen hält man für dumm und einfältig und macht sich über sie lustig.[36] Wie die Deutschen nach dem Zweiten Weltkrieg zweifeln viele Griechen zu Beginn der 1920er Jahre an, dass es sich bei den Flüchtlingen um Landsleute handelt.

Zu den geschmähten Pontosgriechen gehört auch George Siamanides. »Wenn ich meine Augen schließe«, so erinnert sich der 92-Jährige 2005, »kann ich noch immer den Duft der blauen Blumen riechen, der von den Wiesen über unserem Haus herüberwehte.«[37] Siamanides stammt aus dem Dorf Imera in den Pontischen Alpen und trifft 1923 als Vertriebener in Griechenland ein. Mehr als achtzig Jahre nach seiner Ankunft hat er die Demütigungen noch immer nicht vergessen, unter denen er damals leiden musste. Die einheimischen Griechen karikieren den Dialekt der Pontosgriechen, und da viele Vertriebene die Kommunistische Partei unterstützen, wird ihnen pauschal unterstellt, politisch links zu stehen.[38]

Die Pontosgriechen fühlen sich lange als Bürger zweiter Klasse. Daraus erwachsen Widerstand und Beharrungsvermögen. Viele bewegen sich deshalb abseits der griechischen Mehrheitsgesellschaft, halten zäh an ihrem kulturellen Erbe fest. Zu ihrem unsichtbaren Gepäck gehören die vielfältigen Traditionen Kleinasiens, die sie von den einheimischen Griechen unterscheiden: Trachten, Bräuche, Musik, kulinarische Traditionen, Dialekte, Frömmigkeitsriten. Die griechische Mehrheitsgesellschaft reagiert auf diese fremden Traditionen mit Herabsetzungen. Als eine Gruppe größtenteils türkischsprachiger Flüchtlinge griechisch-orthodoxen Glaubens im nordgriechischen Nea Karvali eintrifft, verweigern die Einheimischen ihnen den Zugang zum Gottesdienst. »Die Einheimischen wollten uns nicht. ›Haut ab. Ihr seid Türken. Geht zurück in die Türkei‹, riefen zu uns zu«, erinnert sich ein Zeitzeuge. »Häufig demütigten sie uns mit dem Schimpfwort *tourkosporoi* (türkisches Sperma).«[39]

Viele ältere Flüchtlinge sind Analphabeten und lernen bis an ihr Lebensende kein Griechisch, bleiben Fremde im »Mutterland«. Griechische Behörden sehen sich deshalb oftmals genötigt, offizielle Bekanntmachungen für Flüchtlinge auf Türkisch zu veröffentlichen. In Thessaloniki boomt der türkische Schallplattenverkauf, zeigen griechische Kinos türkisches Herzkino bis weit in die 1950er Jahre hinein.[40] Die Flüchtlinge setzt man deshalb immer wieder »mit dem ewigen Anderen, nämlich den Türken«, gleich.[41]

In Polen empfängt man die eigenen Landsleute, die in der Nachkriegszeit aus den zur Sowjetunion geschlagenen Gebieten vertrieben werden, ebenfalls nicht mit offenen Armen. »Die von hinter dem Bug« haben andere historische Erfahrungen als ihre polnischen Landsleute weiter im Westen, die auf diese »schlechteren Polen« gern herabschauen.[42] Im einst brandenburgischen Aurith treffen 1945 Neuansiedler aus vielen Teilen Vorkriegspolens ein, eine zusammengewürfelte neue Nachbarschaft, die unterschiedlicher kaum sein könnte. Tina Veihelmann hat die Geschichte des Mädchens Kazimiera Autuch erzählt, eines der ersten Kinder, die nach 1945 im nunmehr polnischen Urad geboren werden. Kazimieras Eltern Zofia und Stanisław Autuch stammen aus einem Ort in Ostpolen, der heute in Weißrussland liegt. Als Kind hat Kazimiera einen schweren Stand im Dorf, denn ihre Eltern sind Fremde unter Fremden. Neusiedler aus den Karpaten machen sich über die Polen aus Weißrussland und der Ukraine lustig, nennen sie *Kacapi*, was etwa dem deutschen »Iwan« für die Russen entspricht. Für viele sind die Vertriebenen »von hinter dem Bug« keine Polen, sondern Mongolen.[43] Die Menschen aus den *Kresy* gelten als wirtschaftlich und vor allem kulturell rückständig, man schimpft sie *Chadziaje* (»Lumpensammler« oder »Herumtreiber«), *Parsiuki* (von *prosiak*, »Ferkel« oder »Schwein)« oder *Zabugole* (»Menschen von jenseits des Bug«, gemeint sind Hinterwäldler) und äußert Zweifel an ihrer polnischen Identität.

Janina Awgul stammt aus Bobrowniki im heutigen Weißrussland. Ihr Mann wird als Pole im Dezember 1944 vom NKWD verhaftet und stirbt 1950 in einem sowjetischen Arbeitslager. Erst 1953 kann sie das sowjetische Weißrussland verlassen und kommt nach Osterode im ehemaligen Ostpreußen. Dort leidet sie unter den Diskriminierungen ihrer polnischen Landsleute, von denen die Anspielung auf ihre Herkunft »von hinter dem Bug« noch die harmloseste ist. Abfällig stempelt man sie und ihren Sohn auch als »Ruski« ab. Der Nation zugerechnet zu werden, in der viele Polen Feinde sehen, schmerzt sie besonders. Da die Diskriminierung ihres Sohnes über Jahre nicht nachlässt, wendet sie sich schließlich an die Lehrer: »Die Kinder hörten solche Begriffe ganz sicher zu Hause. Als mein Kind heulend aus der Schule kam, lief ich zum Lehrer, um mich zu beschweren, und schrie weinend: ›Ich bin Polin, der Vater meines Kindes, mein Mann, verhungerte in Workuta dafür, weil er Pole war, zu Hause sprachen wir Polnisch, was für ein Russe ist denn mein Sohn?‹ Die Lehrer verstanden mich sofort und erklärten, dass die Kinder dieses Packs aus Zentralpolen nichts verstehen würden.«[44]

Kinder vertreten häufig die Vorurteile, die sie zu Hause aufschnappen. Das erfährt auch Wahram, jener armenische Junge, der mit seiner Familie aus dem ostanatolischen Van fliehen muss und nach Idgir kommt, das zu jener Zeit russisch besetzt ist. Wahrams Vater, einem führenden Vertreter der armenischen Gemeinschaft, gelingt es, seinen Sohn in einem armenischen Seminar in Tiflis unterzubringen, wo der Junge – getrennt von seiner Familie – eine gute Ausbildung erhalten soll. Doch die kleine Gruppe der Flüchtlingskinder aus Van wird von den armenischen Kindern aus Tiflis auf dem Schulhof beständig gehänselt und rassistisch beschimpft.

»Die Schulglocke läutete zur Pause. Die sieben Schüler aus Van versammelten sich wie gewöhnlich in einer Ecke des Hofes«, erzählt Victor Gardon. »Oft standen sie dort schweigend herum; zuweilen sprachen sie auch miteinander von Van und von der Flucht. Doch an diesem Tag bildeten fast alle Schüler der Klasse, denen sich noch eine große Anzahl von Jungen aus anderen Klassen zugesellte, einen feindseligen Kreis um sie. ›Könnt ihr euch denn nicht anständig anziehen?‹, fragte einer. ›Das sind Kurden. Sie wissen nicht, wie man sich anzieht‹, erklärte ein anderer.

›He, Krros, Krros, Krros!‹

›Seid ihr etwa hergekommen, um uns Lehren zu erteilen?‹

›Ihr stinkt wie verendete Hunde!‹

›Und gelb seid ihr wie die Toten!‹«[45]

Auf solche und ähnliche rassistische Vorurteile treffen die nach der Vertreibung und dem Völkermord in alle Winde verstreuten Armenier überall. In Europa zählt Frankreich zu ihren Hauptzielen. In Marseille entsteht damals der Stadtteil *La petite Arménie* mit einer großen armenischen Exilgemeinschaft. Allerdings stoßen die Vertriebenen auch dort auf massive Fremdenfeindlichkeit. Am 21. Oktober 1923 veröffentlicht die lokale Zeitung *Le Petit Provençal* einen Brief des sozialistischen Bürgermeisters der Stadt, Siméon Flaissières, der keinen Hehl aus seiner rassistischen Einstellung gegen die armenischen Flüchtlinge macht. Er beklagt den angekündigten endlosen Strom der »unerbetenen Gäste«, die Pocken, Typhus und sogar die Pest einschleppen würden, da den mittellosen Armeniern westliche Lebensformen und selbst eine rudimentäre Körperpflege fremd seien. Als Bürgermeister von Marseille appelliert er im Namen der Bürger an die Regierung, die französischen Häfen für armenische Flüchtlinge zu sperren, da »diese schäbigen menschlichen Horden« *(ces lamentales troupeaux humains)* eine große öffentliche Gefahr für das ganze Land darstellen würden.[46]

Die rassistische Volte des Bürgermeisters kann die Aufnahme armenischer Flüchtlinge zwar nicht unterbinden, doch die Ablehnung trifft diese hart und unvorbereitet. Ein Kind armenischer Überlebender berichtet, dass seine Eltern zunächst davon überzeugt waren, in Frankreich gut aufgehoben zu sein. Doch in der Schule werden die armenischen Kinder häufig von den französischen getrennt. Den einheimischen Kindern wird eingebleut, sich nicht neben die fremden zu setzen, weil diese Läuse hätten, erinnert es sich. Die Neuankömmlinge kennen die lokalen Verhältnisse nicht, doch man erwartet von ihnen, dass sie sich den örtlichen Gegebenheiten anpassen und unterordnen, dass sie die tradierte soziale Hierarchie akzeptieren und möglichst unauffällig bleiben. Wer gegen die bestehende Ordnung aufbegehrt, zieht meistens den Kürzeren. Auf der Straße werden die Fremden als »dreckige Armenier« beschimpft.[47]

Der Rassismus der Einheimischen trifft insbesondere jene, die äußerlich als »fremd« wahrgenommen werden, wie etwa Natascha Wodin. Ihre Eltern sind im Zweiten Weltkrieg als Zwangsarbeiter aus der Ukraine nach Deutschland verschleppt worden und wollen nicht in ihre sowjetische Heimat zurückkehren, wo man ihresgleichen der Kollaboration mit dem Feind verdächtigt. Daher bleiben sie als Displaced Persons in Franken, wo Natascha 1945 geboren wird und aufwächst. Noch Jahre nach Kriegsende gibt man ihr zu verstehen, dass sie nicht dazugehört. Jeden Morgen, wenn sie, das Kind von Zwangsarbeitern und »Slawen«, die Schule in der fränkischen Kleinstadt betritt, beginnt ein Spießrutenlauf. »Fräulein Schorrn, die Lehrerin, eine germanische Blondine mit stahlblauen Augen, die nie den Rohrstock aus der Hand legt und nicht mit den gefürchteten Tatzen spart, ist kein Schutz für mich, im Gegenteil. Mit ihren Erzählungen von den Gräueltaten der Russen, von ihrer

Mordgier und Bestialität, fordert sie meine Mitschüler geradewegs dazu auf, über mich herzufallen. Ich bin ein willkommenes Ventil für die angestauten Aggressionen der Kinder, bei denen zu Hause nach wie vor der Geist nationalsozialistischer Zucht herrscht und die in dem lückenlosen Schweigen der Nachkriegszeit an Erstickung leiden. Durch ihre gewalttätigen Ausbrüche gegen mich verschaffen sie sich kurzzeitig Luft.«[48]

Ganz anderes erhofft und erträumt man sich vom 1948 gegründeten jüdischen Staat. Er ist die Erfüllung der zionistischen Idee, die sich aus den Erfahrungen von Pogromen, Antisemitismus und Völkermord entwickelt hat, und versteht sich von Anbeginn als sicherer Hafen für jüdische Flüchtlinge. Die kulturelle und sprachliche Heterogenität der aus unterschiedlichen Teilen der Welt stammenden Bürger stellt jedoch eine Herausforderung dar. Ein Fünftel der Einwanderer sind Vertriebene aus der arabischen Welt, deren Nachkommen heute die Hälfte der jüdischen Bevölkerung stellen. Israels Gesellschaft macht es diesen Juden und auch allen anderen, die aus einem nichteuropäischen kulturellen Umfeld stammen, allerdings nicht leicht. Die noch junge Gesellschaft Israels begegnet ihnen zuweilen sogar feindselig, denn die aschkenasische Elite hat die tradierten Vorurteile aus Europa mitgebracht und blickt auf die *Mizrachim* – »die aus dem Osten« stammenden Juden – herab. Rassistische Stereotype über den Orient und über »die« Araber schleichen sich ein und treffen auch orientalische Juden.[49] Manchmal spricht man ihnen sogar ab, Juden zu sein.

Der Historiker Tom Segev zitiert in seiner Studie über die frühe israelische Gesellschaft den Journalisten Arieh Gelblum, der im April 1949 in der Zeitung *Haaretz* gegen jüdische Einwanderer aus arabischen Ländern hetzt. »Dies ist eine Rasse, wie wir noch keine gesehen haben. Angeblich gibt es Unterschiede zwischen Menschen aus Tripolis, Marokko, Tunesien und Algerien, aber ich kann nicht sagen, dass ich erfahren hätte, worin diese Unterschiede bestehen und ob sie wirklich existieren«, heißt es in dem Artikel. »Die Primitivität dieser Leute ist unübertrefflich. Sie haben fast überhaupt keine Bildung, und noch schlimmer ist ihre Unfähigkeit, irgendetwas Intellektuelles zu verstehen. In der Regel sind sie nur ein kleines bisschen fortgeschrittener als die Araber, Neger und Berber in ihren Ländern. Ihr Niveau ist auf jeden Fall niedriger als das der früheren palästinensischen Araber. Im Gegensatz zu den Jemeniten sind sie nur wenig im Judentum verwurzelt. Andererseits sind sie völlig von wilden und primitiven Instinkten beherrscht.« Das zeige sich auch in den Aufnahmelagern. »In den nordafrikanischen Ecken des Lagers findet man Schmutz, Glücksspiel, Trunkenheit und Prostitution. Viele von ihnen leiden an schweren Augenkrankheiten sowie an Haut- und Geschlechtskrankheiten. Diebstahl und Raub habe ich noch nicht erwähnt. Nichts ist sicher vor diesem antisozialen Element, kein Schloss ist stark genug.«[50]

Der Umgang mit den Einwanderern aus arabischen Ländern gestaltet sich nicht selten entsprechend ruppig. Sie werden vom Flughafen direkt in das Aufnahmelager Sha'ar ha-Aliyah (wörtlich »Tor des Aufstiegs«) gebracht, das die irakischen Juden bald »Tor der Tränen« nennen. Gleich nach ihrer Ankunft müssen sie sich einer erniedrigenden Prozedur unterziehen. Weil man fürchtet, dass sie Ungeziefer einschleppen könnten, besprüht man sie mit dem Desinfektionsmittel DDT.[51] Die Schriftstellerin Irit Amiel erzählt die Geschichte von Amalia Matok, deren Vater in Bagdad ein kleines Textilgeschäft besaß und wegen seiner kräftigen Stimme an hohen Feiertagen als Kantor in der Synagoge amtierte. Bei seiner Ankunft in Israel wird er von einer Soldatin mit einem Mittel gegen Läuse, Flöhe und Wanzen so eingedeckt, dass sein dreiteiliger schwarzer Schabbatanzug und sein dunkles Gesicht schließlich völlig weiß sind. »Diese Demütigung«, erzählt Irit Amiel, »wird er bis ans Ende seiner Tage nicht überwinden.«[52] Die mizrachischen Juden kommen – wie viele andere Einwanderer – in die »Ma'abarot«. 1951 leben bis zu 80 000 irakische Juden in diesen Transitlagern.[53]

Juden aus arabischen Staaten bleiben in Israel lange Zeit benachteiligt. Das fühlt auch die Familie Beh Sabagha mit ihrem Sohn Yona aus dem kurdischen Zakho, als sie im April 1951 in Israel ankommt. Zunächst lebt sie in einem Transitlager in Talpiot bei Jerusalem, schließlich in Katamonim, einem Stadtteil von Jerusalem mit einfachen Wohnblocks, in dem in den 1950er Jahren viele kurdische Juden landen. Da ihre neuen israelischen Landsleute sie diskriminieren, bleiben sie unter sich.[54] Ariel Sabars Tante Sarah erinnert sich: »Jahrelang konnten wir nicht einmal sagen, wir seien

Kurden. Wir logen.« Es bleibt ihnen gar nichts anderes übrig, als die unausgesprochene Hierarchie der aschkenasischen Israelis anzuerkennen. »Die Kurden galten als Abschaum der Erde. Selbst unter den Juden des Mittleren Ostens existierten Hierarchien, wobei sich die Kurden stets an letzter Stelle finden.« Wenn die Kinder der Familie Sabagha zu laut sind, erinnert sich Sarah, ruft eine aschkenasische Nachbarin ihnen »Kurdia masricha, primitivit. Stinkende Kurdin, Primitive«, nach.[55] Ähnlich wie den Kurden geht es den äthiopischen Juden, die 1984 und 1991 über israelische Luftbrücken in Sicherheit gebracht werden. Heute leben 140 000 äthiopische Juden in Israel, viele von ihnen noch immer als Außenseiter. Doch etwas ist in Israel anders als in allen anderen Ländern der Welt: Es ist das einzige Land, das sich aktiv für die Rettung bedrohter Juden einsetzt. Eine Situation wie 1938 in Évian soll es für Juden nie mehr geben.

Wohin man auch schaut: Flüchtlinge gelten als Bedrohung. Politiker wie der Bürgermeister von Marseille machen sich diese Fremdenfeindlichkeit zu eigen, indem sie öffentlichkeitswirksame Parolen mit fremdenfeindlichen Ressentiments verbreiten. Das ist in den Jahren nach den beiden Weltkriegen so, als die Aufnahmegesellschaften selbst mit Problemen zu kämpfen haben, und das ist immer noch so, als der allgemeine Wohlstand ein Niveau erreicht wie niemals zuvor in der Geschichte: Anfang der 1990er Jahre, als bosnische Muslime vor den Augen der Weltöffentlichkeit zu Opfern von Vertreibungen werden, streitet die europäische Staatengemeinschaft über die Verteilung der Bosnienflüchtlinge wie einst 1938 in Évian. Niemand will sie, viele verweigern die Aufnahme, sodass schließlich ein unwürdiges Geschacher um Quoten einsetzt. Während die Schweiz, Deutschland, Schweden und andere europäische Länder zu einer großzügigen Aufnahme bereit sind, verweigert die britische Regierung Flüchtlingen aus Bosnien zunächst eine sichere Zuflucht mit dem fadenscheinigen Argument, diese sollten »ihrer Heimat so nahe wie möglich« untergebracht werden. Premierminister John Major erklärt, Großbritannien könne lediglich »bis zu 60« kriegsversehrte Kinder »im Falle einer Evakuierung« aufnehmen.[56] Im Sommer 2015 werden fast die gleichen Argumente bemüht, als wieder Hunderttausende vor Krieg und Gewalt in das wohlhabende

Europa fliehen. Als es um die Verteilung von Kriegsflüchtlingen innerhalb Europas geht, verweigert sich eine ganze Reihe von Ländern. Für viele ist das Boot immer voll.

Australien verfolgt gegenwärtig eine strikte Abschottungspolitik. Mit einer martialischen Kampagne setzt die australische Regierung auf die Kraft der Bilder. *No way. You will not make Australia home* lautet die Warnung an Flüchtlinge und Migranten, die versuchen sollten, übers Meer nach Australien zu gelangen. Australien – so die Botschaft – wird in Seenot Geratene nicht retten, die Menschen wären sich selbst überlassen. Das Land betreibt diese harte Politik gegen Flüchtlinge und Schutzsuchende seit 2001. In den Jahren seither hat die Regierung mit nur einer kurzen Unterbrechung ein ausgeklügeltes System extraterritorialer Lager errichtet mit dem Ziel, das menschliche Drama, das mit diesen Flüchtlingen verbunden ist, vor der Tür zu lassen.

Tausend Kilometer nördlich von Australien breitet sich das Tropenparadies Manus Island aus. Für Flüchtlinge ist es die Hölle. Die Insel liegt in einem Archipel nördlich von Papua-Neuguinea, zu dem es territorial gehört. Neben einem weiteren Lager im Pazifikstaat Nauru unterhält Australien hier Internierungseinrichtungen außerhalb des eigenen Landes. Alle Internierten auf Manus Island sind von der *Royal Australian Navy* bei dem Versuch, nach Australien zu gelangen, aufgegriffen worden und haben gar nicht erst die Möglichkeit erhalten, auf australischem Boden um Asyl zu bitten. Das soll abschreckend wirken. Wie das häufig geschieht, verbirgt die Bürokratie diesen ungeheuerlichen Vorgang hinter einem harmlos klingenden Namen: Im *Manus Regional Processing Centre*, kurz RPS, werden Menschen, die im Vertrauen auf den Rechtsstaat Australien um Asyl nachsuchen, jahrelang gegen ihren Willen interniert. Der kapitalistischen Logik des 21. Jahrhunderts folgend wird das Lager von privaten – und zugleich börsennotierten – Sicherheitsunternehmen im Auftrag der australischen Regierung betrieben. Pressebesuche sind nur unter strengen Auflagen möglich.

Als die Einrichtung 2012 nach vorübergehender Schließung wieder eröffnet wird, sterben 2015 bei Unruhen und durch Selbstverstümmelung mehrere Flüchtlinge. Im November 2017 ist der australische Journalist Mark Isaacs vor Ort. Ob jemand Flüchtling gemäß

Australien gilt als weltoffen und tolerant. Die Abschottungsmaßnahmen der australischen Regierung lassen sich mit diesem Image allerdings nur schwer vereinbaren. Flüchtlinge und Migranten wird unmissverständlich nahegelegt, die riskante Flucht übers Meer erst gar nicht zu wagen. Wer aufgegriffen wird, dem droht die Unterbringung außerhalb des Landes in einem der *Detention Center* auf Nauru oder Manus Island, wo er einem Prüfverfahren unterzogen wird, das – so die Drohung – sehr lange dauern kann.

der Genfer Konvention ist oder nicht, werde nicht im Einzelfall geprüft, berichtet er, vielmehr gelten ausnahmslos alle Aufgegriffenen als illegale Einwanderer. Die Zustände im Lager seien schwer erträglich, zumal für Flüchtlinge, die sich dort über Jahre aufhalten müssen. Er berichtet von Vergewaltigungen, von Selbstmorden und dem Mord an dem iranischen Asylbewerber Reza Barati, der im Februar 2014 von einem Wachmann getötet wurde.[57] Mark Isaacs kommt in *Foreign Policy* zu dem Ergebnis, Australiens ausgelagerte Internierungseinrichtungen seien ein Synonym für Missbrauch, eine einzige »humanitäre Katastrophe«.

Der ebenfalls aus dem Iran stammende kurdische Journalist und Menschenrechtsaktivist Behrouz Boochani hat das Leid öffentlich gemacht, das er selbst als Flüchtling in dem australischen Lager durchlebte, und ist dadurch zu einer gewissen Berühmtheit gelangt. Boochani strandet 2013 auf Manus Island. »Einen Monat nach meiner Ankunft in Manus bin ich ein Stück Fleisch, abgeschoben in ein unbekanntes Land; ein Gefängnis voll Dreck und stickiger Hitze«, liest man in seinen Erinnerungen *No Friend But the Mountains*. Mithilfe seines Smartphones versendet er Tausende von Kurznachrichten, aus denen ein Buch entsteht. Die in Farsi verfassten Texte werden von seinem Freund, dem Übersetzer Omid Tofighian, ins Englische übertragen und erscheinen 2018 als Buch. Das Internierungslager wird aufgrund internationaler Proteste und einer Intervention von Papua-Neuguinea bereits im Herbst 2017 geschlossen. Behrouz Boochani kommt nach 2269 Tagen in australischer Internierungshaft frei, bleibt aber in Papua-Neuguinea. Seine Zukunft ist zunächst ungewiss. Im November 2019 trifft er in Neuseeland ein.[58]

Mittlerweile erregt die Regierung von Bangladesch unrühmliche Aufmerksamkeit mit dem Plan, Rohingya aus dem Nachbarland Birma auf der Insel Bhasan Char anzusiedeln. Dieses bislang unbewohnte Eiland im Delta des Flusses Meghna ist erst vor wenigen Jahrzehnten durch Schwemmsand entstanden und vor der Küste schutzlos tropischen Stürmen und Überflutungen ausgesetzt. Es ist grundsätzlich nur per Boot nach einer mehr als dreistündigen Überfahrt zu erreichen.[59]

Wenn Flüchtlinge überhaupt ins Land kommen, werden sie nach Möglichkeit weit draußen, fernab der Sichtachsen bürgerlicher Wohnquartiere, in Behelfsunterkünften, Lagern oder ähnlich notdürftigen Behausungen untergebracht. Keiner will die ungebetenen Gäste in der eigenen Nachbarschaft haben. Das ist 2015 in der Bundesrepublik nicht anders als nach dem Zweiten Weltkrieg in den vier Besatzungszonen. Flüchtlingslager und die schmucklosen Flüchtlingssiedlungen der 1950er Jahre entstehen an der Peripherie, auf Brachland und in jedem Fall weitab der Villenviertel und historischen Ortskerne. In der Rückschau gilt: Je weiter weg, desto besser.

»Wegen der Huren-Flüchtlinge müssen wir zu Hause zusammenrücken!«, empören sich Bewohner Süddeutschlands, die partout keine deutschen Vertriebenen aufnehmen wollen.[60] Diese Ablehnung, so der Konfliktforscher Andreas Zick, erwächst oft aus der Angst der Ansässigen, die Fremden könnten ihnen etwas wegnehmen. Und diese aus der Angst erwachsende Ablehnung lässt man sie deutlich spüren. »Jeder von ihnen bekommt mit: ›Du bist hier nicht gewollt‹, auch wenn es zu keiner körperlichen Gewalt kommt. Wenn man ständig mit Vorurteilen konfrontiert wird, ist das eine psychische Belastung und auf Dauer schädigend«, sagt Zick. »Man nimmt es als Bedrohung wahr. Manche Vorurteile werden dann sogar selbsterfüllend, also man benimmt sich so, wie einem vorgeworfen wird.«[61] Als Reaktion auf die Vorbehalte und Ressentiments ziehen sich viele Flüchtlinge zurück und verweigern sich jeder Form von Integration.

Mit ihrer Kunstaktion »Die Liste« erinnert die türkische Künstlerin Banu Cennetoğlu an Zehntausende Flüchtlinge und Migranten, die im Mittelmeer bisher ertranken. Sie versucht, allen Toten des Mittelmeers einen Namen zu geben. Der Berliner *Tagesspiegel* veröffentlicht die Liste am 9. November 2017 und schreibt dazu: »Die griechische Tageszeitung ›Ta Nea‹ veröffentlichte 2007 in Zusammenarbeit mit Banu Cennetoğlu eine Liste mit den Namen von 8855 Toten. 2010, bei einer von der Kunsthalle Basel organisierten Plakataktion, umfasste ›The List‹ 13 284 Todesfälle. Die Liste, die Banu Cennetoğlu jetzt in dieser Zeitung vorlegt, hat 33 293 Positionen. Jeder Eintrag ein Schicksal, ein verlorenes Leben. Nur die ›Spitze des Eisbergs‹, sagt Banu Cennetoğlu. Tatsächlich sind viel mehr Menschen auf der Flucht gestorben, im Mittelmeer ertrunken.

Keiner kennt ihre Zahl. ›The List‹ dokumentiert, was an Daten beizubringen ist.« Im Sommer 2018 zeigt die Künstlerin im Rahmen der Liverpooler Biennale eine Installation der Liste, die inzwischen 34361 Namen enthält. Mehrfach beschädigen Rechtsradikale das Kunstwerk und hinterlassen eine eindeutige Botschaft: »INVADERS NOT REFUGEES!«[62]

Manchmal werden sogar jene angegriffen, die Flüchtlingen helfen wollen. Ihre Hilfsbereitschaft und Mitmenschlichkeit werden lächerlich gemacht in der Absicht, die Hilfswilligen gesellschaftlich zu ächten. Ungarns Regierung etwa scheut im Jahr 2015 nicht vor antisemitischen Klischees gegen den ungarischstämmigen US-Investor und Mäzen George Soros zurück. Die landesweite xenophobe Kampagne wird mit öffentlichen Mitteln finanziert. Navid Kermani, der 2015 auf der Balkanroute unterwegs ist, berichtet aus Ungarn: »An den Straßen waren die Plakatwände der Regierung zu sehen, auf denen eine blonde Schönheit verkündet, daß sie etwas gegen Illegale habe – nachdem die Regierung praktisch alle Flüchtlinge, weil sie nicht legal einreisen können, zu Kriminellen erklärt hatte.«[63] Ungarn ist kein Einzelfall. Flüchtlinge auszugrenzen ist einfacher, als sie nach ihrer dramatischen Flucht mit offenen Armen willkommen zu heißen. So »vererbt« sich ihr Status als Außenseiter immer weiter.

»Wir sind *Flüchtlinge!* In erster Linie Flüchtlinge!«, empört sich Martha Kents Mutter, die unter der Stigmatisierung im Nachkriegsdeutschland leidet. »Ich wollte wissen, was denn an den Flüchtlingen so schlecht sei«, erinnert sich Martha an das folgende Gespräch. »Feuer glühte in Mutters dunklen Augen, als sie die Worte des Rektors wiederholte. Er hatte das Wort *Flüchtlinge* benutzt. Er hatte es ausgesprochen, als handele es sich hier um die selbstverständlichste Sache der Welt: *Flüchtlinge* gingen eben nicht zur höheren Schule … ›Wir sind Flüchtlinge – ist das denn ein Verbrechen – sind wir denn an allem schuld? Das ist wie eine Peitsche, nur dass du nicht mal die Striemen auf deinem Rücken zählen kannst.‹«[64] Martha Kents Geschichte ist eine von unzähligen Geschichten über Rassismus, Ausgrenzung, Fremdenfeindlichkeit und anderen Abwehrreaktionen gegen *die* Flüchtlinge. Solche Geschichten ereignen sich an jedem Tag irgendwo auf der Welt.

Die Eltern von Mahdi Hashemi leiden unter der Fremdenfeindlichkeit im Iran, wohin sie vor dem Bürgerkrieg in Afghanistan geflüchtet sind. In ihrer Verzweiflung schickt die Familie den fünfzehnjährigen Mahdi, der im Iran geboren wurde, schließlich auf den gefährlichen Weg nach Europa in der Hoffnung, dass er dort ein Leben in Frieden und Sicherheit führen kann. Mahdi erreicht Deutschland und schreibt seine Geschichte als Kind einer Flüchtlingsfamilie im Iran nieder, die reich an Demütigungen und Verletzungen ist.[65] Sie beginnt mit einem Gedicht in seiner Muttersprache Dari.

Sei gegrüßt, Iran!
Verzeih mir,
sollte ich es sein,
der einem Iraner den Platz in der Gesellschaft streitig machte.
Verzeih mir,
wenn ich euren Sauerstoff geatmet habe.
Verzeih mir,
sollte ich euren Boden abgenutzt haben.
Verzeih mir,
wenn ich eure Tinte und euren Mörtel einsetzte
für meine Bildung.
Verzeih mir,
wenn ich euer Wasser trank und eure Nahrung aß
und eure Leute hungrig blieben.
Verzeih mir,
ich bin ein afghanischer Flüchtling,
der wegen des Krieges zu einem Fremden bei euch wurde.
Der sich dort in die Umarmung der Mühsal begab.

Iran, wenn du mir Schmerzen bereitet hast,
so verzeih ich dir.
Iran, wenn du mich lächerlich gemacht hast
für mein Afghanisch-Sein,
ich verzeihe dir.

Mahdi Hashemis Erfahrung im Iran teilen die Heimatlosen dieser Welt, wo immer sie stranden.

Eine Flucht endet gewöhnlich, wenn die Flüchtlinge in Sicherheit sind. Doch dann beginnen für viele die demütigenden Prozeduren im Lager. Das können Zeltstädte, Flüchtlingsheime oder Transitzentren sein. Oft durchlaufen Flüchtlinge diverse Lager, sind vertraut mit dem Lageralltag, weil sie bereits Deportationen und Zwangsarbeit erlebt, durchlebt, überlebt haben. In kaum einer Geschichte von Flucht und Vertreibung fehlt das Lager. Abgeschirmt von der Welt der anderen verharren die Flüchtlinge in einer Art Transitorium, erfahren Tag für Tag, wer am längeren Hebel sitzt. Für die Betroffenen sind Lager Orte der Ohnmacht und des Ausgeliefertseins, für die Staaten, die sie einrichten, sind es bewährte Einrichtungen zur Kontrolle der Fremden.

Millionen Displaced Persons erleben das Kriegsende 1945 im besetzten Deutschland: ehemalige Zwangsarbeitskräfte der NS-Kriegswirtschaft, Überlebende der Konzentrations- und Vernichtungslager, Kriegsgefangene. Die meisten kehren nun in ihre Heimat zurück, einige wie Natascha Wodin und ihre Eltern bleiben. Die inzwischen über siebzigjährige Schriftstellerin erzählt in *Sie kam aus Mariupol* von ihrer Kindheit im Lager Valka in Nürnberg-Langwasser, einer schäbigen Unterkunft, in der 1945 rund 4000 Displaced Persons aus dreißig Nationen hausen. Die Baracken dienen bis 1938 als Unterkünfte für die Teilnehmer der Reichsparteitage, im Zweiten Weltkrieg sind dort sowjetische Kriegsgefangene untergebracht. Als der zu Ende ist, finden Überlebende, Gestrandete und Heimatlose ein Obdach in dem Lager. »Wir wohnen in einer der Holzbaracken, zusammen mit Mäusen und Wanzen, die uns die ganze Nacht lang plagen. Wenn es regnet, läuft das Wasser durchs undichte Dach, sodass wir schnell alle verfügbaren Gefäße unterstellen müssen. Das verzogene Fenster schließt schlecht, der Ofen zieht nicht und qualmt, den Winter über frieren und husten wir.«[66]

Natascha Wodin kommt im Dezember 1945 in einem Krankenhaus in Fürth zur Welt. Ihre Mutter leidet in diesen ohnehin schweren Stunden noch zusätzlich unter ihrer unbändigen Angst vor den Deutschen, »die in ihr nicht nur eine slawische Untermenschin sehen, die den Kreißsaal mit ihrem schlechten Blut verschmutzt«,

Überall in Syrien, aber auch im Libanon entstehen Anfang der 1920er Jahre armenische Flüchtlingslager wie dieses in Aleppo. Die nordsyrische Stadt hat von jeher eine armenische Gemeinde und heißt viele Überlebende der Todesmärsche als neue Mitglieder willkommen. Im französischen Mandatsgebiet sind die Armenier vor türkischen Pogromen sicher. Doch knapp hundert Jahre nach dem Völkermord erleben ihre Nachfahren nun selbst die Schrecken, von denen ihre Großeltern einst erzählten. Seit Beginn des syrischen Bürgerkriegs 2011 steht Aleppo für den Krieg schlechthin. In ihrer Verzweiflung fliehen über 20 000 syrische Armenier in die Republik Armenien. Das seit Urzeiten armenisch besiedelte Dorf Kessab, das trotz Verfolgung und Völkermord immer armenisch blieb, fällt 2014 mit türkischer Unterstützung in die Hände islamistischer Al-Nusra-Milizionäre, die es plündern und zerstören. Wenig später wird der Ort von der syrischen Armee befreit und die Medienkampagne »Save Kessab« gestartet, die um Spenden für den Wiederaufbau wirbt.

sondern darüber hinaus »die Verkörperung der sowjetischen Siegermacht, der Kommunisten und Bolschewisten, die Millionen deutscher Väter und Söhne umgebracht haben, als Mörder, Plünderer und Vergewaltiger über Deutschland hergefallen sind und einen großen Teil deutschen Territoriums besetzt halten«.[67]

Vielfach leben Displaced Persons (DP) – Überlebende der Schoah sowie Balten, Polen, Tschechen, Slowaken, Ukrainer – Tür an Tür mit deutschen Vertriebenen, etwa in Föhrenwald, einem Lager südlich von München, in dem von 1945 bis 1957 jüdische Displaced Persons untergebracht sind. Von 1956 an findet man hier »Heimatlose Ausländer«, wie sie seit 1952 offiziell heißen, neben deutschen Vertriebenen. Einer der ersten jüdischen Bewohner des DP-Lagers Föhrenwald ist Edward Anders (ursprünglich Alperovitch), der 1926 im lettischen Libau als Sohn einer deutschsprachigen jüdischen Familie zur Welt kommt. Seine unglaubliche Geschichte erzählt er in *Amidst Latvians During the Holocaust*. Sein Vater wird im Sommer 1941, unmittelbar nach der Besetzung Lettlands durch die Wehrmacht, als Jude erschossen, die Mutter Erica kann Edward und seinen Bruder aus deutscher Haft befreien, indem sie sich als »Volksdeutsche« ausgibt. Bei Kriegsende flüchten die drei mit »anderen Deutschen« vor der Sowjetarmee über die Ostsee nach Danzig. Schließlich erleben sie als »Deutsche« im Sudetenland ihre Befreiung. Im Oktober 1945 gelangen Edward und seine Mutter in das DP-Lager Föhrenwald in Bayern.[68]

Etwas abseits des nordhessischen Städtchen Trutzhain liegt das Kriegsgefangenenlager STALAG IX A Ziegenhain, in dem zeitweise bis zu 10 000 Kriegsgefangene inhaftiert sind, unter ihnen der spätere französische Staatspräsident François Mitterrand. Am 30. März 1945 befreien die Amerikaner das Lager und nutzen es fortan für deutsche Kriegsgefangene und Zivilinternierte. Von Herbst 1946 an warten hier rund 2000 Displaced Persons –Juden aus Polen, Ungarn und der Ukraine – auf ihre Ausreise. Nachdem das Lager im November 1947 aufgelöst worden ist, ziehen deutsche Vertriebene in die Baracken. Im Eigenbau errichten katholische Sudetendeutsche hier 1949 die Barackenkirche Maria Hilf und rufen in Anlehnung an die Quinauer Wallfahrt im böhmischen Erzgebirge eine Vertriebenenwallfahrt ins Leben.[69]

Gegen Ende des Zweiten Weltkriegs gelangen 250 000 deutsche Flüchtlinge vor allem aus Ost- und Westpreußen nach Dänemark. Sie stellen damit vier Prozent der Bevölkerung des Landes. Unter den mehr als hundert über das ganze Land verstreuten Lagern, in denen sie untergebracht sind, ist das Lager Oksböl an der Westküste mit 35 000 Insassen größer als die fünftgrößte Stadt Dänemarks. Als die Flüchtlinge eintreffen, ist Dänemark noch vom nationalsozialistischen Deutschland besetzt. Nach der Befreiung dürfen sie die Lager nicht mehr verlassen, denn nicht wenige Dänen sehen in den deutschen Flüchtlingen ehemalige Feinde, für deren Leid sie wenig Verständnis aufbringen. Für die katastrophalen Zustände in den Lagern fühlt sich deshalb zunächst niemand zuständig.[70] Allein 1945 sterben mehr als 13 000 Flüchtlinge, darunter 7000 Kinder unter fünf Jahren. Am 5. Februar 1949 verlassen die letzten Deutschen Dänemarks Lager. Gegenwärtig entsteht auf dem ehemaligen Lagergelände in Oksböl ein Flüchtlingsmuseum, in dem auch an dieses Nachkriegskapitel erinnert wird.

Tausende italienische Flüchtlinge aus dem nunmehr jugoslawischen Istrien und Dalmatien stranden nach dem Zweiten Weltkrieg in Triest. Im Lager Silos, einem ehemalige Kornspeicher, leben Marisa Madieri und ihre Familie. Das dreistöckige Gebäude mit zwei langen Seitenflügeln dient den Flüchtlingen jahrelang als provisorisches Obdach. »In jedem Stockwerk war der Raum durch Holzwände in viele kleine Abteilungen gegliedert, die ›Boxen‹ genannt wurden und die sich nahtlos aneinanderreihten wie die Zellen einer Bienenwabe. Zwischen ihnen gab es Haupt- und Nebenstraßen. Die Boxen waren alle numeriert, und einige hatten sogar Namen wie eine Villa.« Im Innern herrscht völlige Dunkelheit, nur im dritten Geschoss dringt etwas Tageslicht durch die Oberlichter. »Das Betreten des Silos war wie der Eintritt in eine Art dantesker Landschaft, in ein nächtliches und verräuchertes Purgatorium.« Sobald man eintrat, umfing einen ein seltsamer Geruch. »Aus den Boxen stiegen Küchendünste und jede Menge anderer Düfte auf, die sich zu einem einzigen, intensiven, typischen und nicht zu beschreibenden Geruch vereinten, einem süßlichen und abgestandenen Gemisch aus Suppe, Kohl, Gebratenem, Schweiß und Krankenhaus.« Lange brauchen die Augen, bis in der Dunkelheit überhaupt etwas auszumachen ist »von der komplexen und vielgliedrigen Anordnung des finsteren, aufgeschichteten Dorfes« sowie »von dem unaufhörlichen Kommen und Gehen der Menschen, die sich auf seinen Straßen und an seinen Kreuzungen bewegten«.[71]

Die Lagerbewohner sind Hitze und Kälte schutzlos ausgeliefert. »War schon die Sommerhitze im Silos eine nicht leicht zu ertragende Prüfung gewesen, so wurde der Winter regelrecht zur Tragödie«, erzählt Marisa. »Die einzige Heizmöglichkeit in der Box war ein kleiner Elektro-Ofen, dessen Sicherung ständig heraussprang und dem es kaum gelang, die vor allem an den Tagen der Bora beißend kalte Luft im Zimmer auch nur ein wenig anzuwärmen. Es war schrecklich, sich am Abend auszuziehen und unter die starren Decken zu legen, die sich wie Marmor anfühlten, und noch schlimmer war es am Morgen, die laue Wärme des Bettes zu verlassen, um sich der einen sofort umgebenden feindlichen Luft und dem eisigen Wasser im Waschraum auszusetzen. Ich war immer erkältet und litt an Frostbeulen.«[72]

Das Lager steht für Kriminalität, Sittenlosigkeit und Anarchie, die Bewohner gelten als Asoziale und sind sozial stigmatisiert. Die Kinder schämen sich in der Schule ihrer Herkunft. Mit denen »im Lager« will niemand etwas zu tun haben, die Bewohner werden gemieden, als hätten sie eine ansteckende Krankheit. »Es war für mich nicht leicht, die Realität meines Lebens im Silos mit jener äußerlichen, in die mich die Schule versetzte, zu vereinen«, erzählt Marisa Madieri. »Meine Lehrer und meine Klassenkameradinnen, mit denen ich mich gegen Ende der Gymnasialzeit etwas anfreundete, wussten fast nichts von mir und von der Mühe, die es mich kostete, in der Kälte und dem Chaos zu lernen, und sie ahnten nicht, wie peinlich es mir war, daß ich immer denselben Rock anhatte, zum Glück verborgen unter der schwarzen Schulschürze. Ich schämte mich meiner Verhältnisse. Nie redete ich mit irgendjemandem über das Silos, und ich hoffte dringend, das Geheimnis meines Zuhauses so lange wie möglich wahren zu können.«[73]

Lager vermitteln Unbehaustheit, bei langen Aufenthalten wächst die Gefahr, dass das Flüchtlingsschicksal zum Dauerzustand wird, denn die Chancen für einen Neuanfang hängen entscheidend davon ab, wie lange die Flüchtlinge getrennt von der Mehrheitsgesellschaft in Lagern ausharren müssen. Manche Flüchtlinge erhalten erst gar keine Chance, sondern sind zu lebenslänglichem Lager verurteilt. Im Libanon wie auch in Ostafrika leben sie zuweilen bereits in der dritten Generation in behelfsmäßigen Unterkünften, die längst zu dauerhaften Bleiben geworden sind, da die Rückkehr in die alte Heimat unmöglich ist und die Aufnahmeländer oder andere Länder die Einbürgerung verweigern. Ein an sich elementares Menschenrecht, das Recht auf ein würdevolles Leben, ist ihnen damit verwehrt.

Flüchtlingslager sind ein Politikum, heute mehr denn je. Sie stellen eine globale Realität dar, doch niemand will sich ihrer annehmen. Nora Bossong beschreibt dieses Dilemma am Beispiel des Lagers Dadaab im Nordosten Kenias nahe der Grenze zu Somalia. Dorthin flüchteten bereits vor Jahrzehnten Somalis vor dem blutigen Bürgerkrieg. »Es bringt eine der großen Fragen unseres Jahrhunderts – jene nach dem Schutz Vertriebener und Geflüchteter – nicht etwa auf den Punkt, es hält sie in einem Wartezustand, in einer Situation des Stillstands.« Seit Jahrzehnten würden in dem Lager Familien leben, die nie etwas anderes kennengelernt haben als »diese Transitzone, die längst keinen Transit mehr bedeutet, vielleicht nie bedeutet hat, sondern einen Ort ohne Vor und Zurück«.[74] Lange galt Dadaab mit bis zu 400 000 Einwohnern als das größte Flüchtlingslager der Welt. Im Herbst 2019 macht Kutupalong in Bangladesch mit mehr als 600 000 Bewohnern – sämtlich muslimische Rohingya – ihm den Rang streitig.

Solche über Jahrzehnte andauernden Provisorien waren lange auch fester Bestandteil der deutschen Nachkriegsgesellschaft. »Flensburgs letzte Baracke geräumt«, heißt es triumphierend mehr als zwanzig Jahre nach Kriegsende in den *Flensburger Nachrichten* vom 21. Oktober 1966.[75] Nach dem Zweiten Weltkrieg ist der *Homo barackiensis* in Deutschland eine alltägliche Erscheinung. 1949 sorgen die Zustände im Lager II in München-Allach für Schlagzeilen. Der Sudetendeutsche Rudolf Ohlbaum, der die Unterkunft für deutsche Vertriebene aus Böhmen und Südosteuropa daraufhin in Augenschein nimmt, ist entsetzt. »Die Baracke, die ich zuerst betrete, ist in zwei etwa 20 Meter lange Räume geteilt. Im ersten stehen auf beiden Fensterseiten hölzerne, übereinander gebaute Doppelbetten, in der Mitte auch noch vereinzelte Betten, dann Tische, Sitzgelegenheiten, eiserne Öfchen und kleine Herde. Manche Betten sind mit Decken verhängt, die meisten stehen frei. In dem Raume hausen 120 Menschen«, beschreibt er das Innere. »Diese Menschen haben kein Privatleben mehr, sie leben immer in der Öffentlichkeit ihrer Baracke. Die Kinder sehen Dinge, die sie unter normalen Verhältnissen nicht zu sehen bekämen.« Viele der mehr als 600 Bewohner leben schon mehr als zwei Jahre in diesen beengten Verhältnissen. »Die schlimmste Zeit war vor etwa einem halben Jahre, als ihrer fast viermal so viele in denselben Räumen leben mussten wie heute. Damals war noch dazu eine Lagerleitung eingesetzt, die die unmenschlichen Verhältnisse durch Ungerechtigkeit und Gewalt verschlimmerte. Eine eigene Lagerpolizei schlug die Leute, wenn sich ein Widerspruch erhob.«[76] Mit einem Hungerstreik gelingt es den Lagerbewohnern, sich gegen die brutale Leitung durchzusetzen.

Obwohl sie sozialen Zündstoff bergen, verschwinden manche Barackenquartiere nie ganz, sondern bleiben über Jahrzehnte offen für immer neue Flüchtlinge. Im ehemaligen Notaufnahmelager Berlin-Marienfelde werden die Baracken in den 1950er Jahren durch schlichte Wohnblocks ersetzt, die bis 1989 bis zu 1,3 Millionen Flüchtlinge aus der DDR und Osteuropa durchlaufen. Heute leben dort wieder 700 Flüchtlinge. Es sind keine Deutschen, sondern Menschen aus Eritrea, Syrien, dem Irak oder Afghanistan – Flüchtlinge, die im Transit ausharren in der Hoffnung auf ein neues Leben.

Helfen

Die Bilder vom Münchener Hauptbahnhof im Sommer 2015 verbreiten sich auf der ganzen Welt: Abertausend Menschen, die die gefährliche Flucht in Schlauchbooten und auf Fischkuttern über das Mittelmeer gewagt und sich auf der »Balkanroute« zu Fuß nach Ungarn und Österreich durchgeschlagen haben, treffen mit Zügen in Deutschland ein und werden auf dem Bahnsteig mit Applaus begrüßt. Flüchtlinge sind willkommen. Das Wort »Willkommenskultur« wird geprägt und bezeichnet ein geradezu euphorisches Gefühl, das sich in großer Solidarität und Hilfsbereitschaft ausdrückt.

Der Dampfer *Habana* bringt am 23. Mai 1937 rund 4000 spanische Kinder aus dem baskischen Bilbao vor dem Spanischen Bürgerkrieg in Sicherheit. Nach der Ankunft in Southampton werden die Kinder über ganz Großbritannien verteilt. Fünfzehn Jungen treffen Ende Juni auf dem Bahnhof der nordenglischen Hafenstadt Newcastle upon Tyne ein, wo man sie willkommen heißt. Die Rettungsaktion ist Teil einer internationalen Unterstützungskampagne für die republikanische Bürgerkriegsseite. Insbesondere Politiker wie die couragierte Labour-Abgeordnete Ellen Wilkinson organisieren in England Hilfsgüter für die notleidende spanische Zivilbevölkerung. Darüber hinaus engagiert sich die Politikerin im parteiübergreifenden *National Joint Committee for Spanish Relief* (NJCSR), das die britische Hilfe für Spanien koordiniert.

Rückblickend erweist sich der Sommer 2015 als historische Ausnahme. Zwar fordert die Bibel, Verfolgte und Flüchtlinge aufzunehmen, doch dieser Appell verhallt nur allzu oft, und für gewöhnlich erlahmt die Hilfsbereitschaft nach anfänglicher Begeisterung recht schnell. Immerhin hat der Sommer 2015 gezeigt, dass in der deutschen, aber auch in vielen anderen Gesellschaften die Bereitschaft, Heimatlosen zu helfen, anzutreffen ist.

Eine wichtige Rolle bei der Aufnahme von Flüchtlingen spielen Religionsgemeinschaften, die dort Hilfe leisten, wo staatliche Unterstützung ausbleibt. Ihre Aufmerksamkeit und ihr soziales Engagement gelten in der Regel ganz spezifischen Gruppen, etwa Landsleuten oder Angehörigen des eigenen Glaubens. So bemühen sich seit dem 19. Jahrhundert jüdische Hilfskomitees in Europa und in den USA, russischen Juden, die vor Pogromen fliehen, die Ausreise in den Westen zu ermöglichen. In Ellis Island vor den Toren New Yorks finden die Zufluchtsuchenden Unterstützung durch die *Hebrew Immigrant Aid Society*. Diese hilft beim Dolmetschen sowie mit Kleidung und Geldspenden, vor allem aber bei der Kontaktaufnahme zu Angehörigen.

In den USA entsteht 1915 das *American Committee for Armenian and Syrian Relief*, das seit 1919 unter der geläufigeren Bezeichnung *Near East Relief* auftritt. Es ist die erste Organisation, die konfessionsübergreifend Überlebende des Genozids an den Armeniern und assyrischen Christen unterstützt. Auslöser für diese groß angelegte Hilfsaktion sind Berichte des amerikanischen Botschafters in Konstantinopel Henry Morgenthau senior über Massaker an den Christen im Osmanischen Reich. Er informiert die Hilfsorganisation direkt über die Lage und kontrolliert zugleich über die amerikanische Botschaft die Verteilung der Hilfsgüter vor Ort. Erstaunlich ist, dass die Initiative bereits zum Zeitpunkt der Vertreibungen und Massaker an den Armeniern entsteht. Bis 1930 sammelt der *Near East Relief* 117 Millionen Dollar und zahlreiche Sachspenden. Über eine Million Flüchtlinge und Überlebende, darunter 132 000 Waisen, erhalten direkte Unterstützung. In eigens errichteten Waisenhäusern betreut die Hilfsorganisation christliche Waisenkinder im gesamten Nahen Osten. Tausende Amerikaner engagieren sich ehrenamtlich vor Ort oder bei der Sammlung von Hilfsgeldern in den

Tausende armenische Kinder sind nach den Todesmärschen und dem Völkermord über den gesamten Nahen Osten und den Kaukasus verstreut. Das Waisenhaus in Alexandropol (Gyumri) im heutigen Armenien wird vom amerikanischen *Near East Relief* geführt. Aus der gesamten Türkei stranden hier Kinder ohne Angehörige, weshalb manche die Stadt als »Stadt der Waisen« bezeichnen. Zwar sind die Hilfsbedürftigen auch hier zunächst nicht sicher, weil die türkische Armee bis 1920 immer wieder nach Norden vorstößt, aber sie erfahren Hilfe, schöpfen wieder Hoffnung und zeigen ihre Dankbarkeit auf ganz besondere Weise, wie die Aufnahme von 1918 zeigt. Auch nach heutigen Gesichtspunkten erscheint die Hilfe des amerikanischen *Near East Relief*, der über ein Netz von Vertrauensleuten die Spendenverteilung in der gesamten Region sicherstellte, ausgesprochen modern.

USA. Die *Rockefeller Foundation* spendet innerhalb von zwei Jahren mehr als 300 000 Dollar. Sämtliche Erlöse des legendären Football-Spiels 1916 zwischen den Elite-Universitäten Harvard und Yale gehen an die Überlebenden des Genozids. In amerikanischen Kirchen erklingt bei Spendensammlungen zur Melodie von »*America the Beautiful*« ein Lied, das das Schicksal der Armenier überall bekannt macht.

> Oh! Beautiful for martyr feet –
> Whose weary, bleeding stress
> A line of life in death hath beat
> Across the wilderness!
> Armenia! Armenia!
> To God thy dead arise
> And low at evensongs of heaven
> Acclaim thy sacrifice.[77]

Am Adventsonntag, dem 2. Dezember 1923, startet der *Near East Relief* eine einzigartige Solidaritätskampagne: Am sogenannten *Golden Rule Sunday* sind fortan alljährlich alle Amerikaner aufgerufen, zum Gedenken an die Armenier einfach zu essen und das gesparte Geld für den Sonntagsbraten zu spenden. In einem Handbuch liefert der *Near East Relief* konkrete Anleitungen, nach denen das Sonntagsmahl so zubereitet werden kann wie in den Waisenhäusern für armenische Kinder. Die Aktion ist ein voller Erfolg. Mehr als eine Million amerikanische Familien solidarisieren sich an diesem ersten *Golden Rule Sunday* mit den verfolgten Christen. Ein Jahr später finden landesweit Wohltätigkeitsdinner statt. Am 25. September 1924 nehmen rund 1500 wohlhabende New Yorker an einer solchen Veranstaltung teil. Wie überall werden Makkaroni, Käse, Aprikosen mit Maissirup und Kakao auf einfachem Blechgeschirr serviert, wie es in den Waisenhäusern des Nahen Ostens üblich ist. Am 7. Dezember 1924, dem zweiten *Golden Rule Sunday*, nimmt US-Präsident Calvin Coolidge an einem Wohltätigkeitsessen in Washington teil. Solche Hilfsaktionen schärfen das gesellschaftliche Bewusstsein in den USA und finden auch in Europa und Australien Unterstützung.[78] Noch nach Jahrzehnten erinnern sich Amerikaner, dass ihre Eltern sie ermahnten, an die hungernden Armenier zu denken, wenn sie ihren Teller nicht leer essen wollten.[79]

Seit dem 20. Jahrhundert treten internationale Institutionen als Akteure in der Flüchtlingshilfe auf. Mit der Gründung des Internationalen Roten Kreuzes entsteht 1863 erstmals eine länderübergreifende Hilfsorganisation zunächst nur für Kriegsverletzte und Gefangene. Nach dem Ersten Weltkrieg schließt sich die Staatengemeinschaft im Völkerbund zusammen mit dem Ziel, eine internationale Plattform zur konfliktausgleichenden Zusammenarbeit zu schaffen. 1945 wird diese Initiative mit den Vereinten Nationen und in der Person des Hohen Flüchtlingskommissars auf globaler Ebene fortgesetzt. Ohne Zweifel hat sich der UNHCR weltweit große Verdienste erworben, doch es bleibt eine beklagenswerte Tatsache, dass es fast immer Mitgliedsstaaten der Vereinten Nationen sind, die ebendiese Konflikte auslösen und damit neue Flüchtlinge schaffen. Dennoch stellt das Flüchtlingshilfswerk einen Hoffnungsschimmer dar in der komplexen internationalen Staatengemeinschaft, die sich zumindest auf diesen humanitären Minimalkonsens einigen kann, von der aber in Zukunft noch viel mehr erwartet wird.

Als nach 1945 Millionen von Flüchtlingen in den verbliebenen Teil des zerstörten Deutschlands strömen, appelliert der örtliche Flüchtlingskommissar in Schwäbisch Gmünd mit eindringlichen Worten an das Mitgefühl der Einheimischen. In einem Zeitungsbeitrag fordert er sie am 9. November 1946 zur Hilfe auf: »Wir können den Flüchtlingen das Verlorene nicht ersetzen. Wir können ihnen die geliebte Heimat nicht zurückgeben. Eines aber können wir: sie in unsere unzerstörten Heime aufnehmen, bis der anlaufende Wohnungsbau wieder Platz schafft.« Er fordert Solidarität von seinen schwäbischen Landsleuten: »Räumt die Zimmer, die Ihr abgeben müsst, nicht restlos aus, damit den Eingewiesenen nicht die nackten Wände Eurer Herzlosigkeit entgegenstarren!« Und er erinnert sie an ihre moralische Verantwortung: »Könnt Ihr zusehen, wie Tausende in Massenlagern immer tiefer ins Elend kommen und dabei für Euch an der größtmöglichen Behaglichkeit Eures eigenen Heims kleinlich festhalten? Wer ein Herz im Leibe hat, kann das nicht!«[80]

Im Frühjahr 1946 erhalten sämtliche Seelsorger im Bistum Münster Post. Der Brief enthält die »Richtlinien für die Aufnahme von Vertriebenen in den Gemeinden des Bistums Münster«. Die Herausforderung, die diese Aufnahme darstellt, ist gigantisch angesichts der nüchternen Zahlen. »Für Westfalen sind 900 000 Flüchtlinge vorgesehen auf 4,2 Millionen Einwohner, die Westfalen zählt«, kann man dort lesen. »Vorher ist es notwendig, eine frohe Bereitschaft zur willigen und gütigen Aufnahme zu wecken. Übergroße Not ruft nach übergroßer Bereitschaft zur Liebe. ›Nicht klagen, sondern handeln, ist das Gebot der Stunde‹ (Pius XII.). Diese vorherige Bereitschaft überlegt, wie man Raum schaffen kann. Auf dem Lande wird das oft notwendig sein unter Verzicht auf die ›gute Stube‹. Den Ankommenden müssen wir Vertrauen und Liebe entgegenbringen.«[81]

Wie das aussehen könnte, dafür liefert Werenfried van Straaten in jenen Tagen ein praktisches Beispiel. Der als »Speckpater« bekannt gewordene niederländische Prämonstratensermönch aus dem Kloster Tongerlo ruft 1948 eine ungewöhnliche Hilfsaktion für deutsche Vertriebene ins Leben. Anfänglich stößt van Straaten mit seinem Engagement in Belgien und den Niederlanden auf große Skepsis, doch er bleibt beharrlich. Statt eines Beitrags zur Kollekte erbittet er von den flämischen Bauern ein Stück Speck. »Dann begann der lange Zug in die Dörfer und Höfe Flanderns«, erinnert er sich. »Mit dem braven alten Vercammen, einem Freund der Abtei, ging es in einem klapprigen Peugeot kreuz und quer durch das Land. Abend für Abend kamen wir heim mit vier- oder fünfhundert Kilo gesalzenem Speck und einem Hut voll Geld, so daß der alte Peugeot in seiner Federung ächzte.«[82] In der Abtei wird ein Lager eingerichtet, in dem der Speck portioniert und für den Versand nach Deutschland vorbereitet wird. Als eine flämische Bäuerin ihn eines Tages »Speckpater« nennt, ist ein eingängiger Name für den volkstümlichen Pater und seine bald legendäre Aktion der Hilfsbereitschaft gefunden.

Wenn Flüchtlinge sich niederlassen, wenn sie ankommen, sind sie endlich in Sicherheit, aber wenn sie aufbrechen und die Flucht vorbereiten, befinden sie sich in höchster Gefahr, und dann kann es sein, dass Helfer ihre eigene Sicherheit oder sogar ihr Leben riskieren. Stille Helden, die Flüchtlingen und Bedrängten das Überleben sichern, gibt es selbst in ausweglos erscheinenden Situationen.

In Deutschland wenden sich nach 1933 alte Nachbarn und Weggefährten von ihren jüdischen Nachbarn ab. Schritt für Schritt zersetzt das antisemitische Gift Anstand und Moral. Die Schriftstellerin Nelly Sachs erfährt das am eigenen Leib, als sie und ihre Mutter Margarete in Bedrängnis geraten, ausgestoßen aus dem, was die Nationalsozialisten als »Volksgemeinschaft« verherrlichen. Die Vermietung von Wohnungen ist ihnen untersagt, sie werden gedrängt, ihr Eigentum zu Spottpreisen zu veräußern, und sind zugleich mit hohen Steuern belegt. In dieser Not erweist sich der Bankier Otto Scheurmann für Nelly Sachs als verlässlicher Helfer. Während der Vorbereitung der Flucht im letzten Augenblick – am 16. Mai 1940 – kümmert er sich um ihre finanziellen Angelegenheiten, hilft bei der Zwangsauflösung der Wohnung – in der Behördensprache »Entjudung des Grundstücks« genannt – und bezahlt die »Reichsfluchtsteuer«. Aus dem restlichen Vermögen unterstützt er sie im schwedischen Exil. Auch nach dem Krieg ist Scheurmann behilflich, als es um Wiedergutmachungsansprüche geht. Nelly Sachs vergisst ihm diese Hilfe in größter Not zeitlebens nicht. »Wir haben Ihnen Ihre Güte damals nie vergessen. Sie waren einer der wenigen Mutigen und Aufrechten, als es galt, sich der unglücklichen Opfer Hitlers anzunehmen.« Über das Exil hinaus bleibt sie ihm in Dankbarkeit verbunden. Als ihr 1966 der Nobelpreis für Literatur verliehen wird, lädt sie ihren Helfer und dessen Tochter zum Festakt nach Stockholm ein.[83]

Helfen in scheinbar ausweglosen Situationen erfordert Mut zum beherzten Handeln. Bernard Kouchner, ein junger französischer Arzt, der im Auftrag des Internationalen Roten Kreuzes in der Krisenregion Biafra tätig ist, will nicht länger schweigen angesichts des Elends, das er dort miterleben muss, und gründet 1971 die französische Hilfsorganisation *Médecins sans Frontières* (Ärzte ohne Grenzen). Als einige Jahre später Vietnamesen über das Südchinesische Meer fliehen, gründet er mit Gleichgesinnten die Initiative *Un bateau pour le Vietnam* (Ein Schiff für Vietnam). Zu seinem großen Unterstützerkreis zählen Jean-Paul Sartre und André Glucksmann. Es gelingt ihnen, die *L'Ile de Lumière* zu chartern, ein Schiff, mit dem in Seenot Geratene nicht nur gerettet, sondern auf dem sie auch medizinisch versorgt werden können.

1979 erfährt der deutsche Journalist Rupert Neudeck bei einem Paris-Besuch von dieser Initiative. Die Bilder aus dem Südchinesischen Meer alarmieren ihn schon lange, und er beschließt, ebenfalls zu handeln. Noch immer verhält sich die internationale Staatengemeinschaft in diesem Konflikt äußerst zurückhaltend. Man ist sich nicht einig, wie mit den Notleidenden verfahren werden soll. So spitzt sich die Lage allmählich dramatisch zu. Am 11. Juni 1979 erlässt die Regierung von Malaysia den Befehl, auf vietnamesische Flüchtlingsboote zu schießen, wenn sie sich nicht entfernen.[84] Diese schockierende Maßnahme ist für Neudeck das Signal. Mit seinem Journalistenkollegen Franz Alt informiert er die bundesrepublikanische Öffentlichkeit in der Sendung des Politmagazins *Report* am 14. Juli 1979 über die Tragödie in Südostasien und bittet um Spenden. Drei Tage später kann Rupert Neudeck drei Säcke mit Spendenbelegen über eine Summe von 1,2 Millionen DM abholen. Von dieser Hilfsbereitschaft sind selbst die Initiatoren überrascht. Mit dem Geld können sie in Hamburg das Schiff *Cap Anamur* für ihre Rettungsaktion chartern.[85]

Unter denen, die von der *Cap Anamur* gerettet werden, ist auch Vinh Hiep Le, der 1980 als zwanzigjähriger Student aus Vietnam flieht. Das Fischerboot, mit dem er die Überfahrt wagt, wird von Piraten überfallen. »Während die Piraten anfingen, sich an den Frauen zu vergehen, passierte plötzlich wieder ein Wunder. Die Piraten verließen fluchtartig unser stark beschädigtes und leckgeschlagenes Boot. Unsere Männer, die zuvor auf die Piratenboote gebracht worden waren, wurden einfach ins Meer geworfen. Am Horizont hörten wir das ratternde Motorengeräusch eines Hubschraubers. Jetzt wurde alles hektisch, wie in einem Katastrophenfilm. Die Männer versuchten schwimmend, unser Boot wieder zu erreichen. Wir warfen ihnen leere Kunststoffkanister als Schwimmhilfen zu. Gleichzeitig zogen wir die völlig erschöpften Ankommenden aufs Boot. Per Handzeichen wies uns der Hubschrauber die Richtung an. Wir wussten, jetzt werden wir gerettet.«[86]

Wie 1979, als private Initiativen die *Cap Anamur* und die *L'Ile de Lumière* zur Rettung Schiffbrüchiger aussandten, weil staatliche Stellen aus Furcht vor fremdenfeindlichen Strömungen im eigenen Land passiv bleiben, entstehen in jüngster Zeit Organisationen wie *SOS Méditerranée*. Auch diese Initiativen von Ehrenamtlichen erwuchsen aus dem Erschrecken darüber, dass viele Menschen auf der Flucht vor Krieg und Gewalt ertrinken. Populisten attackieren dieses Engagement und verfolgen die Retter mit ihrem menschenverachtenden Hass. Im Sommer 2019 stehen vor allem die Rettungsaktionen der *Sea Watch 3* im Kreuzfeuer der Kritik. Als der italienische Innenminister Matteo Salvini die Kapitänin Carola Rackete als »Schleuserin« diffamiert und ihr die Staatsanwaltschaft auf den Hals hetzt, stimmen viele in den Chor der Häme ein.

Hilfe, Solidarität und Aufnahmebereitschaft hat es stets auch in Zeiten größter Not gegeben. Die dramatischen Bilder von Menschen auf der Flucht bewegen in unseren Tagen viele, sich zu engagieren, mit Spenden zu helfen. Doch diese Hilfsbereitschaft ist fragil, denn die Stimmung kippt rasch, wenn Flüchtlinge an die eigene Tür klopfen und zu erwarten ist, dass sie lange bleiben.

Wenn man ein Kind von Emigranten oder Staatenlosen ist, hat man nur einen Wunsch: die Wurzeln, die aus der Heimat gerissen wurden, in die Erde zu pflanzen, auf die es uns verschlagen hat, und hier zu neuer Blüte zu bringen. Auf neuem Boden gedeihen, ohne die eigene Kultur und Vergangenheit zu verleugnen – das nenne ich Integration.

CHARLES AZNAVOUR, *Mit leiser Stimme: Mein Leben – ein Chanson*

Wenn die Erinnerung in die Knochen kriecht, ist mir kalt; muss ich die Augen schließen.

LENA GORELIK, »Dieses Gefühl von Fieber«, in *Süddeutsche Zeitung* 2016

Weiterleben

Exil

Für die syrische Dichterin Rasha Habbal, die 2015 in Deutschland Zuflucht findet, lassen sich die seelischen Folgen der Flucht ebenso wenig beseitigen wie Tätowierungen der Haut. »Es sind Markierungen, die du hinter dir läßt, aber sie werden dich einholen und zu einer Tätowierung in deinem Gesicht werden. Du wirst schneller altern, aber es gibt kein Zurück.«[1]

Durch das Erlebnis der Flucht sind die meisten Menschen für den Rest ihres Lebens gezeichnet. Solange sie am neuen Ort nicht angekommen sind, schiebt sich die verlorene Heimat immer wieder machtvoll ins Bewusstsein. Janina und Julian Kurowski etwa, die ihre Heimat im heutigen Litauen im Herbst 1946 für immer verlassen müssen, leben bis zu ihrem Tod im einst ostpreußischen Bartenstein zwischen zwei Welten. Wenn sie sprechen, klingt das Singende des Wilnaer Polnisch durch, erinnert sich ihr Sohn Józef. »Meine Eltern, obwohl sie den größten Teil ihres Lebens in Barten verbrachten, hörten nie auf, mit ihrem Herzen und ihrer Seele, mit all ihrem Dasein Kinder ihres geliebten Wilnaer Landes zu sein – Heimat ihrer Vorfahren. Jeder Tag im Leben von Janina und Julian in Bartenstein an der Alle war erfüllt von Gedanken an die Heimat, wo sie Kindheit und Jugend an den Flüsschen Dukształanka und Wilia verbrachten.«[2]

Im Juni 1970 besucht Józef Kurowski mit seiner Mutter Janina erstmals die alte Heimat. In der Kirche von Dukszty Pijarskie beten sie gemeinsam und suchen schließlich die Felder ihres alten Hofes auf. Dort sammelt Józef einen Blumenstrauß aus weißer und gelber Kamille, Kornblumen und Ackerrittersporn, den er trocknet. Als seine Mutter Janina 2004 stirbt, gibt ihr die Familie die getrockneten Feldblumen aus dem heimatlichen Maluny mit ins Grab.[3] Während Józefs Eltern noch jung sind und sich in der Fremde ein neues Leben aufbauen können, ist Janinas Vater Władysław Kożuchowski, ebenfalls ein Bauer, bereits 53 Jahre alt, als er mit seinen Kindern und Enkeln die Heimat verlassen muss. Das ist zu spät für einen Neuanfang. »Bis zum Ende seines Lebens konnte er sich weder mit dem erzwungenen Exodus abfinden noch mit der Tatsache, dass ihm eine Rückkehr in seine Heimat verwehrt blieb. Ich weiß, dass er sich nach nichts anderem sehnte.«[4]

Ganz ähnlich ergeht es Stefan Chwins Vater, der nach dem Krieg in das einst deutsche Danzig kommt. Bis zu seinem Tod lebt er in der Spannung zwischen der neuen Danziger Realität und der Sehnsucht nach seiner Geburtsstadt Wilna. »Mein Vater war übrigens nicht der Einzige, der das nicht vergessen konnte«, erzählt Chwin. »Ich kannte auch andere Einwohner Danzigs, die aus den ehemaligen polnischen Ostgebieten stammten und in ihren Herzen eine richtige Vertriebenen-Wunde trugen. Sie sehnten sich nach ihren verlorenen Geburtsorten, und manchmal schrien sie sogar lauthals, dass ›Lemberg und Wilna wieder unser‹ sein sollten.«[5]

Während Chwins Vater im Danziger Exil von Wilna träumt, sehnt sich der Großvater von Günter Grass im westdeutschen Exil nach seiner Heimatstadt Danzig. »Mit Blick Richtung Osten saß er und glaubte als ›Heimatvertriebener‹ unbeirrbar an des Kanzlers Adenauer Versprechen: Demnächst wird die Rückkehr nach Hause Tatsache sein«, schreibt Grass. »Bis ins einzelne war ihm sicher, dort warte die Tischlerei mitsamt dem zurückgelassenen Vorrat an Tür- und Fensterbeschlägen auf ihn, gleichfalls das griffige Werkzeug, die Kreis- und Bandsäge, der Gleichrichter und die Hobelmaschine, auch die gestapelten Bretter im Holzschuppen unterm Teerpappendach. Mein Großvater hoffte, bis er in Lüneburg starb.«[6]

Flüchtlinge sind zunächst beseelt von der Hoffnung auf Rückkehr, doch irgendwann stellt sich die schmerzhafte Erkenntnis ein, dass es kein Zurück gibt. Manche zerbrechen daran. Der Schriftsteller Stefan Zweig findet nirgendwo eine neue Heimat, nachdem er den nationalsozialistischen Häschern entkommen ist. In seinen im britischen und brasilianischen Exil verfassten Memoiren *Die Welt von Gestern* reflektiert er über die unbarmherzigen Zeitläufte, die aus ihm einen »Juden« gemacht haben und damit einen Vertriebenen. »Ich bin aufgewachsen in Wien, der zweitausendjährigen übernationalen Metropole, und habe sie wie ein Verbrecher verlassen

Die Familie Kurowski lebt seit Jahrhunderten in den Dörfern am Flüsschen Wilia in der Wileńszczyzna, dem Gebiet um Wilna. Das Foto zeigt Janina und Julian Kurowski mit ihren beiden ältesten Kindern Anna und Mieczysław 1943 vor ihrem Haus in Maluny. Drei Jahre später muss die junge Familie ihre Heimat in einem Güterwaggon verlassen, da der Sowjetunion bei Kriegsende die polnischen Gebiete östlich der Curzon-Linie zugesprochen werden und Polen im Gegenzug auf Kosten Deutschlands im Westen entschädigt wird. Als sogenannte Repatrianten verschlägt es die Kurowskis in das ehemalige Ostpreußen. Offiziell dürfen sie den Verlust ihrer alten Heimat im kommunistischen Polen nicht betrauern. Zeitlebens bleiben sie als *Kresowiacy*, wie die Vertriebenen aus den Ostgebieten in Polen genannt werden, geprägt von ihrer Heimat, die heute in Litauen liegt. 2004 stirbt Janina Kurowska, ihr Mann Julian zwei Jahre später.

müssen, ehe sie degradiert wurde zu einer deutschen Provinzstadt.« Nicht nur die Heimat wird ihm genommen, auch die Sprache. »Mein literarisches Werk ist in der Sprache, in der ich es geschrieben, zu Asche gebrannt worden, in eben demselben Lande, wo meine Bücher Millionen Leser sich zu Freunden gemacht.« Der Schriftsteller fühlt sich vollkommen verloren auf dieser Welt. »So gehöre ich nirgends mehr hin, überall Fremder und bestenfalls Gast; auch die eigentliche Heimat, die mein Herz sich erwählt, Europa, ist mir verloren, seit es sich zum zweitenmal selbstmörderisch zerfleischt im Bruderkriege.«[7] Den Totalverlust verkraftet er nicht. Am 22. Februar 1942 scheidet Stefan Zweig mit seiner Frau Lotte Altmann aus dem Leben. Sein Abschiedsschreiben legt Zeugnis ab von seiner Entwurzelung.

Der Berliner Verleger Bruno Cassirer flieht als Deutscher vor den Deutschen nach England und leidet – herausgerissen aus allen sozialen Kontexten – unter dem Exil, wie er seinem ehemaligen Verlagslektor Max Tau anvertraut, der nach Norwegen entkommen ist. »Sie können sich gewiß von der Vereinsamung, in der ich lebe, keinen Begriff machen. So dankbar ich für vieles sein müßte, so ist mir doch vom Lebensnotwendigen zu viel genommen. Es ist, als ob von den Wurzeln zu viel abgeschlagen ist, so daß der Zustrom an Lebenskraft unterbunden ist.« Sosehr er sich auch bemüht, es gelingt Cassirer nicht, seine Heimatlosigkeit zu überwinden. »Ich kann leider nicht vergessen. Wie ich immer durch dieselben Straßen ging oder fuhr, dieselbe Kunst liebte, den immer gleichen Blick aus meinem Fenster auf die Kastanien, deren Blüte ich so oft gesehen habe, liebte, die Schritte kannte, die sich meiner Tür näherten, so fühle ich mich all den Menschen – oder den wenigen Menschen –, die ich immer um mich gesehen habe und die ich nicht mehr sehe, so nahe, daß dieses Leben mein jetziges Leben ständig beunruhigt.«[8] Cassirer stirbt 1941 im Exil. »Er konnte die Entwurzelung nicht überleben«, schreibt Max Tau über ihn. »Es ist schwer, Emigrant zu sein.«[9]

Natascha Wodin beobachtet an ihrer Mutter, wie zermürbend das erzwungene Exil sein kann. »Vor allem scheint es die nie endende, geheimnisvolle Krankheit des Heimwehs zu sein, die sie immer mehr schwächt«, schreibt sie. »Fast jeden Tag spricht sie von ihrem Vater, der so früh verstorben sei, von ihrem Bruder, den sie so geliebt habe, und vor allem von ihrer Mutter, von der sie nicht wisse, ob sie noch lebt. Und dabei weint sie, immer weint sie, sie scheint sich immer mehr aufzulösen in ihren Tränen, und ich verstehe nicht, welcher Verlust einen so andauernden, bodenlosen Schmerz bereiten kann.«[10]

An Heimweh zerbricht auch Fawaz Turkis Vater. Nachdem die arabische Familie 1948 aus Haifa in den Libanon geflüchtet ist, haust sie in einem Beiruter Flüchtlingslager. Der kleine Fawaz bemerkt bald, wie sich der Vater verändert. Ein oder zwei Jahre, nachdem sie Palästina verlassen haben, beginnt das Haar des Vaters schlohweiß zu werden. »Plötzlich bricht mein Vater in Tränen aus und stammelt: ›Ich wünschte, ich wäre tot. Ich wünschte, ich wäre tot.‹« Der Sohn ist erschrocken. Er hat sich mit den Verhältnissen arrangiert und kann ähnlich wie die Aufnahmegesellschaft den Schmerz des Vaters gar nicht ermessen. Bald sollte sich der Wunsch des Vaters erfüllen. Er stirbt kurze Zeit später im Flüchtlingslager. Wie soll der Sohn ihn betrauern? »Wäre mein Vater an einer natürlichen Todesursache gestorben, einer diagnostizierten Krankheit oder an Altersschwäche, selbst bei einem gewaltsamen Tod hätte ich gewußt, wie zu trauern wäre. Aber mein Vater starb an etwas anderem.« Der einst selbstständige Bauer ist durch den Heimatverlust zu einem »hilflosen Nichts« geworden, auf Almosen angewiesen. Den Verlust kann er bis an sein Lebensende nicht verwinden.[11]

Über Heimweh als Todesursache dürfte sich in keinem medizinischen Lehrbuch ein Eintrag finden lassen. Dennoch ist nicht zu bestreiten, dass in den ersten Jahren nach einem Krieg und anschließender Vertreibung viele, denen ihr gesamtes Lebenswerk förmlich unter den Füßen weggerissen worden ist, vor der Zeit sterben. »Für die Alten – für die, die seit Jahren vom Tod gebrabbelt hatten, um den Widerspruch der Jüngeren zu hören«, heißt es in Christa Wolfs Roman *Kindheitsmuster*, »wurde es Zeit, zu schweigen; denn was jetzt vor sich ging, das war ihr Tod, sie wussten es gleich, sie alterten in Wochen um Jahre, starben dann, nicht schön der Reihe nach und aus den verschiedensten Gründen, sondern alle auf einmal und aus ein und demselben Grund, mochte man ihn Typhus nennen oder Hunger oder ganz einfach Heimweh, was ein überaus triftiger Vorwand ist, um daran zu sterben.«[12]

Was Christa Wolf literarisch verarbeitet, vermittelt Gerda Scholtes in ihren Aufzeichnungen als unmittelbares Erleben. 1945 muss sie mit ihren Eltern aus dem siebenbürgischen Bistritz fliehen. Im Frühjahr 1947 setzt sie ein thüringischer Pfarrer in einem Brief vom Tod ihres Vaters Johann Broser in Kenntnis: »Es ist nichts Frohes und Freudiges, was ich Ihnen zu berichten habe. Ihr lieber Herr Vater ist, 70 Jahre alt, an den Folgen eines Schlaganfalls in der Frühe des Sonntags am 2. März ds. J. in die ewige Heimat heimgegangen.« Johann Broser, so schreibt der Geistliche, habe seine siebenbürgische Heimat nicht vergessen können »und sich in Sehnsucht nach ihr – man möchte sagen – verzehrt«.[13] Nur wenige Tage später, am 19. März 1947, stirbt auch die Mutter. Pastor Karl Langguth muss erneut einen Brief mit einer traurigen Nachricht an Tochter Gerda senden: Bertha Broser sei »im Alter von 66 Jahren 8 Monaten 17 Tagen gestorben (keine Kraft mehr zu leben) und am 22. März 1947 kirchlich beerdigt worden«.[14]

Auf deutschen Friedhöfen verweisen Grabinschriften auf das Leben der Verstorbenen im Exil, in Stein gemeißelt erzählen die Geburtsorte – Swinemünde, Breslau, Danzig, Königsberg, Schweidnitz, Reichenberg – von ihrer irdischen Heimatlosigkeit. Auf finnischen Friedhöfen heißen die Sehnsuchtsorte auf den Grabsteinen Impilahti, Viipuri, Kivennavalla, Aunus oder Suistamo. In der südkoreanischen Stadt Paju liegt direkt an der Demarkationslinie zu Nordkorea der *Donghwa Memorial Park*. Hier sind mit Blick auf das Land ihrer Geburt Tausende einst geflüchtete Nordkoreaner begraben, die ihrer alten Heimat im Tod wenigstens geographisch möglichst nahe sein wollen. Da der Gedanke, in fremder Erde bestattet zu werden, vielen Vertriebenen schier unerträglich ist, wird ihnen bei der Bestattung eine Handvoll Heimaterde beigegeben, damit sie nicht gänzlich in der Fremde ruhen. »Zum Schluss trat der kleine, unscheinbare Kaplan ans Grab«, berichtet der Schriftsteller Carl Zuckmayer von der Beerdigung seines jungen Kollegen Ödön von Horváth auf einem Friedhof neben den Gleisen eines Pariser Bahnhofs 1938, »nahm ein Papiersäckchen aus der Tasche, schüttete den Inhalt auf den Sarg hinunter und sagte mit leiser Stimme: ›Erde aus Ungarn.‹ Aber jeder hörte ihn. Es schien, als sei es auf den Rangiergleisen plötzlich ganz still geworden.«[15]

Die Ukrainerin Anna Sudyn, die Konzentrationslager und Zwangsarbeit überlebt hat und nach dem Zweiten Weltkrieg von der polnischen Armee aus ihrem Heimatdorf Lipiny im Südosten Polens nach Masuren vertrieben wird, will nicht wie ihr Vater in fremder Erde ruhen und hat vorgesorgt. »Ich habe ... etwas Heimaterde. Solch ein Säckchen brachte ich mit und verwahre es im Schrank. Das ist mein wertvollstes Erinnerungsstück. Eine Hand voll nahm ich unter der Türschwelle weg. Diese Erde berührten meine Füße in der Jugend. Wenn ich sterbe, wird man das Säckchen zu mir legen. Und immer wird mein Herz denken, dass ich nicht in der Erde Ostpreußens ruhe, sondern in der Heimat. Das ist der größte Schatz in meinem Leben. Mehr brauche ich nicht.«[16]

Für die Familie Chwin in Danzig stellt das Familiengrab auf andere Weise ein Fleckchen Heimat dar. »Hier, auf dem Danziger Srebrzysko-Friedhof«, schreibt Stefan Chwin, »hat mein Vater ein Grab mit einer Marmorplatte. Im 20. Jahrhundert ein eigenes Grab mit einer Marmorplatte und darauf eingravierten Vor- und Familiennamen zu haben – das war ein echter Luxus. Millionen von Menschen konnten davon nicht einmal träumen. Auf der Marmorplatte meines Vaters ließen wir neben seinem Familiennamen auch die Vornamen seiner Eltern einmeißeln, die in Wilna starben und dort beerdigt wurden. Symbolisch ruhen sie nun alle hier. Die ganze Familie – vier Söhne, Mutter und Vater.«[17] Mit dem Säckchen Heimaterde und den Namen der engsten Angehörigen, die in die Grabplatte eingraviert werden, umgibt den Toten das, was ihm im Leben am wichtigsten war: Heimat und Familie.

Der Großmutter der französischen Journalistin Pascale Hugues gelingt es, sich im Tod mit der schwierigen Identität als Bewohnerin einer historisch umstrittenen Grenzregion zu versöhnen. Nach dem Ersten Weltkrieg wird Mathilde als »Deutsche« von den Franzosen diskriminiert, doch bleibt sie trotz aller Drangsalierungen bis an ihr Lebensende ihrer Heimat, dem Elsass, treu verbunden. Als letzten Wunsch verfügt sie, in den Vogesen beigesetzt zu werden. Bei der Trauerfeier solle ihre französisch-elsässische Familie das Lied »Muss i denn zum Städele hinaus« singen. »Zum ersten Mal verstehe ich den Sinn dieser Worte«, schreibt ihre Enkelin Pascale Hugues rückblickend. »Das Lied handelt von Abschied, vom Heimweh. Aber es verspricht eine baldige Rückkehr in die Stadt. Es ist dieses Lied, das Horden gehässiger junger Elsässer grölten, als sie die 1918 vertriebenen Deutschen zu Fuß, die Koffer in der Hand, über die Rheinbrücke gehen sahen. Mathilde wollte diesen symbolischen Faden ihres Lebens von einem Ende zum anderen spannen. Es ist ihre Lebensgeschichte, die sie uns singen lässt. Dem Schnepfenried gegenüber kann Mathilde bei klarem Wetter in der Ferne den Schwarzwald sehen. Deutschland ist ganz nah.«[18]

Zuweilen ist der Schmerz, den der Verlust der Heimat verursacht, so groß, dass die Vertriebenen sich sehnlichst wünschen, ihre Wurzeln vergessen zu können. Der 1965 geborene syrische Autor Kheder Alagha etwa, der 2014 als Flüchtling in Deutschland eintrifft, schreit in seinem Essay *Exil – ein Leben auf Zeit* diesen Wunsch geradezu heraus. »Ach, wäre Syrien doch ein unentdecktes Land! Ach, hätte ich doch keine Heimat! Wäre ich doch ein Wesen aus dem All und würde wie im Märchen von einem Ort zum anderen wandeln, um in Deutschland unbeschwert leben zu können. Hätte ich doch keine Familie, keine Mutter und keine Geschwister ... Aber ich kam aus einem Land, das gerade zusammenbrach. Ich war auf der Flucht, gegen meinen Willen, und ich kam mit dem Blut meiner Nachbarn und Freunde besudelt nach Deutschland mit dem Geruch der Fassbomben in der Nase, überall verstreute Leichenteile zurücklassend. Wie konnte ich da in Deutschland leben, wie es sich für einen Neuankömmling gehört?«[19]

Kheder Alagha sehnt sich danach, anzukommen in der Fremde, doch immer wieder wird er von der Erinnerung, die schwer auf ihm lastet, von der Gewalt, die ihm in seinen Träumen zusetzt, daran gehindert, in einen ganz gewöhnlichen Alltag einzutauchen. Die Erinnerung ist wie ein Fluch. »Der Flüchtling in mir wuchs immer rascher, bis er zu einem Riesen wurde und mich wie ein Monster verschlang, es verschlang mich total, sodass ich mich selbst nicht mehr sah und die anderen mich nicht mehr sahen. Ich war nur noch ein Flüchtling, nichts als ein Flüchtling.«[20]

Damit sich das Gefühl einstellt, an dem neuen Ort angekommen zu sein, reicht es nicht aus, materiell wieder auf eigenen Füßen zu stehen. »Bei uns zu Hause« – sagen viele Vertriebene noch Jahrzehnte nach dem erzwungenen Weggehen und meinen damit nicht ihre gegenwärtige Bleibe, sondern das Vertraute, das sie verloren haben. In Israel sehnen sie sich nach dem Berliner Kurfürstendamm, nach dem Wiener Prater oder der Warschauer Neuen Welt, in Polen nach Grodno, Pinsk oder Nowogrodek, in Finnland nach Viipuri und den Landschaften Kareliens, in Italien nach Fiume und der Küste Istriens, in Delhi nach Lahore, in Athen nach Smyrna und im Nachkriegsdeutschland nach dem Riesengebirge oder den masurischen Seen. »Bei uns zu Hause« – für viele Nichtbetroffene bleibt unverständlich, warum man nach so langer Zeit der verlorenen Heimat immer noch nachtrauert. Weil sie diesen Verlust nicht erlebt haben, begreifen sie nicht, dass der Verlust der Heimat für Flüchtlinge so traumatisch ist wie der eines geliebten Menschen.

Das Leben im Exil belastet, wie man inzwischen erkannt hat, nicht nur die Flüchtlinge selbst, sondern auch ihre Nachkommen. Die innere Zerrissenheit der Eltern überträgt sich auf die Kinder, das Schwanken zwischen der Trauer um das Verlorene und den Herausforderungen in der neuen Umgebung prägt auch sie.

Der Sänger Heinz Rudolf Kunze kommt 1956 als Kind schlesischer Vertriebener in der westfälischen Lagerstadt Espelkamp zur Welt. In einem Interview bekennt er, dass er lange unter angstmotivierten Panikattacken gelitten hat. »Mein Bruder ist Geschichtsprofessor, er hat viel über das Leben unserer Eltern geforscht. In einem sind wir uns einig – wir haben beide eine Disposition für Angst geerbt. Meine Eltern waren durch Krieg und Vertreibung schwer traumatisiert, in unserer Familie war die Angst immer präsent, unterschwellig herrschte eine Stimmung, als bräche bald der dritte Weltkrieg aus. Mein Vater hat jede Nacht im Schlaf geschrien.« Kunzes Vater überlebt elf Jahre in sowjetischer Kriegsgefangenschaft. Auf die Frage, ob Heimatlosigkeit auch für ihn ein Problem sei, antwortet der Sänger: »Ja. Obwohl meine Eltern sich irgendwann in Osnabrück eingenistet haben und versuchten, ihren Frieden mit der Welt zu schließen, fühlte es sich an wie im Dauerexil.«[21]

Wenn Kunze »eingenistet« sagt, klingt es, als habe die Familie förmlich versucht, sich an dem neuen Ort festzukrallen. Wer Flucht und Vertreibung erlebt hat, verspürt oftmals kein Bedürfnis mehr, den Ort zu verlassen, an dem man sich aufhält. »Die Eltern reisten nicht«, erzählt der Schriftsteller und Literaturwissenschaftler Hans-

Ulrich Treichel in seinem autobiographisch motivierten Roman *Der Verlorene* über eine deutsche Vertriebenenfamilie in Ostwestfalen. »Wegen des Geschäftes, behaupteten sie. Doch in Wahrheit reisten sie nicht wegen der Flucht. Zwar war die Flucht keine Reise gewesen, doch alles Reisen schien sie an die Flucht zu erinnern. Ein Bauer aus Rakowiec verläßt sein Haus nicht freiwillig. Wer sein Haus verläßt, der versündigt sich. Wer sein Haus verläßt, dem lauern die Russen auf. Wer sein Haus verläßt, dem wird sein Haus geplündert und zerstört.«[22]

Treichel, der 1952 in Versmold als Kind von Vertriebenen zur Welt kommt, hat die Geschichte seiner Familie noch in zwei weiteren Romanen verarbeitet. *Anatolin* liest sich wie eine Fortsetzung von *Der Verlorene* und ist ebenfalls aus der Perspektive eines Vertriebenenkindes geschrieben. In diesem Fall fehlt dem Protagonisten, dem Kind von Flüchtlingen, die emotionale Bindung an Westfalen. Er sei ja »im genealogischen Sinne kein Ostwestfale«, sagt Treichels Alter ego von sich. »Nur dort geboren. Von Eltern aus der Fremde. Von Eltern aus dem Osten, aus Polen, aus Russland oder sonstwoher. Von Eltern ohne Lebenslauf.« Diese ererbte Entwurzelung ist auch dem Protagonisten von Treichels drittem Roman *Menschenflug* eigen: Jenseits von wenigen auf der Flucht geretteten Relikten fehlen ihm materielle Erinnerungen, die an die Vergangenheit anknüpfen könnten. »Ich würde gern in alten Sachen stöbern. Die Kommode der Großeltern. Die Kassette mit dem Familienschmuck. Die Aussteuer der Mutter. Die Bücher des Vaters. Sofern er Bücher besaß. Oder auch seine Schulzeugnisse. Aber es gibt keine Bücher, keine Kassette, keine Schulzeugnisse und keine Aussteuer. Es ist nichts da. Also stöbere ich in dem, was nicht da ist.«[23]

Petra Reski geht es ähnlich. Die 1958 Geborene wächst als Kind einer ostpreußisch-schlesischen Vetriebenenfamilie im Ruhrgebiet auf. Die Frage nach der eigenen Identität zu beantworten, fällt der Journalistin nicht leicht. »Ich fühlte mich nie als Westfälin. Obwohl ich, genau besehen, qua Geburt eine war. Aber in meiner Familie war nie von Westfalen die Rede ..., sondern vom Ermland und der ostpreußischen Schweiz und vom Riesengebirge«, erzählt sie. »Es war, als lebten wir im Ruhrgebiet in einer fremden Wohnung, mit fremden Möbeln, Tapeten, die wir nicht ausgesucht hatten, mit Bildern, deren Bedeutung wir nicht kannten.«[24] Kein Tag vergeht, an dem die Mutter nicht an die Flucht erinnert. Petra Reski baut schließlich eine innere Distanz zur Trauer der Eltern- und Großelterngeneration über die verlorene Heimat auf, tut diese Trauer als übertrieben rührselig ab. Am Ende einer jeden Familienfeier, so erinnert sie sich, »wurde immer das Ostpreußenlied gesungen, und danach weinten alle. *Land der dunklen Wälder und kristallnen Seen, über weite Felder lichte Wunder gehen.* Uns Kindern war das immer peinlich. Meine Großmutter weinte, mein Großvater weinte, meine Tanten und Onkel weinten, auch die Angeheirateten weinten, die Ostpreußen gar nicht kannten, nur meine Cousins und ich tranken Eierlikörflip und aßen dazu Salzstangen. Die Tränen am Ende jeder Familienfeier gehörten dazu wie der gemischte Braten und die Gemüseplatte mit dem Blumenkohl in der Mitte, der mich durch meine Kindheit in den sechziger Jahren hindurch verfolgte.«[25]

Während Petra Reski sich angesichts ihres verstörenden Befremdens über die in ihren Augen ritualisierte Trauer gezwungenermaßen mit der eigenen Identität auseinandersetzen muss, erlebt Tsering Wangmo Dhompa von Anfang an eine klar definierte Exilgemeinschaft, in die sie als Tochter von Exiltibetern 1969 hineingeboren wird. Sie wächst bis zu ihrem zwölften Lebensjahr im nordindischen Dharamsala auf, dann zieht sie mit ihrer Mutter ins nepalesische Kathmandu, weil diese der tibetischen Heimat geographisch ein Stück näher sein möchte. Als die Mutter 1994 bei einem Verkehrsunfall stirbt, bleibt Tsering Wangmo Dhompa ohne nahe Verwandte allein zurück. Heute lebt sie als Schriftstellerin und Lyrikerin in San Francisco.

In den USA beginnt Tsering Wangmo Dhompa, ihrer tibetischen Familiengeschichte nachzuspüren. Mehrfach besucht sie die Heimat ihrer Vorfahren, wo sie Verwandte findet, von denen sie nichts wusste. In der tibetischen Hochebene wird ihr die eigene Verbundenheit zu dieser Landschaft und ihrer Herkunft bewusst. Die atemberaubende Schönheit der Natur vermittelt ihr eine Ahnung von der Unermesslichkeit des Heimwehs, das ihre Mutter zeitlebens innerlich zerrissen hat. »Ihr ganzes Leben im Exil war bestimmt von dem Gedanken zurückzukehren. Für sie war das Exil nur etwas Vorübergehendes, das irgendwann überwunden sei. Wenn *das* vorbei ist, kehren wir nach Hause zurück. So wartete sie Jahr um Jahr. Sie lebte in der Hoffnung, daß *das* bald enden würde, wenn wir nur lange genug abwarten würden.«[26] Bis zu ihrem Tod hofft sie auf das Ende des Exils. Die Tochter, die täglich dieses Hoffen, die Trauer um den Verlust miterlebt, stellt sich dagegen zunehmend Fragen nach der eigenen Identität. »Als Kind erlebte ich den Verlust als das, was mir vorenthalten wurde: die köstliche Milch, die duftenden Bergwiesen, auf denen ich nicht toben, und die Cousins, mit denen ich nicht spielen konnte, das wunderschöne Haus auf der Hochebene. Mit den Jahren merkte ich, dass Abwesenheiten mich direkt und indirekt beeinflussten: der Verlust eines Ortes, von Geschichten, von Familie und von Zugehörigkeit.«[27] Sie spürt, dass auch sie etwas verloren hat, denn auch sie wird zeitlebens ein Flüchtling aus Tibet bleiben – während der Kindheit in Indien und Nepal und auch später in den USA.[28]

Im Exil suchen die Entwurzelten neue Wurzeln zu schlagen. Sie sehnen sich im wahrsten Sinne des Wortes nach Erdung, weshalb Gärten für sie eine große Rolle spielen. Sie sind ein Ausgleich für verlorene Lebenswelten, eine kleine Nische des Glücks in der fremden Welt des Exils. Klaus-Jürgen Liedtke beobachtet in seiner eigenen Familie in Schleswig-Holstein, welche Bedeutung diesem kleinen Stück Land zukommt. »Statt eines Bauernhofs gab es hier lediglich einen Garten, den die Eltern gepachtet hatten«, erzählt er. Der Garten diente als »ein Ersatzort für ihren Verlust: den der Mutter, des Vaters, der Großeltern. Solange wir alle im gemeinsamen Flüchtlingsgetto der ersten Nachkriegszeit lebten, fiel das nicht auf. Aber mit meinem Übergang zum Gymnasium wurde offensichtlich, daß wir für immer auf der Verliererseite waren, ein für allemal, nicht verwurzelt und vor allem – deklassiert.«[29]

Der Garten als Ersatzheimat, als Parallelwelt, in der man sich in die Heimat zurückträumen kann, taucht immer wieder auf. Für den aus Syrien geflohenen kurdisch-jesidischen Vater der Schriftstellerin Ronya Othmann ist der Garten der Familie in Bayern ein Ort, an dem er sich seiner Sehnsucht nach der Heimat hingeben kann. »Wegen eines Gartens zogen wir von München auf das Dorf. Wenn ich mit meinem Vater im Garten war und ihm beim Unkrautzupfen half, sprach er von den Granatapfelbäumen, die er pflanzen würde,

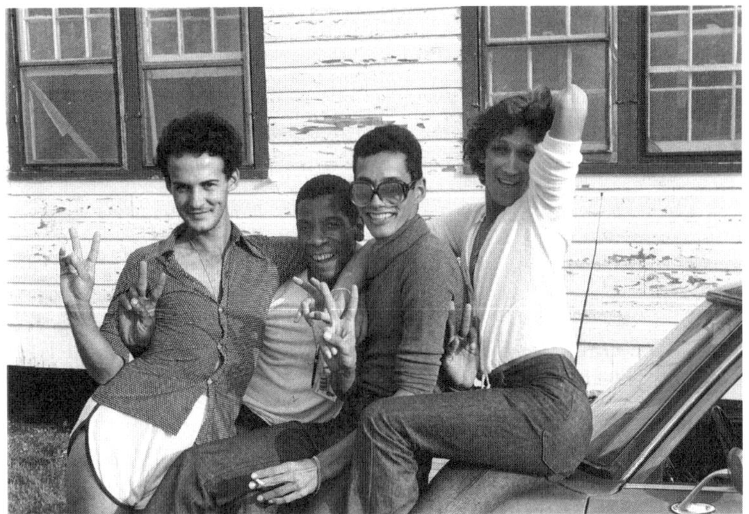

Ein Flüchtling ist für den Schriftsteller Reinaldo Arenas ein Geist, der für immer in zwei Welten lebt – im Exil und am alten Ort. Er selbst ist Flüchtling und Homosexueller und damit besonderen Drangsalierungen ausgesetzt. Wie die vier fröhlichen schwulen Kubaner kommt er im Zuge der Mariel-Rettungsaktion 1980 in die USA. Über den Hafen Mariel nahe Havanna werden damals binnen sechs Monaten 125 000 kubanische Flüchtlinge in Sicherheit gebracht, darunter viele Regierungskritiker. Castro will diese »asozialen Elemente« loswerden. Für die Kubaner ist ein Ankommen in den USA möglich, denn hier können sie ein selbstbestimmtes Leben ohne Unterdrückung, Folter und Diskriminierung führen. Engagierte Mitglieder der lokalen LGBTQ-Gemeinschaft kümmern sich in Fort Indiantown Gap im US-Bundesstaat Pennsylvania eigens um jene Flüchtlinge, die in Kuba wegen ihrer sexuellen Orientierung verfolgt wurden.

wenn er noch zu Hause wäre. Wie gut sie wachsen würden; die Erde war besser, und Sonne gab es genug. Es war, als ob unser Garten nur eine billige Kopie des Paradieses war und die Tomaten, die wir aßen, nur ein Ersatz für die eigentlichen Tomaten. Als ob die Tomaten mit ihrem wässrigen Geschmack uns nur daran erinnerten, wie die Tomaten schmecken würden, wäre unsere Familie nicht ins Exil gegangen.«[30]

Im frühen 20. Jahrhundert werden viele Jesiden aus dem Südosten der Türkei, wo sie am Ufer des Tigris fruchtbares Land besitzen, von fanatischen Muslimen in den heutigen Irak vertrieben. Dort werden sie 2014 im Sindschargebirge von der Terrororganisation »Islamischer Staat« angegriffen und fliehen nach Syrien. Ronya Othmanns Großmutter kommt von dort aus schließlich zu ihrer Familie nach Deutschland. »Meine Großmutter lebte nur drei Jahre im deutschen Exil. Es war die zweite Flucht in ihrem Leben. Die Gründe hatten sich nicht verändert. Beide Male musste sie gehen, weil sie Jesidin war«, erzählt Ronya Othmann. »Sie saß im Garten meiner Eltern, in der Küche, im Wohnzimmer, fror und sang Klagelieder. Sie beschwerte sich, warum kommen keine Nachbarn zum Tee.« In der Wahrnehmung der alten Frau überlagern sich Traum und Wirklichkeit. Die Realität ist so unerträglich, dass sie ausgeblendet wird. In ihrer Verwirrung wähnt Ronya Othmanns Großmutter sich in ihrer alten Nachbarschaft im Irak. »Einmal fand man sie vorn an der Straße, sie sagte, ich gehe nach Hause. Nur ein paar Felder weiter, da ist mein Dorf. Ich kann schon die Häuser sehen.«[31]

Der Jesidin geht es nicht anders als jener sudetendeutschen Vertriebenen, die sich in München verläuft, weil sie hinter der nächsten Straßenecke das heimatliche Troppau wähnt.

Dazugehören?
Integration(en) und Möglichkeiten des Ankommens

Integration ist zumeist ein langer, schmerzhafter Prozess. Bis aus dem Ankommen ein Angekommensein wird, sind oft viele Rückschläge zu verkraften. Wenn in aktuellen und historischen Debatten von *Integration* gesprochen wird, stecken dahinter häufig Wunschprojektionen oder der Versuch, bestehende Konflikte zu übertünchen. Aufnahmegesellschaften sprechen gern von Integration, wenn sie ihre eigene Leistung herausstreichen wollen. Die Bringschuld liegt nach ihrer Ansicht wesentlich bei den Flüchtlingen. Die einseitige Aufforderung an die Ankommenden, »sich zu integrieren«, ist im Grunde nichts weiter als die Aufforderung zur Assimilation. Flüchtlinge sollen keine Probleme verursachen, möglichst wenig auffallen und sich widerspruchslos unterordnen. Dass Integration keine Einbahnstraße ist, sondern ein wechselseitiger Prozess, in dessen Verlauf die Fremden mit ihren Erfahrungen und ebenso mit ihrem kulturellen Erbe die neue Gesamtgesellschaft bereichern können, das blenden viele aus. Sieht man von den kulinarischen Besonderheiten ab – seien es karelische Piroggen, Königsberger Klopse oder syrische Süßigkeiten –, bleibt den einheimischen Gesellschaften der Erfahrungsschatz wie auch das Erbe der Flüchtlinge weitgehend fremd. Im besten Fall gesteht man ihnen folkloristische Nischen zur Pflege ihrer Kultur zu. Oberflächlich und vage steht der Begriff Integration dann für ein Geduldetsein. Daher ist Skepsis durchaus angebracht, wenn von Integration die Rede ist.

Dieses Kapitel ist »Dazugehören?« überschrieben, weil die Frageform und der Plural Integration(en) viel Raum bieten: Integration – Assimilation – Exil. Alles ist möglich, auch andere Wege sind denkbar.

Die Flüchtlinge können auf vielfältige Weise die Ankunftsgesellschaften verändern, das Spektrum der Möglichkeiten ist hier schier grenzenlos. Doch Tatsache ist, dass ihr neues Umfeld oft wenig von ihnen weiß, kaum von ihren Erfahrungen profitiert. Was bedeutet das, was offenbart diese Unwissenheit über das Angekommensein in einer Gesellschaft?

Shanourh Aznavourian kommt 1924 in Paris als staatenloser Armenier zur Welt. Seine Eltern sind vor Deportation und Völkermord nach Frankreich entkommen, wo das Kind in einer armenischen Exilgemeinde aufwächst und Armenisch spricht. Aus Shanourh Aznavourian wird später Charles Aznavour, ein gefeierter französischer Star und die Verkörperung des französischen Chansons schlechthin. »Meine Heimat ist für mich da, wo ich als Kind geboren wurde und begonnen habe, zu sprechen, zu laufen, groß zu werden. Wir haben uns gegenseitig angenommen, Frankreich und ich, und sind beide sehr zufrieden damit«, sagt Charles Aznavour. »Meine Einstellung trifft in Frankreich logischerweise auf mehr Verständnis als in Armenien. Wo der Rebstock auch herkommt, der Wein hat immer die Herkunftsbezeichnung des Landes, in dem die Traube geerntet wurde.« Armenien und die armenischen Wurzeln prägen ihn. »Jeder hat ein Land seines Herzens, und es ist immer tröstlich, sich daran zu erinnern, woher man kommt. Auch wenn die innere Bindung zu meinem Geburtsland Frankreich stärker ist, fühle ich mich dem Land, in dem meine Familie verwurzelt ist, sehr verbunden.«

Charles Aznavour bekennt aber auch, dass er in Frankreich nie ganz angekommen ist. »Ich wäre gern in einem Dorf zur Welt gekommen, einem dieser kleinen französischen Dörfer, die man verlässt mit der Angst im Bauch und dem Köfferchen in der Hand, um in der Hauptstadt sein Glück zu versuchen«, erzählt er. »Ich wäre gern französischer gewesen als die Franzosen.«[32] Der Chansonnier, der so sehr Frankreichs Lebensstil repräsentiert, dem es aber nicht beschieden war, aus einer jener Familien zu stammen, die schon immer in den idyllischen Dörfern Burgunds oder der Provence leben, spürt die Zerrissenheit seiner Identität zwischen zwei Welten. *»La France est le pays de mes bonheurs, L'Arménie celui des mes douleurs«* – Frankreich ist das Land meines Glücks, Armenien das meiner Schmerzen. »Meine Gewohnheiten sind französisch, meine Traditionen armenisch. Ich bin wie ein Café au lait, eine untrennbare Mischung. Ich habe zwei Lieben, meine Heimat ist Paris« – Zeilen aus einem Chanson, die seine lebenslange innere Spannung ausdrücken.[33]

Aram Güreghian ist ein Armenier, den es ebenfalls nach Frankreich verschlägt. Als junger Mann kann er sich aus dem brennenden Smyrna auf ein überfülltes Schiff retten. In Marseille geht er an Land, 1922 kommt er nach Paris. Dort, so erzählt Güreghian 1989 in einem Interview, »kamen die Armenier sonntags immer zusammen. Gerade Personen, die neu in Frankreich angekommen waren und nun Bekannte suchten, kamen in die Kirche. Die Straßen von Paris waren voll von uns Armeniern, von uns Flüchtlingen. Und der eine fragte den anderen, woher er käme, und man fragte dann zurück –

das war das wichtigste Gesprächsthema. Man suchte immer nach jemandem, der aus dem eigenen Dorf oder der eigenen Stadt kam.«[34] Allerdings ist das Ankommen nicht leicht, Integration so gut wie undenkbar. »Und die enttäuschenden Erfahrungen? Dass wir immer Fremde geblieben sind«, erinnert sich Güreghian. »Man mochte uns nicht, die Menschen mochten uns nicht. Wenn wir etwas Offizielles erledigen mussten und zu Behörden gehen mussten, haben sie uns immer schrecklich behandelt. Freunde und Bekannte habe ich in Frankreich lange nur unter Armeniern gehabt.«[35]

Aram Güreghian und Charles Aznavour trennen 19 Lebensjahre. Beide sind staatenlose Ausländer, als ihr Leben in Frankreich beginnt. Dem Älteren, der Deportation und Völkermord noch am eigenen Leib erlebt hat, gelingt der Neuanfang kaum. Charles Aznavour hingegen, der im Exil geboren wird und der musikalische Botschafter Frankreichs schlechthin wird, ist angekommen. Beide Biographien künden davon, was für Herausforderungen der Verlust der Heimat und der Neuanfang in der Fremde sind.

Was bedeuten Ankommen, Dazugehören und Identität, das sind Fragen, die sich nicht allein die Generation stellt, die Flucht und Vertreibung selbst erlebt hat, auch Kinder und Enkel sind betroffen. Das schlesische Pilgramsdorf bei Breslau ist die Heimat der Familie von Ijoma Mangold. Ironisch und dennoch zärtlich einfühlsam erzählt Mangold in seiner Autobiographie *Das deutsche Krokodil*, wie tief Flucht und Verlust die Familie geprägt haben. Der 1971 in Westdeutschland Geborene erlebt, wie sehr der Umstand, dass man alles verloren hatte und nicht wirklich dazugehörte, die Mitglieder seiner Familie umtreibt. »Als Kind standen mir das Kriegsende und meine Oma mit ihren Kindern deutlicher vor Augen als alle anderen Ereignisse im Leben meiner Mutter vor meiner Geburt«, erzählt Ijoma Mangold. »Wir waren eine Flüchtlingsfamilie. Dass man ›alles verloren‹ hatte, war etwas, das Oma von den Enkeln verstanden wissen wollte. Wenn man nicht ›alles verloren‹ hätte, sähe das Leben anders aus. Dass man anderen zur Last fallen könne, war für sie von jeher Beschämung und Albtraum gewesen; und genau das war passiert.«[36]

Ijoma Mangolds Mutter entdeckt ihre schlesischen Wurzeln erst spät, weil das Thema lange Zeit nicht opportun war, beginnt dann allerdings umso vehementer, sich im Freundeskreis zu ihnen zu bekennen: »Neuerdings war es öfter vorgekommen, dass Mama mir ihren Missmut anvertraute über Freunde und Bekannte, die es nicht ertrugen, wenn sie die Vertreibung unserer Familie aus Schlesien erwähnte. Schon die Nennung des Namens Schlesien führe bei Abendessenseinladungen zu eisernen Reaktionen, als wäre das Erzählen von der eigenen Kindheit bereits ein Schritt zur Rückholung Schlesiens ins Reich. ›Da wird etwas geblockt‹, sagte meine Mutter trotzig, ›das ist mir zu dogmatisch.‹«[37]

Für Ijoma Mangold beginnt damals eine ganz eigene Entdeckungsreise als Sohn und Enkel. »Das mit Schlesien begann mir zu gefallen. Wenn es schon über meine väterliche Linie nichts zu erzählen gab, sollte es zumindest auf der mütterlichen Linie etwas Herkunft geben. Ich probierte den Satz ›Wir kommen aus Schlesien‹ aus. Nicht schlecht. Noch mehr Effekt machte: ›Ich bin Schlesier.‹«[38] Seine eigene Suche nach schlesischen Spuren wirft jene Fragen auf, die für Flüchtlinge und ihre Nachfahren relevant sind: Wann ist man angekommen, und was bedeuten die Herkunft der eigenen Familie sowie ihr Heimatverlust für die eigene Identität?

Ijoma Mangold erzählt eine typische Familiengeschichte, in diesem Fall eine deutsche. Er thematisiert Fragen, die über ein Weiterleben und ein mögliches Angekommensein entscheiden. Ob das gelingt, hängt selbstverständlich auch wesentlich von den Rahmenbedingungen ab, die Flüchtlinge bei der Ankunft vorfinden. Europäische Gesellschaften, die sich mit der Ankunft von Flüchtlingen nachhaltig verändern sollten, sind Deutschland, Finnland und Griechenland.

In Deutschland künden die seit den frühen 1950er Jahren von den deutschen Vertriebenen an den Ortsrändern errichteten Siedlungen von jenem Angekommensein. Die Vertriebenenhäuser in ihrer typischen Bauweise sind aus dem Erscheinungsbild deutscher Ortschaften gar nicht mehr wegzudenken. Sie stehen in Straßen, deren Namen eine Verbindung zur alten Heimat herstellen: Breslauer Straße, Egerweg, Ermlandweg, Königsberger Straße, Masurenweg, Siebenbürgenweg oder Stettiner Straße. Als die Vertriebenen in jene Straßen ziehen, trauern sie noch immer um ihre verlorene Heimat, hoffen aber zugleich auch auf eine Zukunft am neuen Ort.

Vierzehn Millionen geflohene und vertriebene Deutsche müssen bei Kriegsende in den vier Besatzungszonen Deutschlands aufgenommen werden. Das birgt enormen sozialen Sprengstoff und verändert zugleich die Gesellschaft – mental, kulturell und konfessionell. Auf dem Gelände des Barackenlagers Tidofeld in Ostfriesland entstehen im Zuge des niedersächsischen Barackenräumungsprogramms von 1958 an die ersten 111 Siedlungshäuser. Der VW-Käfer wird zur Chiffre für den Wiederaufbau und das deutsche Wirtschaftswunder. Die letzte Baracke wird im Sommer 1968 abgerissen. Die Dokumentationsstätte Gnadenkirche Tidofeld erinnert an die schwierigen ersten Jahre der deutschen Vertriebenen in Ostfriesland.

Die Fundamente jener neuen Häuser markieren den Übergang von einem befristeten Aufenthalt zu einem Neuanfang von Dauer. Mit staatlicher Förderung gelingt es zumindest im Westen, die Wohnungsnot nach und nach zu lindern. Die physische Obdachlosigkeit der Flüchtlinge wird überwunden, sie haben ein Dach über dem Kopf, sie nehmen Anteil am Wiederaufbau des Landes. In der Bundesrepublik Deutschland ist der Lastenausgleich – die teilweise Entschädigung für den in der alten Heimat verlorenen Besitz – zumindest eine finanzielle Starthilfe.

Auf zwischenmenschlicher Ebene bleibt der Widerstand gegen die Vertriebenen dagegen groß. Diese Vorbehalte spürt Hilde H., die als Vertriebene aus der Slowakei in Unterelchingen in Bayerisch-Schwaben landet. Als sie Anfang der 1950er Jahre einen Einheimischen heiraten möchte, wird das zu einer Herausforderung. »›Der Hans hat einen Flüchtling und einen komischen Namen hat sie auch noch‹ – ich hieß doch Orawetz. Da war der Teufel los. Die Eltern haben ihrem Sohn gesagt: ›Die isch nix, die hat nix, die kann nix. Die Flüchtlinge taugen nix! Wenn das anständige Leute gewesen wären, hätte man sie nicht vertrieben!‹ Sie haben ihm verboten, mich zu heiraten, und ihn so unter Druck gesetzt, dass ich schon vorgeschlagen habe: ›Lass uns Schluss machen. Wenn deine Eltern sich jetzt schon so anstellen, wie soll das werden, wenn wir verheiratet sind?‹«[39]

In der DDR sind die Spannungen kaum geringer. Doch die Führung in Ost-Berlin entledigt sich Anfang der 1950er Jahre der lästigen Vertriebenenfrage, indem sie ihre 4,3 Millionen Vertriebenen kurzerhand zu »Umsiedlern« erklärt und aus allen offiziellen Statistiken verschwinden lässt. Die verharmlosende Bezeichnung spricht den Erfahrungen der Betroffenen Hohn, passt aber in das »strikte Assimilationskonzept«,[40] welches das SED-Regime verfolgt mit dem Ziel, die Vertreibung und damit die Erinnerungen von Millionen Menschen im Land zum Tabu zu erklären.

Vor diesem Hintergrund ist der Blick auf Finnland und die Haltung gegenüber den dortigen Heimatlosen aufschlussreich. Die karelischen Entwurzelten hatten in Finnland bessere Startbedingungen als Menschen mit ähnlichem Schicksal in anderen Ländern. Das liegt vor allem daran, dass die Karelier keine Flüchtlinge oder Vertriebenen sind, sondern vielmehr als Evakuierte gelten, die von der eigenen Regierung nach Finnland geholt wurden. Kaum ist 1945 ein Gesetz zur Landreform verabschiedet worden, werden karelischen Familien entsprechend ihrem verlorenen Besitz Grundstücke zugeteilt. Finnland reißt seine karelischen Gemeinschaften auch nicht auseinander, sondern siedelt sie weitgehend geschlossen an, was international kaum Nachahmung findet. So werden die überlieferten sozialen Bindungen aus der alten Heimat erhalten, können die Betroffenen sich im Schutz und der Geborgenheit alter Nachbarschaften an die neue Umgebung gewöhnen. Das soll dazu beitragen, die Fremdheit zu überwinden, und im Idealfall dazu führen, dass die Heimatlosen tatsächlich ankommen.

Aber auch in Finnland verläuft die Aufnahme der heimatlosen Finnen nicht spannungsfrei. Insbesondere die Land- und Vermögensumverteilung zugunsten der »Evakuierten« erhitzt die Gemüter. Einheimische müssen Land abgeben beziehungsweise einen finanziellen Beitrag zum Neustart der Ankömmlinge leisten, was deren Beliebtheit nicht gerade fördert. Ein Großteil der Karelier sieht sich schon unmittelbar nach der Ankunft durch die »allgemeine Feindseligkeit und Grobheit« seitens der einheimischen Bevölkerung herausgefordert. Die finnische Gesellschaft blickt misstrauisch auf die Neuankömmlinge mit ihrer eigenen Kultur und Tradition, die ihrerseits Minderwertigkeitsgefühle entwickeln und sich sozial ausgegrenzt fühlen. Die kulturellen Konflikte zwischen Einheimischen und zugezogenen Kareliern wie der Heimatverlust hinterlassen eine Verbitterung, die bis in die Gegenwart hinein spürbar ist.[41]

Von allen europäischen Ländern ist Griechenland das Land, das am stärksten von Flüchtlingen und ihrem Schicksal geprägt ist. In den Gemeinden im Norden Griechenlands stellen Nachfahren von Flüchtlingen bis heute die Mehrheit. Kavala ist eine solche Gemeinde. Jenseits der byzantinisch-osmanischen Altstadt erstreckt sich dort seit den 1920er Jahren die Neustadt. Nach Kavala und Umgebung kommen nach 1922 insgesamt 75 000 Flüchtlinge aus Kleinasien und Ostthrakien. In einem kürzlich errichteten Museum erinnern Nachfahren der kleinasiatischen Flüchtlinge an das Schicksal ihrer Vorfahren. Untergebracht ist es in einer ehemaligen Koranschule, in der nach 1922 Griechen aus Kleinasien ein erstes

Notquartier fanden. Zu den Ehrenamtlichen, die das Museum mit Leben füllen, gehören Manolis und Elena Zacharopoulos. Ihre Familiengeschichten umspannen die gesamte heutige Türkei. Elenas Mutter stammt aus Samsun am Schwarzen Meer. Die Pontosgriechin verliert schon als Kind ihre Familie. Bevor sie nach Griechenland kommt, nimmt eine türkische Frau die Waise bei sich auf. Manolis' Vater stammt aus einer Bauernfamilie im anatolischen Aydin, die Mutter aus einer Bäckerfamilie im thrakischen Adrianopolis, das heute als Edirne die westlichste Stadt der Türkei ist. Sein Vater flüchtet 1922 zunächst auf die Insel Samos und 1923 weiter nach Thessaloniki, da die einheimische Bevölkerung von Samos sich den Flüchtlingen gegenüber ausgesprochen feindselig verhält. In Thessaloniki treffen sich Manolis' Eltern und heiraten – eine typisch griechische Familiengeschichte.

Im Norden Griechenlands reiht sich Ortschaft an Ortschaft, und allen ist ein *Nea* – Neu – vorangestellt. Diese Orte künden von der Ankunft griechischer Vertriebener: Nea Kallikrateia, Nea Ionia, Nea Artaki, Nea Alikarnassos oder Nea Fokaia. Auffällig oft prägen gesichtslose Neubauten das Ortsbild, fehlen historische Zentren. Über Jahrhunderte siedelten die Menschen in dieser Gegend an den Berghängen und nicht am Meer, das als unwirtlich galt, zumal in den Flussdeltas die Malaria grassierte. Deshalb trifft man an den Stränden der Ägäis vorwiegend auf Gemeinden, die auf Flüchtlingssiedlungen zurückgehen, das Dorf Nea Roda etwa auf eine 1923 entstandene Siedlung. Es liegt am Übergang zur Halbinsel Athos in einer Senke in Chalkidiki. Seine Bewohner stammen zumeist aus dem gleichnamigen Heimatort am Marmarameer, wo sie einst vor allem Granatäpfel anbauten. Roda bedeutet »Granatäpfel«.

Sehr viel größer als Nea Roda ist eine Gemeinde im Süden Athens, die kaum auffällt im weiten Häusermeer, das sich rings um die griechische Hauptstadt ausbreitet. Nea Smyrni (Neu-Smyrna), steht auf dem Ortsschild. Die Kommune erinnert damit an den alten griechischen Namen von Izmir, der drittgrößten Stadt der Türkei. Nea Smyrni wurde von Flüchtlingen erbaut, als die Vororte Athens infolge des Zustroms aus Kleinasien aus allen Nähten platzten. 1944 erhielt die neue Stadtgemeinde ihren offiziellen Namen. Heute leben etwa 100 000 Menschen in den eintönigen Neubauten,

»Flüchtlingskrise« schallt es 2015, als in Deutschland eine Million Flüchtlinge ankommen. Die Regierung sei nicht vorbereitet gewesen und habe planlos gehandelt, heißt es. Solche Kritik ist realitätsfremd, denn Flucht erfolgt niemals nach einem Plan. Aufnahmekonzepte für Flüchtlinge liegen nicht griffbereit in der Schublade. Als sich Griechenlands Bevölkerungszahl nach 1922 durch die Flüchtlinge aus Kleinasien in manchen Landesteilen mehr als verdoppelt, ist Improvisation gefragt. Bis heute zeugen Flüchtlingsbehausungen aus dieser Zeit davon. Da es an Unterkünften für die vielen Heimatlosen mangelt, wird in Kavala eine Flüchtlingsunterkunft so in den Bogen eines byzantinischen Aquädukts gebaut, dass das denkmalgeschützte Bauwerk die seitlichen Außenwände bildet. Das muss zunächst einmal als Dach über dem Kopf reichen.

die den Rand der Stadt säumen. Im Zentrum von Nea Smyrni stößt man jedoch auf ein imposantes neohellenistisches Gebäude, die *Estia Neas Smirnis*.[42] Im Juni 1930 gründeten mehrere Honoratioren aus der alten Heimat Smyrna einen Verein, in dem die griechischen Traditionen Kleinasiens bewahrt werden sollten. 1975 erwarb der Verein das Gebäude mit Unterstützung der Stiftung des Reeders Aristoteles Onassis, der 1922 als Sechzehnjähriger aus seiner Heimatstadt Smyrna flüchten musste.

Gleich nach ihrer Ankunft errichten Vertriebene auf einem Hügel in Nea Smyrni eine Kirche zur Erinnerung an die historische Agia Fotini in Smyrna. Der erste Bau ist noch eine Holzbaracke und wird später durch ein Ebenbild der historischen Kirche in Smyrna ersetzt. Nicht nur die Kirchen werden so zu Denkmälern an die alte Heimat, auch die Straßennamen dienen der Erinnerung – ganz so wie in den Stadtrandsiedlungen der deutschen Vertriebenen in der Bundesrepublik. In Nea Smyrni sind die Straßen nach kleinasiatischen Landschaften und Städten benannt: Konstantinoupoleos, Ionias, Thrakis, Pergamou, Rodon, Filadelfeias, Kidonion oder Adrianoupoleos.

Weit über Athen hinaus ist der Fußballverein *Panionios Athen* bekannt, der in Nea Smyrni zu Hause ist. Er spielt in der griechischen Liga und steht in der Nachfolge eines älteren Vereins, der 1890 in Smyrna gegründet und nach der im Griechischen geläufigen Landschaft Ionien an der Westküste der heutigen Türkei benannt wurde. Neben *Panionios* tragen noch zwei weitere Athener Ligavereine kleinasiatische Namen: *AEK Athen*, griechisch *Athlitiki Enosi Konstantinoupoleos*, verrät bereits durch seinen Namen, dass seine ersten Mitglieder aus Konstantinopel stammten. Mehrere ehemalige griechische Fußballvereine in Istanbul standen bei seiner Gründung 1924 Pate, vor allem der *Pera Club*, benannt nach dem damals mehrheitlich griechischen Stadtteil Pera (heute Beyoğlu). Das Vereinswappen ist der byzantinische schwarze Doppelkopfadler auf goldgelbem Grund. Dieser Adler verkörpert für die griechisch-orthodoxe Christenheit das Symbol ihrer Gesamtkirche, deren Oberhaupt bis heute in Istanbul residiert. Der dritte Verein mit kleinasiatischen Wurzeln ist *Apollon Smyrnis (Gymnastikos Syllogos Apollon Smyrnis)*, der 1891 in Smyrna gegründet wurde. In Thessaloniki, der zweitgrößten Stadt Griechenlands, entsteht 1926 mit *PAOK Thessaloniki (Panthessalonikeios Athlitikos Omilos Konstantinoupoliton)* ein Flüchtlingsverein, der in der Nachfolge des 1875 in Istanbul gegründeten Vereins *Hermes Club Pera* steht und ebenfalls den byzantinischen Doppelkopfadler im Vereinswappen trägt. Das Wappentier hat – im Unterschied zu dem des Athener Vereins – zum Zeichen der Trauer über den Verlust der alten Heimat die Flügel gesenkt.

Die Aufnahme der kleinasiatischen Neubürger ist eine der größten innenpolitischen Herausforderungen des modernen Griechenland, denn diese stellen bis zu vierzig Prozent der Gesamtbevölkerung und fordern die griechische Gesellschaft in jeder Beziehung heraus: materiell, sozial und mental. Die Flüchtlingsfrage entwickelt enormen sozialen Sprengstoff,[43] doch Griechenlands Politik gegenüber den Landsleuten von jenseits der Grenzen erweist sich als verheerend. Lange ignoriert man die sozialen und wirtschaftlichen Folgen ihrer Ankunft, bedient sich der Vertriebenen, wenn nationalistische Wehklagen über die verlorenen griechischen Lebenswelten angestimmt werden, lässt es aber an Maßnahmen zu deren Integration fehlen. Vielerorts vertröstet man die Vertriebenen mit Versprechungen auf Rückkehr, die diese nur allzu gern hören. Willkommen sind die kleinasiatischen Landsleute nicht, und der Empfang im griechischen »Mutterland« ist ziemlich frostig. Die Flüchtlinge werden wie ungebetene Fremde behandelt. Kein Wunder also, dass diese die Sehnsucht nach ihrer alten Heimat, nach Trapezunt, Konstantinopel oder Smyrna, noch lange umtreibt. *Ante gia mas ke kali patrida!* – auf unsere Gesundheit und eine gute Rückkehr in unsere Heimat –, lautete einst ein Trinkspruch von Manolis Zacharopoulos' Vater, der unter den Flüchtlingen weit verbreitet ist.

Die massiven Integrationsprobleme sind in Griechenland selbst nach Jahrzehnten nicht beseitigt. Seit den 1950er Jahren kehren daher viele kleinasiatische Griechen dem Land, das sie so wenig schätzt, den Rücken. Sie verlassen als Gastarbeiter ein »Mutterland«, das ihnen nicht Heimat werden konnte, und ziehen nach Westeuropa oder nach Übersee, vor allem nach Nordamerika und Australien. Davon profitiert vor allem Australien. Lange Zeit ist die griechische *Olympic Airlines* die einzige kontinentaleuropäische Fluggesellschaft, die regelmäßig zum fünften Kontinent fliegt. Mit knapp 400 000 Menschen griechischer Abstammung (Zensus von 2016) stellen Griechen die siebtgrößte Ethnie in Australien. Melbourne verfügt über eine der größten griechischen Gemeinschaften außerhalb Griechenlands, weshalb es nicht überrascht, dass die Stadt mit dem griechischen Thessaloniki freundschaftlich verbunden ist. Viele Griechen in *Down Under* sind Flüchtlinge oder Nachfahren kleinasiatischer Griechen.

Von denen, die Griechenland verlassen, folgen auch viele den Werberufen der deutschen Wirtschaft und kommen als sogenannte Gastarbeiter in die Bundesrepublik. Von außen betrachtet sind sie Arbeitsmigranten, die fern ihrer Heimat ein besseres Auskommen suchen. Aber nicht wenige der vor allem griechischen und türkischen Gastarbeiter können Geschichten von Flucht, Vertreibung und Völkermord erzählen, die sie oder ihre Vorfahren erlebt haben.

»In der Türkei sind wir die Griechen. In Deutschland sind wir die Türken. Aber Deutsche sind wir auch nicht«, sagen Eva und Sokrates Saroglu, die in Berlin-Kreuzberg leben. Ihre Familien sind seit altersher Griechen, aber die beiden stammen aus Istanbul.[44] Dort erleben sie die antigriechischen Pogrome vom 6. September 1955. Eva ist damals zehn, Sokrates 22 Jahre alt. »In marodierenden Kleingruppen zogen türkische Nationalisten durch die Straßen von Kurtuluş. Sie marschierten in Wohnungen, plünderten Mobiliar und Wertgegenstände oder warfen einfach alles aus dem Fenster. ›Es war schrecklich‹, erinnert sich Eva Saroglu, ›und es wurde immer schlimmer. Sie haben griechische Geschäfte abgebrannt, unsere Frauen vergewaltigt und die Gräber auf unseren Friedhöfen geplündert. Es war wie im Bürgerkrieg.‹« Sokrates ist sich sicher, dass an jenem Abend auch mancher der Nachbarn auf der Seite des Mobs stand. An einigen Häusern hätten Bewohner die türkische Landesflagge gehisst und so zum Ausdruck gebracht, dass man sie verschonen solle. Sokrates Saroglu sagt, er habe beobachtet, dass mancher griechische Nachbar der Verfolgung geradezu preisgegeben war, wenn sein Haus mit der Aufschrift »Kein Türke« markiert wurde.[45]

1964 heiraten Eva und Sokrates Saroglu in Istanbul. Im selben Jahr müssen sie im Rahmen der »Ausweisungen« von Griechen ihre Heimat verlassen. Zunächst kommen sie in das wirtschaftlich am Boden liegende Griechenland. Eva macht sich 1967 schließlich auf nach Deutschland, wo sie bei der Berliner Firma Sarotti in der Schokoladenproduktion arbeitet. Ihr Mann folgt wenig später nach. Für die Deutschen sind sie türkische Gastarbeiter. Warum sie aus ihrer Heimat am Bosporus vertrieben worden sind, was damals geschah, danach fragt in Deutschland kaum jemand.

Laura Cwiertinas armenischer Vater stammt ebenfalls aus Istanbul, aber auch er ist kein Türke. Mit 17 Jahren folgt er seiner Mutter, die wie Eva Saroglu in Deutschland als »Gastarbeiterin« in einer Schokoladenfabrik arbeitet. »In der Türkei wuchs mein Vater damit auf, dass ›Armenier‹ ein Schimpfwort war«, erzählt er seiner Tochter, »in der Türkei war ich der Armenier, in Deutschland bin ich der Türke.« Erst langsam entdeckt Laura ihre Familiengeschichte, die viele Kapitel zu Entwurzelung und Tod enthält. »Früher habe ich das ›Ach‹ meines Vaters manchmal ignoriert. Habe weitergebohrt, bis seine Gesichtszüge hart und sein Blick abwesend wurden. So habe ich erfahren, dass bis auf meine Urgroßmutter alle aus ihrer Familie ermordet wurden. ›Ich wollte nicht, dass du das auch noch mit dir rumschleppst‹, sagte mein Vater, ›jetzt wirst du es nicht mehr los.‹«[46]

Von den Geschichten, die die sogenannten türkischen Gastarbeiter mit sich herumtragen, die in vielen Fällen gar keine Türken sind, wissen ihre deutschen Kollegen gewöhnlich so gut wie nichts.

»Ja, meine Oma hat sich sicherlich unbeheimatet gefühlt. Sie hat keine neue Heimat gefunden«, sagt Winfried Kretschmann. Der baden-württembergische Ministerpräsident, der wie kein Zweiter den bodenständigen Schwaben verkörpert, wird als Kind ostpreußischer Flüchtlinge geboren. »Ich bin zwar im Schwäbischen geboren, aber nicht schwäbischer Abstammung«, erzählt er. »Zu Hause wurde bei uns Hochdeutsch gesprochen. Meine Eltern kamen aus Ostpreußen, haben allerdings nie Dialekt oder Plattdeutsch gesprochen.« In seiner Familie zeigt sich der langwierige Prozess des Ankommens. Drei Generationen durchleben unterschiedliche Phasen. Winfried Kretschmanns Großmutter wird im Westen Deutschlands nicht mehr heimisch, seine Eltern bewegen sich kulturell in einer Zwischenwelt, während der Sohn Winfried seine ostpreußischen Wurzeln zwar nicht vergessen hat, Schwaben aber als seine Heimat betrachtet.[47]

Die Familie von Kretschmanns schwäbischem Landsmann, dem Politiker Cem Özdemir, kommt ursprünglich ebenfalls nicht aus Schwaben. Cem Özdemir wird 1965 im württembergischen Urach geboren. Nicht zu überhören ist auch bei ihm die schwäbische Sprachfärbung. Sein Name verrät, dass seine Familie aus der Türkei stammt, auf den ersten Blick also klassische »Gastarbeiter«. Doch die Familiengeschichte hält einige Überraschungen bereit. Cem Özdemirs Vater ist Tscherkesse aus einem tscherkessischen Dorf in der Nähe von Turhal bei Tokar. Bei Türkeibesuchen lernt Cem Özdemir einige Brocken Tscherkessisch, denn in diesen Dörfern lebt diese Sprache auch hundert Jahre nach der Vertreibung aus dem Kaukasus noch fort.[48]

»Zahlreiche Tscherkessen, die nach ihrer Vertreibung später Türken wurden, sind – so wie mein Vater – durch die Anwerbung von Gastarbeitern in den 1960er Jahren nach Deutschland gekommen«, erzählt Cem Özdemir. »Für viele war gerade die Demokratie und Vielfalt in Deutschland Anlass, sich öffentlich als Minderheit zu begreifen und ihre Kultur zu zelebrieren. Daher finden sich immer häufiger nordkaukasische Kulturvereine oder tscherkessische Vereine in Deutschland.«[49] Erst in Deutschland entdecken viele ihre Identität als kaukasische Vertriebene, die sie in der Türkei häufig verbergen mussten.

Winfried Kretschmann und Cem Özdemir stehen für unterschiedliche Familiengeschichten von Flucht und Heimatverlust und damit stellvertretend für Millionen Familiengeschichten im 21. Jahrhundert. Man könnte auch sagen, sie repräsentieren zwei typische Familienbiographien in Deutschland. Beide sind in Schwaben heimisch geworden, haben sich – zu unterschiedlichen Zeiten – in die bundesdeutsche Gesellschaft integriert und sie als Politiker auch gestaltet. Integration, das haben die ausgewählten Fragmente gezeigt, funktioniert immer nur in beide Richtungen, denn Flüchtlinge verändern die Aufnahmegesellschaft. Dabei bläst ihnen der »kalte Wind des Exils« zuweilen heftig ins Gesicht, worauf nicht selten – fast unweigerlich – eine Desillusionierung eintritt.[50]

Stefan Chwin beobachtet, dass sein Vater unbedingt seinen Wilnaer Akzent abschütteln will. »Diesen Akzent – ich sah es deutlich – versuchte mein Vater loszuwerden, weil er ihn als ein störendes Mal empfand, das ihn aus der Menge hervorhob und der Gefahr eines Schlags auslieferte. Er wollte mit der Mehrheit verschmelzen. Unsichtbar sein, sich nicht unterscheiden – das war sein Credo, abgeleitet von den früheren Erfahrungen.«[51] Stefan Chwins Vater will sich anpassen unter Aufgabe seiner – Wilnaer – Identität. Er will nicht auffallen, denn er empfindet die Flüchtlingsexistenz als einen Makel. Integration gelingt aber nur, wenn beide – Aufnehmende wie Flüchtlinge – sich gegenseitig als Bereicherung empfinden, und zwar gerade wegen ihrer kulturellen und mentalen Andersartigkeit. Doch das ist äußerst selten der Fall. Fast immer meinen Aufnahmegesellschaften Assimilation, wenn sie Integration sagen. Es lohnt sich, genau hinzuhören, wenn Flüchtlinge ihre Geschichten erzählen, denn nur so kann man das Drama ihres Lebens wenigstens ansatzweise verstehen. Dann kann aus Ankommen irgendwann Angekommensein werden. Dass dies geschieht, ist nicht gewiss. Der Weg zur Integration bleibt ein beschwerlicher, denn auch viele Sesshafte wollen gar nicht, dass die Flüchtlinge als vollwertige Nachbarn in der neuen Umgebung ankommen.

Es mag dem Exilanten gelingen, dort, wohin er geht, neu auszutreiben, zu erblühen, ein günstigeres Klima zu finden, doch wie bei jeder von der Wurzel gebrochenen, aus ihrem Boden, ihrer natürlichen Flora gerissenen Pflanze ist ungewiss, ob er in der Erde, in die er umsiedelt, Wurzeln schlagen kann. Entweder behauptet er sich und trägt Früchte, oder er verwelkt und vergeht.

CAN DÜNDAR, türkischer Journalist
im deutschen Exil

Meine Großväter Garabet Vosganian und Setrak Melichian haben aus ihrem Jahrhundert bloß verstanden, wie schwer es ist, in der gleichen Erde zu sterben, aus der man geboren wurde. Die alten Armenier meiner Kindheit hatten keine Gräber, an deren Kopfenden sie hätten sitzen und ihre Eltern beweinen können. Sie trugen ihre Gräber überall, wo sie herumirrten, bei sich.

VARUJAN VOSGANIAN, *Buch des Flüsterns*

Erinnern

Von Trauer und Verlust

Vertriebene leben zwischen dem Dort und dem Hier. Das Dort – die verlorene Heimat – wird zur Projektionsfläche für das Hier. Die Vergangenheit lässt sie ihr Leben lang nicht mehr los, auch wenn sie glauben, mit ihr abgeschlossen zu haben. Giorgos Seferis ist selbst überrascht, wie er auf das Wiedersehen mit der Landschaft seiner Kindheit in der östlichen Ägäis reagiert, in die er nach Jahrzehnten erstmals zurückkehrt. »Du wachst auf, ziehst die Vorhänge zurück und wirst überrascht vom Oktober-Meer. Wenn du dich rasierst, siehst du im Spiegel ein großes Schiff auf dich zufahren, so, als steuere es mitten in dein Zimmer. Es ist *deine* Stadt und es ist eher etwas Biologisches, Ursprüngliches: die Anziehungskraft *deiner* Erde – etwas wie die magnetische Kraft des Feuers in der Eiseskälte, wie der Hunger, wie die Liebessehnsucht. Nie zuvor habe ich dieses Gefühl so gespürt«, bekennt er in seinem Reisetagebuch *Ionische Reise*. Ihn, den Schriftsteller, dem alles Sentimentale fremd ist, holt die Vergangenheit beim Anblick der alten Heimat mit Macht ein. »Übermäßig viele Erinnerungen, die sich in mir umtreiben, bei jedem Schritt. Eine fast beängstigende Anhäufung von Bildern die ganze Zeit. Eine ununterbrochene Herbeirufung der Toten bei so vielen trockenen Ästen des Stammbaums.«[1] Er ist überwältigt, welche Kraft dieser Platz – *sein* Ort – entfaltet.

Flüchtlinge, die in ihre Heimat nicht zurückkehren können, empfinden Heimweh als tiefen, unstillbaren Schmerz, ein Schmerz, den andere, die diese Sehnsucht nach dem Verlorenen nicht kennen, kaum verstehen können und die Heimweh daher gern als schwülstige Gefühlsduselei abtun. Max Herrmann-Neiße gelangt im Exil zu der schmerzlichen Einsicht, dass Flüchtlinge wohl schon deshalb nie ankommen werden, weil ihnen ihr Heimweh im Weg steht. Seine

Gedichte zeugen vom Ringen mit Heimweh und Trauer. Sosehr sich die Flüchtlinge auch bemühen, sie bleiben Fremde. In dem Gedicht »Niemals werden wir dazu gehören« verleiht er dieser Resignation Ausdruck.

> Machst du dich vertraut mit Brauch und Sprache
> Feierst ihre Feste wohlgesinnt:
> plötzlich siehst du dich vor dem Gemache,
> wo das Unzulängliche beginnt:
> sein Geheimnis wirst du nie beschwören,
> diese dunklen Tore schließen dicht.
> Lächelte dir freundlich ein Gesicht –
> Dennoch wirst du nie dazu gehören.
> …
> Einsam trieben wir von Land zu Lande,
> überall der ungebetene Gast.
> Einsam bleiben wir, der Heimat Schande
> Beugt den Rücken uns mit schwerer Last.
> Teilnahmslos lauscht unsern Trauerchören
> Eine Welt, die unser Leid nicht faßt,
> nicht, was unser Leben liebt und haßt,
> niemals werden wir dazu gehören.[2]

Heimweh im Sinn von Schmerz, den die Heimat bereitet, empfindet Max Herrmann-Neißes schlesischer Landsmann Willy Cohn von dem Tag an, als die Nationalsozialisten an die Macht kommen, ihn als »Juden« stigmatisieren, ausschließen und ihm Tag für Tag ein Stück seiner Heimat rauben. Wie in jedem Jahr fährt er im Sommer 1933 in die Sommerfrische ins Glatzer Bergland. Dort notiert er am 27. August in seinem Tagebuch: »Nach der Vesper ging ich noch mit Trudi spazieren, wir nahmen Susanne im kleinen Leiterwagen mit. Sie schlief bald ein, … Vom Dorfende im Oberdorf war ein wundervoller Blick über das ganze Gebirge, es lag alles so klar da. Der Turm auf dem Glatzer Schneeberg zum Greifen nah! Man liebte diese Wälder so sehr und darf sich doch in ihnen nicht zu Hause fühlen.«[3] Als er zwei Jahre später in Bad Kudowa im Glatzer Bergland Urlaub macht, spürt er noch mehr, wie ihm überall Kälte entgegenschlägt.

Ohne dass er sie verlassen hat, wird ihm, dem deutschen Patrioten, dem Schlesier, die Heimat genommen. »In Tscherbeney ist auch eine Stürmertafel mit der Aufschrift ›Die Juden sind unser Unglück‹. In Kudowa macht man das während der Saison nicht, weil man das Geld von den jüdischen Kurgästen braucht; hier ist man nur im Winter antisemitisch ... In Tscherbeney sah ich ein kleines Häuschen, wunderbar gepflegt, blaue Blumen. So etwas wäre einmal auch mein Ideal in Deutschland gewesen. Nun ist das vorbei! Unerbetene Gäste!«[4]

1937 reist Willy Cohn nach Palästina, kehrt aber noch im selben Jahr wieder nach Deutschland zurück. Alles um ihn herum hat sich verändert, der antisemitische Terror gehört längst zum Alltag, doch trotz aller Anfechtungen und Demütigungen kann und will er seine Heimat Schlesien nicht verlassen. Im November 1941 werden er, seine Frau und die beiden kleinen Töchter von ihren deutschen Landsleuten nach Kaunas deportiert, wo die gesamte Familie wenige Tage später ermordet wird.

Heimweh kann krank machen. Über dieses Gefühl zu sprechen, ist schwierig, erst recht, wenn man es nicht zulassen darf, weil der Verlust einer Heimat gar nicht zu beklagen sei. »Man läßt den Auszug aus der Heimat nicht unbeweint«, schreibt Christa Wolf in ihrem Roman *Kindheitsmuster*.[5] Ihr gelingt durch einen erzählerischen Kunstgriff, die emotionale Distanz zum Heimatverlust zu beschreiben, indem sie dieses Gefühl auf eine unbestimmte Gruppe bezieht. Da sie eine allgemeingültige Aussage zu menschlichen Empfindungen trifft, die über Flüchtlinge hinaus auch bei Sesshaften anzutreffen ist, gewinnt das Beschriebene an Eindringlichkeit.

Es geht bei Christa Wolf um den Heimatverlust von Nelly Jordan im Jahr 1945. Die geflüchtete Jugendliche versucht sich ihr Heimweh zu versagen, sich regelrecht zu immunisieren. »Nun verbietet sich schon nicht mehr nur die Trauer, das Weh – auch Bedauern ist nicht mehr zugelassen und, vor allem, die Erinnerung. Erinnerung an Heimweh, Trauer, Bedauern«, redet sich Nelly ein. »Die Axt an der Wurzel. Da, wo die Empfindungen sich bilden, in jener Zone, wo sie noch ganz sie selbst, nicht mit Worten verquickt sind, dort herrscht in Zukunft nicht Unmittelbarkeit, sondern – man scheue das Wort nicht – Berechnung.«[6] Dass die Axt an der Wurzel angelegt werden muss, offenbart, wie groß die Not der Flüchtlinge ist, doch auch mit derartig radikalen Methoden lässt sich das Heimweh nicht besiegen, die innere Zerrissenheit wird nur noch größer. Da das Heimweh der Vertriebenen in der DDR aber unter dem Generalverdacht des »Revanchismus« steht, ist es kaum möglich, sich mit diesem Gefühl auseinanderzusetzen. In ihrem Roman gewährt Christa Wolf wohl auch Einblicke in ihren eigenen Seelenhaushalt, denn sie beschreibt eine Gefühlswelt, die ihr, dem Flüchtling aus Landsberg an der Warthe, durchaus vertraut gewesen sein dürfte.

Die in Königsberg geborene Schriftstellerin Elisabeth Schulz-Semrau, die wie Christa Wolf bei Kriegsende auf dem Gebiet der späteren DDR strandet, befasst sich trotz aller Restriktionen mit dem schwierigen Gefühl des Heimwehs. »Etwas will erzählt werden«, beginnt ihr autobiographischer Roman *Suche nach Karalautschi*. »Aber warum gerade das? Und warum es jetzt erzählen?« Elisabeth Schulz-Semrau möchte das offizielle Beschweigen überwinden und erzählt vom Verlust ihrer ostpreußischen Heimat. Für sie ist dieser Verlust eine tiefe Zäsur in ihrem Leben. »Karalautschi«, hinter diesem magisch klingenden Ort verbirgt sich ihre Heimatstadt Königsberg, die im Litauischen so heißt. Sie wählt diese Chiffre, weil der deutsche Name in der DDR mit einem Tabu belegt ist und aus der Erinnerung getilgt werden soll. Auf dem Buchdeckel ist jedoch unverkennbar die Silhouette des Königsberger Schlosses zu sehen. Elisabeth Schulz-Semrau klammert sich förmlich an die Erinnerung an ihre Heimatstadt. »Ohne meine Kindheitslandschaft würde ich sein wie jener Mann, der seinen Schatten verkaufte.«[7]

Mit dem Bild der geliebten Heimatstadt ist aber zugleich die Erinnerung an Krieg und Gewalt verbunden, an die Geschehnisse, durch die man zum Flüchtling wurde. Im Mai 1946 schreibt die elfjährige Regina Göbel in einem Schulaufsatz in Schwäbisch Gmünd, was sie ein Jahr zuvor mit ihrer Familie in ihrer sudetendeutschen Heimat Landskron erleben musste. »Zwei Wochen lang waren die Tschechen nun in Landskron … Jetzt sahen wir zum Fenster hinaus. Aber, oh weh! Wie sah es auf dem Markt aus! Alle Männer standen mit erhobenen Armen da. Partisanen schlugen sie mit Lederriemen und Gewehrkolben, bis sie halb tot zusammen brachen. Andre wur-

Trauer ist in erster Linie eine persönliche Angelegenheit, sie kann aber auch kollektiv zum Ausdruck gebracht werden und mitunter sogar für politische Zwecke eingesetzt werden. Zur Erinnerung gehören deshalb manchmal neben dem individuellen Wunsch nach Rückkehr auch Revisionismus und mitunter sogar Revanchismus. In Italien wird das Schicksal der bis zu 300 000 italienischsprachigen Flüchtlinge, die nach dem Zweiten Weltkrieg ihre Heimat Istrien oder Dalmatien verlassen müssen, beschwiegen. Erst die Regierung Berlusconi führt 2005 einen Gedenktag an den »Exodus« *(Giorno del ricordo dell'esodo dall'Istria, Fiume e Dalmazia)* ein, der alljährlich am 10. Februar begangen wird. Aus diesem Anlass erscheint eine Gedenkbriefmarke. Nationalistisch aufgeladen wird jener Exodus und die richtige Erinnerung daran bis heute als Konflikt zwischen »Italienern« und »Slawen« begriffen, und es kommt hin und wieder auch zum geschichtspolitischen Schlagabtausch zwischen Italien und seinen Nachbarn Kroatien und Slowenien.

den in den tiefen Marktbrunnen geworfen und mit Eisenstangen so lange hinunter getaucht, bis sie nicht mehr konnten. Andre wurden auf den Gaslaternen aufgehängt.« Obgleich längst in Sicherheit, bleiben die qualvollen Stunden und Tage für die Schülerin gegenwärtig. »Die werde ich mein Lebtag nicht vergessen.«[8]

In der Erinnerung der Armenierin Aghavni Vartanian ist ihr Dorf in der Türkei ein versunkenes Paradies, doch die Bilder von der Deportation verdunkeln diesen Traum. »Die Menschen sind umgefallen. Auf dem Weg. Wie Früchte aus dem Maulbeerbaum fallen. Wie Maulbeeren sind die gefallen. Sie sind gefallen, sie sind gestorben. Ohne Ton. Ohne Schrei.« Bilder des Schreckens, die Aghavni Vartanian nicht loslassen, überlagern die Erinnerung an eine unbeschwerte Kindheit in dem kleinen Dorf ihrer Geburt in der Türkei. »Ich kann mich gut erinnern. An unser Dorf. An unsere Gärten. Daran, wie wir zu Fuß neben den Karren gingen. Es kommen viele Bilder – ich sehe – ich kann das nicht erzählen.«[9]

In Yüghaper Eftian breitet sich ein Gefühl der Trauer um seine verlorene armenische Heimat aus, sobald Bilder von Krieg und Hunger über den Bildschirm flimmern. »Wenn ich heute Fernsehen sehe, denke ich an die unsrige Geschichte«, sagt der Überlebende Ende der 1980er Jahre. »Wenn ich die Kinder sehe, mit aufgeblähten Bäuchen, hungrig, wenn ich sie sehe, denke ich an unsere Wüste«, erzählt er. »Wenn Du operiert wirst, dann bleibt die Narbe immer sichtbar. Oder wenn ein Glas kaputt geht und Du es zusammensetzt, auch dann bleibt das immer ein zusammengesetztes Glas. Das heißt, die Wunde ist sehr tief. Es können 74 Jahre vergehen, wenn es eine Wunde gegeben hat, und wenn diese auch genäht wurde, die Stelle bleibt. Dein Herz ist durchstochen.«[10]

Wunden schließen sich, vernarben, doch die Narben bleiben für immer. Das macht auch Jürgen Serke zu schaffen, als er Jahrzehnte nach Kriegsende seine Geburtsstadt Landsberg an der Warthe besucht. Erinnerungsfetzen tauchen vor seinem inneren Auge auf, Fetzen, die geprägt sind von Furcht und Gewalt. »Die Angst der Frauen vor den Russen. Bei Hausdurchsuchungen öffnete nur die Großmutter. Die Frauen versteckten sich auf dem Balkon. Wurde der Balkon durchsucht, waren sie bereits auf den nächsten gesprungen«, berichtet er. Als das geschieht, ist er fünf Jahre alt. »Ausweisung durch die

Russen im Februar 1945, weil die Häuser Militärgelände wurden. Die Fahrt mit Hand- und Kinderwagen in Richtung Küstrin. Die Großmutter dabei. Die Mutter des Vaters blieb zurück. ›Ich bin hier alt geworden‹, sagte sie. ›Ich will hier sterben.‹ Bei Küstrin Übernachtung in einer Scheune. In der anderen ebenfalls Flüchtlinge. Schlaf auf dem Heuboden. Die Leiter hochgezogen. Überfall auf die unten Schlafenden in der anderen Scheune, Schreie, Schüsse, Feuer.«[11]

Uwe-Karsten Heye ist noch keine fünf Jahre alt, als er 1945 aus Danzig fliehen muss, und auch in seinem Gedächtnis haben sich Schmerz und Gewalt zu Erinnerungen festgesetzt, die ihn noch Jahrzehnte später verfolgen. »Ich setzte die Erinnerungsbilder unserer Flucht zu einem Mosaik zusammen, Bilder aus eigener Erinnerung, Erzählungen meiner Mutter und Großmutter, Bilder, dem Gedächtnis meiner Schwester entwunden. Sie fügen sich zu den Bilderfetzen, die mich bis heute im Traum heimsuchen.«[12] Ähnlich geht es Farideh Goldin, die nachts die Bilder von der Flucht aus dem Iran einholen. Im amerikanischen Exil wacht sie schweißgebadet auf, ihr Körper zittert, sie schreit. »Nacht für Nacht träumte ich vom Iran, vom Schicksal, dem ich entkommen war.«[13]

Horst S. stammt aus Ostpreußen. Nach Kriegsende irrt er als Waisenkind im nördlichen Ostpreußen umher, das unter sowjetischer Herrschaft steht. Es ist eine beinahe apokalyptische Situation. Von der deutschen Vorkriegsgesellschaft sind nur wenige Menschen übrig geblieben, während sich die neue, sowjetische noch im Aufbau befindet. Diese Region ohne jede Ordnung und ohne jeden Schutz für den Einzelnen ist kein Ort für Kinder. Horst kämpft sich ins benachbarte Litauen durch, wo er Obdach und Essen findet. Er ist eines der sogenannten Wolfskinder. Wenn er später in Deutschland von dieser Zeit erzählt, schlägt ihm bei vielen Misstrauen und Skepsis entgegen. »Wenn de mit einem andern reden möchtest und erzählst die ganzen Sachen, was man da mitgemacht hat, was man da erlebt hat und so was alles, da gucken se dich doch irjendwie ganz schief an und denken, der hat doch hier oben wat.«[14] Wolfskinder leben lange im Schatten der Erinnerung, es dauert Jahrzehnte, bis ihre Erfahrungen von einer breiteren Öffentlichkeit wahrgenommen werden. Doch Horst S. erlebt immer noch, dass man ihm keinen Glauben schenkt und jedesmal aufs Neue seine Identität infrage gestellt wird. Denn diese ist besonders fragil, weil er eine Totalentwurzelung erlebte. Die Wolfskinder bleiben ihr Leben lang geprägt von dem ungeheuren Verlust und dem Schrecken, den sie nach Kriegsende durchlitten haben.

Mirko Heinemanns pontosgriechische Großmutter konnte ihre Trauer niemals überwinden und kam nie irgendwo an. Im August 1917 geht die damals fünfzehnjährige Alexandra allein an Bord eines russischen Schiffes, das sie aus ihrer Heimatstadt Ordu in Sicherheit bringen soll. Nach drei Jahren in Georgien kommt sie im Sommer 1920 auf einem Dampfer nach Istanbul, wo sie Eltern und Geschwister wiederfindet. Dort heiratet sie Christos Markopoulos. Die beiden fliehen 1922 weiter nach Thessaloniki und landen im griechischen Kavala. Alexandras Tochter Kyriaki heiratet 1961 einen deutschen Ingenieur, der in Griechenland arbeitet. 1966 kommt Mirko zur Welt. Die Familie zieht einige Jahren später nach Deutschland. »Zeit ihres Lebens hatte sie nur selten von ihrer Flucht gesprochen«, erzählt Mirko Heinemann über seine Großmutter. »Es umgab sie dann eine Melancholie, die nur verschwand, wenn sie mit Nachbarn redete, die ebenfalls Flüchtlinge waren. Dann benutzte sie türkische Wörter, die für uns Kinder fremdartig klangen.«[15] Alexandra stirbt 1976 im griechischen Exil, fern ihrer Heimat am Schwarzen Meer. »Stets in Schwarz gekleidet, ernst und liebevoll ... Ihre gefühlte Heimat war immer der Pontos und nicht Kavala. Griechenland wurde nie ihr Zuhause.«[16]

Thea Halo, die Tochter einer Pontosgriechin, die es in die USA verschlagen hat, wird in New York geboren. An den kleinen Dingen des Alltags erkennt sie schon früh, dass ihre Eltern aus einer anderen Welt stammen. Falsche Betonungen, ein Wort aus einer fremden Sprache, Erzählungen und Lieder, die süßen *Turkish Delights* sowie gefüllte Weinblätter »erinnerten uns daran, dass unsere Eltern von irgendwo anders kamen und sie deshalb etwas Unbekanntes bewahrten; dass sie etwas von uns trennte, was unergründlich blieb«, sagt Thea Halo rückblickend.[17] Seit ihre Mutter Themía alle ihre Angehörigen auf dem Todesmarsch verloren hat und Waise geworden ist, fühlt sie sich in ihrer Heimatlosigkeit gefangen. Als sie dies ihrer Tochter anvertraut, lässt diese die Mutter selbst sprechen. »Ich wollte nur nach Hause. Aber es gab kein Zuhause mehr, niemals mehr. Ich habe sie alle verloren; alle und alles, was ich je liebte. Alles was mir blieb, sind die Erinnerung und zwei kleine Narben an meinem Bein. Als ich zehn Jahre alt war, blieb mir nichts anderes mehr. Nicht einmal mein Name.«[18]

Die alte Heimat holt auch Meta Frank ständig wieder ein. Sie ist in der Barockstadt Karlshafen an der Weser zu Hause, bis die Nationalsozialisten sie und ihren Mann 1934 von dort verjagen. Die beiden gehen nach Palästina, doch dort ist alles fremd und anders. Meta zerreißt es das Herz, wenn sie an ihre deutsche Heimat denkt. Menschen, die es gut mit ihr meinen, raten der jungen Frau, die sich nun Malkah nennt, zu mehr Pragmatismus. »Malkah, solange Sie immer sagen ›Bei uns zu Hause‹ oder ›Bei uns in Deutschland‹ werden Sie hier nie eine Heimat finden!«, gibt sie die Gespräche mit ihren Nachbarn wieder. »Da fragte ich sie: ›Wie lange sind Sie schon hier?‹ ›Zehn Jahre‹, antwortete sie, ›aber noch nie habe ich so einen Satz gesagt. Für mich war es gleich meine Heimat.‹ Ich antwortete: ›Vielleicht werde ich auch so denken, wenn ich zehn Jahre hier sein werde.‹« 1987 stirbt Metas Mann. »Dreiundfünfzig Jahre lang waren wir miteinander verheiratet. Fast ebenso lange haben wir in Israel gelebt. Es war eine erfüllte, aber auch eine sehr schwere Zeit. Wir haben unser Leben lang eine Heimat für uns und unsere Nachkommen gesucht. Aber irgendwie hatten wir beide das Gefühl, zwischen zwei Welten hängengeblieben zu sein. Damit zurechtzukommen war schwer.«[19]

Vertriebene fühlen eine Art Phantomschmerz wie Menschen, denen Gliedmaßen amputiert wurden. Viele bleiben Heimatlose – physisch wie mental. Selbst wenn sie in Sicherheit sind und ihr materielles Auskommen haben, wollen Trauer und Heimweh nicht schwinden. Jeffrey Eugenides beschreibt in seinem Familienroman *Middlesex* das Heimweh seiner Protagonistin Desdemona, der Amerika keine Heimat werden kann, weil die Bilder aus der verlorenen Heimat in den Kindimenia-Bergen überall vor ihrem inneren Auge auftauchen und verhindern, dass sie sich in ihrer neuen Umgebung einfinden kann. »Auf einen Markt zu gehen hieß, das Aroma der Pfirsiche, Feigen und Winterkastanien von Bursa zu vermissen. Schon in ihren ersten Monaten in Amerika litt Desdemona an dem Heimweh, das unheilbar ist.«[20]

1914, als viele an der türkischen Ägäisküste ansässige Griechen ins »Mutterland« fliehen, verlässt auch der vierzehnjährige Giorgos Seferis seine Heimatstadt Smyrna. Der spätere Literaturnobelpreisträger verarbeitet in seiner *Ionischen Reise* Ausschnitte seiner Tagebücher. Zwei Reisen führen ihn im Frühsommer und Herbst 1950 von Ankara, wo er als griechischer Botschaftsrat tätig ist, nach Smyrna und weiter die Küste entlang nach Skala, den Orten seiner Kindheit. Als er sich auf den Weg macht, beschleicht ihn ein unbehagliches Gefühl. Er hat Angst vor seinen eigenen Erinnerungen und will unter keinen Umständen in die Falle nostalgischer Rührseligkeit tappen. »Dann gen *Smyrna*: vertraute Luft, ein vertrauter ländlicher Stil und der Duft der Kräuter. Dann tritt dir ganz allmählich, von innen her, die in der Erinnerung so bekannte, jetzt so unbekannte Stadt ins Bewußtsein – mein Gott, was mache ich nur.«[21] Es geschieht etwas mit ihm, dem er sich nicht entziehen kann.

»Schwerer wiegt: ich bin ein williger Mithelfer bei einer Kulthandlung, die ich nicht begreife. Ich weiß, daß eine Krise bei mir eintreten wird, deren Folgen ich nicht abschätzen kann; daß ich selbst sie unüberlegt in die Wege geleitet habe; daß ich vielleicht sogar die Toten provoziert habe, eine Verletzung der Natur der Dinge, ein schamloses Handeln. Es ist zu spät, umzukehren. Der Mechanismus hat sich in Bewegung gesetzt, ich bin an die Leine dieser Küste gebunden, die jemand vom anderen Ende her einzieht, systematisch, schicksalhaft. Wind, Farbe, Himmel, unvergänglich, obsiegend. Du weißt nicht, ob dein Auge nur sieht oder aber berührt, betastet.«[22]

Seferis wird gewahr, dass die Menschen fehlen, die diese Orte einst bewohnten. Seine Heimatstadt wirkt auf ihn gespenstisch: »Smyrna hat seinen Schatten verloren, wie die Geister.«[23]

Giorgos Seferis bewahrt fern der Heimat in Athen den Schlüssel seines Elternhauses auf. Viele Vertriebene auf der ganzen Welt machen das. Schon die sephardischen Juden haben das getan, als sie Spanien 1492 verließen und ins Exil gingen, und ebenso die Armenier, Griechen, Türken, Polen und Deutsche. Sie sperren die Türen ihrer Häuser ab und verschließen das Leben, das sie in diesen Häusern geführt haben. Der Schlüssel wird zur Chiffre für den Verlust. »Die Scheiben des Fensters unten zerbrochen, die schmiedeeiserne

Tür ganz verrostet; seit unserer Zeit wird sie wohl nicht wieder gestrichen worden sein. Ich habe in Athen immer noch den Schlüssel dazu. Michalis Bugas, der das Haus während der Katastrophe hütete, übergab ihn mir im Jahre 1934. Es war das einzige, was er retten konnte, außer dem Leben seiner Frau und seiner Kinder, als es ihm gelang, auf einem Floß der Vertreibung zu entgehen«,[24] beschreibt Seferis den Augenblick, als er sein Elternhaus wiedersieht. Und dann gesteht er sich ein, dass er nie wieder irgendwo angekommen ist, seitdem er seine alte Heimat verlasen hat: »Dieser Aufenthalt in Smyrna ist das Ende eines Kreises, der in den letzten Jahren meiner Kindheit seinen Anfang nahm. Von jetzt an gibt es weder Aufbruch noch Ankunft. Es gibt nur noch die Welt hier und anderswo, so wie die Welt eben ist, und niemand kommt irgendwo an.«[25]

Der Grieche Seferis von der türkischen Ägäisküste trifft bei seiner Spurensuche auf muslimische Vertriebene, die von ihrer griechischen Heimat träumen wie er von Smyrna. »In der Nähe aßen wir zu Mittag, Turkokreter führten das Restaurant. Sie sprechen, wie übrigens alle, vorzüglich Griechisch und haben großes Heimweh nach ihrer Insel. Mir fiel jener Schuhmacher in Ankara ein, den alle für einen Pechvogel und für störrisch hielten. Kaum hatte ich ihn gefragt: ›Inda kanis, syntekne – Wie geht's, Bruder?‹, wurde er ganz sanft.«[26]

Kulinarisches Heimweh

Schlesischer Streuselkuchen ist legendär. Frisch gebacken entfaltet er einen verlockenden Duft, dem sich der kleine Walter nicht entziehen kann. Seine in Schlesien geborene Mutter Martha lässt beim benachbarten Bäcker regelmäßig große Bleche Streuselkuchen backen. Walter Frankenstein wächst auf im westpreußischen Flatow, das etwa auf halbem Weg zwischen Berlin und Königsberg liegt. Einst lebten in dieser Region viele Juden. In Walters Kindheit zählen zu den Mitgliedern der Gemeinde der Fleischer Seelig Katz, der Kaufmann David Berliner, der Fellhändler Leo Reich und Kantor

Karl Katz. Walters Elternhaus, die Schankwirtschaft Max Frankenstein mit angeschlossenem Kolonialwarengeschäft, befindet sich gegenüber der evangelischen Stadtkirche am Hauptmarkt. Walter Frankenstein wird 1924 geboren. Als sein Vater Max 1929 stirbt, übernimmt seine Mutter Martha den Betrieb. An ihrer Seite verlebt Walter eine unbeschwerte Kindheit, bis die Nationalsozialisten mit ihrer antisemitischen Hetze das Leben der Juden in der kleinen Stadt immer beschwerlicher machen. Die jüdische Familie erfährt von Tag zu Tag mehr Ausgrenzung und Diskriminierung. 1936 darf Walter keine öffentliche Schule mehr besuchen. Der Zwölfjährige verlässt daraufhin seine Heimatstadt und wird Zögling des Baruch Auerbach'schen Waisenhauses in Berlin. Martha Frankenstein führt das Geschäft nun ganz allein weiter, doch ständige Boykotte und der fortwährende Antisemitismus zwingen sie 1938, ihren Besitz »arisieren« zu lassen. Im selben Jahr wird auch sie aus Flatow vertrieben.[27]

Für Walter Frankenstein schmecken Streuselkuchen und Saure Eier nach Zuhause, sie sind der Inbegriff der heimatlichen Küche seiner Mutter. Im Frühjahr 2019 führt der fast 95-Jährige voller Begeisterung vor, wie Saure Eier zubereitet werden. Dafür nimmt man Lorbeerblätter, Zitrone und Zucker, die im Wasser erhitzt werden. In diesem Sud werden Eier pochiert. Das Ganze wird mit Quetschkartoffeln, wie man Kartoffelbrei oder -stampf in Westpreußen nennt, in einem Suppenteller serviert. Wenn Walter von der Schule nach Hause kommt und der Duft von Lorbeer und Zitrone durch das Haus zieht, weiß er: Es gibt Saure Eier. Bis heute lässt dieser Duft das Elternhaus am Markt in Flatow und vor allem die Mutter in seiner Erinnerung lebendig werden. Er liebte das rege Treiben in der elterlichen Gastwirtschaft, die vielen Bauern, die vom Land am Markttag in die Stadt kamen und bei Frankensteins einkehrten; er mochte die Gerüche der exotischen Waren im Kolonialwarenladen der Mutter.

In der Regel können Vertriebene kaum etwas retten, vielleicht ein paar Fotos und andere Erinnerungsstücke, die später hohe Symbolkraft erlangen. Neben diesen wenigen Habseligkeiten retten sie aber einen unsichtbaren Schatz, nämlich ihre Talente, ihre Fähigkeiten und ihr Wissen. Die Rezepte, die sie im Kopf haben, spielen dabei eine ganz besondere Rolle, denn der Geruch und der Geschmack der Gerichte versetzen sie in die alte Heimat zurück, jeden-

Walter Frankenstein wächst behütet in der westpreußischen Kreisstadt Flatow auf. Das Foto von 1932 zeigt den Achtjährigen mit seiner Mutter Martha und dem Bruder Manfred, der in Königsberg Zahnmedizin studiert. Vater Max ist bereits 1929 gestorben. Nur gut ein Jahr, nachdem diese Aufnahme entstanden war, sollte sich alles ändern. 1936 darf Walter die Volksschule nicht mehr besuchen. Er geht nach Berlin. Bruder Manfred flieht 1937 nach Palästina. Bis 1938 versucht die Mutter, den Familienbetrieb in Flatow zu retten, kapituliert aber schließlich vor dem alltäglichen Terror. Mit nichts als einem Koffer trifft sie 1939 in Berlin ein. Wenigstens ist sie dort wieder mit ihrem Sohn Walter vereint. Vier Jahre später wird Martha Frankenstein deportiert und mit 57 Jahren in Auschwitz ermordet. Walter überlebt den Holocaust mit seiner jungen Frau Leonie und den beiden Kindern Michael und Uri im Untergrund. 1947 trifft er in Palästina seine Familie wieder. Kurze Zeit später kämpft er in der Hagana und der neu geschaffenen Armee für ein unabhängiges Israel. Seit 1956 lebt die Familie in Schweden.

falls in der Küche, und sie stellen oft auch die erste Verbindung zu den Menschen in ihrer neuen Umgebung her.

Johannes Willms ist sieben Jahre alt, als schlesische Vertriebene 1946 in seiner ostfriesischen Heimat Wirdum eintreffen. »Wir standen mit offenem Mund dabei, wenn sie ankamen. Das waren für uns Ausländer. Sie kamen aus Oberschlesien? Wo ist Oberschlesien? Das kannten wir ja nicht. Wir hatten aber eine Karte in der Schule. Dort haben wir nachgeguckt: Wo liegt Breslau? Zudem waren die auch noch katholisch. Es war für uns eine gänzlich neue Welt.« Und diese Welt erlebt der kleine Johannes als Bereicherung. »Hier bei uns im Dorf wurde nur Kuchen in Kastenform gebacken, und nach '45 stellten wir dann fest: Mensch, es gibt noch mehr Kuchen, die Flüchtlinge können den Kuchen ja anders backen. Sie haben vom Bäcker Platten geholt und haben Teekuchen gemacht und Mohnkuchen. Das kannten wir gar nicht. Wir wussten nicht einmal, was Mohn ist. Diese Platten brachten sie zum Bäcker zurück. Wir haben gestaunt und geguckt.«[28] Die Flüchtlinge seien weltoffener gewesen, meint er später, eine Einschätzung, die sich auf die unbekannten, aufregenden Süßspeisen zurückführen lässt.

Die Schriftstellerin Lily Brett hat das Verlockende fremder Köstlichkeiten aus der Perspektive der Ankommenden erlebt. Sie wird 1946 in einem DP-Camp in Bayern als Kind von Überlebenden des Lodzer Ghettos geboren und siedelt mit ihren Eltern nach Australien über. Dort leben sie in einem Paralleluniversum europäischer Vertriebener und Überlebender. »In Australien, einem Land blauen Himmels und Sonnenscheins und gebackenen Fischs mit Pommes frites bildeten wir kleine europäische Enklaven«, erinnert sie sich. Zu Hause dominiert das alte Europa. »Wir hielten uns aneinander und an das, was an Fragmenten von unserem früheren normalen Leben übrig war. Wir sprachen Polnisch, Deutsch, Russisch, Ungarisch, Tschechisch, Slowakisch und Jiddisch. Wir kauften Roggenbrot und aßen es mit eingelegtem Hering, geräuchertem Fisch und gehackter Leber.« Die Älteren wollen die Heimat wenigstens schmecken können, während Lily Brett sich danach sehnt, »das aufgeschnittene Weißbrot zu essen, das die Australier um mich herum aßen. Vor allem, nachdem ich gesehen hatte, wie die Mutter einer Schulfreundin Brotscheiben über dem offenen Feuer im Kamin röstete. Und es gelüstete mich nach Baked Beans und nach Erdnussbutter und Apple Pie. Aber so etwas bekam ich erst zu essen, als ich viel älter war.«[29]

Kulinarische Traditionen haben auch Varujan Vosganian geprägt, der während der 1960er Jahre in einer armenischen Exilgemeinschaft aufwächst. In seinem autobiographischen Roman *Buch des Flüsterns*, in dem er seine Jugend im kommunistischen Rumänien beschreibt, spielt der Duft der häuslichen Speisen eine besondere Rolle: »Von allen Sinnen wird der Geruch am stärksten vom Gedächtnis beladen. Es genügt schon, dass man eine Tür öffnet, durch die ein Familienduft weht, und sämtliche Geschehnisse, die sich damit verbinden, fallen einem wieder ein. Ein ganzes Leben könnte anhand seiner Geruchsaromen beschrieben werden.«

Varujan Vosganians Großeltern halten im rumänischen Exil beharrlich an den armenischen Überlieferungen fest. »Und dann der andere Geruch, der meine Kindheit weit weg und zwischen die Spezereien des Orients gelenkt hat: der Duft des Kaffees. Diese Fertigkeit hatten meine Großeltern aus ihrer anatolischen Heimat mitgebracht.« Die Großeltern lebten seit den 1920er Jahren in der kleinen armenischen Gemeinschaft im rumänischen Focşani, wo die Traditionen aus der alten Heimat Krieg und Diktatur überdauerten. »Der Duft der Früchte füllte das ganze Haus. Vor allem zu Neujahr, wenn für die Armenier noch das Weihnachtsfasten gilt und in großen Schüsseln *Anuş-Abur* gekocht wird. Was übersetzt süße Suppe bedeutet. Es ist eine Art Opferbrei, nur dass in den gekochten Weizen allerhand Früchte gemischt werden: Feigen, Datteln, Rosinen, Nüsse, Orangen. Und darüber streut man zu Pulver zermahlene Gewürznelken.«[30]

Die deutschen Flüchtlinge, die mit dem Ende des Zweiten Weltkriegs im Westen stranden, lösen dort so etwas wie eine kulinarische Revolution aus. Nicht nur Mohn und Königsberger Klopse treten ihren Siegeszug an, auch weitgehend unbekannte Zutaten wie Knoblauch, Paprika, Mais, Auberginen, Melonen, Aprikosen und Pfirsiche bereichern die deutsche Küche. Das Angebot auf den deutschen Wochenmärkten, an den Fleischtheken und in den Gewürzregalen verändert sich, wird vielfältiger. Deutsche Flüchtlinge vom Baltikum bis zum Schwarzen Meer, vom Kaukasus bis an die Adria, von den masurischen Seen bis zur Ungarischen Tiefebene kommen mit einem kulinarischen Fluchtgepäck von großer geographischer Vielfalt. Schlesier bieten Mohnklöße, Weißwurst, Hefeklöße und Schlesisches Himmelreich an, zu Weihnachten schwören sie auf Neisser Konfekt und Liegnitzer Bomben. Mit den Deutschen aus Böhmen, Mähren und Südosteuropa tauchen Mehlspeisen auf deutschen Speisekarten auf, die zuvor nur in der Habsburgermonarchie serviert wurden. Die staunenden Deutschen im Westen lernten nun Piroggen, Knödel, Nudeln, Kolatschen, Buchteln und vieles andere mehr kennen und manchmal auch schätzen.

Ein wunderbares Kochbuch entsteht 2001 im Rahmen eines Wettbewerbs der Radioserie »Alte und neue Heimat« im Westdeutschen Rundfunk.[31] Die dort verbreiteten Rezepte deutscher Flüchtlinge vermitteln eine beeindruckende kulinarische Bandbreite, und die Einsender verbinden sie zudem mit Geschichten und Eindrücken aus dem Leben in ihrer Heimat. Das macht die Sammlung besonders wertvoll. Herbert Geisler aus dem Glatzer Bergland in Schlesien hat etwa die *Woassersoppe* oder *Brotsoppe*, wie man im schlesischen Dialekt sagt, beigetragen. Für ihn ist das nicht nur ein einfaches Abendgericht aus seiner Heimat, sondern ein treuer Begleiter, seit er aus Schlesien vertrieben wurde. Diese Wassersuppe oder Brotsuppe, so Herbert Geisler, bedarf nur weniger Zutaten und ist schnell zubereitet. »Soweit ich es von meiner Mutter in Erinnerung behalten habe: Mindestens eine Zehe Knoblauch wurde kleingeschnitten, mit Salz vermengt und mit einem Löffel zerdrückt. Das kam in eine Schüssel. Dann wurde möglichst älteres Brot mit einem großen Messer in kleinen Scheiben hineingeschnitten. Etwas Salz, kochendes Wasser und schließlich flüssiggemachte, ganz heiße Butter darüber. Ein guter Geruch zog dann durch die ganze Stube. Nachdem alles etwas durchgezogen war, wurde die Suppe in die Teller gefüllt.«[32]

Wie in Deutschland viele heute vertraute Gerichte, Gewürze und kulinarische Traditionen erst durch die Flüchtlinge verbreitet wurden und nicht mehr wegzudenken sind, ist die polnische Küche durch Spezialitäten aus den *Kresy* bereichert worden. Dazu zählen Bliny, die vor allem aus Weißrussland stammen, Kandybal (Honigsaft) aus Lemberg, die litauischen Kartacze und die russischen Piroggen *(Pierogi ruskie)*. Auch eine ostpolnische Tradition für den

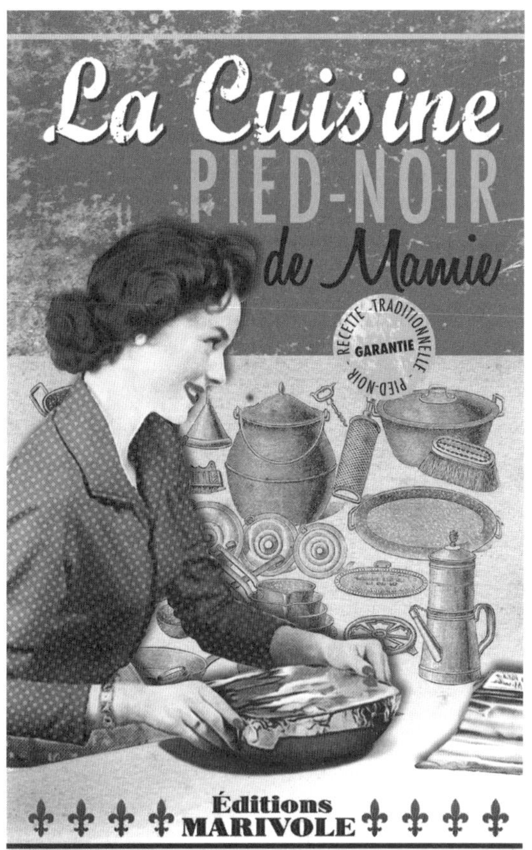

In der Küche kann man sich in die alte Heimat zurückversetzt fühlen, sobald der Duft vertrauter Gerichte aufsteigt. Das französische Kochbuch von 2015 enthält Originalrezepte à la Mama, zusammengetragen von französischen Algerienflüchtlingen, den *pied-noirs*. Die nordafrikanische Küche verfügt über eine große kulinarische Bandbreite, darunter das berühmte Couscous, bei dem Gries die Grundlage bildet und unzählige Varianten möglich sind.

Heiligabend gelangt in das heutige Polen. Kutia ist in der litauischen, weißrussischen, ukrainischen und russischen Küche bekannt. Mit der Grundlage des Gerichts, geschältem und gekochtem Weizen, werden Honig, klein gehackte Nüsse, Mohn und Rosinen vermischt. An Heiligabend, wenn zwölf Speisen in Gedenken an die Jünger Jesu gereicht werden, gehört Kutia für Familien aus dem Osten auf die Festtafel. Noch immer schwärmen die Kinder der Familie Kurowski, die im Herbst 1946 ihre Heimat Dukszty Pijarskie verlassen musste, von Mutter Janina Kurowska und ihrer Küche im »Wilnaer Stil«. Am Heiligen Abend tischte sie ganz besondere Gerichte aus der alten Heimat – der *Wileńszczyzna* – auf.[33] Rezepte aus den polnischen *Kresy* hat Anna Komsta in ihrem wunderbaren Kochbuch *Tischgeschichten (Opowieści Stołu)* zusammengetragen.[34] Hier werden neben den Rezepten die Geschichten der Familien überliefert, in denen sie bewahrt wurden. So entstehen liebevolle Porträts versunkener Lebenswelten im Osten, aber man hört auch Geschichten von Krieg, Besatzung und Vertreibung und kann verfolgen, wie alte Familientraditionen aus Wilna, Lemberg oder Wolhynien in der Küche überdauert haben.

Kaum ein Restaurant, keine Bäckerei in Finnland, die nicht köstliche Karelische Piroggen *(karjalanpiirakka)* im Angebot hat. Die karelischen Rezepte aus Finnlands einstigem Osten haben die Küche dieses nordischen Landes nachhaltig geprägt. Der traditionelle Karelische Fleischtopf, den karelische Evakuierte mitbrachten, ist seither in ganz Finnland verbreitet und heißt auf Finnisch *karjalanpaisti*.

Was die Königsberger Klopse den Deutschen, sind den Griechen die Smyrnaer Hackbällchen oder -würstchen. In unterschiedlichen Varianten, vor allem als *Smyrneika* (Smyrna) und *Politika* (Konstantinopel), sind die Klopse als *Soutzoukakia* – ursprünglich türkisch *Sucuk* – in ganz Griechenland verbreitet. In den Flüchtlingsort Nea Karvali in Nordgriechenland brachten Flüchtlinge aus dem zentralanatolischen Kappadokien nach 1924 orientalische Leckereien mit, die heute insbesondere zu Weihnachten in kaum einer griechischen Familie fehlen: *Kourabiedes*, türkisch *Kurabiye*, die den mitteleuropäischen Vanillekipferln ähneln. Heute ist Nea Karvali Zentrum der griechischen *Kourabiedes*-Bäckereien, die in aller Welt – ganz besonders von türkischen Kunden – hochgeschätzt sind.

Auch Noh Cho-Heon, die 1950 mit ihrer Mutter aus ihrer Heimat Heungnam fliehen muss, bleibt im südkoreanischen Seoul ihren heimatlichen Traditionen treu. Ihr Enkel Gyoonho erinnert sich, dass seine Großmutter nicht nur einen unverkennbaren nordkoreanischen Dialekt sprach, sondern auch und vor allem die typischen Gerichte aus ihrer Heimat zubereitete. Eines davon ist die kalte Nudelsuppe *Naengmyeon*, die man früher vor allem im Winter aß, da man glaubte, Hitze mit heißem Essen, Kälte mit kaltem Essen überwinden zu können. Heute wird das Gericht bevorzugt an heißen Sommertagen serviert.[35]

Flüchtlinge bereichern fast überall auf der Welt die Speisekarte der Aufnahmeländer, doch den arabischen Juden gelingt es im Laufe der Zeit sogar, das kulinarische Bild Israels grundlegend zu verändern. Die *Misrachim* verleihen dem zunächst von Neusiedlern aus den deutschsprachigen Ländern – den »Jeckes« – und den osteuropäischen Juden dominierten Land zumindestens in der Küche ein orientalisches Gepräge. Hummus, Falafel, Tehina und Schawarma findet man inzwischen auf den Speisekarten in der ganzen Welt. Aus der Küche Israels sind diese ursprünglich arabischen Gerichte nicht mehr wegzudenken. Inzwischen haben sie das eher würzarme Essen der Aschkenasim weitgehend verdrängt. »Lange als europäische Bastion in der Levante angesehen«, spottet der ARD-Korrespondent Richard C. Schneider, der viele Jahre in Israel lebt, sanft über diese kulinarische Übernahme, »kommt der jüdische Staat doch allmählich im Nahen Osten an.«[36]

Seit 2015 entdeckt Deutschland die kulinarischen Traditionen all der Flüchtlinge, die inzwischen in der Bundesrepublik leben, und die zahlreichen Kochbücher mit Rezepten aus aller Welt finden großen Anklang.[37] In Berliner Szenebezirken werden Kochkurse zur afghanischen, jemenitischen oder syrischen Küche angeboten, überall in der Republik eröffnen Flüchtlinge Läden und Restaurants. Die Familie al-Sakka aus dem syrischen Homs bietet in Berlin in ihrer Konditorei *Damaskus* orientalische Süßwaren an. Der Schriftsteller Liao Yiwu, der als politischer Flüchtling aus Sichuan im Südwesten Chinas nach Deutschland kam, kocht einen Eintopf aus Tofu und Hackfleisch, der mit viel Chili gewürzt wird, wenn er Gäste hat. Es ist sein Lieblingsgericht, auch weil es den Duft der Heimat in der

Fremde verbreitet. »Beim Schreiben bekomme ich Heimweh, beim Kochen von Mapo-Tofu erlebe ich Glücksgefühle.« Wenn es allen schmeckt, »dann konnte ich Sichuan nach Berlin bringen«.[38]

Das Heimweh, so scheint es, lässt sich wenigstens in der Küche für einige Stunden überwinden. Die Rezepte und Gerüche wecken Erinnerungen und lassen eine Welt auferstehen, in die es im wahren Leben kein Zurück gibt.

Erinnerung

In den ersten Jahren nach ihrer Ankunft in New York vergeht Leon Sciakys sephardisch-jüdische Familie beinahe vor Heimweh nach Saloniki. In der Wohnung breitet sich eine »Atmosphäre der Vergänglichkeit« aus, herrscht Anspannung, als müsse man jederzeit zum Aufbruch bereit sein. Viele Gespräche am Esstisch kreisen um die alte Heimat und Pläne zur Rückkehr, erzählt Leon Sciaky im amerikanischen Exil.[39] 1915, mitten im Ersten Weltkrieg, musste die Familie ihre Heimatstadt, nunmehr Thessaloniki genannt, schweren Herzens verlassen. Gegen Ende der osmanischen Herrschaft war dies noch eine multikulturelle Stadt, doch der nationalistische Hass nimmt zu, und der junge Leon Sciaky wird Zeuge, wie dieser Hass zu den Balkankriegen und schließlich zum Ersten Weltkrieg führt.

Als Saloniki griechisch wird, versinkt die alte Welt. Im Bundesstaat New York lebt sie für ein paar Stunden wieder auf, wenn sich Leons mazedonische Freunde bei ihm treffen und die Erinnerung an das alte Saloniki lebendig werden lassen. Die Männer aus den kleinen Dörfern Mazedoniens arbeiten im amerikanischen Exil in Branchen, die ihnen fremd sind, in Fabriken oder in der Wirtschaft. In New York kommen sie zusammen wie einst in ihrer Heimat, »stets frühmorgens an einem Frühlingstag und hoben eine Grube auf dem Feld bei der Scheune aus, um darin ein ganzes Lamm zu grillen, genauso wie es die Hirten in den Bergen unserer alten Heimat gemacht hatten«, erinnert sich Leon Sciaky. »Die Weinkrüge wurden herumgereicht und bald stimmten sie die alten Lieder an, tanzten die alten Tänze, während einer von ihnen auf der *caval* spielte, der

Rohrflöte der Schafhirten. In diesem Moment lebt ihre alte Heimat wieder auf, es ist, als habe jemand für einen Augenblick die Uhr zurückgestellt«, sagt Leon Sciaky, so »als wären wir wieder zu Hause in Mazedonien«.[40] Mazedonien feiert für Momente im Exil der amerikanischen Provinz Wiederauferstehung.

Die Erinnerung an die verlorene Heimat pflegen alle Gemeinschaften im Exil in der einen oder anderen Weise. In *Remembering Karelia* erzählt Karen Armstrong die Geschichte der karelischen Familien Pärssinen und Kuisma, die aus Inkilä stammen, einem Ort im Kirchspiel Kirvu unweit von Wiborg (finnisch Viipuri). Sie forscht in beiden Familien über mehrere Generationen hinweg nach der Bedeutung von Heimat, Verlust, Identität und Erinnerung.[41] Die Familien stehen stellvertretend für viele finnische Heimwehtouristen, die seit den 1980er Jahren regelmäßig nach Karelien kommen auf der Suche nach Spuren ihrer Vorfahren.

Allzu oft ist diese Suche vergeblich. Am Beispiel der Heimatgemeinschaft aus dem Kirchspiel Kirvu zeigt Karen Armstrong, wie die Flüchtlinge und ihre Nachfahren der Erde oder dem Wasser aus der Heimat symbolische Bedeutung verleihen, wenn das Neugeborene mit Heimatwasser getauft oder dem Verstorbenen eine Handvoll Heimaterde mit ins Grab gegeben wird.[42] Sie klammern sich geradezu an alles, was sie aus der Heimat retten konnten. Im Zuge der Evakuierung gelangen etwa die Glocken der evangelischen Kirche von Kirvu nach Orimattila, wo sie immer dann läuten, wenn im finnischen Exil Landsleute aus Kirvu zu Grabe getragen werden. Darüber hinaus erinnert ein Denkmal auf dem Friedhof von Orimattila an die Menschen aus Kirvu, die während des Krieges starben. Glocke und Denkmal schlagen symbolisch eine Brücke in die alte Heimat. Die Glocke ist das inklusive »Wir« von Kirvu, das im Exil verbindet.[43]

Auch Lieder spielen in diesem Zusammenhang eine wichtige Rolle in der karelischen Exilgemeinschaft. Oft enthalten die Traueranzeigen für verstorbene Karelier ein Lied, das noch im Tod die Verbindung zur alten Heimat herstellt. Es ist das finnische Volkslied »*Karjalan kunnailla*«, 1902 von Valter Juva verfasst, das zur Hymne der Karelier wird und die Vertriebenen mit der Landschaft ihrer Kindheit verbindet. Ihr Heimatverlust prägt Finnland so sehr, dass aus dem finnischen Wort *koti* – Zuhause – allmählich das Wort *kotimaa* – verlorenes Heimatland – abgeleitet wird.[44] Die Erfahrung von Flucht, Vertreibung und Heimatverlust überträgt sich auf die folgenden Generationen, die mit dem Gefühl zu kämpfen haben, zwischen den Stühlen zu sitzen. Heinz Rudolf Kunze hat darüber ein bewegendes Lied geschrieben:

> …
> Alle gießen ihre Wurzeln,
> alle reden Dialekt.
> Niemals Zeit gehabt,
> einen zu lernen.
>
> Ich war immer unterwegs,
> ohne Grund und ohne Boden,
> mein Geschäft ist Überleben und Entfernen.
> Ich bin auch ein Vertriebener.
> Schlesien war nie mein.
>
> Ich bin auch ein Vertriebener.
> Ich werd überall begraben sein.
> Ich hab in Lengerich gewohnt,
> in Hannover und Bad Grund.
>
> Immer das Gefühl,
> dass man stört.
> Ich bin auch ein Vertriebener,
> nirgendwo Gebliebener.
> Zuhause ist, wo man mich hört.[45]

Das mentale Niemandsland, in dem sich die Nachgeborenen bewegen, kennt auch Klaus-Jürgen Liedtke. In seinem autobiographischen Roman *Nachkrieg* lässt er die Parallelgesellschaft der 1950er Jahre auferstehen, in der er als Sohn ostpreußischer Eltern aufwächst. Die Flüchtlingssiedlung seiner Kindheit in Schleswig-Holstein beschreibt er darin als »ein Getto der hierher Verschlagenen. Einheimische lebten hier so gut wie nicht, nur Pommern, Schlesier,

Ost- und Westpreußen, die eines gemeinsam hatten: sie waren alle geflohen, ihnen allen haftete dieser Makel an«.[46] In einer Siedlung aufzuwachsen, in der nur gesellschaftliche Außenseiter leben, wirft für Liedtke die Frage nach seiner eigenen Identität auf, denn »wenn ich überhaupt etwas bin, so kein Westfale, kein Schleswig-Holsteiner, sondern etwas Eigenes, ein in Berlin ansässiger Ostpreuße in der Verbannung«.[47]

Der Wunsch, dazuzugehören, ein Leben zu führen wie die anderen, erhöht den Anpassungsdruck. Innerhalb der Familien kommt es zu handfesten Konflikten zwischen den Generationen. Für die Eltern ist durch Krieg und Vertreibung die Welt aus den Fugen geraten, und die Kinder sehen sich von der Mehrheitsgesellschaft ausgeschlossen, suchen nach ihrer Identität im Hier und Jetzt. »Nicht auffallen, auf gar keinen Fall auffallen. Weder in der Schule noch auf der Straße, noch beim Sport«, das ist die Verhaltensmaxime, die Martin Lätzel als Kind schlesischer Vertriebener verinnerlicht. »Das haben uns die Flüchtlinge und ihre Erfahrungen mit auf den Weg gegeben. Nein, nicht dass wir selber derartige Erlebnisse gehabt hätten. Wir sind gut groß geworden, behütete Wirtschaftswunderkinder.«[48]

In seinem autobiographischen Buch *Alte Wurzeln, neue Heimat* schildert Lätzel die Suche der nachfolgenden Generation nach der eigenen Identität. »Auf die Frage nach meiner Herkunft habe ich stets mit einer verbalen Einschränkung geantwortet. Ich wäre aus Essen in Nordrhein-Westfalen, aber eigentlich käme ich ..., ja woher? Da war eine Leerstelle in meiner Biografie, da gab es etwas, was mit dem Begriff Heimat tituliert war, aber keine Heimat war.«[49] Für ihn persönlich hat das schlimme Konsequenzen. »Wenn mich das Gefühl der Heimatlosigkeit überkam, bin ich auch geflüchtet. In mich, ganz alleine.«[50] Solange er denken kann, begleitet ihn Schlesien, aber die Bilder sind schwarz-weiß, es fehlen die bunten Farben der Gegenwart. »Flüchtlinge bleiben immer auf der Flucht, selbst, wenn sie angekommen, selbst, wenn sie aufgenommen sind. Sie bleiben Fremde«, fällt sein skeptisches Resümee aus. Das gelte auch für die Nachgeborenen.[51]

Seit frühester Kindheit begleiten Thomas Medicus die Erzählungen aus der pommerschen Heimat seiner Mutter. So allgegenwärtig diese Herkunft auch ist, für das Kind bleibt sie unfassbar.

»Die meiste Zeit meines Lebens hatte ich nichts davon geahnt, daß ostelbische Landschaften in mir abgelagert waren wie Flöze. Seit meiner Kindheit trug dieser Osten Namen. Kolberg, Rügenwalde, Stolp, Stolpmünde, Belgard. Für mich waren das nie Namen von Orten gewesen, die ich auf einer Karte hätte nachschlagen oder die ich sogar hätte aufsuchen können. Es waren immer nur Klänge gewesen, Klänge, von Kindheit an rätselhaft vertraut und geheimnisvoll. Ich besaß eine Erinnerung an den Osten, ohne daß ich ihn je besucht hätte.«[52] Es ist eine Erinnerung an etwas, das sie selbst nicht erlebt haben, und dennoch begleitet diese Erinnerung die Kinder von Flüchtlingen ihr Leben lang, aufbewahrt in einem familiären Paralleluniversum jenseits der Welt, in der sie aufwachsen, zu der sie gehören und in der sie bestehen wollen.

Kinder und Enkel versetzt die von Eltern und Großeltern beschworene Erinnerung an die alte Heimat in eine fast schon schizophrene Situation. Ständig hören sie Hymnen auf ein verlorenes Paradies, aber sie können diese versunkene Welt nicht betreten und mit der Wirklichkeit vergleichen, die sie umgibt. Armen T. Marsoobian etwa wächst als Kind einer armenischen Familie auf, die in den USA vor allem in der Vergangenheit lebt. Er lauscht seinem Großvater Aram Dildilian, wenn dieser seine alte Heimat – die ostanatolische Stadt Marsovan – in seinen Erzählungen wieder erstehen lässt, von den Weingärten seiner Heimat erzählt, von den Obstbäumen und großen Walnussbäumen.[53] Die Familie überlebt in der Türkei dank ihrer Kontakte zu osmanischen Würdenträgern und der Scheinkonversion zum Islam. Sie darf bleiben, aber die Angst ist ihr ständiger Begleiter, nachdem fast alle Verwandten und Nachbarn ermordet worden sind. Schließlich begibt sie sich 1922 doch auf eine abenteuerliche Flucht, die sie zunächst nach Griechenland führt und schließlich in die USA.

Thea Halo versucht den Faden zur alten Heimat, der seit Jahrzehnten abgeschnitten ist, wieder anzuknüpfen. Sie und ihre Mutter Themía machen sich 1999 auf den Weg von New York in die Türkei, um dort nach Spuren ihrer pontosgriechischen Familie zu suchen. Der autobiographische Roman wird zunächst aus der Perspektive der Mutter erzählt. Doch auf dieser Reise schlüpft die Autorin in die Rolle der Ich-Erzählerin. Es ist Thea, die ihre Eindrücke wiedergibt,

Die Amerikanerin Thea Halo erzählt in *Not Even My Name* die Geschichte ihrer pontosgriechischen Mutter Themía. Nach der Deportation heiratet diese im syrischen Aleppo den um 1879 im türkischen Mardin geborenen Abraham Halo. Dieser lebt in den USA und ist 1925 in den Nahen Osten gekommen, um nach einer Braut Ausschau zu halten. Die Wahl fällt auf die fünfzehnjährige Waise Themía, die alle ihre Angehörigen auf dem Todesmarsch verloren hat, ein Verlust, der jede Vorstellung übersteigt. Nun wird sie mit einem Mann verheiratet, der dreimal so alt ist wie sie und den sie überhaupt nicht kennt. Themía Halo, eine der letzten Überlebenden der pontosgriechischen Todesmärsche, stirbt 2014, zwei Wochen vor ihrem 105. Geburtstag, in New York.

als sie mit ihrer Familiengeschichte konfrontiert wird. Vor Ort lässt sich nicht einmal mehr erahnen, so erzählt sie, dass hier jemals drei griechische Dörfer mit Tausenden Einwohnern existierten. »War es das? Das war alles?« Man spürt förmlich Theas Enttäuschung, als sie in dem, was von den griechischen Dörfern übrig blieb, nach Spuren sucht. Schließlich ist sie von der Begegnung jedoch so überwältigt, dass sie zu weinen beginnt. Thea sammelt Wildblumen vom einstigen Hof ihrer Mutter und legt sie in ihr Notizbuch. Dann greift sie eine Handvoll Erde und wickelt diese in ein Tuch. In ihrem Wunsch, eine Verbindung zu ihren Vorfahren herzustellen, bedient sich Thea beinahe intuitiv jener Geste, die bei den Entwurzelten immer wieder zu beobachten ist.[54]

Die kosmopolitische New Yorkerin Thea Halo spürt, dass sie an diesem Ort eine Vergangenheit hat, die für sie bis zu diesem Augenblick verschüttet schien. »War es das, was ich mein ganzes Leben suchte?«, fragt sie sich. »Meine Herkunft? Wer und was ich bin? Hat hier meine Wanderlust früher Jahre ihren Ursprung? Kein Reiseführer könnte das beantworten. Ich fühlte mich auf unbeschreibliche Art verwandelt. Auf einmal hatte ich eine Geschichte. Ich hatte eine Beziehung zu Menschen. Ich spürte Liebe über die Gegenwart hinaus. Diese reichte weit über eine Lebensspanne und mein eigenes kleines Leben hinaus. Eine Liebe, die gleichsam archaisch anmutete. Ich spürte, dass ich nunmehr verbunden war mit dem Beginn der Zeit.«[55]

Ariel Sabar sucht nach den Spuren seiner jüdischen Familie im irakischen Kurdistan, vor allem nach der Geschichte seines Vaters Yona Beh Sabagha, der als Dreizehnjähriger 1951 nach Israel kommt, dort jedoch nicht so recht Anschluss finden kann und schließlich zum Studium nach Yale in die USA geht. Für den kurdischen Juden wird Amerika das Gelobte Land. Hier beginnt seine Karriere als Spezialist für Aramäisch, seine Muttersprache.[56] Doch Mitte der 1980er Jahre erkrankt der junge Familienvater Yona an Angststörungen. Er verliert seine Stimme. Da alle medizinischen Untersuchungen ergebnislos bleiben, sucht er einen Psychologen auf. Immer wieder erlebt er Phasen der Mutlosigkeit, in denen er sich eingesteht: »Du schaffst es nicht, du solltest nicht hier sein.« Er bleibt in seiner Vergangenheit gefangen. Mühsam lernt er mit Sprechübungen wieder zu sprechen.

Sein Lieblingsvers ist Psalm 137, den er auf Hebräisch wieder und wieder rezitiert, die alte Dichtung über die babylonische Gefangenschaft.

»Stimmlosigkeit war einer seiner Flüche des Exils«, schreibt Ariel Sabar in seiner Familiengeschichte *My Father's Paradise*. »Denn mein Vater wusste bereits in jungem Alter, wie schnell der Zustand der Gnade enden kann, endgültig und ohne jede Vorwarnung. Zakho war sein Eden. Es war der Ort, wo er als Junge über Dächer springen, den ganzen Nachmittag im Fluss schwimmen oder von seinem Großvater, der mit Engeln redete, Psalmen lernen konnte.«[57]

Mehrmals reist Yona Beh Sabagha in seine alte Heimat Zakho, einmal in Begleitung seines Sohnes Ariel, dem er Zakho zeigt. Dieser erlebt, wie der Vater mit kindlicher Unbeschwertheit durch die Straßen seiner Heimatstadt geht, die Menschen freundlich auf Kurdisch begrüßt und das kurdische Essen preist. Alle Schüchternheit, die er in Amerika an den Tag legt, scheint von ihm gewichen. Der Sohn bemerkt auch, dass der Vater englische Wörter vergisst, hört, wie er seinem kurdischen Freund bekennt: »Ich fühle mich wie ein entwurzelter Baum. Du kannst mich irgendwo anders verpflanzen, aber er wird niemals so sein wie früher.«[58]

Die Inderin Aanchal Malhotra ist eine Enkelin von Flüchtlingen, die in Delhi mit ihren Großeltern lebt, die allesamt aus dem Teil Indiens stammen, der heute Pakistan heißt. Seit ihrer Kindheit begleiten sie Geschichten von »der anderen Seite«, einer Gegend, die für sie lange Zeit geographisch unkonkret bleibt und sich in ihrer Vorstellung zu einem mythischen Land voller Mangohaine, Großfamilien, lebenspraller Basare an Feiertagen und endlosen Feldern formt.[59] Die Großeltern mütterlicherseits lebten vor der *Partition* in Lahore. Ihre persönliche Geschichte wird für die Enkelin zum wesentlichen Antrieb, als Historikerin ein einzigartiges Oral-History-Projekt über die *Remnants of Partition* zu initiieren. Anhand von 21 Gegenständen erzählt sie die Geschichten von Menschen, für die die Teilung Indiens 1947 eine Zäsur darstellt.[60]

Die wenigen persönlichen Habseligkeiten, die sie über den Totalverlust der Vertreibung retten, sind für die Flüchtlinge unschätzbar wertvoll. Indische Lebenswelten vor und nach der Teilung werden sichtbar, aber ebenfalls die dramatischen Umstände, die zu jener Zeit auf dem Subkontinent herrschten. Die Historikerin beginnt mit der Suche im Herbst 2013 in ihrer eigenen Familie und wird fündig: Ihr Großvater Vishwa Nath Vij und dessen ältester Bruder, ihr Großonkel Yash Pal Vij, die sie beide *Nana* – Großvater mütterlicherseits – nennt, erzählen ihr von der *Ghara*, einem Gefäß, in dem ihre Mutter – Aanchals Urgroßmutter – *Lassi* hergestellt hat. Joghurt und Wasser werden in dem Gefäß vermengt und mit einem langen Holzquirl – *Phirni* – gerührt. Die Familie hat das Gefäß aus der alten Heimat Lahore mitgebracht und bereitet darin im fernen Delhi noch immer ihr *Lassi* zu.[61] Auf einer Reise nach Lahore spürt Aanchal Malhotra – ähnlich wie die New Yorkerin Thea Halo in der Heimat ihrer Mutter –, dass sie auf eigentümliche Weise nach Hause kommt, ohne je zuvor in der Stadt gewesen zu sein.[62]

Auch für Anna Komsta wird die Reise in die Heimat ihrer Vorfahren zu einem Schlüsselerlebnis. Ihr Großvater Karol Antoni Sękowski wird 1916 im galizischen Biłka Szlachecka bei Lemberg geboren. Er überlebt den Zweiten Weltkrieg und findet sich bei Kriegsende als polnischer Soldat im niederschlesischen Hirschberg wieder. Hier trifft er seine zukünftige Frau – und bleibt. Wenn Großvater Karol galizische Lieder singt und sich dabei auf der Geige begleitet, spürt Enkelin Anna, wie sehr er sich in Niederschlesien, das von den Deutschen geprägt ist, nach seiner alten Heimat sehnt, die heute in der Ukraine liegt. Einmal nur kehrt er mit seinen Kindern und Enkeln dorthin zurück. Auf dem verwilderten Friedhof seines Heimatdorfes sucht er verzweifelt nach dem Grab seiner Mutter, kann es aber nicht finden.

»Niemals sah ich Großvater Karol in einem solchen Zustand. Dieser stämmige, heitere, energische, charismatische Mann zerbrach förmlich. Er stand dort, wie eine vom Wind gebrochene Klette. Er weinte«, erinnert sich Anna Komsta an diesen Moment der Reise. »Er stand regungslos da. Er sah aus wie ein kleiner, ratloser Junge.« Dann kommt der Augenblick, in dem er seine Hilflosigkeit zu überwinden sucht und eine Verbindung zu seiner Vergangenheit herstellt. »Er greift eine Handvoll fetter, feuchter Erde. Wir umarmten uns fest. Wir standen mit Tränen in den Augen und verharrten für eine Weile regungslos.« Anna wird dieser Augenblick für immer prägen. Diese Handvoll galizische Heimaterde begleitet Großvater

»Flüchtlinge. Wir waren nun Flüchtlinge. Was für ein schmutziges Wort, dachte ich schon damals, ich konnte das alles gar nicht glauben. Es fühlte sich an, als sei unser altes Leben zu Ende, als seien wir gestorben oder hätten das, was uns ausmacht, in einem fremden Land zurückgelassen, das jetzt Pakistan heißt«, sagt Balraj Bahri zu seiner Enkelin Aanchal Malhotra. In dem Buch *Remnants of Partition* erzählt sie anhand von einzelnen Gegenständen 21 Geschichten zur Teilung des indischen Subkontinents. Darunter ist auch die Geschichte ihrer eigenen Familie, die sich um die *Ghara* rankt, ein Gefäß, in dem der *Lassi* hergestellt wird, ein erfrischendes Joghurtgetränk, und den dazugehörigen Holzquirl *Phirni*. Bis heute werden in der Familie von Aanchal Malhotra im indischen Neu-Delhi für die Zubereitung von *Lassi* der Topf und der Quirl verwendet, die man aus der alten Heimat mitgebracht hat.

Karol später auf seiner letzten Reise im fernen Niederschlesien. »Diese Handvoll Erde ist mein Abschied von Großvater. Sie ist meine Erinnerung.«[63]

Sich auf die Spuren der Erinnerung zu begeben, kann Vertriebenen und ihren Nachfahren helfen, Fragen nach ihrer eigenen Identität zu beantworten. Zwei Enkel armenischer Überlebender, die Berliner Elke Hartmann und ihr Ehemann Vahé Tachjian, haben dafür einen außergewöhnlichen Weg gewählt. Beide sind ausgewiesene Experten für die Geschichte des Osmanischen Reiches und der Armenier. Als Historiker und Turkologen haben sie 2010 mit *Houshamadyan* ein Projekt ins Leben gerufen, das weltweit einzigartig sein dürfte. Auf Armenisch steht der Name für Erinnerungsbücher. Diese entstanden in den ersten Jahrzehnten nach der Vertreibung und dem Völkermord und wurden von den Überlebenden in der Diaspora verfasst. Sie sollten über das dramatische Schicksal ihrer Heimatorte Zeugnis ablegen. Sie erschienen im Selbstverlag, bisweilen sogar handschriftlich – und fast immer nur in armenischer Sprache. Aus diesem Grund blieben sie lange Zeit von der Forschung unbeachtet. Elke Hartmann und Vahé Tachjian lasen die *Houshamadyan* nicht nur als ritualisierte Gedenkbücher, sondern gingen weit darüber hinaus. Heute nutzen sie die Erinnerungsbücher als mikrogeschichtliche Quellen für ihren lebensweltlichen Ansatz. Mit unermüdlichem Enthusiasmus stöbern sie weltweit Gegenstände sowie die mit diesen verbundenen Geschichten auf und scannen und digitalisieren diese in armenischen Familien aufbewahrten Materialien.

In dem Projekt werden versunkene armenische Lebenswelten im Osmanischen Reich virtuell zum Leben erweckt. Das Team, zu dem vor allem Enkel von Überlebenden gehören, rekonstruiert Orte, Landschaften und Familien und gibt den einzelnen Mitgliedern Gesichter, Namen und vor allem einen Kontext. Damit unterbreitet es ein Angebot über die radikale Zäsur von Vertreibung und Völkermord hinaus: Es werden armenische Alltagswelten und ihre uralte mit den Herkunftsregionen verwobene Geschichte und Kultur präsentiert. Auf diese Weise machen die Geschichten von *Houshamadyan* den Verlust greifbarer. Mit seiner Arbeit spricht das Projekt ganz bewusst die für armenische Themen aufgeschlossene türkische Zivilgesellschaft an. Es versteht sich als Brückenbauer und ist durchgehend dreisprachig konzipiert: armenisch, englisch, türkisch. Die regelmäßigen Newsletter lesen sich wie Kapitel in einem großen digitalen Erinnerungsbuch. *Houshamadyan* baut eine Brücke in eine Vergangenheit, die positive Identitätsangebote bereithält, indem sie armenische Lebenswelten als lebendige Geschichte rekonstruiert.

Für viele bedeutet die Begegnung mit der eigenen Familiengeschichte eine emotionale Herausforderung. Im Jahr 2002 reist Dmetri Kakmi aus dem fernen Australien noch einmal auf die türkische Ägäisinsel Tenedos, die er 1971, als er noch ein Kind war, mit seiner griechischen Familie für immer verlassen musste. Er will ein Bild seiner verstorbenen Mutter Kaliopi Kakmi symbolisch auf »ihrer« Insel begraben. Im verlassenen Elternhaus holt ihn seine Kindheit ein. »Deine Küche, Mutter, ist eingehüllt in Dunkelheit und Stille, die unendlich ist«, schreibt der nunmehr erwachsene Dmetri, »sie wird nie wieder vom Duft frisch gebackenen Brotes und dem Brutzeln schmorender Paprika erfüllt. Als ich im Eingang stand, sehe ich wieder das Tuch zum Käsemachen, das du immer über einen Haken rechts von der Tür aufgehängt hast.« Erinnerungen tauchen auf, »um uns zu quälen, wenn wir sie am wenigsten erwarten. Sie schlagen ein wie ein Blitz und ziehen genauso schnell weiter, wobei sie keinerlei Verantwortung für die Verwüstung übernehmen, die sie hinterlassen.« Dmetri Kakmi erinnert sich in diesem Augenblick an seine Mutter. »Und dann bist du da, Mutter, wie du die Küche verlässt. Du wischst deine Hände an deiner Schürze ab, in jener entspannten, leicht entrückten Weise, wie du Dinge immer tatest. Du bist eine junge Frau mit frischen Gesichtszügen, hinter dir verströmt sich der Duft von gebackenem Brot. Minze und Petersilie wachsen neben der Tür; ein Bund Oregano hängt zum Trocknen am Fenster. Langsam kommt dieses Bild wieder zurück, es ist wieder 1970, unser letzter Sommer auf der Insel.«[64] Dmetri Kakmi überkommt auf diesem Eiland in der Ägäis, dessen einstige Bewohner in alle Winde verstreut sind, mit Macht die Erinnerung an das, was dort einst war.

Wie Flüchtlinge und ihre Nachfahren sich der schmerzlichen Erinnerung stellen müssen, stehen auch jene, die inzwischen in ihrem einstigem Zuhause leben, vor der Herausforderung, mit der Fremdheit, die sie umgibt, leben zu lernen. Was geschieht dort, wo die Bewohner einst vertrieben wurden? Martin Pollack hat den Begriff *Kontaminierte Landschaften* geprägt, bezogen vor allem auf Stätten von Massenmorden, aber kontaminiert sind auch jene Regionen, die Menschen zwangsweise verlassen mussten und in die andere einzogen.

Als Giorgos Seferis 1950 in seine Heimatstadt Smyrna zurückkehrt, fällt ihm die ambivalente Beziehung der neuen türkischen Bevölkerung zur einst weitgehend griechisch geprägten Stadt auf. »Es gab einmal ein spezielles smyrnäisches Rokoko«, sagt er. »Man sieht es noch, wenn man auf dem Kai spazierengeht: Balkone, Hausschmuck, schmiedeeiserne Tore, Inneneinrichtung. Reiche Häuser aus einer anderen Zeit, mit Sorgfalt und gut gebaut, aus solidem Material, damit sich Generationen von Kindern und Kindeskindern daran erfreuen können. Heute sind sie bewohnt von Menschen, die wie erschreckt durch halboffene Türen schlüpfen oder aus dem Fenster schauen, als ginge sie das alles gar nichts an.«[65]

Viele der neuen Bewohner aus Zentralanatolien hatten zuvor noch nie das Meer gesehen. Die Fremdheit im Umgang mit einer Vergangenheit, die nicht die eigene ist, ist spürbar. »Die Einheimischen werden noch eine ganze Weile brauchen, um sich an das Meer zu gewöhnen«, meint Giorgos Seferis. »Sie haben es, und es hat den Anschein, als wüßten sie nicht, was sie damit anfangen sollten. Die kleinen Häfen, die die Griechen hinterlassen haben, sind verwaist.«[66]

Die Landschaften tragen eine Versehrtheit in sich, nachdem die einstigen Bewohner sie verlassen haben. Die Gotteshäuser, Friedhöfe und verblassten Hausinschriften erinnern noch lange an das zurückgelassene Leben. Elli Alexíou beschreibt anhand eines griechischen Ortes, wie sich die Schichten der Vergangenheit übereinanderlegen. Nachdem allmählich die Erinnerung an die vertriebenen muslimischen Bewohner verblasst ist, errichten griechische Vertriebene aus Kleinasien auf dem Gelände eines alten muslimischen Friedhofs eine Siedlung, entweder in Unkenntnis oder aus

Polis – die Stadt – nannten die griechischen Bewohner ihr Gemeinwesen am Bosporus einst liebevoll, denn keine andere Metropole konnte in ihren Augen mit Konstantinopel mithalten. Doch diese Stadt hat sich im 20. Jahrhundert radikal verändert. Die Griechen leben inzwischen in monotonen Flüchtlingssiedlungen im Nachbarland, ihre Stadthäuser verwaisen oder haben neue Besitzer. Das Schild an einem verfallenen Haus im ehemaligen Griechenviertel Fener erinnert daran, dass Griechen und Türken einst eng miteinander verwoben waren – kulturell, kulinarisch und mental. Viele Volkslieder sind in beiden Kulturen bekannt, etwa das ursprünglich im kappadokischen Türkisch überlieferte Lied »*Konyalim*« über einen schönen Casanova aus Konya, der den Frauen den Kopf verdreht. Die Griechen aus Kappadokien brachten es mit ins griechische Exil, wo ihre Nachfahren es bis heute mit Inbrunst singen – auch auf Türkisch.

Ignoranz gegenüber der lokalen Geschichte. »Nach einem Jahr blühte das Leben in der neuen Siedlung über den türkischen Gebeinen. Die Fundamente aller Häuser waren auf Schädeln und allen möglichen Überresten errichtet … Und auf den Straßen der Siedlung, auf der frisch durchgrabenen roten Erde, der mit den Tränen und Schmerzen so vieler Generationen getränkten und durchmischten, zogen die Flüchtlingskinder ahnungslos mit Kreide Hinkekästchen, Himmel und Erde.«[67]

Viele Orte lassen solche Verluste erkennen. Mirko Heinemann begibt sich 2016 auf die Suche nach seinen pontosgriechischen Wurzeln in Ordu an der türkischen Schwarzmeerküste, der Heimatstadt seiner Großmutter. Im einstigen Griechenviertel findet er auch nach hundert Jahren noch Reste der versunkenen Vergangenheit. »Hier oben sind die meisten Häuser unbewohnt, die Gärten verwildert. ›Wo sind all die Menschen, die hier einmal gewohnt haben?‹, scheint die Katze zu fragen. Warum sind die Fenster hinter den Erkern, dem Fachwerk, den Fassaden, leblos? Niemand möchte in der Altstadt wohnen, denke ich, und ich weiß auch, warum. Wenn hier nicht Geister ihr Unwesen treiben, wo dann? Aber wie ist es an diesem Ort zu Mord und Vertreibung gekommen? Und welche Rolle spiele ich hier? Ich will diese Häuser wiederbeleben, denke ich spontan. Nicht im wörtlichen Sinn, aber jedes dieser Häuser birgt eine Geschichte. Es ist auch meine Geschichte.«[68]

Eine dieser versehrten Landschaften liegt direkt im Meer vor der türkischen Metropole Istanbul – die Prinzeninseln, seit altersher Sommerfrische der Einwohner Konstantinopels und später Istanbuls. Einst waren die Eilande vor allem von Griechen bewohnt, die auf den Hügelkuppen große Klosteranlagen errichteten. Bis heute hat sich die äußere Erscheinung der Inseln kaum verändert, aber Griechen leben hier kaum noch. Diesen Kontrast thematisiert die türkische Künstlerin Gülsün Karamustafa mit ihrer Installation *The Apartment Building*. Im Zentrum steht ein auf Körpergröße verkleinertes Modell jenes fünfstöckigen Mietshauses in Istanbul, in dem Karamustafa wohnt, ergänzt mit Aufnahmen von Urkunden, Skizzen und Fotos. Eines davon zeigt Karamustafa selbst, ein anderes eine junge Frau. Es ist die Enkelin des Erbauers und ersten Besitzers, eines Griechen, der die Metropole am Bosporus mit seiner

Landschaften kann man lesen, wenn man zu lesen versteht. In der Landschaft Masurens stößt man unvermittelt auf Fliederbüsche oder auch auf Lebens- und Buchsbäume, die im Dickicht gedeihen. Manchmal findet man Obstbäume oder Mauerreste mitten im Wald, die von historischer Versehrtheit künden. Die Menschen, die hier einst lebten, haben ihre Häuser verlassen und kehrten nie mehr zurück. In Masuren gibt es noch zahlreiche Hinweise auf sie, etwa am Ortsrand des masurischen Dorfes Ukta. Dort liegt dieser verwaiste deutsche Friedhof, der über all die Jahrzehnte die Würde der Toten bewahrte, an deren Gräbern niemand mehr trauert.

Familie nach dem Pogrom vom September 1955 verlassen muss. Die Künstlerin hat die Geschichte des Hauses recherchiert, die griechische Familie in Athen besucht und die Enkelin nach Istanbul eingeladen. Gülsün Karamustafa erzählt die Geschichte der Vertreibung, indem sie dem Schicksal der einstigen Bewohner ihres eigenen Hauses nachspürt. So erhalten diese Menschen, deren Spuren zunehmend verschwinden, einen Namen und eine Geschichte.

Der masurische Dichter Erwin Kruk, der 1945 als Waisenkind in seiner Heimat zurückbleibt und bis zu seinem Tod zur kleinen masurischen Minderheit gehört, erzählt in seinem Gedicht »Aus dem Land der Verstorbenen« von den zurückgelassenen Toten Masurens, an die keiner mehr erinnert, weil die Menschen, die um sie trauern könnten, geflohen sind.

Unser Gesang
Nur noch im Kirchengesangbuch,
Und die Kirchengesangbücher – in den Händen Verstorbener.
Wir träumten von Freiheit
Und alles erfüllte sich
In der Musik des Sandes:
Unsere Gräber
Senkten sich über uns.

Gräser
Überwucherten Friedhöfe.
Doch hinter jenen, die gegangen sind,
Sind die Tore noch nicht geschlossen.
Und niemand beklagt sich,
Wo unser Land ist.
Konnten wir hier irgendwann leben?
Hier, wo man nach unserem Leben
Die Spuren verbrennt?[69]

An den verlassenen Orten verlieren sich die Spuren der Geflohenen im Laufe der Zeit von ganz allein, aber vielfach wird die Geschichte der alten Bewohner auch umgedeutet oder tabuisiert. Vom Kloster Panagia Soumela etwa, jenem Heiligtum der Pontosgriechen am

Schwarzen Meer, dessen Ursprünge bis in das 4. Jahrhundert zurückreichen, heißt es in einem türkischen Reiseführer, dass die letzten griechisch-orthodoxen Mönche nach der Gründung der türkischen Republik »in ihr eigenes Land zurückgekehrt« seien.[70] Implizit wird damit ausgedrückt, die Griechen seien trotz ihrer dreitausendjährigen Geschichte in dieser Region Fremde geblieben.

Lange Zeit wurde in polnischen Geschichtsbüchern und Reiseführern die jahrhundertealte deutsche Geschichte von Schlesien und Masuren verschwiegen und behauptet, diese Heimatgebiete deutscher Vertriebener seien »uraltes polnisches« Land und 1945 ins Mutterland Polen »zurückgekehrt«. Deutsche Publikationen wiederum ignorierten bisweilen in deutschtümelndem Geist die multiethnischen Traditionen jener Landschaften, in denen einst Deutsche neben anderen Nationen zu Hause waren. Die Beispiele ließen sich endlos fortsetzen. In Griechenland gehen Informationstafeln mit Hinweisen zur historischen Gegenwart von Muslimen oft so sparsam um, als handele es sich lediglich um ein Intermezzo in einer viel glänzenderen hellenischen Geschichte. Und in jüngster Zeit feierte Russland die Annexion der Halbinsel Krim 2015 als Rückkehr »urrussischen Gebiets«.

Die Erinnerung an den Verlust lässt Vertriebene ihr Leben lang nicht mehr los, damit müssen sie zurechtkommen. Die Erinnerung an das Verlorene ist konstitutiv, vor allem wenn man sein Zuhause zwangsweise verlassen muss. Für diejenigen, die in den Häusern der einst Vertriebenen leben, ist die fremde Vergangenheit eine Herausforderung. Erinnern an eine Vergangenheit, die nicht die eigene ist, kann für die neuen Bewohner wie eine Befreiung wirken, denn durch die ehrliche kulturelle Aneignung der fremden Vergangenheit ohne Lügen und Propaganda können die neuen Bewohner zu geistigen Erben jener versunkenen Vergangenheit werden.

Und wir Kubaner, nachdem wir zwanzig Jahre lang dieser Verfolgung, dieser schrecklichen Welt ausgesetzt waren, sind Menschen, die nirgendwo Ruhe finden; was wir erlitten haben, hat uns für immer geprägt, und nur mit Menschen, die dasselbe durchgemacht haben, können wir vielleicht eine Möglichkeit der Verständigung finden.

REINALDO ARENAS, *Bevor es Nacht wird*

Wenn man angekommen ist, heißt die Flucht dann immer noch Flucht? Und wenn man auf der Flucht ist, kommt man dann jemals an?

JENNY ERPENBECK, *Heimsuchung*

Wann ist man angekommen?

»Jetzt sitze ich in einer Lounge für meinen Rückflug in die Heimat meiner Kinder«, schreibt Fritz Stern in einem Brief aus Berlin im Februar 2009.[1] Fritz Stern wird 1938 aus seiner Heimatstadt Breslau vertrieben, zu diesem Zeitpunkt ist er zwölf Jahre alt. Der Historiker und Deutschland-Experte lebt seit seiner Jugend im amerikanischen Exil. Es ist die »Heimat meiner Kinder«, sagt er, Deutschland, das »Land meiner Geburt«, kann ihm keine Heimat mehr sein. Seit man ihm diese einst nahm, hat er zeitlebens offenbar keine mehr finden können. Jeder Flüchtling stellt sich die Frage: Wann bin ich angekommen? Ob die Tochter einer Tibeterin, ein Kubaner oder ein Vietnamese in den USA, ein Araber in Jerusalem oder Fritz Stern, der deutsche Jude im amerikanischen Exil, es ist stets das gleiche Dilemma: Sie alle erleben Flucht und Heimatverlust als Zäsur. Viele Betroffene vermitteln den Eindruck, dass sie angekommen sind und zuversichtlich nach vorne blicken, sie sind erfolgreich, gelten als integriert und angekommen und somit als Musterbeispiele für die gelungene Aufnahme von Flüchtlingen.

Doch ein Neuanfang ist immer schwer. Flüchtlinge sind Eindringlinge. Schon ihre physische Gegenwart fordert die Gastgesellschaft heraus. Nächstenliebe und Willkommenskultur werden im alltäglichen Leben auf die Probe gestellt, wenn klar wird, dass man sich auf Dauer miteinander einrichten, miteinander teilen, aufeinander Rücksicht nehmen muss. Auf die Frage, was eigentlich mit Integration gemeint ist, erhält man häufig äußerst dürftige Antworten: eine Arbeit, ein Dach über dem Kopf, ein materieller Neuanfang. Dabei bedeutet materielles Auskommen mitnichten Ankommen. Große Teile der Mehrheitsgesellschaften empfinden das aber als ausreichend, viele wollen sich gar nicht näher mit ihren neuen Nachbarn beschäftigen. Das offenbart, wie wenig Integration – also die Fremden als vollwertige Mitglieder in die Gesellschaft einzubeziehen – gewünscht ist.

Integration ist keineswegs ein teleologischer Vorgang, sondern ein komplexer, manchmal Generationen währender Prozess. Das lässt sich gut an Viktoria Moraschs russlanddeutscher Familie zeigen, die 1990 in die Bundesrepublik kommt. Da ist Viktoria zwei Jahre alt. »Meine Großeltern sprachen fließend Deutsch, einen altertümlichen Dialekt, aber immerhin. Meine Eltern verstanden vieles, konnten sich aber nicht ausdrücken. Meine Brüder und ich sprachen nur Russisch.«

Innerhalb von drei Generationen hat sich in der Familie das russlanddeutsche kulturelle Wissen verflüchtigt. Die letzte Generation, zu der Viktoria Morasch selbst gehört, ist nur der Herkunft nach deutsch, in der Praxis aber muss sie sich die deutsche Identität erst ebenso aneignen wie andere Neuankömmlinge auch. In ihrer deutschen Umgebung gelten die Aussiedler als »Russen«, wird ihnen gebetsmühlenartig vorgehalten, dass ihnen alles bezahlt worden sei, Häuser, Autos, Urlaube.

»Die Russlanddeutschen stellten damals fest: Wir können noch so oft beteuern, dass wir deutsch sind, wir sind nicht willkommen. Also taten sie, was sie am besten konnten, nicht auffallen. Das hatten sie in der Sowjetunion ja geübt.«[2] Doch Viktoria Morasch fragt sich: »Wann ist man in einem anderen Land angekommen? Wenn man arbeiten und wählen geht? Ein Haus gebaut hat? Wenn man jedem Substantiv den korrekten Artikel zuweist? Russlanddeutsche sagen zu solchen Fragen in der Regel nicht viel mehr als ›Keine Probleme, Gott sei Dank.‹ Vielleicht fällt es schwer, eine Antwort zu finden, weil das Ankommen dauert und man nicht merkt, wie es passiert, obwohl es doch so anstrengend ist. Vielleicht fällt es auch schwer, weil man dann spürt, wie fremd man geblieben ist.« Wie alle anderen sucht auch sie sich anzupassen. »Mir fällt auf, wie ernst ich das mit dem Nichtauffallen nahm, schon mit sieben Jahren. Als meine Lehrerin fragte, wer von uns aus einem anderen Land komme, meldete ich mich nicht. Und ich versuchte zu verhindern, dass Freundinnen mich besuchten. Sie sollten nicht sehen, was bei uns los war: Da aß man Borschtsch, nach jedem Essen trank man Tee, und mein Vater sagte immer noch ›der Sofa‹.«[3]

Die Millionen Vertriebenen, die nach dem Zweiten Weltkrieg im besetzten Deutschland eintreffen, gelten bald als »gut integriert«.

Doch das ist ein Mythos, und er wird zu einem hohen Preis erkauft: Die Flüchtlinge und Vertriebenen haben sich unterzuordnen und anzupassen. Jenseits immer kleiner werdender subventionierter Erinnerungsinseln, die ohnehin auf den Westen des Landes, also die spätere Bundesrepublik, beschränkt bleiben, üben sich viele in kultureller Selbstverleugnung. Das mentale Erbe der Vertriebenen spielt im Bewusstsein der Mehrheitsgesellschaft kaum eine Rolle, und in der Mitte der Gesellschaft ist es schon gar nicht angekommen. Schlesien, Böhmen oder Pommern, einst Heimat von vielen Millionen Deutschen, sind im kollektiven Bewusstsein der bundesrepublikanischen Gesellschaft unterrepräsentiert, erst recht in dem der DDR. Erst die Jugoslawienkriege in den 1990er Jahren bringen die deutsche Nachkriegserfahrung in einem neuen gesellschaftlichen Diskurs auf die Agenda. Doch auch jetzt entzünden sich heftige Kontroversen um das Thema, vor allem um die Frage, wie eine angemessene und zugleich ausgewogene Erinnerung aussehen könnte. Erst 2015, als eine Million Flüchtlinge und Migranten nach Deutschland kommt, fällt es vielen wie Schuppen von den Augen, dass nach Kriegsende vierzehn Millionen Deutsche dieses Schicksal teilten, dass sie Flüchtlinge und Vertriebene waren. Plötzlich wird man der Parallelen gewahr, etwa als am Leipziger Neuen Rathaus zwei plakatgroße Bilder angebracht werden, ein Foto von Danzig im Jahr 1945 sowie ein Foto aus Kobane 2015 und die erschütternden Ähnlichkeiten von Menschen auf der Flucht offenbar werden.

»Das Banner dokumentiert, was Flucht bedeutet: Not, Ausweglosigkeit, Heimatlosigkeit – unabhängig von Jahrhunderten und Kontinenten«, sagt Leipzigs Oberbürgermeister Burkhard Jung. »Vor gerade einmal 70 Jahren haben Zehntausende unserer Eltern und Großeltern am eigenen Leib erfahren müssen, was es heißt, die Heimat zu verlieren. So gut wie jede deutsche Familie hat auch Fluchterfahrung – als Vertriebene oder als Menschen, die Flüchtlinge aufgenommen haben, die mit ihnen gearbeitet oder gelebt haben nach dem Zweiten Weltkrieg.«[4] Noch wenige Jahre zuvor wäre das ein unerhörter Vergleich gewesen, und Jung hätte sich unweigerlich den Vorwurf eingehandelt, auf unzulässige Art und Weise falsche Analogien herstellen und von deutscher Verantwortung für den Zweiten Weltkrieg ablenken zu wollen.

Heute gibt es andere Vorbehalte, wenn darauf verwiesen wird, dass das Flüchtlingsschicksal im Grunde immer und überall ähnlich ist. Man dürfe nicht Äpfel mit Birnen vergleichen, heißt es, wenn etwa von Flüchtlingen aus Ostpreußen und Syrien gemeinsam erzählt wird, und es wird nimmermüde und akribisch auf die Unterschiede zwischen Damals und Heute hingewiesen. Dass zwischen evangelischen Pommern und muslimischen Syrern Unterschiede bestehen, wird niemand bestreiten, auch wird niemand die Erfahrungen der Flüchtlinge von damals mit denen von heute gleichsetzen. Manche betonen sogar, damals seien die deutschen Vertriebenen zu Brüdern und Schwestern gekommen. Das dürfte wohl in den Bereich der Legende gehören, denn nach Kriegsende hat niemand auf die vierzehn Millionen Heimatlosen gewartet, geschweige denn sie mit offenen Armen empfangen. Damals haben konfessionelle Aspekte handfeste Konflikte ausgelöst, was heute kaum noch nachzuvollziehen ist. Der evangelische Ostpreuße aus der Memelniederung hat sich nach dem Krieg im katholischen Oberbayern ebenso fremd gefühlt wie die böhmische Katholikin aus dem Isergebirge im kargen Wattenmeer auf der Nordseeinsel Borkum.

Die Wahrnehmung von Fremdheit hat sich im Laufe der Zeit verlagert. Im Zeitalter der Globalisierung spielen regionale Unterschiede in Deutschland kaum noch eine Rolle, zumal sie sich im Zuge der Mobilisierung der Gesellschaft auch stark abgeschwächt haben. Vor hundert Jahren konnte man in manchen Regionen den Dialekt des übernächsten Dorfes kaum verstehen. Wenn das Nachbardorf womöglich zudem eine andere Konfession hatte, waren die kulturellen Gräben noch tiefer und eine engere soziale Bindung etwa durch Heiraten strikt ausgeschlossen. Die alte Bundesrepublik war stark geprägt von konfessionellen Konflikten, man denke nur an die sogenannten bikonfessionellen »Mischehen« zwischen Katholiken und Protestanten, die Familien spalten konnten. Heute spielen religiöse Unterschiede eine weitaus geringere Rolle, arabischsprechende Syrer und russischsprachige Spätaussiedler können in ihrer praktizierten Frömmigkeit gleichermaßen als fremd wahrgenommen werden. In unserem säkularen Zeitalter hat sich der Blick auf die Religion stark verändert, so stark, dass bereits die nach außen sichtbare Religiosität von Muslimen auf viele verstörend wirkt. Doch wer in der Nachkriegszeit Kind war, wird sich an den sonntäglichen Kirchgang erinnern, an die schwarz gekleideten donauschwäbischen Frauen mit ihren langen, wallenden Röcken und den tief ins Gesicht gezogenen Kopftüchern, die in ihrer äußeren Erscheinung und mit ihrem archaischen Deutsch wie Relikte aus einer versunkenen Welt wirkten.

Für alle Vertriebenen gilt der Satz: »Man muß Heimat haben, um sie nicht nötig zu haben.« Jean Améry trifft damit den Kern, denn über Heimat und Identität lässt sich trefflich spotten, wenn man sich ihrer gewiss ist. Flüchtlinge haben beides verloren. »Heimat ist Sicherheit«, sagt Jean Améry. »In der Heimat beherrschen wir souverän die Dialektik von Kennen–Erkennen, von Trauen–Vertrauen: Da wir sie kennen, erkennen wir sie und getrauen uns zu sprechen und zu handeln, weil wir in unsere Kenntnis–Erkenntnis begründetes Vertrauen haben dürfen.«[5] Flüchtlinge haben dieses Grundvertrauen verloren. Wenn eine Flucht gut geplant ist, sind Flüchtlinge bestenfalls vorbereitet auf das Verlassen der Heimat, aber schwerlich auf das Leben in der Fremde. Verwurzelung und neue Wurzeln an einem anderen Ort schlagen zu können, ist nach der französischen Philosophin Simone Weil »wohl das wichtigste und am meisten verkannte Bedürfnis der menschlichen Seele«.[6] Entsprechend groß sind die Narben, die eine Entwurzelung hinterlässt. Fremd zu sein, ist ein Stigma. Flüchtlinge werden immerfort auf ihr Fremdsein zurückgeworfen und als Fremde in die Rolle von Bittstellern gezwungen.

»Heimat fordern immer die, die andere nicht reinlassen«, meint Regisseur Christian Petzold. Damit bringt er das Dilemma von Flüchtlingen auf den Punkt. In seiner Verfilmung von Anna Seghers' Roman *Transit* überträgt er auf kongeniale Weise eine Flucht aus dem nationalsozialistischen Deutschland in einen zeitlosen Kontext. Petzold kommt in einem Interview zum Film auch auf die Entwurzelungserfahrungen in seiner eigenen Familie zu sprechen. Seine Mutter stammt aus dem Sudetenland, sein Vater aus Sachsen.

»Meine Eltern haben sich in einem Aufnahmelager kennengelernt«, erzählt er, »vielleicht verstehe ich Flüchtlingsgeschichten deshalb sehr gut. Flüchtlinge sind nicht beliebt. Ich war in dieser Kleinstadt in allen Vereinen immer ein Zugezogener. Ich wurde als letzter eingeladen. Und beim Weinfest nahm uns der Verein meiner

Eltern nicht richtig auf, erst, wenn alle anderen besoffen waren. Dieses Nicht-Dazugehören, wenn man in solchen Siedlungen aufwächst, die extra für Flüchtlinge gebaut worden sind, wie unsere Reihenhaussiedlung, so etwas prägt auch.« Petzold verbringt seine Jugend in einer Kleinstadt bei Düsseldorf, Heimat ist sie für ihn nie geworden. »Als meine Mutter im Oktober starb und ich runtergefahren bin zur Beerdigung, war das beherrschende Thema bei allen, die dort saßen: Eigentlich sind wir hier gar nicht richtig angekommen. Die waren alle einmal in diese Gegend geflohen. Das sind ja Millionenströme gewesen, die nach dem Zweiten Weltkrieg bis zum Mauerbau nach München, Stuttgart oder ins Ruhrgebiet kamen.«[7]

Der Journalist William Shawcross, der über Flüchtlinge in aller Welt berichtet, ist sich bewusst, ein privilegierter Tourist zu sein. »Von allen diesen Orten, die zwischenzeitlich mehr der Welt von heute entsprechen als mein Wohnort London, habe ich etwas, was fast niemandem von denen, die ich gerade aufgesucht habe, möglich ist: Nach Hause zurückzukehren, den Segen eines Zuhauses.«[8]

Christian Petzold und William Shawcross beschreiben zwei unterschiedliche Erfahrungen desselben Phänomens: einerseits kein Zuhause zu haben und andererseits die Möglichkeit, jederzeit nach Hause zurückkehren zu können. Für Sesshafte ist die Rückkehr nach Hause so selbstverständlich, dass für sie die Obdachlosigkeit von Flüchtlingen unvorstellbar ist, eine Lage, in die sie sich einfach nicht hineinversetzen können. Im Gegensatz zu ihnen haben die Flüchtlinge mit der Heimat einen zentralen Bezugspunkt des Menschseins verloren: Die Schlüssel zu ihren alten Häusern passen nicht mehr, für sie gibt es kein Zuhause, keine Heimat mehr.

Je homogener eine Gesellschaft ist, desto mehr fühlt sie sich bedroht von Fremden. Der Kontakt mit ihnen wird daher vermieden, denn es könnte der erste Schritt zur selbst erfüllenden Prophezeiung sein. Die Flüchtlinge werden zur perfekten Projektionsfläche für Feindbilder.[9]

Rolf Klodt, der als Kind mit seiner Familie aus Ostpreußen flieht und 1945 nach Schleswig-Holstein kommt, spürt das am eigenen Leib. »Viele Schimpfwörter und Flüche haben wir auf der Flucht gehört, nun kommt ein weiteres hinzu: ›Du Flüchtling‹, mit so viel

»Flüchtling sein« ist für viele Betroffene ein Stigma und der Heimatverlust zugleich eine traumatische Tatsache. Deshalb spielt die Erinnerung an das Verlorene eine wichtige Rolle, halten Flüchtlinge und Vertriebene häufig so sehr am kulturellen Erbe der alten Heimat fest, vor allen an den Trachten, Tänzen, der Musik und ihren besonderen Instrumenten. Im nordindischen Dharamsala begeht die tibetische Exilgemeinschaft 2019 das sechzigste Yarkyi-Sommerfestival. Bereits unmittelbar nach seiner Flucht nach Indien gründet das Oberhaupt der Tibeter, der 14. Dalai Lama, 1959 das seitdem dort ansässige *Tibetan Institute of Performing Arts*, das unter schwierigen Bedingungen versucht, das tibetische Kultur- und Musikerbe im Exil zu bewahren. 2019 trägt das Ensemble *The Ngonpa House* bei diesem Wettbewerb den Sieg davon.

hasserfüllter Verachtung gesagt, dass es sich in unsere kindlichen Seelen einbrennt und ein freundliches Miteinander für Jahre beeinträchtigt, ja verhindert. Immer, wenn man etwas Verletzendes sagen will, heißt es: ›Du Flüchtling‹.«[10]

Derartige Bedingungen zwingen Flüchtlinge, Vertriebene und Emigranten, ihre traumatischen Erfahrungen von Flucht und Ankunft und ebenso ihre Fremdheit zu verdrängen oder zu bezwingen, weil sie in der rauen Wirklichkeit sonst nicht bestehen können.[11] Exil bedeutet keinesfalls zwingend, dass man daran zerbrechen muss, Ankommen ist möglich, sogar Integration und Assimilation, aber der Verlust der Heimat kann niemals aufgewogen werden. »Darum nochmals in aller Deutlichkeit«, so betont Jean Améry, »es gibt keine ›Neue Heimat‹. Die Heimat ist das Kindheits- und Jugendland. Wer sie verloren hat, bleibt ein Verlorener, und habe er es auch gelernt, in der Fremde nicht mehr wie betrunken umherzutaumeln, sondern mit einiger Furchtlosigkeit den Fuß auf den Boden zu setzen. Was bleibt, ist die nüchternste Feststellung: Es ist nicht gut, keine Heimat zu haben.«[12]

Der Dichter Hans Sahl lebt lange in einem emotionalen Niemandsland, selbst nachdem ihm die Rückkehr in seine Heimat wieder möglich ist. Nachdem er 1933 vor den Nationalsozialisten geflohen war, rettete er sich über die Stationen Prag, Zürich, Paris, Marseille und Lissabon 1941 in die USA. In seinem Gedicht »Charterflug in die Vergangenheit« beschreibt er den Besuch deutsch-jüdischer Vertriebener in der alten Heimat Berlin.[13]

Als sie zurückkamen aus dem Exil,
drückte man ihnen eine Rose in die
Hand.
Die Motoren schwiegen.
Versöhnung fand statt
auf dem Flugplatz in Tegel.
Die Nachgeborenen begrüßten die
Überlebenden.
Schuldlose entschuldigten sich für
die Schuld ihrer Väter.

Als die Rose verwelkt war, flogen sie
zurück in das Exil ihrer
zweiten, dritten oder vierten Heimat.
Man sprach wieder Englisch.
Getränke verwandelten sich wieder
in drinks.
Als sie sich der Küste von
Long Island näherten,
sahen sie die Schwäne auf der Havel
an sich vorbeiziehen,
und sie weinten.

Flüchtlinge wie Hans Sahl leben zunächst in einer Art transitorischem Raum. Lange hoffen sie auf Rückkehr, und wenn diese Hoffnung gestorben ist, wird daraus ein dauerhaftes Provisorium – das Leben im Exil.

Andreas Wunn begibt sich auf die Spuren dieses Provisoriums in seiner eigenen Familiengeschichte. Der 1975 geborene Journalist ist ein Kind der Bundesrepublik und gilt nach landläufiger Meinung als angekommen, wäre da nicht das verstörende Schweigen in seiner donauschwäbischen Familie. Manchmal macht seine Mutter Rosemarie vage Andeutungen über ihre Kindheit im jugoslawischen Lager. »Ich erinnere mich an einen Moment vor vielen Jahren, in dem uns meine Mutter (mein Bruder und ich waren noch Kinder) vom Lager erzählte.«[14] Meist aber schweigt sie beharrlich und gibt nichts preis von ihren Erlebnissen auf der Flucht, »als sei sie ein Leben lang auf der Flucht vor ihrer Flucht«.[15] Andreas fragt seine Mutter, nachdem sie den überwiegenden Teil ihres Lebens in Rheinland-Pfalz verbracht hat, ob sie dort eine Heimat gefunden habe. »›Nein, eigentlich nicht. Ich bin in Hauenstein aufgewachsen, aber auch dort war nie Heimat für mich. Wir gehörten ja nicht dazu‹«, erzählt die Mutter. »›Und du gehörst nirgendwo richtig dazu?‹ ›Nein. Ich fühle mich entwurzelt. Wir waren vertrieben. Wir waren immer die Außenseiter. Ich habe diejenigen immer sehr beneidet, die zur Gemeinschaft gehörten.‹«[16] Andreas Wunn reist mit seiner Mutter ins heutige Serbien und sucht auf dieser Reise nach seiner eigenen Identität, erkennt, dass ihm ein wirklicher Bezugsort fehlt und er sich trotz behüteter westdeutscher Kindheit nirgendwo verwurzelt fühlt. »Kann ein Ort Heimat sein, an den man sich nicht erinnern kann? Den man nur aus verklärenden Erzählungen kennt? Und ist das diffuse Heimweh nach diesem Ort dann echt – oder nur ein Phantomschmerz?«[17]

Die Frage, ob Kinder und sogar Enkel von Vertriebenen die verlorene Heimat noch vermissen, ob sie den Verlust und die Sehnsucht von den Vorfahren »erben«, spielt in den Geschichten von Flucht und Flüchtlingen zunehmend eine Rolle. Der gewaltsame Verlust von Heimat und die Suche nach dem Woher, nach Antworten auf die Frage, was die eigene Identität im Hier und Jetzt ausmacht, sind elementar im Leben der Nachkommen von Flüchtlingen und Vertriebenen. Entwurzelung ist eine biographische Zäsur, und sie erledigt sich nicht mit der Zeit, sondern währt vielfach als kollektive Erfahrung fort. Was sich in der donauschwäbischen Familie Wunn abspielt, ereignet sich in vielen Flüchtlingsfamilien weltweit in ähnlicher Weise.

Die Welt um sie herum interessiert sich nur wenig für sie. Flüchtlinge mit ihren traumatischen Erlebnissen haben selten eine Lobby. Ronald Searle kommt nach dem Besuch vieler europäischer Flüchtlingslager in seinem Buch *Refugees 1960* zu dem Schluss: »In dieser irrsinnigen Welt kann ein verirrtes Kind, selbst ein Hund, das Mitgefühl von Tausenden ansprechen, während eine Menge Menschen gleichzeitig dazu verdammt ist, vor sich hin zu vegetieren, weil wir unfähig sind, ihr besonderes Elend nachzuvollziehen.«[18] Der britische Zeichner und Karikaturist bringt es auf den Punkt: Flüchtlinge und Einheimische sprechen nicht dieselben, sondern ganz unterschiedliche Sprachen, die durch getrennte Erfahrungswelten entstanden sind. Es bedarf des guten Willens auf allen Seiten, wenn man einander verstehen will. Bis zum Ankommen ist es für Flüchtlinge ein langer Weg. Dass das gewünschte Ziel erreicht wird, ist keinesfalls garantiert. Weil das Ankommen so lange währen kann, bedeutet es zuweilen, dass Generationen ein Leben im Exil führen. Andreas Wunns Familiengeschichte offenbart, dass noch die Nachkommen eine ambivalente, unerklärliche Spannung empfinden. Die familiäre Erinnerung hält sie fest in einem Dort und macht das Hier schwierig.

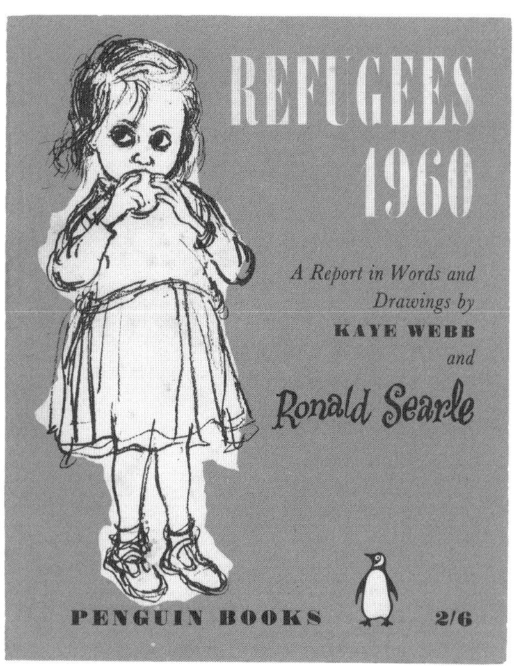

Refugees 1960 ist ein bemerkenswert frühes Bekenntnis zur Solidarität mit den Flüchtlingen auf der ganzen Welt. Der britische Zeichner und Karikaturist Ronald Searle und seine Ehefrau Kaye Webb appellieren darin an die britische Öffentlichkeit, die Flüchtlinge Europas nicht zu vergessen. Der Erlös aus dem Buchverkauf fließt dem *United Kingdom Committee of the World Refugee Year* zu, das auch deutschen Flüchtlingen und Vertriebenen hilft. Der 1920 in Cambridge geborene Ronald Searle gerät im Zweiten Weltkrieg als britischer Soldat in japanische Gefangenschaft, aus der er 1945 nach unsäglichen Entbehrungen, Krankheiten und Misshandlungen befreit wird. Zurück in Europa verfolgt er als Zeichner die Nürnberger Prozesse wie auch den Prozess gegen Adolf Eichmann vor dem Jerusalemer Bezirksgericht.

WAS WAR, ENDET NICHT

Das Wegenetz einer Flucht zieht man
ein Leben lang hinter sich her.

ULRIKE DRAESNER,
Sieben Sprünge vom Rand der Welt

So sind die Menschen, fürwahr! und einer ist doch wie der andre,
Daß er zu gaffen sich freut, wenn den Nächsten ein Unglück befället!
Läuft doch jeder, die Flamme zu sehn, die verderblich emporschlägt,
Jeder den armen Verbrecher, der peinlich zum Tode geführt wird.
Jeder spaziert nun hinaus, zu schauen der guten Vertriebnen
Elend, und niemand bedenkt, daß ihn das ähnliche Schicksal
Auch, vielleicht zunächst, betreffen kann, oder doch künftig.
Unverzeihlich find' ich den Leichtsinn; doch liegt er im Menschen.

JOHANN WOLFGANG GOETHE,
Hermann und Dorothea

In *Damals in Alexandria* beschreibt André Aciman die Ankunft seiner Großeltern im Pariser Exil 1958. Kaum ist das Flugzeug gelandet, erleidet seine Großmutter Esther einen Schock. »Da stand sie nun auf dem Flughafen Orly, die *grande bourgeoisie* von der Rue Memphis mit ihren Enkeln, ihren Klavieren, ihren Teegesellschaften, erschrocken und verwirrt wie eine Fünfjährige. Nach der Ankunft im Pariser Bus-Terminal, wo sie auf das Gepäck warteten, passierte etwas völlig Unerwartetes: meine Großmutter riß aus, lief weg.« Die Familie gerät in Panik. »Sofort wurde die Polizei verständigt, doch es dauerte Tage, bis man sie schließlich fand – ganz am anderen Ende von Paris, hinter der Porte de Clignancourt, ohne Brille, ohne Gebiss, ohne Unterwäsche. Wie sie dort hingekommen oder was in diesen sieben Tagen und Nächten mit ihr passiert war, werden wir nie wissen. Im Krankenhaus weigerte sie sich, Französisch zu sprechen, und wenn sie nicht gerade weinte, murmelte sie auf Ladino, daß sie als Hund in die Rue Memphis zurückgekehrt sei, aber es sei niemand zu Hause gewesen.«[1]

André Acimans Großmutter Esther wird nie ankommen. Im französischen Exil lebt sie weiterhin in der Rue Memphis in Alexandria. Sie, die in Ägypten stets Französisch parlierte, spricht im französischen Exil die Sprache ihrer Kindheit, das sephardische Ladino, das in ihren großbürgerlichen Kreisen als provinziell verschrien war. Sie kommt ebensowenig in Paris an wie Friedrich Biella aus Masuren in Schleswig-Holstein. Sie sind in Sicherheit, doch ganz gleich, ob die Aufnahmegesellschaft sich freundlich oder abweisend verhält, sie werden ihren Verlust ihr Leben lang nicht verwinden. Sie mögen die Fremdheit überwinden, aber sie bleiben durch die Entwurzelung versehrt.

Von Flüchtlingen geht selten Gefahr aus, eher verkörpern sie das Defensive schlechthin. Sie tragen schwer an den Erfahrungen von Gewalt, Lager, Zwangsarbeit und körperlichen Strapazen. Nach dem Ankommen bleiben die Ungewissheit sowie die Abhängigkeit von denen, die sie aufnehmen, von ihrem Mitleid oder ihrer Willkür. Flüchtlinge sind erfüllt von ihrem Verlust, davon, dass die Verbindung zu ihrer Vergangenheit mit Gewalt gekappt wurde. Sie erzählen wenig von der Hoffnung auf eine bessere Zukunft für ihre Kinder oder dem Wunsch auf ein neues Leben, vielmehr offenbaren ihre

Geschichten ihre ganze Ohnmacht. Die Entwurzelten sehen sich Entscheidungen ausgeliefert, auf die sie selbst keinen Einfluss haben. »Der Flüchtling lässt mehr zurück als seine Wohnung, seine Wertsachen und den Großteil seiner Garderobe«, meint der Schriftsteller Doron Rabinovici. »Um seine nackte Haut zu retten, nimmt er nicht viel mehr mit sich als das, was er am Leibe tragen kann. Er beginnt dem Schreckbild zu ähneln, das seine Feinde von ihm malen. Die Flucht ist ein Fluch, von der gesagt wird, sie sei eine Flut. Wo der Flüchtling vorbeikommt, rümpfen alle die Nase ... Gestank der Angst.«[2] Die Flucht ist ein Fluch, der Flüchtlinge nicht loslässt.

Metaphern wie »Flüchtlingswelle« und »Flüchtlingsflut« suggerieren, dass die Ankunft von Flüchtlingen eine Art Naturkatastrophe ist, die Sesshafte bedroht. Dabei ist es eher andersherum: Flüchtlinge verlieren die Bodenhaftung, werden als Entwurzelte fortgespült in einem Strom der Gewalt.[3] Es ist immer ein radikaler Vorgang, der einen Menschen zum Flüchtling macht. Das manipulative Wort »Flüchtlingskrise« ist schon allein dadurch diskreditiert, dass seit Jahrhunderten eine »Flüchtlingskrise« die nächste ablöst: Die jüdischen Vertriebenen aus Spanien, die Hugenotten, die Muslime aus dem Kaukasus, die Armenier, die Griechen, die deutschen Juden, die deutschen NS-Gegner, die Chinesen, die Dersimer Aleviten, die spanischen Bürgerkriegsflüchtlinge, die Russen, die Weißrussen, die Ukrainer, die deutschen Schlesier, die Inder und Pakistani, die arabischen Palästinenser, die Kurden und die Juden Kurdistans, die Afghanen, die Maya in Guatemala, die Vietnamesen, die Hutu und die Tutsi, die bosnischen Muslime, die Jesiden, die Russlanddeutschen, die Syrer, die Rohingya ... Was jeder Einzelne erlebt, ist eine menschliche Tragödie – und insgesamt ist es eine katastrophale Krise.

Der amerikanische Karikaturist Herbert Block sieht Anfang Januar 1939 in einer Zeichnung »Immer noch keine Lösung« für das »Flüchtlingsproblem«. Während immer mehr Menschen verzweifelt versuchen, dem nationalsozialistischen Deutschland zu entkommen, diskutieren die Politiker – die er sarkastisch in ihren Fräcken als *»world statesmanship«* bezeichnet – weiterhin über Quoten, bis es für die Hilfesuchenden schließlich keine Rettung mehr gibt. Sein britischer Kollege Ronald Searle wendet sich während des Kalten Krieges den vergessenen Flüchtlingen in den Lagern im Nachkriegseuropa

Seit 2001 wird alljährlich am 20. Juni, dem Weltflüchtlingstag, mit großer Sorge auf die globalen Flüchtlingskrisen hingewiesen, doch in der internationalen Öffentlichkeit ist die Resonanz erschreckend gering. Erschütternde Bilder zeigen an diesem Tag die Alltagsnot von Millionen Flüchtlingen weltweit. Wie hier in der Zentralafrikanischen Republik harren Flüchtlinge unter den Tragflügeln eines ausrangierten Flugzeugs aus, einem Transportmittel, das Menschen in kürzester Zeit in jedes Land der Welt bringt. Diese Flüchtlinge aber sitzen fest unter der Tragfläche einer Maschine, die ihnen als Schutz vor Sonne und Regen dient. Angst, Not, Hunger und Gewalt herrschen hier am Weltflüchtlingstag wie an jedem anderen Tag im Jahr. Doch immerhin kann der Gedenktag jede und jeden aufrütteln, an einer globalen Ordnung mitzuwirken, durch die Flucht und ihre Ursachen verhindert werden.

zu. Kaum jemand schenkt ihnen noch Aufmerksamkeit, als Searle sie im von den Vereinten Nationen ausgerufenen Weltflüchtlingsjahr 1959/60 besucht. Dreißig Jahre später, 1989, lautet der Titel einer Bildreportage über Flüchtlinge weltweit dann *Forced Out*. Die Herausgeberin Carole Kismaric wählt für ihren Band den treffenden Untertitel *The Agony of the Refugee in Our Time*.

Die Zeitläufte haben keine Besserung gebracht. Politische Konflikte produzieren weiterhin Jahr für Jahr neue und immer mehr Flüchtlinge. Im digitalen Zeitalter zeigt sich, dass eine emotionale Abstumpfung eintritt, wenn sich Flüchtlinge als elende Kreaturen Tag für Tag über die Bildschirme schieben. Die an den Küsten des Mittelmeers angespülten Schwimmwesten oder Kinderschuhe erzeugen allerhöchstens eine kurze Störung mediterraner Urlaubsträume. Es scheint, als habe man sich an jene Bilder längst gewöhnt und als unvermeidlichen Begleitumstand der globalisierten Welt akzeptiert, wovon die Nachrichten voll sind: Bilder von toten Flüchtlingen im Mittelmeer, von versklavten Jesiden im Nordirak, von verschleppten nigerianischen Mädchen oder von Entwurzelten, die in trostlosen Lagern verhungern. Eine Reaktion darauf ist der Rückzug ins Nationale. Flüchtlinge gelten wie schon so oft in der Geschichte als »Kollateralschäden«, und man begegnet ihnen zunehmend mit Abwehr und Härte.

Menschen, die in den Meeren dieser Welt ertrinken, sind nicht die Verursacher von Krisen – gleichgültig, ob Ostpreußen in der Danziger Bucht, vietnamesische Boatpeople im Südchinesischen Meer oder syrische Bürgerkriegsflüchtlinge in der Ägäis. »Jemand, der am Ertrinken, der vom Ertrinken bedroht ist, den frage ich nicht nach seiner politischen Einstellung, auch nicht nach seiner sozialen Herkunft, auch nicht dann, wenn er gerettet ist«,[4] meint Heinrich Böll 1979 angesichts der Tragödie der vietnamesischen Flüchtlinge. Dass man den ertrinkenden Menschen Mitgefühl entgegenbringt, ist keinesfalls selbstverständlich. Auch in den aktuellen Debatten werden Helfer und ihr Engagement zuweilen mit Häme überschüttet und in der Hoffnung, daraus politisches Kapital schlagen zu können, in die Nähe krimineller Schleuserbanden gerückt. Dabei erfolgt die Hilfe für Flüchtlinge nach wie vor im Sinne von Heinrich Bölls dramatischem Appell von 1979 und der Anklage Golda Meirs, die

1938 in Évian erleben muss, wie sich die internationale Staatengemeinschaft der Rettung der deutschen Juden verweigert. Rupert Neudeck berichtete rückblickend, dass seine Hilfsorganisation »Cap Anamur« mit einer Summe von 2,3 Millionen Mark weitere zweitausend vietnamesische Boatpeople hätte retten können.[5] Die Widerstände, mit denen er damals zu kämpfen hat, erinnern auf fatale Weise an aktuelle Debatten. Heutzutage, da von einigen Medien und Politikern gefordert wird, die Rettung von Flüchtlingen und Migranten auf dem Mittelmeer einzustellen, da die Hilfe einen »Pullfaktor« darstelle, würde Heinrich Böll vermutlich als »Gutmensch« diffamiert. Es wird nichts weniger gefordert, als das uralte Gesetz der Seefahrt, Schiffbrüchige zu retten, außer Kraft zu setzen.

Neben den Flüchtlingen und den Vertriebenen verlassen auch immer wieder Menschen ihre Heimat aus wirtschaftlichen Gründen. Im Sinne der Genfer Flüchtlingskonvention sind sie keine Schutzbedürftigen. Der inflationäre und oft fälschliche Gebrauch des Begriffs Flüchtling für ganz unterschiedliche Gruppen von Migranten hilft den Bedrängten in ihrer besonderen Notlage nicht, im Gegenteil, es steht zu befürchten, dass die Bereitschaft nachlässt, den vor Krieg und Gewalt Fliehenden zu helfen und Schutz zu gewähren. Daher müssen klare Regeln gelten und eingehalten werden, wenn Flüchtlinge vorübergehend Aufnahme finden sollen – das ist schließlich die Idee des Rechts auf Asyl. Zügige, transparente Anerkennungsverfahren können dazu beitragen, bei Ablehnung die schnelle Ausweisung und Ausreise derjenigen durchzusetzen, die keine Schutzbedürftigkeit nachweisen können oder den Flüchtlingsstatus unter Vortäuschung falscher Tatsachen missbrauchen. So würde die Handlungsfähigkeit des Staates demonstriert und zugleich in einer weltoffenen Gesellschaft mehr Akzeptanz für Flüchtlinge geschaffen werden. Deshalb bleibt die Aufnahme von Flüchtlingen immer ein Balanceakt. Es gilt, zwischen berechtigten Bedürfnissen der aufnehmenden Gesellschaften und der notwendigen Solidarität für Flüchtlinge abzuwägen.

Der Unmut richtet sich gegenwärtig in erster Linie gegen Versäumnisse der Politik. Die Europäische Union lässt Staaten wie Griechenland oder Italien im Stich, wo die Mehrheit der Flüchtlinge und Migranten ankommt. Aktuelle Debatten benennen jene Versäumnisse, etwa bei schleppenden Anerkennungsverfahren oder realitätsfernen Integrationsdiskursen, aber als Sündenböcke müssen wieder einmal *die* Flüchtlinge herhalten. Ist der Geist erst einmal aus der Flasche, bemächtigen sich politische Rattenfänger des Themas. Ziel der aufnehmenden Staaten muss es sein, elastischere Perspektiven für die Schutzbedürftigen zu erarbeiten unter der Prämisse, Flüchtlingen, die in den allermeisten Fällen gar nicht auf Dauer bleiben wollen, können oder sollen, die rasche Rückkehr in ihre Heimat zu ermöglichen. Das erreicht man jedoch nicht mit populistischen Behauptungen, wonach in Staaten, in denen noch immer Bürgerkrieg herrscht, vermeintlich keine Gefahr mehr besteht, sondern durch konkrete Anstrengungen.

Jüngstes negatives Beispiel ist das von Kurden verwaltete Nordsyrien. Im Zeichen einer neuen Realpolitik werden auf einen Schlag vor allem durch kurzsichtige Entscheidungen der US-amerikanischen Regierung verdiente Verbündete gegen den islamistischen Terror fallen gelassen und zugleich – international sanktioniert und damit autoritären Regimen das Feld überlassend – einige Hunderttausend Menschen aus ihrer Heimat vertrieben.

Auch die Corona-Pandemie führt deutlich vor Augen, wie verletzlich Flüchtlinge sind, wenn im Augenblick einer globalen Bedrohung Gesellschaften nur mit sich selbst beschäftigt sind. Binnen Tagen verschwinden Flüchtlinge als Thema, spielen in der internationalen Berichterstattung kaum noch eine Rolle. Die Erfüllung ihrer berechtigten Anliegen scheint in diesem Moment noch weniger erreichbar als sonst. Das Lager Moria auf der griechischen Insel Lesbos steht exemplarisch für Flüchtlingslager auf der ganzen Welt, die in Zeiten der Pandemie sich selbst überlassen scheinen. In drangvoller Enge und unter katastrophalen hygienischen Bedingungen werden Empfehlungen zum *social distancing* für die Lagerbewohner zur Farce. Die Menschen in Moria müssen ausharren, darunter Kinder und Jugendliche, die auf sich allein gestellt sind. Krisenzeiten offenbaren auf schonungslose Art und Weise, dass Flüchtlinge keine Lobby haben. Während etwa in Europa und den USA binnen Tagen Rekordsummen für Krisenfonds zur Verfügung gestellt werden, haben Flüchtlinge das Nachsehen. Es gelingt der europäischen Staatengemeinschaft nicht einmal, wie vereinbart einige Hundert unbegleitete Kinder und Jugendliche – wie es in der Behördensprache nüchtern heißt – aus den Flüchtlingslagern zu holen.

Die hier erzählten Geschichten von Flüchtlingen unterstreichen, wie wichtig das Grundrecht auf Asyl ist. Es schützt im wahrsten Sinne Menschenleben. Demokratischen Gesellschaften steht es deshalb gut an, dieses der Geschichte des 20. Jahrhunderts mühsam abgerungene Asylrecht vor tagespolitischem Opportunismus zu bewahren. Es ist an den Bürgern, über diesen elementaren Schutz für Flüchtlinge zu wachen. Zugleich haben Sesshafte berechtigte Bedürfnisse und vor allem einen Anspruch auf Sicherheit und Rechtsfrieden. Für Flüchtlinge wie Sesshafte muss es ein Anliegen sein, international das Bewusstsein dafür zu schärfen, dass Flucht vor Gewalt und Vertreibungen weltweit geächtet und ihre Ursachen in gemeinsamer Anstrengung bekämpft werden. Politische Entscheidungen machen Menschen zu Flüchtlingen. Es kann jeden treffen, und es trifft zunehmend mehr Menschen. Abermillionen neue Heimatlose zählt das UN-Flüchtlingshilfswerk jedes Jahr. Siebzig Millionen Flüchtlinge und Vertriebene allein im Jahr 2019 offenbaren die katastrophale Weltlage. Fortgesetzte Heimatlosigkeit ist die Menschheitskatastrophe auch im 21. Jahrhundert, denn für Flüchtlinge kommt nicht die Zukunft, sondern oft bereits die Gegenwart einer Apokalypse gleich. Doch davon erfährt nur, wer ihnen zuhört.

Nach der Vertreibung aus Oberschlesien schreibt der Neisser Pfarrer Coelestin Zopp 1948 einen Weihnachtsrundbrief an seine verstreuten Gemeindeglieder im besetzten Deutschland. Mit Verweis auf die Klagelieder des Propheten Jeremia befasst er sich darin mit dem Heimatverlust. »Unter dem Vorspruch (Jer. 30, 3) ›Ich werde die Weggefährten meines Volkes zurückführen lassen in das Land, welches ich gegeben habe ihren Vätern‹, betrachteten wir in der Festpredigt unser menschliches Leben als eine Pilgerreise. Der Prophet Jeremia hat mit seinem Volke ein ähnliches Geschick erfahren, wie wir es erleben. Möchte auch uns der Herr zurückführen in unsere irdische Heimat, wo wir ihm mit größerer Treue, wie bisher, dienen und uns auf unser letztes Ziel, auf die Reise in die ewige Heimat, würdig vorbereiten wollen. Doch überlassen wir uns der göttlichen Vorsehung, wann und wie er uns heimführen will, auch wenn wir gezwungen sein sollten, noch lange in der Verbannung weilen zu müssen.«[6]

Der Flüchtling, so mahnt der oberschlesische Pfarrer, dürfe trotz allen Heimwehs nicht in Rückwärtsgewandtheit verharren, und er ermutigt seine schlesischen Landsleute zu Hoffnung und Neuanfang. Jeremia habe die Israeliten in der babylonischen Gefangenschaft aufgerichtet, auf ihre Rückkehr zu hoffen und in der Fremde nicht zu verzagen. Pfarrer Zopp leitet daraus eine Botschaft für seine Gemeindeglieder in der Diaspora ab: »Denn Jeremias hat auch dem Volke Israel gepredigt: ›Es währet noch lange, bauet Häuser und wohnet darin, pflanzet Gärten und genießt den Ertrag derselben‹ (Jer. 29, 28). Geben wir uns keiner trügerischen Hoffnung hin auf eine baldige Rückkehr, sondern versuchen wir hier in der Fremde Wurzeln zu schlagen, zu schaffen und Bande der Liebe mit unseren Volksgenossen zu knüpfen, wobei wir unser heimatliches Brauchtum, unsere Heimatlieder und Gebete nicht aufgeben wollen, sondern nur wie Pilger in einem fremden Erdteil unser Leben fristen, bis es uns vergönnt ist, wieder einmal in die Heimat zurückzukehren.«[7]

Die Hoffnung auf Rückkehr überwiegt zunächst, doch allmählich stellen sich die Vertriebenen den Herausforderungen des neuen Lebens, nehmen ihr Schicksal selbst in die Hand. Das ist vor allem bei denen der Fall, für die eine Rückkehr dauerhaft ausgeschlossen ist. Trotz aller Trauer um das Verlorene versuchen sie ihr Leben zu gestalten und folgen damit dem uralten Appell des Propheten Jeremia: »Baut Häuser und wohnt darin; pflanzt Gärten und eßt ihre Früchte; nehmt euch Frauen und zeugt Söhne und Töchter; nehmt für eure Söhne Frauen; und gebt eure Töchter Männern, daß sie Söhne und Töchter gebären; mehret euch dort, daß ihr nicht weniger werdet. *Suchet der Stadt Bestes*, dahin ich euch habe wegführen lassen, *und betet für sie zum HERRN; denn wenn's ihr wohlgeht, so geht's auch euch wohl*« (Jeremia 29, 4–7).

Flüchtlinge sind keineswegs nur Opfer und hilflose Objekte, vielmehr fordern sie die Aufnahmegesellschaften heraus, verändern und bereichern sie. Heimatlose, Entwurzelte und Vertriebene sind »Protagonisten unserer Epoche«, meint der Literaturkritiker

Der amerikanische Karikaturist Herbert Lawrence Block – bekannt als Herblock – hält der Welt im Januar 1939 den Spiegel vor. Ein halbes Jahr nach der Konferenz von Évian und nur etwas mehr als zwei Monate nach den Novemberpogromen haben die Vertreter der internationalen Staatengemeinschaft sich noch immer nicht zu einer Lösung des drängenden Flüchtlingsproblems durchgerungen. Seitdem sind mehr als achtzig Jahre vergangen, doch das Flüchtlingsproblem, wie es Herblock 1939 darstellte, ist im 21. Jahrhundert mehr als je zuvor eine zentrale Herausforderung. Wenn kein Sinneswandel einsetzt, wird Blocks *»Still No Solution«* noch lange gelten.

Volker Weidermann. »Sie tragen Kurdistan mit sich herum wie die anderen Fliehenden Tbilissi oder Schlesien, Tripolis, Kairo, Tunis, Prag, Brody, Istanbul. Schreibend und lesend die alte Welt in die neue tragend. Um diese Welten um ihre eigene Weltsicht selbstbewusst zu erweitern. Der heimischen Leitkultur eine Wanderungskultur hinzuzufügen.«[8] Jede persönliche Geschichte entreißt einen Flüchtling dem anonymen Kollektiv *der* Flüchtlinge und dem Vergessen.

Flüchtlinge können zu einer treibenden Kraft der Modernisierung werden, denn sie bewirken durch ihre Andersartigkeit Veränderungen und brechen verkrustete Strukturen auf – oft gegen ihren eigenen Willen. So haben die Flüchtlinge aus dem Osten nach 1945 die konfessionelle Landkarte Deutschlands gründlich verändert und dazu beigetragen, jahrhundertealte religiöse Gräben zu überwinden und eine neue Ökumene zu schaffen. Sie haben Deutschland von Grund aus auf den Kopf gestellt und entscheidend zur Modernisierung des Landes beigetragen.

Berlin, Prenzlauer Berg, im Herbst 2019. Das »Haus der Poesie« lädt zu einem Abend unter dem Motto »Hier sein. Vom Ankommen«. Geflüchtete Autoren lesen aus ihren Werken. Eine junge Dichterin trägt ein Gedicht in arabischer Sprache vor, von dem eine einfühlsame Übersetzung ins Deutsche vorliegt. Die junge Frau, eine gebürtige Kurdin aus Syrien, heißt Widad Nabi. Ihre Biographie ist mit zwei Orten verbunden – Kobane und Aleppo –, die für das geschundene Land stehen. In Kobane wird sie 1985 geboren, von dort stammt ihre Familie. Später wächst sie in Aleppo auf, aber der Garten der Großmutter in einem Dorf bei Kobane gehört zu ihren schönsten Kindheitserinnerungen. 2015 flieht sie vor dem Krieg zunächst in die Türkei, dann weiter auf einem Boot über das Mittelmeer, und schließlich kommt sie nach Deutschland. In dem Gedicht »Der Ort von Erinnerung beleuchtet« erzählt sie von ihren Gefühlen und Gedanken.

Der Ort von Erinnerung beleuchtet
Für unsere Häuser, die wir verließen bei jeder Zerstörung und Bombardierung.

1

Traurig ist,
dass du die Ruinen deines Hauses im Traum besuchst
und zurückkehrst ohne Staubspuren an deinen Händen.

2

Zärtlich ist,
dass du die verwelkten Blumen gießt
im Nachbargarten,
weil die Blumen deines Hauses
ohne Wasser unter Bomben starben.

3

Die Entfernung ist
eine Zwangsgeografie,
trennt zwei Städte voneinander.
Zwischen ihnen Tausende von Meilen,
in einer hast du deine Kleider auf der Wäscheleine gelassen,
in der zweiten streckst du deine Hand in die Luft,
um deine Kleider von der Terrasse in der ersten zu nehmen.

4

Deine Hand,
die an den Klingeln deines alten Hauses haftet.
Wer erzählt ihr,
dass »die Häuser nicht mehr denen gehören, die sie verließen«?

5

Nur das Wasser allein
weiß, warum die Blumen weinen
auf den Balkonen der glücklichen Familien,
die wir verlassen haben.

6

Auf dem Weg zu deinem neuen Zuhause
gibt es eine lange Straße der Sehnsucht,
du wirst dort ewig entlanglaufen.

7
Berührst du das harte Metall des Busses hier,
wächst dort eine Narzisse
auf dem Metallgriff deiner Haustür.
So bleiben die Häuser ihren vertriebenen Besitzern treu.
8
Mitten im Schlaf wachst du jede Nacht auf.
Der Wasserhahn tropft immer noch
in deiner alten Küche.
9
Das Leben wird nicht so schlimm,
es schenkt dir ein neues Haus.
Aber deine Seele bleibt ein Wolf,
der jede Nacht heult
auf der Stufe deines alten Hauses.
10
Hinter dem alten Fenster
beobachtet dein Bild den Regen,
die feuchte Buche weint
und niemand bemerkt sie.
11
Die Dunkelheit gedeiht
in den verlassenen Häusern
wie das Kraut im April.
Trotzdem ist der Ort von Erinnerung beleuchtet.[9]

Als ich mit Widad Nabi über Heimat und Verlust und damit über das hier vorliegende Buch spreche, versteht sie das Anliegen sofort. Das ging mir nicht nur mit ihr so. Trotz unterschiedlicher Sprachen, Kulturen und Kontexte verstehen mich die Menschen mit einem »Flüchtlingshintergrund«, ganz gleich ob ich sie in Ostanatolien, im finnischen Karelien, in Griechenland, in Polen, in den USA oder in Israel treffe. Sie alle wissen: »Es gibt ein Leben nach der Flucht. Doch die Flucht wirkt fort, ein Leben lang. Unabhängig von den jeweiligen individuellen Prägungen, von Schuld, Bewusstsein, Absicht, Sehnsucht. Der Geflüchtete ist eine eigene Kategorie Mensch«, bringt es der Schriftsteller Ilija Trojanow auf den Punkt.[10] Es sind

Flüchtlinge, Vertriebene, Exilanten, Emigranten, Aussiedler, Zwangsmigranten, Deportierte und Verbannte, und sie alle erzählen von Flucht und Entwurzelung, von Ankommen und Exil, von Integration und Erinnerung. Ihre Geschichten entstammen unterschiedlichen Epochen, Landschaften sowie ethnischen, religiösen, soziokulturellen und politischen Kontexten. Deshalb hängen ihre individuellen Handlungsspielräume wesentlich von diesen konkreten Umständen ab. Ihre Geschichten vermitteln einen Eindruck jener elementaren Erfahrung. Doch jedes dieser Zeugnisse ist nicht mehr als ein Erfahrungssplitter, der nur einen fragmentierten Eindruck von den Abermillionen Biographien der Heimatlosen abbilden kann.

Günter Grass verfasst am Ende seines Lebens das Gedicht »Fremdenfeindlichkeit«. Es schildert jenen ewigen Kreislauf von Weggehen und Ankommen, von Heimatvertriebenen und Heimatbesitzenden, von Fremden und Hiesigen, der jedoch alle diese Geschichten miteinander verknüpft:

> Erst als die immer schon Heimischen
> sich fremd genug waren,
> begannen auch sie
> in all den Fremden,
> die mühsam gelernt hatten,
> ihr Fremdsein zu ertragen,
> sich selbst zu erkennen
> und mit ihnen zu leben.[11]

Vertriebene und Flüchtlinge wechseln angesichts neuer Flüchtlinge gelegentlich die Seite. »Uns hat auch keiner geholfen«, hört man die sagen, die sich angekommen glauben, wenn neue Flüchtlinge Hilfe brauchen. Sie, die einst Einlass begehrten oder gegen ihren Willen in der Fremde neu beginnen mussten, zeigen dann nicht Verständnis, sondern hegen Vorbehalte gegen die neuen Flüchtlinge. Das offenbart, wie brüchig ihre eigene Identität als Angekommene ist. Sie glauben, sich in Abgrenzung zu den Neuen als Mitglieder der Mehrheitsgesellschaft ausweisen zu können – eine Art Integrationsstrategie. Am deutschen Beispiel, das Grass für seine allgemeingültige Botschaft anführt, lässt sich beobachten, wie Vertriebene aus der unmittelbaren Nachkriegszeit russlanddeutsche Spätaussiedler ablehnen und mitunter an deren deutscher Identität zweifeln. Diese wiederum richten gelegentlich ihren Unmut gegen Flüchtlinge, die aus anderen, vor allem außereuropäischen Ländern stammen.

Mit dem uralten Thema von Flucht und Heimatverlust beschäftigt sich die griechische Künstlerin Kalliopi Lemos, die 2009 vor dem Brandenburger Tor im Auftrag der Berliner Akademie der Künste die Installation *At Crossroads* präsentiert – Wracks von Booten, mit denen Flüchtlinge und Migranten die gefährliche Überfahrt vom türkischen Festland zu ihrer Heimatinsel Chios gewagt haben und an deren Küste aufgelaufen sind. Das Thema lässt sie in den folgenden Jahren nicht mehr los. Im September 2013 eröffnet die Künstlerin im Rahmen der 13. Istanbul Biennale ihre Ausstellung *I Am Between Worlds and Between Shadows*, in der sie weibliche Erfahrungen von Missbrauch, Erniedrigung, Diskriminierung und Gewalt in den Mittelpunkt stellt. Die Künstlerin wählt für ihre Arbeit die griechische Ioakimion-Mädchenschule aus, ein altes Gebäude, das unweit des Goldenen Horns im alten Griechenviertel Fener hinter hohen Mauern und Stacheldraht liegt. Die Klassenzimmer wirken, als sei der Unterricht nur kurz unterbrochen worden, doch alles ist mit einer seltsamen Patina überzogen. Es gibt hier keine griechischen Mädchen mehr. Die letzten drei Schülerinnen haben die Schule 1988 verlassen. Seitdem ist der 1879 errichtete Prachtbau verwaist.[12]

Kaum ein anderer Ort versinnbildlicht den Verlust infolge von Flucht oder Vertreibung so sehr wie diese leere Schule in Istanbul. Auf dem Schulhof und im umliegenden Viertel hört man kein Griechisch mehr. Die griechischen Nachbarschaften der Höfe und verborgenen Gärten lassen sich nur erahnen. Beeindruckt von den Installationen im Zusammenspiel mit der Magie des Ortes, wende ich mich an eine Dame aus dem Biennale-Team, die mir freundlich eröffnet: »Wenn Sie wollen, können Sie gern mit der Künstlerin sprechen, sie ist hier.«

Kalliopi Lemos nimmt sich Zeit. Sie erzählt von ihrer Kindheit auf einer griechischen Ägäisinsel; sie erzählt von ihren Großeltern, die 1922 aus ihrer Heimatstadt Smyrna fliehen mussten, von der Hartherzigkeit und Fremdheit, die sie in Griechenland umfingen, wo sie als Griechen nicht willkommen waren. Ich erwähne meinen Großvater, der als ostpreußischer Flüchtling bis zu seinem Tod nie angekommen ist und stets Masuren meinte, wenn er von Zuhause sprach.

In dem Gespräch an diesem besonderen Platz in Istanbul wird mir klar, dass auch ich etwas mit dieser Geschichte, der Leere des Ortes zu tun habe. Dass ich Fragen nach meiner Heimat unbeantwortet lasse, hängt vielleicht mit der Heimatlosigkeit meiner Großeltern zusammen, denke ich in diesem Augenblick. Wir beide, die griechische Künstlerin und ich, sind Nachkommen von Flüchtlingen, und wir verstehen uns ohne große Worte. Ihr Großvater, erzählt Kalliopi, konnte im Exil die Küste seiner Heimat sehen, einen Steinwurf von Chios entfernt, doch für ihn blieb sie unerreichbar. Kalliopis Großvater ist ebenfalls nie angekommen und starb im Exil.

In jedem Menschen, sagt Rupert Neudeck, steckt ein Flüchtling, viele tragen eine Fluchtgeschichte in sich. Das Flüchtlingsschicksal ist in vielen Gesellschaften Teil der kollektiven Erfahrung. Das könnte Anlass für mehr Mitgefühl und andere Verhaltensweisen sein. Flucht und Vertreibung als Geißel der Menschheit zu ächten, könnte bewirken, sie bereits im Entstehen zu unterbinden und ihre Ursachen zu bekämpfen, statt immer nur noch höhere Zäune und Mauern zu errichten. Am Umgang mit Flüchtlingen lässt sich ablesen, welche Welt wir anstreben. Tag für Tag offenbaren sie, wie es wirklich um unseren Planeten bestellt ist. Wie viel Ablehnung Flüchtlinge erfahren, lässt Rückschlüsse zu auf die tief sitzende Angst der Aufnehmenden, selbst einmal entwurzelt zu werden. Flüchtlinge und ihre Geschichten stehen deshalb für eine alternative Erzählung, die die bislang dominierenden Deutungsmonopole sesshafter Gesellschaften zumindest ergänzen kann. Flüchtlinge und das, was sie erleben und erleiden, führen uns vor Augen, wie zerbrechlich unsere scheinbar so sichere Existenz ist. Sie verschieben die Sicht auf die Welt, weil sich mit jeder Fluchtgeschichte und jedem einzelnen Flüchtling die Frage stellt, wie fest wir wurzeln.

The world is full of people who left the place where they were born just to stay alive, and then die in a place where they never expected to live.

ALEKSANDAR HEMON, *God's Fate*

ANHANG

Ein Ziel dieses Buchs war, eine Vielfalt von Stimmen widerzuspiegeln, die in ihrer Gesamtheit eine umfassende Version der Wahrheit erzählen, und diese Vielfalt so darzustellen, dass eigene Ausführungen mit fremden Ausführungen verwoben werden und so ein neues Ganzes bilden. Selbstverständlich sind alle Fremdzitate im Quellenverzeichnis angeführt.

Dank

Emigranten, Flüchtlinge, Vertriebene, sie alle eint jene elementare Erfahrung, die Aleksandar Hemon meisterhaft auf den Punkt bringt. Manchmal helfen ihnen Menschen wie die amerikanische Journalistin Dorothy Thompson, die sich als Glücksfall für viele Verjagte aus Hitlers Deutschland erweist. Während ihrer Ehe mit dem Schriftsteller Sinclair Lewis schafft sie in *Twin Farms* im US-Bundesstaat Vermont ein kleines Zentrum des Exils. Auf ihre Initiative kommen auch Carl Zuckmayer und seine Frau Alice 1941 nach Vermont, wo sie in Thompsons Nähe in Barnard eine Farm erwerben. Carl Zuckmayers einstiger deutscher Verleger Kurt Wolff, von dem in der Einleitung bereits die Rede war, landet mit seiner zweiten Frau Helen nach einer Fluchtodyssee gleichfalls in den USA. In New York gründen sie 1942 den Verlag *Pantheon Books*. Doch oft zieht es die Wolffs in die Berge Vermonts, weil diese sie an die deutschen Mittelgebirge erinnern.

Die über mehrere Generationen höchst komplexe und ebenso faszinierende Familiengeschichte der Wolffs lerne ich durch Enkel Alex Wolff kennen, den es – anders als Zuckmayer oder seinen Großvater – gänzlich freiwillig nach Vermont verschlagen hat. Im Sommer 2019 sitzen wir beide an unseren Manuskripten, er an seiner amerikanisch-deutschen Familiengeschichte der Wolffs, ich an diesem Buch über Flüchtlinge.

Dieses Buch führt nicht nur inhaltliche Fäden meines bisherigen Berufslebens zusammen, sondern verknüpft vor allem wunderbare menschliche Begegnungen und Orte. Es sind Geschichten von Menschen, die von Polen bis Korea, von Australien bis Kuba, von Burundi bis Karelien, von Israel bis Weißrussland, von Griechenland bis in das anatolische Dersim, von Syrien nach Nicaragua reichen. Große Teile des Buches sind in Neuengland entstanden, wo ich seit 2011 im Sommer am Middlebury College unterrichte. Die dortige Bibliothek verfügt über großartige Bestände und den schönsten

Blick auf die Green Mountains. Auf meiner *mental map* nimmt Vermont deshalb einen besonderen Platz ein.

Stellvertretend für viele, die mich bei meiner Arbeit unterstützt und mir neue Welten eröffnet haben, danke ich Kalliope Lemos, Leyla Gündüzkanat, Mehmet Gülmez, Yaşar Kaya, Elena und Manolis Zacharopoulos, Jekatarina Skladmann, Vahan Hovagimian, Gyoonho Kong, Zach Margulies, Ali Hassani, Nikos Pachtas, Kyriaki und Rolf Heinemann sowie Elke Hartmann und Vahé Tachjian. Ganz besonders danke ich Hilaire Nininahazwe für die Bereitschaft, mir seine Lebensgeschichte anzuvertrauen. Seine Biographie ist zugleich ein Plädoyer, europäische Nabelschauen zu überwinden und Flucht als Menschheitserfahrung zu erzählen. Es sind jene Erzählungen von Menschen, die zwangsweise ihren Ort verlassen müssen. Manchmal begeben sich auch ihre Kinder oder Enkel auf Spurensuche und stoßen mit ihren Geschichten eine Tür auf zum Verständnis von Flucht, Exil und Entwurzelung.

Stellvertretend für viele dieser überlieferten Erfahrungsschätze nenne ich dankbar André Aciman, Kheder Alagha, Reinaldo Arenas, Behrouz Boochani, Tsering Wangmo Dhompa, Katharina Elliger, Thea Halo, Mirko Heinemann, Dmetri Kakmi, Martha Kent, Dorothea Koch-Thalmann, Anna Komsta, Martin Lätzel, Klaus-Jürgen Liedtke, Marisa Madieri, Aanchal Malhotra, Julius Margolin, Ijoma Mangold, Rigoberta Menchu, Viktoria Morasch, Widad Nabi, Rupert Neudeck, Guram Odischaria, Alaine Polcz, Sari Nusseibeh, Viet Thanh Nguyen, Ronya Othmann, Petra Reski, Ariel Sabar, Hans-Burkhard Sumowski und Andreas Wunn.

Ebenso unverzichtbar sind die literarischen Chronisten in Belletristik und Lyrik. Allein die polnische Literatur mit Stefan Chwin, Olga Tokarczuk, Joanna Bator, Witold Gombrowicz oder Zbigniew Herbert legt auf einzigartige Weise historische Ablagerungen frei. Die Literatur übersetzt als unbestechlicher Seismograph das Thema in allen Facetten. Es sind die zeitlosen Botschaften von Autorinnen und Autoren wie Elli Alexíou, Bertolt Brecht, Radka Denemarková, Ulrike Draesner, Jenny Erpenbeck, Gaël Faye, Victor Gardon, Günter Grass, Rasha Habbal, Christoph Hein, Max Herrmann-Neiße, Yaşar Kemal, Judith Kerr, Erwin Kruk, Saadat Hassan Manto, Herta Müller, Amos Oz, Orhan Pamuk, Hans Pleschinski, Jaroslav Rudiš,

Hans Sahl, Giorgos Seferis, Israel J. Singer, Isaac Bashevis Singer, Saša Stanišić, Hans-Ulrich Treichel, Ilias Venesis, Franz Werfel, Christa Wolf, Stefan Zweig und Rajzel Zychlinsky. Sie stehen stellvertretend für so viele literarische Stimmen. Von Herzen empfehle ich die Lektüre der in der Bibliographie aufgeführten Autorinnen und Autoren.

Flüchtlinge, Vertriebene, Deportierte waren und sind immer Gegenstand heftiger Kontroversen. Die internationale Forschung trägt erheblich zu einer Versachlichung der Debatten bei. Für Mittel- und Osteuropa leistet beispielhaft das von Detlef Brandes, Holm Sundhaussen, Stefan Troebst, Kristina Kaiserová und Krzysztof Ruchniewicz herausgegebene *Lexikon der Vertreibungen* einen wichtigen Beitrag. Politische Hintergründe, Geschichtspolitik und Ereignisgeschichte mit Fokus auf Fakten, Kontroversen und Folgen hätten den Rahmen dieses Buches gesprengt. Sie sind andernorts bestens erforscht. Für eine vertiefende Beschäftigung mit weltweiten Zwangsmigrationen empfehle ich deshalb die im Literaturverzeichnis aufgeführten Titel. Allen Kolleginnen und Kollegen danke ich sehr herzlich für ihre wichtigen Beiträge.

Flüchtlinge erzählen Menschheitsgeschichte. Darin kommen Orte vor, die ihnen einst Heimat waren. In diesem Buch sprechen die Flüchtlinge selbst und benutzen jene Ortsnamen, die ihnen vertraut sind. Diese entsprechen häufig nicht den aktuellen Namen. Das ist kein Zufall und gehört in den kausalen Zusammenhang des Menschheitsdramas Flucht. Bei Ortsnamen verwende ich deshalb meistens die aus der Perspektive der Betroffenen gewählten Bezeichnungen. So benutzen Polen aus den *Kresy* polnische Ortsnamen, obwohl es längst litauische, weißrussische oder ukrainische Bezeichnungen gibt, und Karelier finnische und keine russischen Namen. Noch schwieriger wird es in Kleinasien. In der Landschaft Dersim gelten offiziell Ortsnamen, die der Zwangsturkisierung entstammen. Alle Orte haben jedoch noch eine armenische, kurdische und zazakische Version, die in der Erinnerung der Vertriebenen und ihrer Nachfahren eine ungleich wichtigere Rolle einnehmen. Zudem verwende ich über die Zäsuren des 20. Jahrhunderts hinweg die im Deutschen gängigen Namen (also Venedig statt Venezia, Brünn statt Brno, Stettin statt Szczecin).

Aufrichtigen Dank schulde ich dem Siedler Verlag für seine bewährte Betreuung, allen voran Ditta Ahmadi, Jens Dehning, Markus Desaga und Thomas Rathnow. Rebekka Göpfert danke ich für ihre wunderbare Begleitung.

Mein herzlicher Dank gilt ebenso den Freundinnen und Freunden, die mir bei Gesprächen, mit Hinweisen oder beim Korrekturlesen zur Seite standen: Jochen Böhler, Zora del Buono, William Burwick, Rainer Gantert, Helga Hirsch, Bert Hoppe, Florian Huber, Katharina Kunter, Kornelia Kurowska, John Lotherington, Jürgen Luh, Clare und Ross Lyon, Renate Marsch-Potocka, Tom Mathieu, Tamar Mayer, Leonie Mechelhoff, Jana Mechelhoff-Herezi, Anna Molenda, Juan Carlos Morales, Gregory Oliney, Manfred Sapper, Ulrike Schneider, Michael Schwartz, Thomas Sparr, Matthew Steffen, Anthony Steinhoff, Karl-Heinz Steinle, Uta Walter, Eva Wisten, Sandra Witte, Vanessa und Alex Wolff.

Zwei Menschen sind besondere Glücksfälle in meinem Leben: Walter und Carsten – ich bin sehr dankbar und sie wissen, wofür.

Berlin, im Mai 2020

Anmerkungen

Jeder kann morgen ein Flüchtling sein

1 Notizbuch und Brief Friedrich Biella an Lotte Dorka, 21.12.1946; Erinnerungen Erna Biella, verfasst 1995 [Privatbesitz des Autors].

2 Irène Némirovsky: *Suite française*, Roman, aus dem Französischen von Eva Moldenhauer, München 2007 [12. Auflage], S. 63.

3 Olaf Ihlau: *Der Bollerwagen. Unsere Flucht aus dem Osten*, München 2014, S. 76; Paul Erker: »Revolution des Dorfes? Ländliche Bevölkerung zwischen Flüchtlingszustrom und landwirtschaftlichem Strukturwandel«, in: Martin Broszat/Klaus-Dietmar Henke/Hans Woller (Hgg.): *Von Stalingrad zur Währungsreform. Zur Sozialgeschichte des Umbruchs in Deutschland*, München 1988, S. 367–425, hier S. 387; Luise Neugebauer: *Luise Goldt aus Krone an der Brahe: Lebenserinnerungen*, Münster 2002, S. 205; Martina Krug/Karin Mundhenke: *Flüchtlinge im Raum Hannover und in der Stadt Hameln 1945–1952*, Hildesheim 1988, S. 47/48.

4 Matthias Rüb: »Italien hilft nur den Italienern«, in: *Frankfurter Allgemeine Zeitung* (21. Juni 2018); Michiko Kakutani: »When History Repeats«, in: *The New York Times* (15. Juli 2018).

5 Vinda Gouma: »Ich bin die Flüchtlinge«, Leserbrief, in: *Der Tagesspiegel* (27. Januar 2019).

6 Maria Moursela/Christiane Schlötzer: »Ihre letzte Reise«, in: *Süddeutsche Zeitung* (1./2. März 2014). Der Autor dankt der Korrespondentin Christiane Schlötzer-Scotland für weitere Informationen.

7 Zitiert nach Jochen Thies: *Evian 1938. Als die Welt die Juden verriet*, Essen 2018 [3. Auflage], S. 65. Vgl. Götz Aly: *Europa gegen die Juden 1880–1945*, Frankfurt am Main 2017, S. 285–292, der die Rolle der USA würdigt, vor allem aber die Verantwortung Deutschlands für das Scheitern unterstreicht. Vgl. den Ausstellungskatalog von Winfried Meyer u. a. (Hg.): *Geschlossene Grenzen. Die Internationale Flüchtlingskonferenz von Évian 1938*, Berlin 2018.

8 Nina Stampflmeier: »Köln versinkt in Flüchtlingsflut«, in: *Bild* (16. April 2015).

9 Rupert Neudeck: *In uns allen steckt ein Flüchtling. Ein Vermächtnis*, München 2016 [2. Auflage], S. 7f. und 21.

10 Judith Kerr: *Als Hitler das rosa Kaninchen stahl*, aus dem Englischen von Annemarie Böll, Ravensburg 1984.

11 Zitiert nach Herta Müller: »Heimweh nach Zukunft«, in: *Süddeutsche Zeitung* (23. November 2015).

12 Brief Kurt Wolffs an seine Tochter vom 18. März 1946, in: Barbara Weidle (Hg.): *Kurt Wolff. Ein Literat und Gentleman*, Bonn 2007, S. 261–263. Vgl. dazu auch die Familiengeschichte aus der Feder des Enkels Alexander Wolff: *Endpapers. A Family Story of Books, War, Escape, and Home*, New York 2021.

13 Joachim Gauck: »Die existentielle Erfahrung eines Heimatverlustes ist Flüchtlingen auf der ganzen Welt gemein«. Rede zum Tag der Heimat des Bundes der Vertriebenen, 3. September 2016, in: Bundespräsidialamt (Hg.): *Joachim Gauck. Reden und Interviews*, Band 5, Berlin 2016, S. 193–210, hier S. 205.

14 Ein Beispiel ist die dramatische Geschichte der arabischen Palästinenser. Viele Erinnerungen von Flüchtlingen und Vertriebenen werden jedoch häufig für ein politisches Engagement verwendet und nicht zuletzt für Boykottaufrufe gegen Israel instrumentalisiert. Vgl. die kluge Analyse zu diesem schwierigen Thema von Ahmad Mansour: »Beharren auf der Opferrolle«, in: *Tageszeitung* (30. Juli 2019).

15 Klaus-Jürgen Liedtke: *Nachkrieg und Die Trümmer von Ostpreußen*, Berlin 2018 [= *Die Andere Bibliothek*, Bd. 399], S. 9.

16 Reinaldo Arenas: *Bevor es Nacht wird*, aus dem Spanischen von Thomas Brovot und Klaus Laabs, München 2002, S. 363.

17 André Aciman: »Editor's Foreword; Permanent Transients«, in: André Aciman (Hg.): *Letters of Transit. Reflections on Exile, Identity, Language and Loss*, New York 1999 (hg. in Zusammenarbeit mit The New York Public Library), S. 9–14, hier S. 10.

18 André Aciman: »Shadow Cities«, in: André Aciman (Hg.): *Letters of Transit. Reflections on Exile, Identity, Language and Loss*, New York 1999 (hg. in Zusammenarbeit mit The New York Public Library), S. 15–34, hier S. 22.

19 Auf diesen Punkt wie die Frage von Kontextualisierungen weist Michael Schwartz hin. Ders.: »Ethnische ›Säuberungen‹ in der Moderne. Globale Wechselwirkungen einer Politik der Gewalt«, in: *Comparativ. Zeitschrift für Globalgeschichte und Vergleichende Gesellschaftsforschung* 26 (2016), Heft 1, S. 28–48, hier S. 30/31.

20 Olga Tokarczuk: »Eine Freske menschlicher Schicksale«, Vorwort in: Helga Hirsch: *Schweres Gepäck. Flucht und Vertreibung als Lebensthema*, Hamburg 2004, S. 7–10, hier S. 8/9.

21 Zbigniew Herbert: »*Kraj*/Das Land«, in: *Polnische Gedichte des 20. Jahrhunderts*, hg. und übersetzt von Karl Dedecius, zweisprachige Ausgabe, Frankfurt am Main/Leipzig 2008, S. 80/81.

22 Siehe der frühe europäische Vergleich von Götz Aly: »Das Jahrhundert der Vertreibung. Plädoyer für die Überwindung der geteilten Optik«, in: Haus der Heimat des Landes Baden-Württemberg (Hg.): *Angekommen! – Angenommen?*, Filderstadt 1996, S. 9–19, hier S. 11 und S. 18.

23 Viet Thanh Nguyen: »Introduction«, in: Viet Thanh Nguyen (Hg.): *The Displaced. Refugee Writers on Refugee Lives*, New York 2018, S. 11–22, hier S. 20.

Vom Refugié zum Flüchtling in der Moderne – eine Begriffserklärung

1 Zur Diskussion vgl. die Beiträge des Linguisten Anatol Stefanowitsch auf seiner Online-Plattform Sprachblog. Dort sein Beitrag »Flüchtlinginnen und Flüchtlinge«, in: Sprachblog. abgelegt am 17. Dezember 2015 von Anatol Stefanowitsch.

2 Zum Genozid-Begriff Norman Naimark: *Genocide. A World History*, New York 2017, S. 6; Ders.: *Stalin und der Genozid*, aus dem Amerikanischen von Kurt Baudisch, Berlin 2010; Michael G. Esch: »Zur historischen Verortung von ›ethnischer Säuberung‹ und Völkermord«, in: Mathias Beer/Dietrich Beyrau/

Cornelia Rauh (Hgg.): *Deutschsein als Grenzerfahrung. Minderheitenpolitik in Europa zwischen 1914 und 1950*, Essen 2009, S. 15–34. Selbst bei der Vernichtung der europäischen Juden greifen häufig Vertreibungen, Umsiedlungen und Massenmord ineinander. Vgl. Götz Aly: *»Endlösung«. Völkerverschiebung und der Mord an den europäischen Juden*, Frankfurt am Main 1995.

3 Zur Debatte um »Flüchtling« und Flüchtlingskonvention vgl. David Miller: *Strangers in Our Midst. A Political Philosophy of Immigration*, Cambridge/London 2016, S. 76–93.

4 Der Hohe Flüchtlingskommissar der Vereinten Nationen (Hg.): *Zur Lage der Flüchtlinge in der Welt. 50 Jahre humanitärer Einsatz*, Bonn 2000, S. 25. Vgl. zur Gesamtentwicklung des Flüchtlingsschutzes auch Peter Gatrell: *The Making of the Modern Refugee*, Oxford 2015.

5 David Miller: *Fremde in unserer Mitte. Politische Philosophie der Einwanderung*, aus dem Englischen von Frank Lachmann, Berlin 2017, S. 255.

6 Hannah Arendt: *Wir Flüchtlinge*, mit einem Essay von Thomas Meyer, Stuttgart 2016 [6. Auflage], S. 9.

7 Bertolt Brecht: »Über die Bezeichnung Emigranten«, in: *Bertolt Brecht: Werke in fünf Bänden*, Band 3: *Gedichte*, hg. von Werner Mittenzwei unter Mitarbeit von Fritz Hoffmann, Berlin/Weimar 1981, S. 314.

8 Johann Wolfgang Goethe: *Faust, Texte*, hg. von Albrecht Schöne, Frankfurt am Main 1994 [= *Sämtliche Werke. Briefe, Tagebücher und Gespräche*, Bd. 7/1], S. 144.

9 Johann Wolfgang Goethe: *Hermann und Dorothea*, hg. von Waltraud Wiethölter in Zusammenarbeit mit Christoph Brecht, Frankfurt am Main 1994 [= *Sämtliche Werke. Briefe, Tagebücher und Gespräche*, Bd. 8], S. 807.

10 *Encyclopedia Britannica*, Bd. 3, Edinburgh 1771 [1. Auflage], S. 531.

11 *Encyclopedia Britannica*, Bd. 3, Edinburgh/London 1810 [4. Auflage], S. 684/685.

12 *Encyclopedia Britannica*, Bd. 2, Edinburgh 1771 [1. Auflage], S. 555.

13 Johann Heinrich Zedler (Hg.): *Grosses vollständiges Universal-Lexicon Aller Wissenschaften und Künste*, Bd. 9, Halle/Leipzig 1733 [Nachdruck Graz 1994], S. 1341/1342.

14 *Meyers Konversations=Lexikon*, Bd. 6, Leipzig 1875 [3. Auflage], S. 923.

15 *Deutsch-amerikanisches Conversations-Lexicon. Mit specieller Rücksicht auf das Bedürfnisz der in Amerika lebenden Deutschen …*, Bd. 4, New York 1871, S. 283.

16 *Brockhaus Conversations=Lexikon*, Bd. 6, Leipzig 1883 [13. Auflage], S. 924.

17 *Der Große Brockhaus*, Bd. 19, Leipzig 1934 [15. Auflage], S. 551.

18 Zitiert nach Jochen Oltmer: *Migration und Politik in der Weimarer Republik*, Göttingen 2005, S. 91.

19 Joachim Zdrenka (Hg.): *Kreis Flatow am Scheideweg. Aufzeichnungen von Erich Hoffmann*, Złotów 2008, S. 122.

20 Max Kollenscher: *Jüdisches aus der deutsch-polnischen Übergangszeit. Posen 1918–1920*, Berlin 1925, S. 119 und 121. Zur Geschichte der Deutschen im polnischen Staat nach 1918 Michael Schwartz: *Ethnische »Säuberungen« in der Moderne. Globale Wechselwirkungen nationalistischer und rassistischer Gewaltpolitik im 19. und 20. Jahrhundert*, München 2013 [= *Quellen und Darstellungen zur Zeitgeschichte*, Bd. 95], S. 346f.

21 *Jüdisches Lexikon. Ein enzyklopädisches Handbuch des jüdischen Wissens in vier Bänden*, Bd. III, Berlin 1929, S. 454/456.

22 Simon Dubnow: *Weltgeschichte des jüdischen Volkes. Von seinen Anfängen bis zur Gegenwart. Europäische Periode*, Band V: *Das späte Mittelalter*, Berlin 1927.

23 *Meyers Neues Lexikon in acht Bänden*, hier Bd. 3 (Leipzig 1962) und Bd. 8 (Leipzig 1964).

24 Zitiert nach Gunter Hofmann: *Willy Brandt und Helmut Schmidt: Geschichte einer schwierigen Freundschaft*, München 2015, S. 89/90.

25 Herta Müller: »Herzwort und Kopfwort«, in: *Der Spiegel* (28. Januar 2013), S. 97–101, hier S. 101.

26 Norman Naimark: *Flammender Haß. Ethnische Säuberungen im 20. Jahrhundert*, aus dem Amerikanischen von Martin Richter, Frankfurt am Main 2008, S. 10/11.

27 Norman Naimark: »Zwangsmigration im Europa des 20. Jahrhunderts«, in: *Comparativ. Zeitschrift für Globalgeschichte und Vergleichende Gesellschaftsforschung* 26 (2016), Heft 1, S. 11–27, hier S. 14.

28 Jochen Oltmer: *Globale Migration. Geschichte und Gegenwart*, München 2016 [2., überarbeitete und aktualisierte Auflage], S. 23–25.

29 Vgl. zur Begriffsdiskussion Michael Schwartz: *Ethnische »Säuberungen« in der Moderne. Globale Wechselwirkungen nationalistischer und rassistischer Gewaltpolitik im 19. und 20. Jahrhundert*, München 2013 [= *Quellen und Darstellungen zur Zeitgeschichte*, Bd. 95], S. 1–5.

30 Zitat im Original: »skazany na wygnanie, wypędzony z ojczyzny; banita«. Vgl. *Słownik Języka Polskiego*, Bd. 10, Warszawa 1968, S. 10. Der Historiker Jan Maria Piskorski greift dieses Wort im Titel seines Buches auf: *Die Verjagten. Flucht und Vertreibung im Europa des 20. Jahrhunderts*, aus dem Polnischen von Peter Oliver Loew, München 2013.

31 Vgl. dazu die gute Überblicksdarstellung von Jochen Oltmer: *Globale Migration. Geschichte und Gegenwart*, München 2016 [2., überarbeitete und aktualisierte Auflage], der die vielfältigen Formen von (Zwangs-)Migrationen beschreibt und definiert. Zur Unterscheidung zwischen Flüchtlingen und Zuwanderern/Migranten siehe auch: Steffen Lüdke/Maximilian Popp: »Das ist eine Schande«, Interview mit dem UNO-Flüchtlingskommissar Filippo Grandi, in: *Der Spiegel* (21. Dezember 2019).

Die endlose Geschichte der Flucht

1 Alle Bibelzitate folgen der Übersetzung Martin Luthers in der revidierten Fassung von 1964.

2 In diesem Kapitel geht es um die jüdisch-christliche Überlieferung der Bibel. Allerdings spielt die Fluchterfahrung in den drei monotheistischen Weltreligionen eine Rolle. Für Muslime beginnt die Zeitrechnung mit der Flucht Mohammeds aus Mekka. Zum Thema Flucht im Islam, etwa die erzwungene Auswanderung Mohammeds von Mekka nach Medina im Jahr 622 – die Hedschra –, siehe die Studie von Amir Dziri: »›An Meine gläubigen Diener: Meine Erde ist weit‹ (Sure 29:56). Figurationen von Raum, Zeit und Flucht in der religiösen Ideengeschichte des Islams als theologische Herausforderung für die Gegenwart«, in: Judith Könemann/Marie-Theres Wacker (Hg.):

Flucht und Religion. Hintergründe – Analysen – Perspektiven, Münster 2018 [= *Münsterische Beiträge zur Theologie*, Bd. 1], S. 137–156. Siehe Sara Binay: »Flucht im Islam«, in: Claudia Rammelt (Hg.) in Verbindung mit Jan Gehm und Rebekka Scheler: *Pluralität und Koexistenz. Gewalt, Flucht und Vertreibung. Christliche, jesidische und muslimische Lebenswelten in den gegenwärtigen Umbrüchen im Nahen Osten*, Münster 2019 [= *Studien zur Orientalischen Kirchengeschichte*, Bd. 59], S. 189–196.

3 Johann Hinrich Claussen: *Das Buch der Flucht. Die Bibel in 40 Stationen*, München 2018, S. 11. »Weltgeschichte der Heimatlosigkeit. Die Bibel – ein Flüchtlingsroman« lautet ein wunderbarer Essay ebenfalls von Johann Hinrich Claussen, in: *Der Spiegel* (19. Dezember 2015).

4 Jan Assmann: *Exodus. Die Revolution der Alten Welt*, München 2015 [2. Auflage], S. 238.

5 Simon Dubnow: *Weltgeschichte des jüdischen Volkes. Von seinen Anfängen bis zur Gegenwart. Orientalische Periode*, Band I: *Älteste Geschichte*, Berlin 1925, S. 335.

6 Jehuda Alevi: »Zwischen Ost und West«, in: Franz Rosenzweig: *Jehuda Halevi. Zweiundneunzig Hymnen und Gedichte. Deutsch. Mit einem Nachwort und mit Anmerkungen. Der sechzig Hymnen und Gedichte zweite Ausgabe*, Berlin o. J. [1926], S. 129.

7 Galut, in: *Encyclopaedia Judaica, Second Edition*, Bd. 7. Detroit u. a. 2007, S. 352–363.

8 Ebd. Vgl. eine ältere deutschsprachige Ausgabe zu Exil, in: *Encyclopaedia Judaica*, Bd. 6, Berlin 1930, S. 867–873.

9 Eine gute Zusammenfassung beider Rückkehrkonzepte – das messianisch-theologische und das politisch-zionistische – bei Howard Adelman/Elazar Barkan: »From Jewish Messianism to the Law of Return«, in: Diess.: *No Return, No Refuge. Rites and Rights in Minority Repatriation*, New York 2011, S. 155–188, hier S. 160.

10 Einen Überblick bietet Paloma Díaz-Mas: *Sephardim. The Jews from Spain*, hg. und übersetzt von George K. Zucker, Chicago/London 2007; William D. Phillips/Carla Rahn Phillips: *A Concise History of Spain*, Cambridge 2016 [7. Auflage], S. 130–133 und 148–153.

11 Simon Dubnow: *Weltgeschichte des jüdischen Volkes. Von seinen Anfängen bis zur Gegenwart. Europäische Periode*, Band V: *Das späte Mittelalter*, Berlin 1927, S. 402.

12 Rajzel Zychlinski: *di lider. Die Gedichte 1928–1991. Jiddisch und deutsch*, hg. und übertragen von Hubert Witt, Frankfurt am Main 2003, S. 820/821.

13 Die Zahlen schwanken sehr. Vgl. Paloma Díaz-Mas: *Sephardim. The Jews from Spain*, hg. und übersetzt von George K. Zucker, Chicago/London 2007, S. 7; Frederick Norwood: *Strangers and Exiles: A History of Religious Refugees*, Bd. 1, New York 1969, S. 174.

14 Michael Ludwig: »Rückkehrrecht nach 500 Jahren«, in: *Jüdische Allgemeine* (29. Juli 2014). Zitiert: https://www.juedische-allgemeine.de/juedische-welt/rueckkehrrecht-nach-500-jahren/, zuletzt abgerufen am 12. Februar 2020.

15 Zbigniew Morsztyn: »Ein Lied in großer Pein«, aus dem Polnischen von Peter Steger, in: Winfried Lipscher/Kazimierz Brakoniecki (Hg.): *Meiner Heimat Gesicht. Ostpreußen im Spiegel der Literatur*, München 1996, S. 322–327.

16 Andreas Reinke: »›Man fügt ihnen unendlich Schmach zu‹. Proteste und Widerstände gegen die Hugenotten in den deutschen Staaten«, in: Sabine Beneke/Hans Ottomeyer (Hgg.): *Zuwanderungsland Deutschland. Die Hugenotten*, Berlin/Wolfratshausen 2005, S. 65–72, hier S. 66/67.

17 Zitiert nach C. F. Arnold: *Die Vertreibung der Salzburger Protestanten und ihre Aufnahme bei den Glaubensgenossen. Ein kulturgeschichtliches Zeitbild aus dem achtzehnten Jahrhundert*, Leipzig 1900, S. 114.

18 Zitiert nach ebd., S. 158.

19 Der Dank des Autors gilt Pater Vahan Hovagimian für seine Einführung in die Ordensgeschichte im November 2018. Vgl. auch Mechitharisten-Congregation Wien (Hg.): *200 Jahre Mechitharisten in Wien*, Wien 2012. In der einzigartigen Bibliothek erhält Franz Werfel wichtige Informationen für seinen Roman *Die vierzig Tage des Musa Dagh*.

20 Zitiert nach Robert H. Romer: *Slavery in the Connecticut Valley of Massachusetts*, Florence, MA, 2009, S. 37.

21 Ronald Segal: *The Black Diaspora*, New York 1995, S. 3.

22 Manche sprechen sogar von »sozialem Tod«. Vgl. Orlando Patterson: *Slavery and Social Death. A Comparative Study*, Cambridge/London 1982, S. 38–45.

23 William Bosman: *A new and accurate description of the coast of Guinea, divided into the Gold, the Slave, and the Ivory Coasts. Containing A Geographical, Political and Natural History of the Kingdoms and Countries: With a Particular Account of the Rise, Progress and Present Condition of all the European Settlements upon that Coast; and the Just Measures for Improving the several Branches of the Guinea Trade. Illustrated with several cutts. Written originally in Dutch by William Bosman, Chief Factor for the Dutch at the Castle of St. George D'Elmina. And now faithfully done into English. To which is prefix'd, an exact map of the whole coast of Guinea, that was not in the Original*, London 1705, S. 364.

24 Stéphane Dufoix: *Diasporas*, übersetzt von William Rodarmor, Berkeley/Los Angeles/London 2008, S. 14.

25 Ronald Segal: *The Black Diaspora*, New York 1995, S. 4.

26 DeNeen L. Brown: »A symbol of slavery – and survival. Angela's arrival in Jamestown in 1619 marked the beginning of a subjugation that left millions in chains«, in: *Washington Post* (29. April 2019).

27 Jennys Geschichte wird von Robert H. Romer rekonstruiert, der die Sklaverei am Connecticut River am Beispiel von Deerfield Haus für Haus untersucht. Dabei stützt er sich auf die Studie von George Sheldon: *A History of Deerfield, Massachusetts*, Greenfield 1895/96. Faksimile der Ausgabe von 1895/96 mit einem Vorwort von Amelia F. Miller und Donald R. Friary, Band 2, Deerfield 1983, hier S. 896/897. Die Geschichte von Jenny ist nachzulesen bei Robert H. Romer: *Slavery in the Connecticut Valley of Massachusetts*, Florence, MA, 2009, S. 81–98.

28 George Sheldon: *A History of Deerfield, Massachusetts*, Greenfield 1895/96. Faksimile der Ausgabe von 1895/96 mit einem Vorwort von Amelia F. Miller und Donald R. Friary, Band 2, Deerfield 1983, hier S. 897.

29 Ebd.

30 Alle Angaben entstammen der Arbeit von Ala Alryyes (Hg.): *A Muslim American Slave: The Life of Omar Ibn Said*, aus dem Arabischen übersetzt und mit einer Einleitung versehen von Ala Alryyes, Madison 2001. Vgl. die biographi-

schen Angaben in der Einleitung; die Quelle aus der edierten Version, S. 61/62. Das Manuskript, das man erst 1995 wiedergefunden hat, wird an der University of North Carolina in Chapel Hill aufbewahrt. Zitate im Original: »My name is Omar Ibn Said, my birthplace is Fut Tur, between the two rivers«; [Then there] came to our country a big army. It killed many people. It took me, and walked me to the big sea, and sold me into the hands of a Christian man *(Nasrani)* who bought me and walked me to the big Ship in the big Sea. We sailed in the big Sea for a month and a half until we came to a place called Charleston. And in a Christian language, they sold me. A weak, small, and evil man called Johnson, an infidel *(Kafir)*, who did no fear Allah at all, bought me«; »I cannot write my life for I have forgotten much of my talk [language] as well as the talk of the Arabs. Also I know little grammar and little vocabulary. O my brothers, I ask you in the name of Allah, not to blame me for my eye is weak and so is my body«.

31 Dmetri Kakmi: *Mother Land*, Artarmon 2008, S. 34, Originalzitat: »The Turkish boys are circumcised and The Greek boys aren't. Aside from that, there's no difference between us that I can see.«

32 Eugene M. Kulischer: *Europe on the Move*, New York 1948. Vgl. auch Alexander und Eugen Kulischer: *Kriegs- und Wanderzüge. Weltgeschichte als Völkerbewegung*, Berlin/Leipzig 1932. Vgl. Karl Schlögel über die Brüder Kulischer unter dem Titel »›Displacement‹ im ›Jahrhundert der Flüchtlinge‹: Die Brüder Kulischer und Joseph Schechtman in Berlin«, in: Karl Schlögel: *Das russische Berlin. Eine Hauptstadt im Jahrhundert der Extreme*, aktualisierte und erweitere Ausgabe Berlin 2019, S. 88–113.

33 Alexandr Puškin: *Die Reise nach Arzrum während des Feldzugs im Jahre 1829*, aus dem Russischen übersetzt und herausgegeben von Peter Urban, Berlin 1998, hier S. 24. Aule (Singular Aul) sind befestigte Dörfer im Kaukasus, die Schutz vor Angriffen bieten.

34 Michail Lermontow: *Ein Held unserer Zeit*, hg. und übersetzt von Arthur Luther, Zürich 1982, S. 11.

35 Manfred Quiring: *Der vergessene Völkermord. Sotschi und die Tragödie der Tscherkessen*, mit einem Vorwort von Cem Özdemir, Berlin 2013, S. 12. Dabei sind die Zahlen umstritten. Manche sprechen von bis zu 2,5 Millionen Nordkaukasiern bis 1914. Ryan Gingeras: *Sorrowful Shores. Violence, Ethnicity, and the End of the Ottoman Empire 1912–1923*, Oxford 2009, S. 24/25, und James H. Meyer: *Turks Across Empires. Marketing Muslim Identity in the Russian-Ottoman Borderlands, 1856–1914*, Oxford 2014, S. 23/24. Nach anderen Angaben sterben 400 000 Menschen, bis zu 1,2 Millionen werden vertrieben. Manfred Quiring diskutiert die je nach Standpunkt schwankenden Zahlen. Vgl. Manfred Quiring: *Der vergessene Völkermord. Sotschi und die Tragödie der Tscherkessen*, mit einem Vorwort von Cem Özdemir, Berlin 2013, S. 108.

36 James Fenimore Cooper: *Der letzte Mohikaner*, Einleitung, Stuttgart 1841, S. 1.

37 Aram Mattioli: *Verlorene Welten. Eine Geschichte der Indianer Nordamerikas*, Stuttgart 2018, S. 15.

38 Adelbert von Chamisso: *Sämtliche Werke*, Band 1, München 1975, S. 424–427.

39 Aram Mattioli: *Verlorene Welten. Eine Geschichte der Indianer Nordamerikas*, Stuttgart 2018, S. 15.

40 Michael Schwartz: *Ethnische »Säuberungen« in der Moderne. Globale Wechselwirkungen nationalistischer und rassistischer Gewaltpolitik im 19. und 20. Jahrhundert*, München 2013 [= *Quellen und Darstellungen zur Zeitgeschichte*, Bd. 95], S. 202–220, hier S. 205. Vgl. auch Jürgen Zimmerer/Joachim Zeller (Hgg.): *Völkermord in Deutsch-Südwestafrika. Der Kolonialkrieg in Namibia (1904–1908) und die Folgen*, Berlin 2003.

41 Simon Dubnow: *Weltgeschichte des jüdischen Volkes. Von seinen Anfängen bis zur Gegenwart. Die Neueste Geschichte*, Band X: *Das Zeitalter der zweiten Reaktion*, Berlin 1929, S. 275.

42 Israel J. Singer: *Von einer Welt, die nicht mehr ist. Erinnerungen*, aus dem Amerikanischen von Gertrud Baruch, Frankfurt am Main 1993, S. 50/51.

43 Isaac B. Singer: *Verloren in Amerika. Vom Schtetl in die Neue Welt*, deutsch von Ellen Otten, München 1991 [5. Auflage], S. 56/57. Vgl. dazu Jochen Böhler: *Civil War in Central Europe, 1918–1921. The Reconstruction of Poland*, Oxford 2018, S. 157–166.

44 Pierre van Passen: *Days of Our Years*, New York 1939, S. 25/26.

45 Klaus Hödl: *»Vom Shtetl an die Lower East Side«. Galizische Juden in New York*, Wien/Köln/Weimar 1991, S. 14.

46 Alexander Horn: *Culturbilder aus Altpreußen*, Leipzig 1886, S. 78.

47 Jörg Baberowski: *Der Feind ist überall. Stalinismus im Kaukasus*, München 2003, S. 75. Vgl. auch Thomas de Waal: *The Caucasus. An Introduction*, Oxford 2019 [2. Auflage], S. 51.

48 Zygmunt Bauman: *Flüchtige Moderne*, aus dem Englischen von Reinhard Kreissl [= *edition suhrkamp* 2447], Frankfurt am Main 2003, S. 128.

49 Uğur Ümit Üngör: »›Turkey for the Turks‹. Demographic Engineering in Eastern Anatolia, 1914–1945«, in: Ronald Grigor Suny/Fatma Müge Göçek/Norman M. Naimark (Hgg.): *A Question of Genocide. Armenians and Turks at the End of the Ottoman Empire*, Oxford 2011, S. 287–305, hier S. 288/289.

50 Elchanan Nathan Adler: *Von Ghetto zu Ghetto. Reisen und Beobachtungen von E. N. Adler*, autorisierte Übertragung aus dem Englischen, Stuttgart 1909 [Nachdruck und Erläuterung von Joachim Schlör, Berlin 2001, gleichzeitig *Jüdische Memoiren*, Bd. 6], S. 99.

51 Christopher Clark: *Die Schlafwandler. Wie Europa in den Ersten Weltkrieg zog*, aus dem Englischen von Norbert Juraschitz, München 2013, S. 74/75.

52 Eyal Ginio: »Paving the Way for Ethnic Cleansing. Eastern Thrace during the Balkan Wars (1912–1913) and their Aftermath«, in: Omar Bartov/Eric D. Weitz (Hgg.): *Shatterzone of Empires. Coexistence and Violence in the German, Habsburg, Russian and Ottoman Borderlands*, Bloomington 2013, S. 283–297, hier S. 295.

53 Christopher Clark: *Die Schlafwandler. Wie Europa in den Ersten Weltkrieg zog*, aus dem Englischen von Norbert Juraschitz, München 2013, S. 318.

54 Peter Gatrell: *A Whole Empire walking. Refugees in Russia during World War I*, Bloomington/Indianapolis 2005 [ursprünglich 1999], S. 2.

55 So berichtet bereits Alexander von Humboldts Expeditionsbegleiter Gustav Rose über den Anblick von Verbannten in der Steppe von Kasan. Vgl. Oliver Lubrich (Hg.): *Alexander von Humboldt. Die Russland-Expedition. Von der Newa bis zum Altai*, München 2019, S. 41.

56 Peter Gatrell: *A Whole Empire walking. Refugees in Russia during World War I*, Bloomington/Indianapolis 2005 [ursprünglich 1999], S. 13.
57 Oleg Budnickij: »Dienst in der Höhle des Löwen. Juden in der russischen Armee«, in: *Osteuropa* 72-4 (2014), S. 171–184.
58 Jörg Baberowski: *Verbrannte Erde. Stalins Herrschaft der Gewalt*, München 2012 [3. Auflage], S. 46.
59 Vgl. Frank M. Schuster: *Zwischen allen Fronten. Osteuropäische Juden während des Ersten Weltkrieges (1914–1919)*, Köln/Weimar/Wien 2004 [= *Lebenswelten osteuropäischer Juden*, Bd. 9], S. 52. Vgl. auch Alexander V. Prusin: »A ›Zone of Violence‹. The Anti-Jewish Pogroms in Eastern Galicia in 1914–1915 and 1941«, in: Omar Bartov/Eric D. Weitz (Hgg.): *Shatterzone of Empires. Coexistence and Violence in the German, Habsburg, Russian and Ottoman Borderlands*, Bloomington 2013, S. 362–377.
60 Maurice Paléologue: *An Ambassador's Memoirs*, Band 1 (July, 1914–June 2nd, 1915), New York 1925 [5. Auflage], S. 315. Der französische Originaltitel lautet: *La Russie des tsars pendant la grande guerre*, Paris 1921, S. 335.
61 Eric Lohr: *Nationalizing the Russian Empire. The Campaign against Enemy Aliens during World War I*, Cambridge/London 2003, S. 121 und 127.
62 Franz Werfel: *Die vierzig Tage des Musa Dagh*, Frankfurt am Main 2015 [20. Auflage], S. 242.
63 Uğur Ümit Üngör: *The Making of Modern Turkey. Nation and State in Eastern Anatolia, 1913–1950*, Oxford 2012, S. 45/46.
64 Eine neue Studie zeigt die verheerenden Konsequenzen des Ersten Weltkriegs für die osmanische Gesellschaft, vor allem die Flüchtlinge. Vgl. Yiğit Akin: *When the War Came Home. The Ottomans' Great War and the Devastation of an Empire*, Stanford 2018.
65 Eduard Bernstein: »Die Leiden des armenischen Volkes und die Pflichten Europas«. Rede, gehalten in einer Berliner Volksversammlung am 26. Juni 1902, in: Eduard Bernstein/Otto Umfrid: *Armenien, die Türkei und die Pflichten Europas*, Hg. Helmut Donat, Bremen 2005, S. 21–55, hier S. 51.
66 Taner Akçam: *Armenien und der Völkermord. Die Istanbuler Prozesse und die türkische Bewegung*, Hamburg 2004, S. 39.
67 Steffen Reiche: »›Schaudernd ob der Unmöglichkeit, aus der Zeit zu schreiten‹ – denn ›Dein Herz ist durchstochen‹«, Rede, gehalten zum Gedenktag des Genozids an den Armeniern in Berlin am 24. April 2004, in: Eduard Bernstein/Otto Umfrid: *Armenien, die Türkei und die Pflichten Europas*, Hg. Helmut Donat, Bremen 2005, S. 127–139, hier S. 135.
68 Yaşar Kemal: *Der Sturm der Gazellen*, aus dem Türkischen von Cornelius Bischoff, Zürich 2006, S. 103.
69 Ebd., S. 124/125.
70 Thomas de Waal: *The Caucasus. An Introduction*. Oxford 2019 [2. Auflage], S. 15 und 65/66.
71 David Gaunt: »Failed Identity and The Assyrian Genocide«, in: Omar Bartov/Eric D. Weitz (Hgg.): *Shatterzone of Empires. Coexistence and Violence in the German, Habsburg, Russian and Ottoman Borderlands*, Bloomington 2013, S. 317–333, hier S. 320.
72 David Gaunt: »The Ottoman Treatment of the Assyrians«, in: Ronald Grigor Suny/Fatma Müge Göçek/Norman M. Naimark (Hgg.): *A Question of Geno-*

cide. Armenians and Turks at the End of the Ottoman Empire, Oxford 2011, S. 244–259, hier S. 246.

73 Für die Pontosgriechen steht die Landung Mustafa Kemals – des späteren Gründers der modernen Türkei Atatürk – in Samsun am 19. Mai 1919 symbolisch für die Erinnerung an Vertreibung und Ermordung ihrer ethnischen Gemeinschaft.

74 Mark Mazower: *Der dunkle Kontinent. Europa im 20. Jahrhundert*, aus dem Englischen von Hans-Joachim Maass, Berlin 2000, S. 70.

75 Vgl. Jochen Böhler: *Civil War in Central Europe, 1918–1921. The Reconstruction of Poland*, Oxford 2018; Stephan Lehnstaedt: *Der vergessene Krieg. Der Polnisch-Sowjetische Krieg 1919–1921 und die Entstehung des modernen Osteuropa*, München 2019. Eine zweibändige Studie stammt aus der Feder von Włodzimierz Borodzej und Maciej Górny: *Der vergessene Weltkrieg. Europas Osten 1912–1923*, aus dem Polnischen von Bernhard Hartmann, 2 Bde., Darmstadt 2018. Vgl. auch Robert Gerwarth: *Die Besiegten. Das blutige Erbe des Ersten Weltkriegs*, aus dem Englischen von Alexander Weber, München 2017.

76 Hans Kohn: *Bürger vieler Welten. Ein Leben im Zeitalter der Weltrevolution*, Frauenfeld 1965, S. 36.

77 Zitiert nach Marcin Wiatr: *Literarischer Reiseführer Oberschlesien*, Potsdam 2016, S. 80.

78 Stadtgemeinde Bad Radkersburg (Hg.): *Im Brennpunkt des Geschehens 1918–1920. Vom Übermurgebiet über Radkersburg bis Mureck/V Žarišču dogodkov 1918–1920. Od prekmurja prek radgone do Chmureka*, Bad Radkersburg 2018, S. 227.

79 Götz Aly: *Europa gegen die Juden 1880–1945*, Frankfurt am Main 2017, S. 134/135.

80 Harry Bresslau: »Harry Bresslau«, in: Siegfried Steinberg (Hg.): *Die Geschichtswissenschaft der Gegenwart in Selbstdarstellungen*, Leipzig 1926, S. 29–83, hier S. 73f.

81 Götz Aly: *Europa gegen die Juden 1880–1945*, Frankfurt am Main 2017, S. 135–139.

82 Arno Widmann: »Ich wurde aus meinem Haus und aus meiner Sprache vertrieben«, Interview mit Yildiz Cakar, in: *Frankfurter Rundschau* (6. August 2017).

83 Jeffrey Eugenides, *Middlesex*, deutsch von Eike Schönfeld, Reinbek 2003 [2. Auflage], S. 36.

84 Renée Hirschon: »The Consequences of the Lausanne Convention. An Overview«, in: Renée Hirschon (Hg.): *Crossing the Aegean: An Appraisal of the 1923 Compulsory Population Exchange between Greece and Turkey*, New York/Oxford 2006 [= *Studies in Forced Migration*, Bd. 12], S. 13–20, hier S. 13/14.

85 Yiğit Akin: *When the War Came Home. The Ottomans' Great War and the Devastation of an Empire*, Stanford 2018, S. 186/187.

86 Yaşar Kemal: *Der Sturm der Gazellen*, aus dem Türkischen von Cornelius Bischoff, Zürich 2006, S. 23/24.

87 Vladimir Nabokov: *Erinnerung, sprich. Wiedersehen mit einer Autobiographie*, deutsch von Dieter E. Zimmer, überarbeitete Neuausgabe Reinbek 2009 [= *Vladimir Nabokov: Gesammelte Werke*, hg. von Dieter E. Zimmer, Bd. XXII], S. 376.

88 Yaşar Kemal: *Der Sturm der Gazellen*, aus dem Türkischen von Cornelius Bischoff, Zürich 2006, S. 143.

89 Bruce Clark: *Twice a Stranger. How Mass Expulsion Forged Modern Greece and Turkey*, London 2006, S. XII.

90 Frank Nordhausen: »Völkermord an Aleviten. Das Massaker von Dersim«, in: *Frankfurter Rundschau* (26. August 2013). Vgl. auch die Rede von Yaşar Kaya im Landtag Nordrhein-Westfalen. www.fdg-dersim.org. Die detailreichste Studie zum Thema Dersim stammt von Annika Törne: *Dersim – Geographie der Erinnerungen. Eine Untersuchung von Narrativen über Verfolgung und Gewalt*, Berlin/Boston 2019 [= *Welten des Islams*, Bd. 12].

91 Raymond Kévorkian: *The Armenian Genocide. A Complete History*, London/New York 2012, S. 421/422. Vgl. Annika Törne: *Dersim – Geographie der Erinnerungen. Eine Untersuchung von Narrativen über Verfolgung und Gewalt*, Berlin/Boston 2019 [= *Welten des Islams*, Bd. 12], S. 1–16.

92 Hans-Lukas Kieser: *Der verpasste Friede; Mission, Ethnie und Staat in den Ostprovinzen der Türkei 1839–1938*, Zürich 2000, S. 13. Vgl. zu Dersim auch Martin van Bruinessen: »Genocide in Kurdistan? The Suppression of the Dersim Rebellion in Turkey (1937–38) and the Chemical War Against the Iraqi Kurds (1988)«, in: George D. Andreopolous (Hg.): *Genocide. Conceptual and Historical Dimension*, Philadelphia 1994, S. 144–170.

93 Mark Levene: *The Crisis of Genocide*, Band 2: *Annihilation. The European Rimlands 1939–1953*, Oxford 2013, S. 13.

94 Uğur Ümit Üngör: *The Making of Modern Turkey. Nation and State in Eastern Anatolia, 1913–1950*, Oxford 2012, S. 242/243.

95 Annika Törne: »*Dedes* in Dersim. Narratives of Violence and Persecution«, in: *Iran and the Caucasus* 16 (2012), S. 71–95. Siehe auch Laure Marchand/Guillaume Perrier: *Turkey and the Armenian Ghost. On the Trail of the Genocide*, übersetzt von Debbie Blythe, Montreal/Kingston/London/Ithaca 2015.

96 »›Mit den Peitschenstriemen der Armut kam ich hierher‹. Im Ruhrgebiet zu Hause. Ali Başar«, in: Jeanette Goddar/Dorte Huneke (Hgg.): *Auf Zeit. Für immer. Zuwanderer aus der Türkei erinnern sich*. Ein Projekt der Bundeszentrale für politische Bildung und des KulturForums TürkeiDeutschland e.V., Bonn 2011, S. 41–51.

97 Siegfried Lenz: *Heimatmuseum*, München 1997 [11. Auflage], S. 399.

98 Ville de Sanary sur Mer (Hg.): *Sur les pas des Allemands et des Autrichiens en exil à Sanary, 1933–1945*, Sanary-sur-Mer 2004.

99 Jens Bisky: »Die Heimat hat mir die Treue nicht gehalten«, in: *Süddeutsche Zeitung* (17. Dezember 2012).

100 Max Herrmann-Neiße: »Heimatlos«, in: Herbert Hupka (Hg.): *Max Herrmann-Neiße. Im Fremden ungewollt zuhaus*, München o. J., S. 13.

101 Zitiert nach Jochen Thies: *Evian 1938. Als die Welt die Juden verriet*, Essen 2018 [3. Auflage], S. 65. Auf die Konferenz bezieht sich auch Ronald S. Lauder. »Evian führte zu Auschwitz«, sagt er in seiner Rede bei einer Gedenkfeier in Auschwitz am 27. Januar 2020. Siehe Ronald S. Lauder: »Das Mädchen mit dem roten Mantel«, in: *Frankfurter Allgemeine Zeitung* (28. Januar 2020).

102 Jerzy Tomaszewski: *Auftakt zur Vernichtung. Die Vertreibung polnischer Juden aus Deutschland im Jahre 1938*, übersetzt von Victoria Pollmann, Osnabrück 2002 [= *Klio in Polen*, Bd. 10], S. 302.

103 Hu Hua-ling/Zhang Lian-hong (Hgg.): *The Undaunted Women of Nanking: The Wartime Diaries of Minnie Vautrin and Tsen Shui-fang*, übersetzt von Hu Hualing, Zhang Lian-hong, Carbondale/Edwardsville 2010, S. 1.

104 Jan Jozef Szczepański: *Der polnische Herbst*, deutsch von Klaus Staemmler, Frankfurt am Main 1983, S. 64/65. Vgl. dazu ausführlich Jochen Böhler: *Auftakt zum Vernichtungskrieg. Die Wehrmacht in Polen 1939*, Frankfurt am Main 2006.

105 Eugene Kurtz: *Zwangsrekrutiert. Ein Elsässer in Hitlers Armee*, aus dem Französischen übersetzt von François-Xavier Laufenbuchle, Freiburg/Basel/Wien 2008, S. 46/47.

106 Erlaß Höherer SS- und Polizeiführer Posen v. 12.11.1939: Abschiebung von Juden und Polen aus dem Reichsgau »Warthe-Land« (Auszug). Zitiert nach Klaus-Michael Mallmann/Jochen Böhler/Jürgen Matthäus: *Einsatzgruppen in Polen. Darstellung und Dokumentation*, Darmstadt 2008 [= *Veröffentlichungen der Forschungsstelle Ludwigsburg der Universität Stuttgart*, Bd. 12], S. 190/191.

107 Zygmunt Klukowski: *Tagebuch aus den Jahren der Okkupation 1939–1944*, hg. von Christine Glauning und Ewelina Wanke, aus dem Polnischen übersetzt von Karsten Wanke, mit einer Einleitung von Ingo Loose, Berlin 2017, S. 180.

108 Ebd., S. 209.

109 Götz Aly: *Europa gegen die Juden*, Frankfurt am Main 2017, S. 145.

110 Zum Zwangscharakter siehe Wolfgang Benz: *Ausgrenzung – Vertreibung – Völkermord. Genozid im 20. Jahrhundert*, München 2006, S. 114. Zur Problematik der »Volksdeutschen« vgl. Jerzy Kochanowski/Maike Sach (Hgg.): *Die »Volksdeutschen« in Polen, Frankreich, Ungarn und der Tschechoslowakei. Mythos und Realität*, Osnabrück 2006 [= *Einzelveröffentlichungen des Deutschen Historischen Instituts Warschau*, Bd. 12].

111 Ein Beispiel findet sich in der Studie von Ute Schmidt: *Die Deutschen aus Bessarabien. Eine Minderheit aus Südosteuropa (1814 bis heute)*, Köln/Weimar/Wien 2006.

112 Zygmunt Klukowski: *Tagebuch aus den Jahren der Okkupation 1939–1944*, hg. von Christine Glauning und Ewelina Wanke, aus dem Polnischen übersetzt von Karsten Wanke, mit einer Einleitung von Ingo Loose, Berlin 2017, S. 391 und 450f. Vgl. in dieser Quellenedition den Beitrag von Ingo Loose »Zygmunt Klukowski und das Generalgouvernement 1939–1945« (S. 22–51). Vgl. auch Agnieszka Jaczyńska: *Sonderlaboratorium SS. Zamojszczyzna. Pierwszy obszar osiedleńczy w Generalnym Gubernatorstwie*, Lublin 2012 [Instytut Pamięci Narodowej, dreisprachig: polnisch/deutsch/englisch].

113 Fayvel Vayner (1898–1973) stammt aus Postawy (Postov), das bis 1939 zur Republik Polen gehört. Er ist überzeugter Kommunist und den polnischen Behörden ein Dorn im Auge. Nach seiner Flucht im Juni 1941 in das Innere der Sowjetunion hat er seine Familie nie wiedergesehen. Das Tagebuch ist in Jiddisch verfasst. 1946 kehrt er als Repatriant nach Polen zurück und emigriert später nach Israel. Vgl. Dok. 10: »Fayvel Vayner schreibt im Sommer 1941 über seine Flucht vor der heranrückenden Wehrmacht«, in: Bert Hoppe/Hildrun Glass (Bearbeiter): *Sowjetunion mit annektierten Gebieten I. Besetzte sowjetische Gebiete unter deutscher Militärverwaltung, Baltikum und*

Transnistrien, München 2011 [= *Die Verfolgung und Ermordung der europäischen Juden durch das nationalsozialistische Deutschland 1933–1945*, Bd. 7], S. 133–136.

114 Swetlana Alexijewitsch: *Der Krieg hat kein weibliches Gesicht*, übersetzt von Ganna-Maria Braungardt, Berlin 2015 [2. Auflage], S. 37.

115 Dieses Thema wird von rechtsnationalistischen Kreisen sowohl in Polen als auch in der Ukraine instrumentalisiert. In Polen haben beide Parlamentskammern im Sommer 2016 die Massenmorde als »Völkermord« *(ludobójstwo)* sanktioniert. Eine objektive Darstellung stammt aus der Feder von Grzegorz Motyka: *Wołyń '43. Ludobójcza czystka – fakty, analogie, polityka historczna*, Kraków 2016. Vgl. Ders.: *Od Rzezi wołyńskiej do Akcji »Wisla«. Konflikt Polsko-Ukraiński 1943–1947*, Kraków 2011.

116 Christoph Dieckmann: *Deutsche Besatzungspolitik in Litauen 1941–1944*, Bde. 1–2, Göttingen 2011, S. 152/153.

117 Musik und Text: Jamala. Siehe die offizielle Seite des Eurovision Song Contest und die dort vorliegende deutsche Übersetzung. Vgl. https://www.eurovision.de/teilnehmer/Songtext-Jamala-1944,lyrics208.html.

118 Vgl. Jochen Oltmer: *Globale Migration. Geschichte und Gegenwart*, München 2016 [2., überarbeitete und aktualisierte Auflage], S. 100ff.

119 Zitiert nach Raymond Douglas: *»Ordnungsgemäße Überführung«. Die Vertreibung der Deutschen nach dem Zweiten Weltkrieg*, aus dem Englischen übersetzt von Martin Richter, München 2012, S. 113.

120 Ebd., S. 167.

121 Hugo Linck: *Im Feuer geprüft ... als die Sterbenden, und siehe, wir leben ... Berichte aus dem Leben der Restgemeinden nach der Kapitulation in und um Königsberg*, Leer 1973, S. 56ff.

122 Eckhard Matthes (Hg.): *Als Russe in Ostpreußen. Sowjetische Umsiedler über ihren Neubeginn in Königsberg/Kaliningrad nach 1945*, Ostfildern 1999, S. 326.

123 Michael Wieck: *Zeugnis vom Untergang Königsbergs. Ein ›Geltungsjude‹ berichtet*, Heidelberg 1996 [6. Auflage], S. 264/265.

124 Marisa Madieri: *Wassergrün. Eine Kindheit in Istrien,* aus dem Italienischen von Ragni Maria Gschwend, Wien 2004, S. 45.

125 Alaine Polcz: *Frau an der Front. Ein Bericht*, aus dem Ungarischen von Lacy Kornitzer, Berlin 2012, S. 184.

126 Eine Ausgabe der Zeitschrift *Osteuropa* widmet sich diesen Fragen. Vgl. »Migration, Identität, Politik. Trans-inter-national: Russland, Israel, Deutschland«, in: *Osteuropa* 69 (2019), Heft 9–11.

127 Mathias Wagner: *Fremde Heimat – Alltag in einem masurischen Dorf*, Potsdam 2004, S. 91.

128 Amos Oz: *Eine Geschichte von Liebe und Finsternis*, aus dem Hebräischen von Ruth Achlama, Frankfurt am Main 2017 [11. Auflage], S. 542.

129 Ari Shavit: »Lydda 1948. A city, a massacre, and the Middle East today«, in: *The New Yorker* (21. Oktober 2013), S. 40–46.

130 Sari Nusseibeh mit Anthony David: *Es war einmal ein Land. Ein Leben in Palästina*, aus dem Englischen von Gabriele Gockel, Katharina Förs und Thomas Wollermann, Berlin 2017 [8. Auflage], S. 41.

131 Nissim Rejwan: *Last Jews in Baghdad. Remembering a Lost Homeland*, Austin 2004, S. 1.

132 In Nordafrika verschärft sich während des Zweiten Weltkriegs die Judenverfolgung durch die beiden kriegführenden Achsenmächte Deutschland und Italien. Vgl. die Studie von Patrick Bernhard: »Im Rücken Rommels. Kriegsverbrechen, koloniale Gewalt und Judenverfolgung in Nordafrika, 1940–1943«, in: *Zeitschrift für Genozidforschung* 17 (2019), Heft1/2, S. 83–122.

133 W. H. Auden: »Partition (1966)«, in: Edward Mendelson (Hg.): *W. H. Auden. Collected Poems*, London 2007, S. 803/804.

134 Zur Diskussion um die Größenordnungen vgl. Michael Schwartz: *Ethnische »Säuberungen« in der Moderne. Globale Wechselwirkungen nationalistischer und rassistischer Gewaltpolitik im 19. und 20. Jahrhundert*, München 2013 [= *Quellen und Darstellungen zur Zeitgeschichte*, Bd. 95], S. 597. Zum Thema vgl. weiterhin neue Studien von Pippa Virdree: *From the Ashes of 1947. Reimagining Punjab*, Cambridge 2018; Yasmin Khan: *The Great Partition: The Making of India and Pakistan*, Yale 2007. Eine Perspektive auf Ost-Pakistan, das spätere Bangladesch, bei Willem van Schendel: *A History of Bangladesh*, Cambridge 2009. Siehe das digitale Projekt »The 1947 Partition Archive. Survivors and their Memories« der Stanford University mit mehr als 4500 Interviews: https://exhibits.stanford.edu/1947-partition.

135 Yasmin Khan: »Sibling Wars«, in: Deutsches Historisches Museum/Stiftung Flucht Vertreibung Versöhnung/International Association of Museums of History (Hgg.): *Flucht, Vertreibung, ethnische Säuberung. Eine Herausforderung für Museums- und Ausstellungsarbeit weltweit*, Berlin 2011, hier S. 86.

136 »Utensils for Survival. The Kitchenware of Balraj Bahri«, in: *Aanchal Malhotra: Remnants of Partition. 21 Objects from a Continent Divided*, London 2019, S. 71–88, hier S. 74.

137 Bericht Ritesh Batra, in: »At the Stroke of Midnight My Entire Family Was Displaced«, in: *The New York Times* (14. August 2017). Vgl. die Website der Firma: http://lahoreoptical.com/.

138 Vgl. Nghia M. Vo: *The Vietnamese Boat People, 1954 and 1975–1992*, Jefferson/London 2006.

139 Khaled Hosseini: *The Kite Runner*, London 2004, S. 35/36.

140 Tsering Wangmo Dhompa: *A Home in Tibet*, London 2013, S. 3.

141 Vgl. dazu Anna Leszczynska-Koenen: »›Zionisten ab nach Siam!‹ Das polnische Jahr 1968 und die Juden«, in: *Osteuropa* 11/12 (2017), S. 153–161. Zum Antisemitismus in Polen nach 1945 Jan Tomasz Gross: *Fear. Anti-Semitism in Poland after Auschwitz*, New York 2006 [deutsche Ausgabe: *Angst. Antisemitismus nach Auschwitz in Polen*, aus dem Polnischen von Friedrich Griese unter Mitarbeit von Ulrich Heiße, Berlin 2012].

142 Orhan Pamuk: *Istanbul. Memories and the City*, übersetzt von Maureen Freely, London 2006, S. 157.

143 Evangelos Alexandridis: *Als Bürger unerwünscht*, Heidelberg 2003, S. 92–99.

144 2014 gab es eine gleichnamige Ausstellung »20 Kilo, 20 Dollar« in Istanbul. Vgl. Christiane Schlötzer: »Abschied vom Bosporus«, in: *Süddeutsche Zeitung* (26./27. April 2014).

145 Dmetri Kakmi: *Mother Land*, Artarmon 2008, S. 85.

146 Ebd., S. 50.

147 Elisabeth Burgos: *Rigoberta Menchú. Leben in Guatemala*, aus dem guatemaltekischen Spanisch übersetzt von Willi Zurbrüggen, mit einem Nachwort

von Christoph Links, Leipzig/Weimar 1987 [ursprüngliche deutschsprachige Ausgabe Bornheim-Merten 1984].

148 Saša Stanišić: *Herkunft*, München 2019, S. 97.

149 Tilman Zülch: »Bis der letzte »Zigeuner« das Land verlassen hat. Massenvertreibung der Roma und Aschkali aus dem Kosovo«, hg. am 6. September 1999. Siehe den Link auf der Seite der Gesellschaft für bedrohte Völker http://www.gfbv.it/3dossier/rom-dt.html.

150 Vgl. Marcel Bohnert: *Zum Umgang mit belasteter Vergangenheit im postgenozidalen Ruanda*, Regensburg 2008; Jennie E. Burnet: *Genocide Lives in Us. Women, Memory, and Silence in Rwanda*, Madison/London 2012. Ein Überblick über den Konflikt zwischen Hutu und Tutsi, mit Fokus auf dem Nachbarland Burundi, ist der Studie von Liisa H. Malkki vorangestellt: *Purity and Exile. Violence, Memory, and National Cosmology among Hutu Refugees in Tanzania*, Chicago/London 1995, S. 19–51. Ein verstörendes Projekt zeigt Täter auf Fotos und in Interviews: *Intimate Enemy. Images and Voices of the Rwandan Genocide*, Photographien von Robert Lyons, Einführung und Interviews von Scott Straus, New York 2006.

151 Gaël Faye: *Kleines Land*, aus dem Französischen von Brigitte Große und Andrea Alvermann, München 2020 [2. Auflage], S. 136. Songtext von »Petit pays« © Universal Music Publishing, 6d Production, Universal Musica Latina Obo Universal Music Pub, Songwriter: Guillaume Poncelet/Gaël Faye/Francis Muhire.

152 In einer Reihe von Gesprächen erzählte Hilaire Nininahazwe dem Verfasser seine Lebensgeschichte im April und Mai 2020 und autorisierte die Zitate am 4. Mai 2020.

153 Zu Massakern an Jesiden im Ersten Weltkrieg durch osmanische Einheiten sowie Kurden und Araber vgl. Yaşar Kemal: *Die Ameiseninsel*, aus dem Türkischen von Cornelius Bischoff, Zürich 2003, S. 291f. Generell zu den Jesiden vgl. Birgül Açıkyıldız: *The Yezidis. The History of a Community, Culture and Religion*, London/New York 2014.

154 Behrouz Boochani: *No Friend But the Mountains. Writing from Manus Prison*, aus dem Persischen übersetzt von Omid Tofighian, Toronto 2019, S. 25.

155 Stefan Casdorff/Lorenz Maroldt: »Die Liste«, in: *Der Tagesspiegel* (9. November 2017).

156 Jan Ross: »Und jetzt, wohin? Die muslimischen Rohingya sind Waisenkinder des Imperialismus. Ihre brutale Vertreibung aus Myanmar ist eine späte Folge der britischen Kolonialpolitik«, in: *Die Zeit* (14. September 2017); vgl. auch Sarah A. Topol: »The Schoolteacher and the Genocide«, in: *The New York Times Magazine* (11. August 2019); Kazi Fahmida Farzana: *Memories of Burmese Rohingya Refugees. Contested Identity and Belonging*, New York 2017.

157 »Dieses perfide System kommt einem kulturellen Genozid gleich«. *Spiegel*-Gespräch mit Adrian Zenz, in: *Der Spiegel* (23. November 2019).

Heimat – von den Ambivalenzen eines Gefühls

1 »Dieses unerfüllbare Versprechen«. Im Gespräch: Edgar Reitz, Regisseur der »Heimat«-Trilogie, in: *Frankfurter Allgemeine Zeitung* (28. Dezember 2017).

2 Rudolf von Thadden: *Nicht Vaterland, nicht Fremde. Essays zu Geschichte und Gegenwart*, München 1989, Vorwort, S. 7.

3 Witold Gombrowicz: *Tagebücher 1953–1969*, aus dem Polnischen von Olaf Kühl, Frankfurt am Main 2004, S. 101/102.

4 Ann Tashi Slater: »The Literature of Uprootedness: An Interview with Reinaldo Arenas«, in: *The New Yorker* (5. Dezember 2013). Siehe http://www.newyorker.com/books/page-turner/the-literature-of-uprootedness-an-interview-with-reinaldo-arenas. Dieses Interview wurde 1983 geführt, aber posthum zum 20. Jahrestag des Erscheinens von Arenas' Memoiren »Before Night Falls« noch einmal von ihr kommentiert und komprimiert publiziert.

5 Lea Goldberg: »Föhren – Ilanot«, übersetzt von Tuvia Rübner, in: *Frankfurter Allgemeine Zeitung* (30. November 1990).

6 Thomas Sparr: *Grunewald im Orient. Das deutsch-jüdische Jerusalem*, Berlin 2017, S. 139/140.

7 Alena Wagnerová: *1945 waren sie Kinder. Flucht und Vertreibung im Leben einer Generation*, Köln 1990, S. 41.

8 Max Tau: *Das Land, das ich verlassen mußte*, Hamburg 1961, S. 275/276.

9 Christy Wampole: *Rootedness. The Ramifications of a Metaphor*, Chicago/London 2016, S. 2.

10 Christy Wampole: »Clinging to our Roots«, in: *The New York Times* (30. Mai 2016).

11 Erich Kästner: »Notwendige Antwort auf überflüssige Fragen«, in: Ders.: *Kurz und bündig. Epigramme*, Köln/Berlin 1950, S. 54.

12 Elli Alexíou: »Ibrahim Babas Brunnen«, Übersetzung von Ulf-Dieter Klemm, in: Danae Coulmas (Hg.): *Griechische Erzählungen des 20. Jahrhunderts*, Frankfurt am Main/Leipzig 2001, S. 62–69, hier S. 64/65.

13 Anna Tüne: *Von der Wiederherstellung des Glücks. Eine deutsche Kindheit in Frankreich*, Berlin 2010, S. 12.

14 Sari Nusseibeh mit Anthony David: *Es war einmal ein Land. Ein Leben in Palästina*, aus dem Englischen von Gabriele Gockel, Katharina Förs und Thomas Wollermann, Berlin 2017 [8. Auflage], S. 69/70.

15 »Utensils for Survival. The Kitchenware of Balraj Bahri«, in: *Aanchal Malhotra: Remnants of Partition. 21 Objects from a Continent Divided*, London 2019, S. 71–88, hier S. 73.

16 Bericht Madhushree Ghosh, in: »At the Stroke of Midnight My Entire Family Was Displaced«, in: *New York Times* (14. August 2017).

17 Klaus-Jürgen Liedtke: *Nachkrieg und Die Trümmer von Ostpreußen*, Berlin 2018 [= *Die Andere Bibliothek*, Bd. 399], S. 7/8.

18 Max Herrmann-Neiße: »Heimatlos«, in: Herbert Hupka (Hg.): *Max Herrmann-Neiße. Im Fremden ungewollt zuhaus*, München o. J., S. 38.

19 Jean Améry: »Wieviel Heimat braucht der Mensch?«, in: Ders.: *Jenseits von Schuld und Sühne. Bewältigungsversuche eines Überwältigten*, Stuttgart 1997 [3. Auflage], S. 74–101, hier S. 81.

20 Bernhard Schlink: *Heimat als Utopie*, Frankfurt am Main 2000 [8. Auflage], S. 32.

21 Ebd., S. 40.

Weggehen

1 Navid Kermani: *Einbruch der Wirklichkeit. Auf dem Flüchtlingstreck durch Europa*, mit Photographien von Moises Saman, München 2016 [2. Auflage], S. 10.

2 Léon Werth: *33 Tage. Ein Bericht*, aus dem Französischen von Tobias Scheffel, mit einem Vorwort von Antoine de Saint-Exupéry und mit einem Nachwort von Peter Stamm, Frankfurt am Main 2016, S. 43 und 28.

3 Alaine Polcz: *Frau an der Front*, aus dem Ungarischen von Lacy Kornitzer, Berlin 2012, S. 184 und 46.

4 Julius Margolin: *Reise in das Land der Lager*, aus dem Russischen und mit einem Nachwort von Olga Radetzkaja, Berlin 2013, S. 18 und 20.

5 Peter Eglund: *Schönheit und Schrecken. Eine Geschichte des Ersten Weltkrieges, erzählt in neunzehn Schicksalen*, aus dem Schwedischen von Wolfgang Butt, Berlin 2011, S. 28.

6 Arne Perras: »Gestrandet. Exodus: 400 000 muslimische Rohinǵya sind binnen drei Wochen aus Myanmar nach Bangladesch geflohen. Was sie erzählen, sprengt alle Vorstellungskraft«, in: *Süddeutsche Zeitung* (18. September 2017). Vgl. auch den Folgebericht drei Monate später: »Obdachlos und ohne Hoffnung auf eine Zukunft«, in: *Süddeutsche Zeitung* (12. Dezember 2017).

7 Guram Odischaria: *Der Pass der Flüchtlinge*, hg. von Manana Tandaschwili und Jost Gippert, übersetzt von Luka Kamarauli, Wiesbaden 2015, S. 40. Zum Konflikt um Abchasien vgl. Neal Ascherson: »Eine Chance für Abchasien«, in: Katharina Raabe/Monika Sznajderman (Hgg.): *Odessa Transfer. Nachrichten vom Schwarzen Meer*, Frankfurt am Main 2009, S. 242–253.

8 Guram Odischaria: *Der Pass der Flüchtlinge*, hg. von Manana Tandaschwili und Jost Gippert, übersetzt von Luka Kamarauli, Wiesbaden 2015, S. 49.

9 »Woman, Afghanistan«, in: Carole Kismaric (Hg.): *Forced out. The Agony of the Refugee in Our Time*, New York u. a. 1989, S. 79/82.

10 Rupert Neudeck: *In jedem von uns steckt ein Flüchtling. Ein Vermächtnis*, München 2016 [2. Auflage], S. 38/39.

11 Chi Dung Ngo: *Heimat für Fortgeschrittene. Vom Mekong in die Mitte Deutschlands*, München 2017, S. 10.

12 Patrick Bauer/Tanja Kernweiss: »Schaffen sie das?«, in: *SZ Magazin* (22. September 2017).

13 Stiftung Flucht Vertreibung Versöhnung. Archiv. D000055/1: Heimatstudie: Der Evakuierungsweg der Dorfbewohner von Räihälä. Autorin: Kyllikki Savolainen geb. Airikka. Seminararbeit in Hämeenlinna 1964 (übersetzt von Klaus Reichel).

14 Magdalena Reiswich: *Herbstfrucht. Flucht und Vertreibung – angekommen nach 29 Jahren. Die dramatische Geschichte einer ungewöhnlichen Frau, aufgeschrieben von Maria Kreiser*, Freiburg 2008, S. 18.

15 Ebd., S. 56.

16 Martin Krause: *Rötzenhagen. Ein Dorf in Pommern*, Selbstverlag 1986, S. 342.

17 Gunter Nitsch: *Eine lange Flucht aus Ostpreußen*, mit einem Vorwort von Arno Surminski, Hamburg 2011, S. 19.

18 Ilias Venesis: *Äolische Erde. Roman einer griechischen Kindheit*, aus dem Neugriechischen von Roland Hampe, Frankfurt am Main/Leipzig 2001, S. 308.

19 Ebd., S. 309.
20 Ebd., S. 312.
21 Ebd., S. 313.
22 Ebd., S. 310.
23 Jeffrey Eugenides: *Middlesex*, aus dem Amerikanischen von Eike Schönfeld, Reinbek 2003 [2. Auflage], S. 66.
24 Victor Gardon: *Brunnen der Vergangenheit*, aus dem Französischen von Gerda von Uslar, Zürich 2016, S. 386.
25 Ebd., S. 391.
26 Ebd., S. 392.
27 Ebd., S. 393.
28 Ebd., S. 401.
29 Solly Ganor: *Das andere Leben. Kindheit im Holocaust*, übersetzt von Sabine Zaplin, Frankfurt am Main 1997, S. 39–42, hier S. 41. Vgl. den bereits zitierten Bericht von Fayvel Vayner im Sommer 1941 über seine Flucht vor der heranrückenden Wehrmacht (Jeder kann morgen ein Flüchtling sein, Anmerkung 167).
30 Dok. 36: »Die estnische Sicherheitspolizei verhört am 22. Juli 1941 Leopold Silberstein, der aus Furcht vor der Judenverfolgung aus Tartu geflohen ist«, in: Bert Hoppe/Hildrun Glass (Bearbeiter): *Sowjetunion mit annektierten Gebieten I. Besetzte sowjetische Gebiete unter deutscher Militärverwaltung, Baltikum und Transnistrien*, München 2011 [= *Die Verfolgung und Ermordung der europäischen Juden durch das nationalsozialistische Deutschland 1933–1945*, Bd. 7], S. 203/204.
31 »Between This Side and That. The Sword of Ajit Kaur Kapoor«, in: Aanchal Malhotra: *Remnants of Partition. 21 Objects from a Continent Divided*, London 2019, S. 37–53, hier S. 41.
32 »Between This Side and That. The Sword of Ajit Kaur Kapoor«, in: Aanchal Malhotra: *Remnants of Partition. 21 Objects from a Continent Divided*, London 2019, S. 37–53, hier S. 44.
33 Ebd., S. 48.
34 Ronnie Yimsut: *Facing the Khmer Rouge. A Cambodian Journey*, New Brunswick/London 2011, S. 113.
35 Marie Béatrice Umutesi: *Surviving the Slaughter. The Ordeal of a Rwandan Refugee in Zaire*, übersetzt von Julia Emerson, Madison 2004, S. 109.
36 Ebd., S. 112/113.
37 N.M., geboren 1947 in Podzeplje, Gemeinde Han Pijesak, lebte seit ihrer Heirat im Dorf Bajramovici, Gemeinde Srebrenica, bis zum Fall von Srebrenica. Die Gesellschaft für bedrohte Völker bietet eine eindrückliche Sammlung von Augenzeugenberichten auf ihrer Website http://www.gfbv.ba/index.php/Genozid_in_Srebrenica/articles/aussagen-ueberlebender-opfer.html.
38 H.P., geboren 1964 in Cerska, Gemeinde Vlasenica, verheiratet, hat im Krieg drei Brüder, den Vater und zahlreiche Verwandte verloren. Auf dem Weg nach Tuzla hat er zahlreiche Hinterhalte überlebt und nach 130 Tagen das freie Territorium von Kladanj und Tuzla betreten. http://www.gfbv.ba/index.php/Genozid_in_Srebrenica/articles/aussagen-ueberlebender-opfer.html.
39 »Fatima Abdelrahman. A House close to the Ocean«, Interview von Craig Walzer, in: Craig Walzer (Hg.): *Out of Exile. The Abducted and Displaced People*

of Sudan. With additional interviews and a foreword by Valentino Achak Deng and Dave Eggers, San Francisco 2008, S. 17–45, hier S. 25.
40 Ebd., S. 25/26.
41 Rupert Neudeck: *In uns allen steckt ein Flüchtling. Ein Vermächtnis*, München 2016 [2. Auflage], S. 26 und 30.
42 Hans-Burkhard Sumowski: »*Jetzt war ich ganz allein auf der Welt*«. *Erinnerungen an eine Kindheit in Königsberg 1944–1947*, München 2007, S. 87/88.
43 Ebd., S. 88/89.
44 Ebd., S. 90/91.
45 Alexander Solschenizyn: *Ostpreußische Nächte. Eine Dichtung in Versen*, aus dem Russischen von Nikolaus Ehlert, Darmstadt/Neuwied 1976, S. 35. Vgl. auch Lew Kopelew: *Aufbewahren für alle Zeit! Aus Ostpreußen in russische Straflager – Ein Sowjetmajor im Widerstand*, Hamburg 1976.
46 Alaine Polcz: *Frau an der Front. Ein Bericht*, aus dem Ungarischen von Lacy Kornitzer, Berlin 2012, S. 127/128.
47 Hua-Ling Hu/Zhang Lian-hong (Hgg.): *The Undaunted Women of Nanking. The Wartime Diaries of Minnie Vautrin and Tsen Shui-Fang*, Carbondale/Edwardsville 2010, S. 40/41.
48 Ebd., S. 51/52 und 60/61.
49 Thomas H. Nguyen: »Unser Boot war wie ein schwimmender Sarg«, in: Rupert und Christel Neudeck: *Was man nie vergessen kann. Erinnerungen vietnamesischer Bootsflüchtlinge*, redaktionelle Bearbeitung Bettina von Clausewitz, Wuppertal 2017, S. 27–37, hier S. 30/31.
50 Die Verfasserin führte das Interview mit Kadira am 26. Oktober und am 9., 10. und 27. November 1992 in Zagreb. Alexandra Stiglmayer: »Vergewaltigungen in Bosnien-Herzegowina«, in: Dies. (Hg.): *Massenvergewaltigung. Krieg gegen Frauen*, Freiburg 1993, S. 109–216, hier S. 153.
51 Emiliano Bos/Livio Senigalliesi: »Vor den Augen meines Sohnes«, in: *Die Welt* (7. Juli 2005), Übersetzung Uta Keseling.
52 »Gift from a Maharaja. The Pearls of Azra Haq«, in: Aanchal Malhotra: *Remnants of Partition. 21 Objects from a Continent Divided*, London 2019, S. 55–70, hier S. 67.
53 Kazi Fahmida Farzana: *Memories of Burmese Rohingya Refugees. Contested Identity and Belonging*, New York 2017, S. 104/105.
54 Sexuelle Gewalt ist, wie die Historikerin Miriam Gebhardt sagt, »ein globales, epochenübergreifendes Problem, das mit der patriarchalen Geschlechterordnung zusammenhängt, in der Frauen (aber auch Männer) zur Kriegsbeute erklärt werden können«. Vgl. zu den Motiven Miriam Gebhardt: *Als die Soldaten kamen. Die Vergewaltigung deutscher Frauen am Ende des Zweiten Weltkriegs*, München 2015, S. 17/18. Vgl. zu Krieg und Vergewaltigung auch Ruth Seifert: »Krieg und Vergewaltigung. Ansätze zu einer Analyse«, in: Alexandra Stiglmayer (Hg.): *Massenvergewaltigung. Krieg gegen Frauen*, Freiburg 1993, S. 85–108.
55 »Unsere Wurzeln liegen in der Luft«, *Spiegel*-Gespräch mit dem Schriftsteller Ralf Rothmann, in: *Der Spiegel* (28. April 2018).
56 Günter Grass: *Beim Häuten der Zwiebel*, Göttingen 2006, S. 320/321.
57 Susanne Fritz: *Wie kommt der Krieg ins Kind*, Göttingen 2018, S. 15.
58 Włodzimierz Nowak: *Die Nacht von Wildenhagen. Zwölf deutsch-polnische*

Schicksale, deutsche Erstausgabe, aus dem Polnischen von Joanna Manc, Frankfurt am Main 2009. Siehe auch den Bericht eines damals zehnjährigen Mädchens, das alles erlebt hat. Adelheid Nagel: »Ich war doch erst zehn ...«, in: Hans-Jürgen Bömelburg/Renate Stößinger/Robert Traba (Hgg.): *Vertreibung aus dem Osten. Deutsche und Polen erinnern sich*, Olsztyn 2006 [2. Auflage], S. 203–215.

59 Renate Meinhof: *Das Tagebuch der Maria Meinhof. April 1945 bis März 1946 in Pommern. Eine Spurensuche*, Reinbek 2006, S. 55/56.

60 Zu den Ereignissen von Demmin vgl. den Roman von Zora del Buono: *Canitz' Verlangen*, Hamburg 2008, sowie das historische Sachbuch von Florian Huber: *Kind versprich mir, dass du dich erschießt: Der Untergang der kleinen Leute 1945*, Berlin 2015.

61 Stefan Chwin: *Ein deutsches Tagebuch*, hg. von Krystyna Turkowska-Chwin und Marta Kijowska, aus dem Polnischen von Marta Kijowska, Berlin 2015, S. 152.

62 Rasha Habbal: »Ich erlaube dir nicht, mich zurückzulassen«, aus dem Arabischen von Larissa Bender, in: *Sinn und Form* 70 (2018), Heft 1, S. 65–74, hier S. 65.

63 Elisabeth Burgos: *Rigoberta Menchú. Leben in Guatemala*, aus dem guatemaltekischen Spanisch übersetzt von Willi Zurbrüggen, mit einem Nachwort von Christoph Links, Leipzig/Weimar 1987 [ursprüngliche deutschsprachige Ausgabe Bornheim-Merten 1984], S. 99/100.

64 Kazi Fahmida Farzana: *Memories of Burmese Rohingya Refugees. Contested Idenity and Belonging*, New York 2017, S. 98/99.

65 Vgl. dazu Michael Mann: *Die dunkle Seite der Demokratie. Eine Theorie der ethnischen Säuberung*, aus dem Englischen von Werner Roller, Hamburg 2007.

66 Michiko Kakutani: »When History Repeats«, in: *The New York Times* (15. Juli 2018). In den USA beginnt nach dem Krieg eine kritische Aufarbeitung. Im Jahr 1988 bitten die USA in einem Gesetz *Restitution for World War II internment of Japanese-Americans and Aleuts* die Betroffenen um Entschuldigung und zahlen ihnen Entschädigungen für das erlittene Unrecht.

67 Marcel Reich-Ranicki: *Mein Leben*, München 2009 [18. Auflage], S. 157–160.

68 Mathias Wagner: *Fremde Heimat – Alltag in einem masurischen Dorf*, Potsdam 2004, S. 90.

69 »Zeitzeugenbericht Otto Görig«, in: Alte Heimat. Verein heimattreuer Kuhländler (Hg.): *Kuhländchen – Schicksalsjahre 1945/46, Verständigung heute*, Ausstellungskatalog, Eigenverlag 2016 [deutsch und tschechisch], S. 70.

70 »Khoren Margossian, geb. 1909 in Arudsga bei Bayburt. Interview 1990 in Paris aufgezeichnet«, in: Mihran Dabag: *Verlust und Vermächtnis. Überlebende des Genozids an den Armeniern erinnern sich*, Paderborn 2016 [2. Auflage], S. 126/127.

71 Chavarche Nartouni: »Abschied von Armash«, in: Corry Guttstadt (Hg.): *Wege ohne Heimkehr. Die Armenier, der Erste Weltkrieg und die Folgen. Eine literarische Anthologie*, Bonn 2014 [= *Schriftenreihe der Bundeszentrale für politische Bildung*, Bd. 1497], S. 104–110, hier S. 110.

72 Thea Halo: *Not Even My Name*, New York 2000, S. 105.

73 Ebd., S. 111.

74 Ebd., S. 113.

75 Mieczysław Tankielun: »Aus dem Wilnaer Gebiet nach Pommern und Großpolen«, in: Hans-Jürgen Bömelburg/Renate Stößinger/Robert Traba (Hgg.): *Vertreibung aus dem Osten. Deutsche und Polen erinnern sich*, Olsztyn 2006 [2. Auflage], S. 370–383, hier S. 373/374.

76 Tagebuch Alma Heczko, 18. Mai 1945, in: Jerzy Kochanowski: »Völkerwanderung«, in: *Karta. Zeitzeugnisse aus Ostmitteleuropa* 2 (2001), S. 103/104, hier S. 104.

77 Michał Sobków: »Völker am Scheideweg«, Teil II: »In ein anderes Land«, in: *Karta. Zeitzeugnisse aus Ostmitteleuropa* 1 (2000), S. 87–97, hier S. 87.

78 Elli Alexíou: »Ibrahim Babas Brunnen«, Übersetzung von Ulf-Dieter Klemm, in: Danae Coulmas (Hg.): *Griechische Erzählungen des 20. Jahrhunderts*, Frankfurt am Main/Leipzig 2001, S. 62–69, hier S. 66.

79 Ebd., hier S. 67.

80 Thea Halo: *Not Even My Name*, New York 2000, S. 137.

81 Ebd., S. 142.

82 Frank Nordhausen: »Völkermord an Aleviten. Das Massaker von Dersim«, in: *Frankfurter Rundschau* (26. August 2013).

83 Bronisław Brandt: »Vertreibung im Herbst 1939«, in: Hans-Jürgen Bömelburg/Renate Stößinger/Robert Traba (Hgg.): *Vertreibung aus dem Osten. Deutsche und Polen erinnern sich*, Olsztyn 2006 [2. Auflage], S. 42–52, hier S. 43/44 und 46.

84 Reinhard Jirgl: *Die Unvollendeten*, München 2007, S. 5.

85 Ebd., S. 15/16.

86 Elli Alexíou: »Ibrahim Babas Brunnen«, Übersetzung von Ulf-Dieter Klemm, in: Danae Coulmas (Hg.): *Griechische Erzählungen des 20. Jahrhunderts*, Frankfurt am Main/Leipzig 2001, S. 62–69, hier S. 65/66.

87 Vgl. dazu Götz Aly: *Hitlers Volksstaat. Raub, Rassenkrieg und nationaler Sozialismus*, Frankfurt am Main 2005.

88 Günter Grass: *Aus dem Tagebuch einer Schnecke*, Göttingen 2007, S. 159/160.

89 Beide Zitate von Nelly Sachs zitiert nach Aris Fioretis: *Flucht und Verwandlung. Nelly Sachs, Schriftstellerin. Berlin/Stockholm. Eine Bildbiographie*, aus dem Schwedischen von Paul Berf, Berlin 2010, S. 98/99. Dieser eindrucksvolle Band war zugleich Begleitpublikation zur Ausstellung über Nelly Sachs unter dem gleichnamigen Titel »Flucht und Verwandlung«, die in Berlin, Stockholm, Zürich und Dortmund gezeigt wurde.

90 Pascale Hugues: *Marthe & Mathilde. Eine Familie zwischen Frankreich und Deutschland*, Reinbek 2009 [6. Auflage], S. 58.

91 Ebd., S. 88.

92 Dorothea Koch-Thalmann: *Mein Dorf oder die Reise rückwärts*, Dortmund 2000, S. 158.

93 Ebd., S. 294.

94 Ebd., S. 302/303.

95 Lorenz Baron: »Das nichtaufgerichtete Kreuz in Rudolfsgnad«, in: Nenad Stefanović: *Ein Volk an der Donau. Das Schicksal der Deutschen in Jugoslawien unter dem kommunistischen Tito-Regime. Gespräche und Kommentare serbischer und deutscher Zeitzeugen*, München/Eggenfelden/Belgrad 2005 [3. deutsche Auflage], S. 111–125, hier S. 122.

96 Heinrich Köller: »Die drei Uniformen Vater Köllers«, in: Nenad Stefanović: *Ein Volk an der Donau. Das Schicksal der Deutschen in Jugoslawien unter dem kommunistischen Tito-Regime. Gespräche und Kommentare serbischer und deutscher Zeitzeugen*, München/Eggenfelden/Belgrad 2005 [3. deutsche Auflage], S. 138–151, hier S. 149.

97 Gerhard Gruschka: *Zgoda. Ein Ort des Schreckens. Als Vierzehnjähriger in einem polnischen Konzentrationslager*, Görlitz 2013 [3. Auflage], S. 33.

98 Martha Kent: *Eine Porzellanscherbe im Graben. Eine deutsche Flüchtlingskindheit*, aus dem Englischen von Klaus Kochmann, Frankfurt am Main 2004, S. 10.

99 Fjodor Dostojewski: *Aufzeichnungen aus einem Totenhaus*, aus dem Russischen von Hermann Röhl, Frankfurt am Main 1986, S. 16.

100 Johannes Wagner: »Erlebnisse eines Wolhyniendeutschen aus Cezaryn«, in: *Wolhynische Hefte* 2. Folge (1982), S. 80–90, hier S. 80.

101 Waldemar Giesbrecht: »Die Verbannung der Wolhyniendeutschen im 1. Weltkrieg« (Fortsetzung). 2. Teil: »In der Verbannung«, in: *Wolhynische Hefte*, 4. Folge (1986), S. 9–98, hier S. 27.

102 Zitiert nach György Dalos: *Geschichte der Russlanddeutschen. Von Katharina der Großen bis zur Gegenwart*, München 2014, S. 198ff.

103 Aurelia Raszkiewicz: »Die Wanderung«, in: *Karta. Zeitzeugnisse aus Ostmitteleuropa* 2 (2001), S. 64–88, hier S. 67/68.

104 Ebd., S. 71 und 88.

105 Julius Margolin: *Reise in das Land der Lager*, aus dem Russischen und mit einem Nachwort von Olga Radetzkaja, Berlin 2013, S. 95.

106 Ebd., S. 431.

107 Herta Müller: *Atemschaukel*, München 2009, S. 26.

108 Ebd., S. 24/25.

109 Ebd., S. 25.

110 Gustaw Herling: *Welt ohne Erbarmen*, deutsch von Hansjürgen Wille, München 2004, S. 176.

111 Emma Kirstein: *»Aus schwerer Zeit«. Tagebuch – Ostpreußen 1945*, mit einer Einführung von Hans Rothe, Bonn 1999 [5. Auflage], S. 90/91.

112 Ariel Sabar: *My Father's Paradise. A Son's Search for His Family's Past*, Chapel Hill 2009, S. 80.

113 Ariel Sabar: *My Father's Paradise. A Son's Search for His Family's Past*, Chapel Hill 2009, S. 105/106.

114 André Aciman: *Damals in Alexandria. Erinnerung an eine verschwundene Welt*, aus dem Amerikanischen von Matthias Fienbork, München/Wien 1996, S. 230.

115 Ebd., S. 204.

116 Ebd., S. 259.

117 Ebd., S. 267.

118 Ebd., S. 327.

119 Ebd., S. 362.

120 Ebd., S. 368/369.

121 Ebd., S. 376/377.

122 Dmetri Kakmi: *Mother Land*, Artarmon 2008, S. 233.

Ankommen

1 Zitiert nach Stefan Lang: »1946 – Jahr der großen Flüchtlingstransporte«, in: *Neue Württembergische Zeitung Göppingen* (22. Januar 2016).
2 Saša Stanišić: *Herkunft*, München 2019, S. 66/67.
3 Stefan Chwin: *Ein deutsches Tagebuch*, hg. von Krystyna Turkowska-Chwin und Marta Kijowska, aus dem Polnischen von Marta Kijowska, Berlin 2015, S. 105/106.
4 Peter Huchel: »Das Gesetz«, in: *Sinn und Form* 2 (1950), Heft 4, S. 127–136, hier S. 128/129.
5 Erzbistum Köln (Hg.): *1945–2015. Aus dem Schatten des Krieges. Impulse für eine Pastoral der heilenden Erinnerung und Versöhnung*, Köln 2016, S. 38.
6 Postkarte Fritz Biella an Walter Weide. Teuchern, 22.11.1945 [Privatbesitz].
7 Günter Grass: *Beim Häuten der Zwiebel*, Göttingen 2006, S. 270/271.
8 Christa Wolf: *August*, Berlin 2012, S. 7.
9 Ebd.
10 Farideh Goldin: *Wedding Song. Memoirs of an Iranian Jewish Woman*, Hanover/London 2003, S. 197.
11 »Die Geschichte von Noh Cho-Heon, übermittelt und aus dem Koreanischen übersetzt und transkribiert von ihrem Enkel Gyoonho Kong. Middlebury, 8. August 2019.« Siehe auch Archiv Südkoreanisches Rotes Kreuz. https://reunion.unikorea.go.kr/museum/archive/EngMain.do, 24.10.2014). Vgl. dazu Sandra Keßler: *Koreanische Kriegserinnerungen. Interkulturelle Perspektiven auf den Umgang mit Vergangenheit in Südkorea*, Münster/New York 2017 [= *Mainzer Beiträge zur Kulturanthropologie/Volkskunde*, Bd. 15], S. 54f. Zum Koreakrieg generell Bernd Stöver: *Geschichte des Koreakriegs. Schlachtfeld der Supermächte und ungelöster Konflikt*, München 2015 [3. Auflage].
12 »Gebet in der Fremde«, in: Erzbistum Köln (Hg.): *1945–2015. Aus dem Schatten des Krieges. Impulse für eine Pastoral der heilenden Erinnerung und Versöhnung*, Köln 2016, S. 39.
13 Kazi Fahmida Farzana: *Memories of Burmese Rohingya Refugees. Contested Identity and Belonging*, New York 2017, S. 198f.
14 Laura Höflinger: »Der Exodus der Rohingya«, in: *Der Spiegel* (9. September 2017).
15 Katharina Elliger: *Und tief in der Seele das Ferne. Die Geschichte einer Vertreibung aus Schlesien*, Reinbek 2006 [3. Auflage], S. 179.
16 Magdalena Reiswich: *Herbstfrucht. Flucht und Vertreibung – angekommen nach 29 Jahren. Die dramatische Geschichte einer ungewöhnlichen Frau, aufgeschrieben von Maria Kreiser*, Freiburg 2008, S. 185.
17 Hans Sachs: »Ein Faßnacht-spil mit sechs personen, und wirdt genandt die fünff armen wan-derer«, in: *Hans Sachs*, Band 9, hg. von Adelbert von Keller, Tübingen 1875 [= *Bibliothek des Litterarischen Vereins in Stuttgart*, Bd. 125], S. 12–22, hier S. 20. Vgl. dazu die hervorragende Studie von Klaus-Michael Bogdal: *Europa erfindet die Zigeuner. Eine Geschichte von Faszination und Verachtung*, Berlin 2011, S. 50/51. Zwei bewegende Einzelschicksale: Reinhard Florian: *Ich wollte nach Hause, nach Ostpreußen! Das Überleben eines deutschen Sinto*, hg. von Jana Mechelhoff-Herezi und Uwe Neumärker, Berlin 2012; Zilli Schmidt: *Gott hat mit mir etwas vorgehabt! Erinnerungen einer deutschen Sinteza*, hg. von Jana Mechelhoff-Herezi und Uwe Neumärker, Berlin 2020.

18 Olaf Ihlau: *Der Bollerwagen. Unsere Flucht aus dem Osten*, München 2014, S. 76.

19 Reinhard Bernhof: Strandung (Geithain, 29.7.2016). Beispiel aus: Frauenhain, Kreis Großenhein, 1946.

20 Dorothea Koch-Thalmann: *Mein Dorf oder die Reise rückwärts*, Dortmund 2000, S. 313.

21 »Interview mit Manfred Meißner, früher Langenbielau/Schlesien, heute Lingen«, geführt von Heike Rath, 15.1.1996, in: Andreas Eiynck (Hg.): *Alte Heimat – Neue Heimat. Flüchtlinge und Vertriebene im Raum Lingen nach 1945*, Lingen 1997, S. 487–495, hier S. 495.

22 Manfred Jessen-Klingenberg: »›In allem widerstrebt uns dieses Volk‹. Rassistische und fremdenfeindliche Urteile über die Heimatvertriebenen und Flüchtlinge in Schleswig-Holstein 1945–1946«, in: Karl Heinrich Pohl (Hg.): *Regionalgeschichte heute. Das Flüchtlingsproblem in Schleswig-Holstein nach 1945*, Bielefeld 1997, S. 81–98, hier S. 82.

23 Zitiert nach Martin Klatt: »Ein schleswigsches Volk. Das nationale Selbstverständnis der dänischen Minderheit und ihr Bild vom ›Deutschen‹ unmittelbar nach dem Zweiten Weltkrieg«, in: Gerhard Paul/Broder Schwensen/Paul Wulf (Hgg.): *Lange Schatten. Ende der NS-Diktatur und frühe Nachkriegsjahre in Flensburg*, Flensburg 2000, S. 287–310, hier S. 293. Bestätigt werden diese Beobachtungen von Julius Posener, der als britischer Offizier nach Kriegsende Ähnliches in Schleswig erlebt. Vgl. Julius Posener: *Heimliche Erinnerungen. In Deutschland 1904 bis 1933*, München 2004, S. 439/440.

24 Zitiert nach Martin Klatt: »Ein schleswigsches Volk. Das nationale Selbstverständnis der dänischen Minderheit und ihr Bild vom ›Deutschen‹ unmittelbar nach dem Zweiten Weltkrieg«, in: Gerhard Paul/Broder Schwensen/Paul Wulf (Hgg.): *Lange Schatten. Ende der NS-Diktatur und frühe Nachkriegsjahre in Flensburg*, Flensburg 2000, S. 287–310, hier S. 294/295.

25 Tobias Schönauer: *Flüchtlinge und Vertriebene in Ingolstadt nach 1945*, Ingolstadt 2008 [= *Dokumentation zur Stadtgeschichte*, Bd. 7], S. 75.

26 Christa und Andreas Preu (Hgg.): *Deutsche Flüchtlinge in Deutschland und Österreich. Schicksale Siebenbürger Sachsen nach 1944. Ein Geschichtsbuch in 256 Briefen und Tagebucheinträgen*, Altdorf/Bonn 2010, S. 59.

27 Georg Müller/Heinz Simon: »Aufnahme und Unterbringung«, in: Eugen Lemberg/Friedrich Edding (Hgg.): *Die Vertriebenen in Westdeutschland*, Bd. 1, Kiel 1959, S. 300–446, hier S. 320; Marion Frantzioch: *Die Vertriebenen. Hemmnisse, Antriebskräfte und Wege ihrer Integration in der Bundesrepublik Deutschland*, Berlin 1987, S. 119.

28 Wilhelm Lienert: »Der Alltag der Menschen in den ersten Notjahren«, in: Ulrich Müller (Hg.): *Verlorene Heimat – gewonnene Heimat. Die Vertriebenen in Schwäbisch Gmünd und im Ostalbkreis*, Schwäbisch Gmünd 2016 [2. Auflage], S. 183–206, hier S. 187.

29 Rudi Geisler: *Tränen am Kornfeld. Heimatlos nach dem zweiten Weltkrieg*, Oldenburg 2008, S. 49 und 12.

30 Bernhard Piegsa: »›Zigeuner‹, ›Neubürger‹, ›Entwicklungshelfer‹ – Schlaglichter auf Ankunft und Aufnahme der Heimatvertriebenen in Bayern 1945 bis 1950 am Beispiel der Oberpfalz«, in: *Jahrbuch für fränkische Landesforschung* 60 (2000), S. 745–785, hier S. 760.

31 Michael Sommer: *Flüchtlinge und Vertriebene in Rheinland-Pfalz. Aufnahme, Unterbringung und Eingliederung*, Mainz 1990 [= *Veröffentlichungen der Kommission des Landtages für die Geschichte des Landes Rheinland-Pfalz*, Bd. 15], S. 106.

32 »Interview mit Manfred Meißner, früher Langenbielau/Schlesien, heute Lingen«, geführt von Heike Rath, 15.1.1996, in: Andreas Eiynck (Hg.): *Alte Heimat – Neue Heimat. Flüchtlinge und Vertriebene im Raum Lingen nach 1945*, Lingen 1997, S. 487–495, hier S. 495.

33 Brief von Dr. K.-F. Mühler an den Verfasser, der ihm die Recherchen von Manfred Kalischke zugänglich machte. Manfred Kalischke: »Eine unwürdige Szene, ein grausamer Vorfall – Friedhof Jänschwalde«, Maust, 1. Juni 2016. Der Autor kam im Juli 1945 als Siebenjähriger nach Jänschwalde. Er wurde mit seiner Familie aus Göhren, Kreis Crossen/Oder, vertrieben und lebte bis 1957 in Jänschwalde. Als einer der Ortschronisten des Dorfes Maust (Gemeinde Teichland) hat er u. a. die Geschichte der Vertriebenen in Maust recherchiert. Er war viele Jahre beteiligt an den Bemühungen um Versöhnung zwischen den vertriebenen Alteinwohnern Göhrens und den heutigen polnischen Einwohnern (Dr. K.-F. Mühler).

34 Bruce Clark: *Twice a Stranger. How Mass Expulsion Forged Modern Greece and Turkey*, London 2006, S. 141.

35 Ebd., S. 143.

36 Anastassia Tsoukala: »The perception of the ›other‹ and the integration of immigrants in Greece«, in: Andrew Geddes/Adrian Favell (Hgg.): *The Politics of Belonging: Migrants and Minorities in Contemporary Europe*, Aldershot 1999, S. 109–124, hier S. 113/114.

37 Bruce Clark: *Twice a Stranger. How Mass Expulsion Forged Modern Greece and Turkey*, London 2006, S. 123–129.

38 Ebd., S. 129.

39 Vasso Stelaku: »Space, Place and Identity. Memory and Religion in two Cappodocian Greek Settlements«, in: Renée Hirschon (Hg.): *Crossing the Aegean: An Appraisal of the 1923 Compulsory Population Exchange between Greece and Turkey*, New York/Oxford 2006 [= *Studies in Forced Migration*, Bd. 12], S. 179–192, hier S. 188.

40 Mark Mazower: *Salonica. City of Ghosts. Christians, Muslims and Jews 1430–1950*, London 2005, S. 360f.

41 Onur Yildirim: »Repräsentation und Realität. Historiografie, nationale Meistererzählungen und persönliche Erfahrungen des griechisch-türkischen Bevölkerungsaustausches von 1923«, in: Ulf Brunnbauer/Michael G. Esch/Holm Sundhaussen (Hgg.): *Definitionsmacht, Utopie, Vergeltung. »Ethnische Säuberungen« im östlichen Europa des 20. Jahrhunderts*, Berlin 2006, S. 49–76, hier S. 71.

42 Rafal Foltyn: »Die Ansiedlung von Polen aus dem Wilna-Gebiet in Mittelpommern nach 1945«, in: *Zeitgeschichte regional*, Sonderheft 6 (August 2015): *Westpommern/Pomorze Zachodnie – Aspekte der polnischen Nachkriegsgeschichte Pommerns*, S. 64–67.

43 Tina Veihelmann: *Aurith/Urad. Zwei Dörfer an der Oder/Dwie wioski nad Odrą*, Potsdam 2009 [2. Auflage], S. 37.

44 Halina Murawska: *Przesiedlency z Kresów Północno-Wschodnich II Rzeczy-*

pospolitej w Olsztyńskiem, Olsztyn 2000 [= *Rozprawy i Materiały OBN*, Nr. 193], S. 249.

45 Victor Gardon: *Brunnen der Vergangenheit*, aus dem Französischen von Gerda von Uslar, Zürich 2016, S. 486/487.

46 Zitiert nach Edmond Khayadjian: *Archag Tchobanian et le mouvement arménophile en France*, Paris 2001, S. 292–294.

47 Laure Marchand/Guillaume Perrier (Hgg.): *Turkey and the Armenian Ghost. On the Trail of the Genocide*, übersetzt von Debbie Blythe. Montreal/Kingston/London/Ithaca 2015, S. 11.

48 Natascha Wodin: *Sie kam aus Mariupol*, Reinbek 2017, S. 332.

49 Richard C. Schneider: »›Wuswus‹ und ›Blondinit‹. Seit 70 Jahren leben Aschkenasim und Misrachim gemeinsam in Israel. Eine historische und persönliche Betrachtung des ARD-Journalisten Richard C. Schneider«, in: *Jüdische Allgemeine* Nr. 16/18 (19. April 2018).

50 Zitiert nach Tom Segev: *Die ersten Israelis. Die Anfänge des jüdischen Staates*, Übersetzung von Helmut Dierlamm und Hans Freundl, München 2010, S. 199/200.

51 Zur Ankunft der Mizrachim siehe Orit Bashkin: *Impossible Exodus. Iraqi Jews in Israel*, Stanford 2017, hier S. 29/30.

52 Irit Amiel: *Gezeichnete. Geschichten vom Überleben*, aus dem Hebräischen von Magali Zibaso, Berlin 2015, S. 100.

53 Orit Bashkin: *Impossible Exodus. Iraqi Jews in Israel*, Stanford 2017, hier S. 8/9.

54 Ariel Sabar: *My Father's Paradise. A Son's Search for His Family's Past*, Chapel Hill 2009, S. 112.

55 Ebd., S. 105/106.

56 *Spiegel*-Titelgeschichte: »Eine Million auf dem Sprung«, in: *Der Spiegel* (27. Juli 1992).

57 Mark Isaacs: »There's No escape From Australia's Refugee Gulag«, in: *Foreign Policy* (30. April 2018), https://foreignpolicy.com/2018/04/30/theres-no-escape-from-australias-refugee-gulag/#, zuletzt abgerufen am 16. Februar 2019.

58 Behrouz Boochani: *No Friend But the Mountains. Writing from Manus Prison*, aus dem Persischen übersetzt von Omid Tofighian, Toronto 2019, S. 122. Die neueste Meldung siehe Ben Doherty: »Behrouz Boochani, voice of Manus Island refugees, is free in New Zealand«, in: *The Guardian* (14. November 2019).

59 Sarah Marsh: »Bangladesh prepares to move Rohingya to island at risk of floods and cyclones«, in: *The Guardian* (19. Juli 2019). Siehe: https://www.theguardian.com/global-development/2019/jul/19/bangladesh-prepares-to-move-rohingya-to-island-at-risk-of-floods-and-cyclones.

60 Helga Hirsch: *Schweres Gepäck. Flucht und Vertreibung als Lebensthema*, Hamburg 2004, S. 188–218, hier S. 210.

61 »›Sie sind sich der Diskriminierung bewusst‹. Konfliktforscher Andreas Zick über Vorurteile gegen Flüchtlinge«, in: *Süddeutsche Zeitung* (29. November 2018).

62 »Liverpool mayor condemns ›fascist thugs‹ for vandalism of refugee memoral«, in: *The Guardian* (10. September 2018).

63 Navid Kermani: *Einbruch der Wirklichkeit. Auf dem Flüchtlingstreck durch*

Europa, mit Photographien von Moises Saman, München 2016 [2. Auflage], S. 16.

64 Martha Kent: *Eine Porzellanscherbe im Graben. Eine deutsche Flüchtlingskindheit*, aus dem Englischen von Klaus Kochmann, Frankfurt am Main 2004, S. 97.

65 Mahdi Hashemi: »Häutungen«, aus dem Dari übersetzt von Nerges Azizi, in: Ulrich Schreiber/Mira Soldo (Hgg.): *Ankunft. Literarische Reportagen geflüchteter Autorinnen und Autoren*, Berlin/Tübingen 2018, S. 84–90, hier S. 84.

66 Natascha Wodin: *Sie kam aus Mariupol*, Reinbek 2017, S. 312 und 314.

67 Ebd., S. 297.

68 Die unglaubliche Geschichte ist nachzulesen bei Edward Anders: *Amidst Latvians During the Holocaust*, Rīga 2010 [= *Occupation Museum Association of Latvia*].

69 Wolfgang Scholz: *Quinauer Wallfahrt in Trutzhain*, Trutzhain 2003.

70 Manfred Ertel: »Stumme Tafeln. Warum kamen Tausende deutsche Kinder noch nach Kriegsende in dänischen Flüchtlingslagern um? Eine Ärztin hat ihren Leidensweg dokumentiert«, in: *Der Spiegel* (5. Mai 2003). Vgl. die großartige Initiative der Museen in Varde für ein Flüchtlingsmuseum: https://vardemuseerne.dk/museum/flugt/. Zum Thema insgesamt vgl. John V. Jensen: *Tyskere på flugt*, Aarhus 2020.

71 Marisa Madieri: *Wassergrün. Eine Kindheit in Istrien*, aus dem Italienischen von Ragni Maria Gschwend, Wien 2004, S. 68/69.

72 Ebd., S. 92.

73 Ebd., S. 110.

74 Nora Bossong: »Das Geschäft mit dem Leid«, in: *Frankfurter Allgemeine Zeitung* (31. März 2018). Zu Dadaab vgl. Ben Rawlence: *Stadt der Verlorenen. Leben im größten Flüchtlingslager der Welt*, aus dem Englischen von Bettina Münch und Kathrin Razum, Bonn 2016.

75 Uwe Carstens: »Strohsack und Kekssuppe. Flüchtlinge und Vertriebene in Flensburg«, in: Broder Schwensen (Hg.): *Lange Schatten. Ende der NS-Diktatur und frühe Nachkriegsjahre in Flensburg*, Flensburg 2000, S. 157–209, hier S. 207.

76 Rudolf Ohlbaum: »Menschen in Flüchtlingslagern – Besuch im Lager II, München-Allach« (Aus dem Nachlass, den Herausgebern überlassen von Isolde Ohlbaum), in: Ulrich Schreiber/Mira Soldo (Hgg.): *Ankunft. Literarische Reportagen geflüchteter Autorinnen und Autoren*, Berlin/Tübingen 2018, S. 107–111, hier S. 108.

77 Zitiert nach Donald E. Miller/Lorna Touryan Miller: *Survivors. An Oral History of the Armenian Genocide*, Berkeley/Los Angeles/London 1999, S. 120/121.

78 Vgl. die Geschichte des Near East Relief https://neareastrelief.com/. Zur Geschichte des Golden Rule Sunday vgl. https://neareastmuseum.com/2015/10/30/charles-v-vickrey-and-the-golden-rule/.

79 Siehe Peter Balakian: *The Burning Tigris. The Armenian Genocide and America's Response*, New York 2003. Vgl. auch Thomas de Waal: *The Caucasus. An Introduction*, Oxford 2019 [2. Auflage], S. 66.

80 Wilhelm Lienert: »Der Alltag der Menschen in den ersten Notjahren«, in: Ulrich Müller (Hg.): *Verlorene Heimat – gewonnene Heimat. Die Vertriebenen in Schwäbisch Gmünd und im Ostalbkreis*, Schwäbisch Gmünd 2016 [2. Auflage], S. 183–206, hier S. 185/186.

81 Richtlinien für die Aufnahme von Vertriebenen in den Gemeinden des Bistums Münster, Frühjahr 1946, an alle Seelsorger im Bistum Münster versandt und in leicht veränderter Fassung im »Kirchlichen Amtsblatt für die Diözese Münster« Nr. 15 (4. Mai 1946) erschienen. Zitiert nach Michael Hirschfeld/Markus Trautmann (Hgg.): *Gelebter Glaube. Hoffen auf Heimat. Katholische Vertriebene im Bistum Münster*, Münster 1999, S. 26/27.
82 Werenfried van Straaten: *Sie nennen mich Speckpater*, Recklinghausen 1989, S. 22; Hinweis des Autors: Gegen Werenfried van Straaten wird inzwischen posthum der Vorwurf der versuchten Vergewaltigung erhoben.
83 Aris Fioretis: *Flucht und Verwandlung. Nelly Sachs, Schriftstellerin. Berlin/ Stockholm. Eine Bildbiographie*, aus dem Schwedischen von Paul Berf, Berlin 2010, S. 107.
84 Rupert Neudeck: *In uns allen steckt ein Flüchtling. Ein Vermächtnis*, München 2016 [2. Auflage], S. 45.
85 Ebd., S. 46/47. Vgl. die Studie von Frank Bösch: »Engagement für Flüchtlinge. Die Aufnahme vietnamesischer ›Boat People‹ in der Bundesrepublik«, in: *Zeithistorische Forschungen/Studies in Contemporary History* 14 (2017), S. 13–40.
86 Vinh Hiep Le: »Glückstränen und heißer Tee nach vier Horrortagen«, in: Rupert und Christel Neudeck: *Was man nie vergessen kann. Erinnerungen vietnamesischer Bootsflüchtlinge*, redaktionelle Bearbeitung Bettina von Clausewitz, Wuppertal 2017, S. 105–113, hier S. 110.

Weiterleben

1 Rasha Habbal: »Ich erlaube dir nicht, mich zurückzulassen«, aus dem Arabischen v. Larissa Bender, in: *Sinn und Form* 70 (2018), Heft 1, S. 65–74, hier S. 68.
2 Józef K. Kurowski (Hg.): *Byli siewcami dobra i miłości ... Kurowscy z Wileńszczyzny we wspomnieniach*, Łódź 2018, S. 78.
3 Ebd., S. 84.
4 Ebd., S. 83.
5 Stefan Chwin: *Ein deutsches Tagebuch*, hg. von Krystyna Turkowska-Chwin und Marta Kijowska, aus dem Polnischen von Marta Kijowska, Berlin 2015, S. 110.
6 Grass, Günter: *Vonne Endlichkai*t, München 2017, S. 75.
7 Stefan Zweig: *Die Welt von Gestern. Erinnerungen eines Europäers*, Frankfurt am Main 2016 [42. Auflage], S. 8.
8 Max Tau: *Das Land, das ich verlassen mußte*, Hamburg 1961, S. 275/276.
9 Ebd.
10 Natascha Wodin: *Sie kam aus Mariupol*, Reinbek 2017, S. 334.
11 Fawaz Turki: *Soul in Exile. Lives of A Palestinian Revolutionary*, New York 1988, S. 26/27.
12 Christa Wolf: *Kindheitsmuster*, München 2002 [2. Auflage], S. 432.
13 Christl und Andreas Preu (Hgg.): *Deutsche Flüchtlinge in Deutschland und Österreich. Schicksale Siebenbürger Sachsen nach 1944. Ein Geschichtsbuch in 256 Briefen und Tagebucheinträgen*, Altdorf/Bonn 2010, S. 303.
14 Ebd., S. 310.
15 Carl Zuckmayer: *Als wär's ein Stück von mir. Horen der Freundschaft*, Frankfurt am Main 2007 [33. Auflage], S. 133/144.

16 Mathias Wagner: *Fremde Heimat – Alltag in einem masurischen Dorf*, Potsdam 2004, S. 91.

17 Stefan Chwin: *Ein deutsches Tagebuch*, hg. von Krystyna Turkowska-Chwin und Marta Kijowska, aus dem Polnischen von Marta Kijowska, Berlin 2015, S. 115.

18 Pascale Hugues: *Marthe & Mathilde. Eine Familie zwischen Frankreich und Deutschland*, Reinbek 2009 [6. Auflage], S. 285.

19 Kheder Alagha: »Exil – ein Leben auf Zeit«, aus dem Arabischen übersetzt von Larissa Bender, in: Ulrich Schreiber/Mira Soldo (Hgg.): *Ankunft. Literarische Reportagen geflüchteter Autorinnen und Autoren*, Berlin/Tübingen 2018, S. 39–51, hier S. 45.

20 Ebd., S. 47.

21 Böckem, Jörg: »Der Geist hockt noch in der Flasche, bereit auszubrechen«, Interview mit dem Sänger Heinz Rudolf Kunze, in: *ZEIT Doctor Magazin* Nr. 1 (März 2017).

22 Hans-Ulrich Treichel: *Der Verlorene*, Frankfurt am Main 1999, S. 122.

23 Hans-Ulrich Treichel: *Anatolin*, Frankfurt am Main 2008, S. 76 und 116.

24 Petra Reski: *Meine Mutter und ich*, München 2005, S. 122.

25 Petra Reski: *Ein Land so weit*, München 2002, S. 57.

26 Tsering Wangmo Dhompa: *A Home in Tibet*, London 2013, S. 1.

27 Ebd., S. 52.

28 Ebd., S. 99.

29 Klaus-Jürgen Liedtke: *Nachkrieg und Die Trümmer Ostpreußens*, Berlin 2018, S. 152.

30 Ronya Othmann: »Hundert Flüche, hundert Segenswünsche«, in: *Literatur Spiegel* (28. April 2018).

31 Ebd.

32 Charles Aznavour: *Mit leiser Stimme. Mein Leben – ein Chanson*, aus dem Französischen von Sabine Schwenk, Berlin 2010, S. 72/73.

33 Ebd., S. 73.

34 »Aram Güreghian, geboren 1904 in Sepastia, Interview 1989 in Paris aufgezeichnet«, in: Mihran Dabag: *Verlust und Vermächtnis. Überlebende des Genozids an den Armeniern erinnern sich*, Paderborn 2016 [2. Auflage], S. 38.

35 Ebd., S. 87.

36 Ijoma Mangold: *Das deutsche Krokodil. Meine Geschichte*, Reinbek 2017, S. 69.

37 Ebd., S. 166.

38 Ebd.

39 Helga Hirsch: *Schweres Gepäck. Flucht und Vertreibung als Lebensthema*, Hamburg 2004, S. 205.

40 Heike Amos: *Die Vertriebenenpolitik der SED 1949 bis 1990*, München 2009 [= *Schriftenreihe der Vierteljahrshefte für Zeitgeschichte*, SN], S. 18 und 9.

41 Päivi Partanen: »The Expulsion of the Karelians«, in: Deutsches Historisches Museum/Stiftung Flucht Vertreibung Versöhnung/International Association of Museums of History (Hgg.): *Flucht, Vertreibung, ethnische Säuberung. Eine Herausforderung für Museums- und Ausstellungsarbeit weltweit*, Berlin 2011, S. 68–73, hier S. 71.

42 https://estia-ns.gr/en/estia-neas-smyrnis/estia.

43 Renée Hirschon: »The Consequences of the Lausanne Convention. An Over-

view«, in: Renée Hirschon (Hg.): *Crossing the Aegean: An Appraisal of the 1923 Compulsory Population Exchange between Greece and Turkey*, New York/Oxford 2006 [= *Studies in Forced Migration*, Bd. 12] S. 13–20, hier S. 16–18.

44 »›In der Türkei sind wir die Griechen‹. Vertriebene aus Istanbul: Eva und Sokrates Saroglu«, in: Jeanette Goddar/Dorte Huneke (Hgg.): *Auf Zeit. Für immer. Zuwanderer aus der Türkei erinnern sich*. Ein Projekt der Bundeszentrale für politische Bildung und des KulturForums TürkeiDeutschland e.V., Bonn 2011, S. 67–77.

45 Ebd., S. 69.

46 Laura Cwiertina: »Zeigst du mir die Heimat, in der du noch nie warst, von der du aber ständig träumst, Papa?«, in: *Die Zeit* (19. Januar 2017).

47 »›Ich spreche schwäbischer als früher‹. Winfried Kretschmann über schwindende Dialekte, die Verkleinerungsformen des Schwäbischen, die Unterschiede zu Bayern und die soziale Schichtung der Sprache«, in: *FAZ Magazin* (April 2018).

48 Manfred Quiring: *Der vergessene Völkermord. Sotschi und die Tragödie der Tscherkessen*, mit einem Vorwort von Cem Özdemir, Berlin 2013, S. 129.

49 Ebd., S. 9.

50 Elfan Rees: »The Refugee Problem: Joint Responsibility«, in: *The Annals of the American Academy of Political and Social Science*, Bd. 329 (Mai 1960), S. 15–22, hier S. 21.

51 Stefan Chwin: *Ein deutsches Tagebuch*, hg. von Krystyna Turkowska-Chwin und Marta Kijowska, aus dem Polnischen von Marta Kijowska, Berlin 2015, S. 111.

Erinnern

1 Giorgos Seferis: *Ionische Reise*, aus dem Neugriechischen von Gerhard Emrich, Frankfurt am Main 2016 [2. Auflage], S. 51.

2 Max Herrmann-Neiße: »Heimatlos«, in: Herbert Hupka (Hg.): *Max Herrmann-Neiße. Im Fremden ungewollt zuhaus*, München o. J., S. 40/41.

3 Norbert Conrads (Hg.): *Willy Cohn: Kein Recht, nirgends. Tagebuch vom Untergang des Breslauer Judentums 1933–1941*, Band I, Köln/Weimar/Wien 2006, S. 71.

4 Ebd., S. 252/254.

5 Christa Wolf: *Kindheitsmuster*, München 2002 [2. Auflage], S. 413.

6 Ebd., S. 401.

7 Elisabeth Schulz-Semrau: *Suche nach Karalautschi. Report einer Kindheit*, Halle/Leipzig 1984, S. 9.

8 »Regina Göbel, Maria-Kahle-Schule, Klasse VI, Schw. Gmünd, den 28.5.1946«. Faksimile, abgedruckt in: Ulrich Müller (Hg.): *Verlorene Heimat – gewonnene Heimat. Die Vertriebenen in Schwäbisch Gmünd und im Ostalbkreis*, Schwäbisch Gmünd 2016 [2. Auflage], S. 71/72.

9 »Aghavni Vartanian, geb. ca. 1900 oder 1901 in Yalakdere (Karamüsel) bei Istanbul. Interview aufgezeichnet 1988 in der Nähe von Paris«, in: Mihran Dabag: *Verlust und Vermächtnis. Überlebende des Genozids an den Armeniern erinnern sich*, Paderborn 2016 [2. Auflage], hier S. 166–172.

10 Zitiert nach Steffen Reiche: »Schaudernd ob der Unmöglichkeit, aus der Zeit zu schreiten« – denn ›Dein Herz ist durchstochen‹«. Rede, gehalten zum Ge-

denktag des Genozids an den Armeniern in Berlin am 24. April 2004, in: Eduard Bernstein/Otto Umfrid: *Armenien, die Türkei und die Pflichten Europas*, Hg. Helmut Donat, Bremen 2005, S. 127–139, hier S. 139.

11 Jürgen Serke: *Nach Hause. Eine Heimat-Kunde*, Köln 1979.

12 Uwe-Karsten Heye: *Vom Glück nur ein Schatten. Eine deutsche Familiengeschichte*, München 2006, S. 49.

13 Farideh Goldin: *Wedding Song. Memoirs of an Iranian Jewish Woman*, Hanover/London 2003, S. 189.

14 Christopher Spatz: *Ostpreußische Wolfskinder. Erfahrungsräume und Identitäten in der deutschen Nachkriegsgesellschaft*, Osnabrück 2016 [= *Einzelveröffentlichungen des DHI Warschau*, Bd. 35], S. 161.

15 Mirko Heinemann: »Das vergessene Volk«, in: *Frankfurter Allgemeine Zeitung* (12. August 2017).

16 Mirko Heinemann: *Die letzten Byzantiner. Die Vertreibung der Griechen vom Schwarzen Meer. Eine Spurensuche*, Berlin 2019, S. 234/235.

17 Thea Halo: *Not Even My Name*, New York 2000, S. 6.

18 Ebd., S. 42/43.

19 Meta Frank: *»Schalom, meine Heimat«. Lebenserinnerungen einer hessischen Jüdin 1914–1994*, hg. und kommentiert von Michael Dorhs, Hofgeismar 1998 [= *Die Geschichte unserer Heimat*, Bd. 17, 3., unverän. Auflage], S. 151 und 159.

20 Jeffrey Eugenides, *Middlesex*, deutsch von Eike Schönfeld, Reinbek 2003 [2. Auflage], S. 144.

21 Giorgos Seferis: *Ionische Reise*, aus dem Neugriechischen von Gerhard Emrich, Frankfurt am Main 2016 [2. Auflage], S. 30.

22 Ebd., S. 32.

23 Ebd., S. 31.

24 Ebd., S. 33/34.

25 Ebd., S. 52.

26 Ebd., S. 56.

27 Vgl. zu Walter Frankenstein: Klaus Hillenbrand: *Nicht mit uns. Das Leben von Leonie und Walter Frankenstein*, Frankfurt am Main 2008; Andreas Kossert: »Wo du hingehst«, in: *Die Zeit* (17. Oktober 2013), sowie der Dokumentarfilm von Thomas Grimm und Andreas Kossert »Bahnsteig 1. Rückkehr nach Flatow« (Berlin Zeitzeugen-TV 2009).

28 Zitiert nach Bernhard Parisius: *Viele suchten sich ihre neue Heimat selbst. Flüchtlinge und Vertriebene im westlichen Niedersachsen*, Aurich 2004 [2. Auflage], S. 196f.

29 Lily Brett: »Die Politik des Hasses«, in: *Frankfurter Allgemeine Zeitung* (5. August 2018).

30 Varujan Vosganian: *Buch des Flüsterns*, Roman, aus dem Rumänischen von Ernest Wichner, München 2018, S. 11–15.

31 Gudrun Schmidt (Red.): *Heimat geht durch den Magen. Hörer erzählen von Gerichten mit Geschichten. Ein Rezept-Wettbewerb der WDR-Sendung »Alte und neue Heimat«*, Bad Münstereifel 2001. Eine schöne Sammlung präsentiert auch das Haus des Deutschen Ostens in München. Vgl. Andreas Otto Weber/Patricia Erkenberg/Brigitte Steinert (Hgg.): *Kann Spuren von Heimat enthalten. Typische Rezepte der Deutschen aus dem östlichen Europa*, München 2018.

32 Herbert Geisler: »Woassersoppe, Brotsoppe oder?«, in: Gudrun Schmidt

(Red.): *Heimat geht durch den Magen. Hörer erzählen von Gerichten mit Geschichten. Ein Rezept-Wettbewerb der WDR-Sendung »Alte und neue Heimat«*, Bad Münstereifel 2001, S. 18–20.

33 Józef K. Kurowski (Hg.): *Byli siewcami dobra i miłości ... Kurowscy z Wileńszczyzny we wspomnieniach*, Łódź 2018, S. 50.

34 Anna Komsta: *Opowieści Stołu. Ze Wschodu na Zachód*, Pilchowice 2019.

35 Die Geschichte von Noh Cho-Heon übermittelt und aus dem Koreanischen übersetzt und transkribiert von ihrem Enkel Gyoonho Kong. Middlebury, 8. August 2019.

36 Richard C. Schneider: »›Wuswus‹ und ›Blondinit‹. Seit 70 Jahren leben Aschkenasim und Misrachim gemeinsam in Israel. Eine historische und persönliche Betrachtung des ARD-Journalisten Richard C. Schneider«, in: *Jüdische Allgemeine* Nr. 16/18 (19. April 2018).

37 Verena Mayer: »Der Geschmack der Heimat. In Berlin eröffnen immer mehr syrische Flüchtlinge eigene Lokale«, in: *Süddeutsche Zeitung* (14./15. April 2018). Vgl. Veronika Zwerger/Ursula Seeber: *Küche der Erinnerung. Essen & Exil*, Wien/Hamburg 2018; Caroline Eden: *Black Sea: Dispatches and Recipes Through Darkness and Ligh*t, London 2018 (dt.: *Schwarzes Meer. Ein Reise- und Kochbuch*, übersetzt von Christine Schnappinger, München/London/New York 2019); Severine Vitali: *Heimat im Kochtopf: Rezepte von Flüchtlingen aus aller Welt*, Zürich 2015; Jwan Joo Daod (unter Mitarbeit vieler anderer): *Zu Gast bei Freunden. 12 Geschichten und Rezepte aus Syrien*, Wiener Neustadt 2015.

38 Miriam Dahlinger: »Topfgefühle. Vier Menschen, die in Deutschland im politischen Exil leben, erzählen von ihren Lieblingsrezepten aus der alten Heimat – und davon, wie diese Gerichte ihnen Trost spenden«, in: *SZ Magazin* (29. November 2019).

39 Leon Sciaky: *Farewell to Salonica. City at the Crossroads*, Philadelphia 2003, S. 275.

40 Ebd., S. 80.

41 Karen Armstrong: *Remembering Karelia. A Family's Story of Displacement during and after the Finnish Wars*, Oxford/New York 2004, S. 10.

42 Ebd., S. 12.

43 Ebd., S. 26/27.

44 Ebd., S. 4/5.

45 Heinz Rudolf Kunze: »Ich bin auch ein Vertriebener«, aus dem Album: *Dein ist mein ganzes Herz*, erschienen 1985.

46 Klaus-Jürgen Liedtke: *Nachkrieg und Die Trümmer von Ostpreußen*, Berlin 2018 [= *Die Andere Bibliothek*, Bd. 399], S. 14/15.

47 Ebd., S. 158.

48 Martin Lätzel: *Alte Wurzeln, neue Heimat. Die Enkel der Flüchtlinge und Vertriebenen als Avantgarde Europas*, Nordhausen 2015, S. 6.

49 Ebd., S. .11.

50 Ebd., S. 8.

51 Ebd., S. 76.

52 Thomas Medicus: *In den Augen meines Großvaters*, München 2004, S. 13/14.

53 Armen T. Marsoobian: *Fragments of a Lost Homeland. Remembering Armenia*, London/New York 2015, S. 95/96.

54 Thea Halo: *Not Even My Name*, New York 2000, S. 321.

55 Ebd., S. 325.
56 Ariel Sabar: *My Father's Paradise. A Son's Search for His Family's Past*, Chapel Hill 2009, S. 226.
57 Ebd., S. 235.
58 Ebd., S. 284.
59 Aanchal Malhotra: *Remnants of Partition. 21 Objects from a Continent Divided*, London 2019, S. 4.
60 Ebd.
61 »A *Gaz* for my Father and a *Ghara* for my Mother«, in: Aanchal Malhotra: *Remnants of Partition. 21 Objects from a Continent Divided*, London 2019, S. 23–36.
62 Aanchal Malhotra: *Remnants of Partition. 21 Objects from a Continent Divided*, London 2019, S. 6.
63 Anna Komsta: *Opowieści Stołu. Ze Wschodu na Zachód*, Pilchowice 2019. Darin das Kapitel über ihre Großeltern, das Anna Komsta selbst erzählt: »Siorbanie przy brytfance. Stanisława Sękowska z domu Grzebyk i Karol Antoni Sękowski«, S. 138–153. Die Zitate entstammen diesem Kapitel und wurden vom Verfasser übersetzt.
64 Dmetri Kakmi: *Mother Land*, Artarmon 2008, S. 249/250.
65 Giorgos Seferis: *Ionische Reise*, aus dem Neugriechischen von Gerhard Emrich, Frankfurt am Main 2016 [2. Auflage], S. 50.
66 Ebd., S. 40.
67 Elli Alexíou: »Ibrahim Babas Brunnen«, Übersetzung von Ulf-Dieter Klemm, in: Danae Coulmas (Hg.): *Griechische Erzählungen des 20. Jahrhunderts*, Frankfurt am Main/Leipzig 2001, S. 62–69, hier S. 69.
68 Mirko Heinemann: *Die letzten Byzantiner. Die Vertreibung der Griechen vom Schwarzen Meer. Eine Spurensuche*, Berlin 2019, S. 56/57 und 110.
69 Erwin Kruk: »Aus dem Land der Verstorbenen«, aus dem Polnischen von Ursula Fox, in: Winfried Lipscher/Kazimierz Brakoniecki: *Meiner Heimat Gesicht. Ostpreußen im Spiegel der Literatur*, München 1996, S. 153/154.
70 Neal Ascherson: *Black Sea: The Birthplace of Civilisation and Barbarism*, London 1996, S. 184/185.

Wann ist man angekommen?

1 Der Brief (datiert 21.2.2009) wurde dem Verfasser dankenswerterweise von Haug von Kuenheim zur Verfügung gestellt.
2 Viktoria Morasch: »Angekommen«, in: *Die Zeit* (7. April 2016).
3 Ebd.
4 Stadt Leipzig, Bürgerservice und Verwaltung: »Banner am Neuen Rathaus thematisiert Flucht 1945 und heute«, 8.10.2015, www.leipzig.de/news.
5 Jean Améry: »Wieviel Heimat braucht der Mensch?«, in: Ders.: *Jenseits von Schuld und Sühne. Bewältigungsversuche eines Überwältigten*, Stuttgart 1997 [3. Auflage], S. 74–101, hier S. 82/83.
6 Simone Weil: *Die Verwurzelung. Vorspiel zu einer Erklärung der Pflichten dem Menschen gegenüber*, aus dem Französischen von Marianne Schneider, Zürich 2011, S. 43.
7 Geißler, Cornelia: Interview mit Christian Petzold: »Heimat fordern die, die andere nicht reinlassen«, in: *Berliner Zeitung* (2. April 2018). Vgl. Anna Seghers: *Transit*, Berlin 2007 [11. Auflage].

8 William Shawcross: »A Tourist in the Refugee World«, in: Carole Kismaric (Hg.): *Forced out. The Agony of the Refugee in Our Time*, New York u. a. 1989, S. 28/29, hier S. 29.

9 Zygmunt Bauman: *Flüchtige Moderne*, aus dem Englischen von Reinhard Kreissl, Frankfurt am Main 2003 [= *edition suhrkamp* 2447], S. 127 und 130f.

10 Rolf Klodt, Jg. 1941, aus Ostpreußen nach Nindorf, Schleswig-Holstein, gekommen, in: »Die Nachkriegszeit. Als Deutschland sich neu erfand«, in: *Der Spiegel Geschichte* 1 (2018), S. 49.

11 Richard Sennett: *The Foreigner. Two Essays on Exile*, Widworthy Barton 2017, S. VIII.

12 Jean Améry: »Wieviel Heimat braucht der Mensch?«, in: Ders.: *Jenseits von Schuld und Sühne. Bewältigungsversuche eines Überwältigten*, Stuttgart 1997 [3. Auflage], S. 74–101, hier S. 84 und 101.

13 Hans Sahl: »Charterflug in die Vergangenheit«, in: Ders.: *Die Gedichte*, hg. von Nils Kern und Klaus Siblewski, München 2009, S. 122.

14 Andreas Wunn: *Mutters Flucht. Auf den Spuren einer verlorenen Heimat*, Berlin 2018, S. 138.

15 Ebd., S. 17.

16 Ebd., S. 241.

17 Ebd., S. 15.

18 Ronald Searle/Kaye Webb: *Refugees 1960. A Report in Words and Drawings*, Harmondsworth 1960, S. 4.

Was war, endet nicht

1 André Aciman: *Damals in Alexandria. Erinnerung an eine verschwundene Welt*, aus dem Amerikanischen von Matthias Fienbork, München/Wien 1996, S. 98/99.

2 Doron Rabinovici: »Das Versagen der Heimat«, in: *Frankfurter Allgemeine Zeitung* (9. April 2018).

3 Liisa H. Malkki: *Purity and Exile: Violence, Memory, and National Cosmology among Hutu Refugees in Tanzania*, Chicago/London 1995, S. 15/16.

4 Zitiert nach Rupert Neudeck: *In uns allen steckt ein Flüchtling. Ein Vermächtnis*, München 2016 [2. Auflage], S. 56.

5 Zitiert nach Ebd., S. 58/59.

6 5. Rundbrief für die St. Jakobuspfarrei Neisse (Weihnachten 1948) Pfarrer Coelestin Zopp. Nettlingen (Schloss) bei Hildesheim. Reprint in: *Der Neisser Bote* (Weihnachten 2018), S. 33.

7 Ebd.

8 Volker Weidermann: »Ein Haus in deiner Brust«, in: *Der Spiegel* (27. Mai 2017).

9 Widad Nabi: »Der Ort von Erinnerung beleuchtet«, aus dem Arabischen von Suleman Taufiq, in: Annika Reich/Lina Muzur (Hgg.): *Das Herz verlässt keinen Ort, an dem es hängt. Weiter Schreiben – Literarische Begegnungen mit Autorinnen und Autoren aus Krisengebieten*, Berlin 2018, S. 39–41.

10 Ilija Trojanow: *Nach der Flucht*, Frankfurt am Main 2017, S. 9.

11 Günter Grass: *Vonne Endlichkait*, München 2017, S. 76.

12 Siehe die offizielle Homepage der Künstlerin: http://kalliopilemos.com/project/i-am-between-worlds-and-between-shadows/.

Literatur

Die Bibliographie bietet über die für dieses Buch benutzten Titel hinaus weitergehende Angebote für eine vertiefende Beschäftigung mit dem Themenspektrum Flucht, Vertreibung, Heimatverlust, Exil und Erinnerung in den Bereichen Belletristik, Lyrik und internationaler Forschung.
Die Verweise auf Standardlexika und weiterführende Webseiten sind in den Fußnoten vermerkt und hier nicht erneut aufgeführt.
Laufend aktualisierte Zahlen zur Menschheitskatastrophe Flucht weltweit liefert der UNHCR. The UN Refugee Agency. Deutschland, https://www.unhcr.org/dach/de/services/statistiken.

Abdelrahman, Fatima: »A House close to the Ocean« (Interview conducted and edited by Craig Walzer) in: Craig Walzer (Hg.): *Out of Exile. The Abducted and Displaced People of Sudan, with additional interviews and a foreword by Valentino Achak Deng and Dave Eggers*, San Francisco 2008, S. 17–45.

Aciman, André: *Damals in Alexandria. Erinnerung an eine verschwundene Welt*, aus dem Amerikanischen von Matthias Fienbork, München/Wien 1996.

Aciman, André (Hg.): *Letters of Transit. Reflections on Exile, Identity, Language and Loss*, New York 1999 [veröffentlicht in Zusammenarbeit mit The New York Public Library].

Aciman, André: »Shadow Cities«, in: Ders. (Hg.): *Letters of Transit. Reflections on Exile, Identity, Language and Loss*, New York 1999 [veröffentlicht in Zusammenarbeit mit The New York Public Library], S. 15–34.

Açıkyıldız, Birgül: *The Yezidis. The History of a Community, Culture and Religion*, London/New York 2014.

Adelman, Howard/Elazar Barkan: »From Jewish Messianism to the Law of Return«, in: Diess. (Hgg.): *No Return, No Refuge. Rites and Rights in Minority Repatriation*, New York 2011, S. 155–188.

Adler, Elchanan Nathan: *Von Ghetto zu Ghetto. Reisen und Beobachtungen von E. N. Adler*, autorisierte Übertragung aus dem Englischen, Stuttgart 1909 [Nachwort und Erläuterung von Joachim Schlör, Berlin 2001, gleichzeitig *Jüdische Memoiren*, Bd. 6].

Akçam, Taner: *Armenien und der Völkermord. Die Istanbuler Prozesse und die türkische Nationalbewegung*, Hamburg 2004.

Akçam, Taner: *The Young Turks' Crime against Humanity. The Armenian Genocide and Ethnic Cleansing in the Ottoman Empire*, Princeton/Oxford 2012.

Akin, Yiğit: *When the War Came Home. The Ottomans' Great War and the Devastation of an Empire*, Stanford 2018.

Alagha, Kheder: »Exil – ein Leben auf Zeit«, aus dem Arabischen übersetzt von Larissa Bender, in: Ulrich Schreiber/Mira Soldo (Hgg.): *Ankunft. Literarische Reportagen geflüchteter Autorinnen und Autoren*, Berlin/Tübingen 2018, S. 39–51.

Alexandridis, Evangelos: *Als Bürger unerwünscht*, Heidelberg 2003.

Alexijewitsch, Swetlana: *Der Krieg hat kein weibliches Gesicht*, übersetzt von Ganna-Maria Braungardt, Berlin 2015 [2. Auflage].
Alexíou, Elli: »Ibrahim Babas Brunnen«, Übersetzung von Ulf-Dieter Klemm, in: Danae Coulmas (Hg.): *Griechische Erzählungen des 20. Jahrhunderts*, Frankfurt am Main/Leipzig 2001, S. 62–69.
Alroey, Gur: *An Unpromising Land. Jewish Migration to Palestine in the Early Twentieth Century*, Stanford 2014.
Alryyes, Ala (Hg.): *A Muslim American Slave: The Life of Omar Ibn Said*, aus dem Arabischen übersetzt und mit einer Einleitung versehen von Ala Alryyes, Madison 2001.
Al-Serori, Leila: »Vorurteile sind nicht harmlos«. Interview mit dem Konfliktforscher Andreas Zick, in: *Süddeutsche Zeitung* (3. Dezember 2018).
Alt, Franz: »Ein radikaler Humanist«, in: *Die Welt* (31. August 2019).
Aly, Götz: *»Endlösung«. Völkerverschiebung und der Mord an den europäischen Juden*, Frankfurt am Main 1995.
Aly, Götz: »Das Jahrhundert der Vertreibung. Plädoyer für die Überwindung der geteilten Optik«, in: Haus der Heimat des Landes Baden-Württemberg (Hg.): *Angekommen! – Angenommen?*, Filderstadt 1996, S. 9–19.
Aly, Götz: *Hitlers Volksstaat. Raub, Rassenkrieg und nationaler Sozialismus*, Frankfurt am Main 2005.
Aly, Götz: *Europa gegen die Juden 1880–1945*, Frankfurt am Main 2017.
Améry, Jean: »Wieviel Heimat braucht der Mensch?«, in: Ders.: *Jenseits von Schuld und Sühne. Bewältigungsversuche eines Überwältigten*, Stuttgart 1997 [3. Auflage], S. 74–101.
Amiel, Irit: *Gezeichnete. Geschichten vom Überleben*, aus dem Hebräischen von Magali Zibaso, Berlin 2015.
Amos, Heike: *Die Vertriebenenpolitik der SED 1949 bis 1990* [= *Schriftenreihe der Vierteljahrshefte für Zeitgeschichte*, Sondernummer], München 2009.
Amt des Hohen Flüchtlingskommissars der Vereinten Nationen (Hg.): *Zur Lage der Flüchtlinge in der Welt. UNHCR-Report 2000/2001. 50 Jahre humanitärer Einsatz*, Bonn 2000.
Anders, Edward: *Amidst Latvians During the Holocaust* [= Occupation Museum Association of Latvia], Rīga 2010.
Applebaum, Anne: *Der Gulag*, aus dem Englischen von Frank Wolf, Berlin 2003.
Arenas, Reinaldo: *Bevor es Nacht wird. Ein Leben in Havanna*, aus dem Spanischen von Thomas Brovot und Klaus Laabs, München 2002.
Arendt, Hannah: *Wir Flüchtlinge*, mit einem Essay von Thomas Meyer, Stuttgart 2016 [6. Auflage].
Armstrong, Karen: *Remembering Karelia. A Family's Story of Displacement during and after the Finnish Wars*, Oxford/New York 2004.
Arnold, C. F.: *Die Vertreibung der Salzburger Protestanten und ihre Aufnahme bei den Glaubensgenossen, ein kulturgeschichtliches Zeitbild aus dem achtzehnten Jahrhundert*, Leipzig 1900.
Ascherson, Neal: *Black Sea. The Birthplace of Civilisation and Barbarism*, London 1996.
Ascherson, Neal: »Eine Chance für Abchasien«, in: Katharina Raabe/Monika Sznajderman (Hgg.): *Odessa Transfer. Nachrichten vom Schwarzen Meer*, Frankfurt am Main 2009, S. 242–253.

Assmann, Jan: *Exodus. Die Revolution der Alten Welt*, München 2015 [2. Auflage].
Auden, W. H.: »Partition (1966)«, in: Edward Mendelson (Hg.): *W. H. Auden. Collected Poems*, London 2007, S. 803/804.
Aznavour, Charles: *Mit leiser Stimme. Mein Leben – ein Chanson*, aus dem Französischen von Sabine Schwenk, Berlin 2010.
Baberowski, Jörg: *Der Feind ist überall. Stalinismus im Kaukasus*, München 2003.
Baberowski, Jörg: *Verbrannte Erde. Stalins Herrschaft der Gewalt*, München 2012 [3. Auflage].
Bade, Klaus J. (Hg.): *Deutsche im Ausland – Fremde in Deutschland. Migration in Geschichte und Gegenwart*, München 1993 [3. Auflage].
Bade, Klaus J.: *Europa in Bewegung. Migration vom späten 18. Jahrhundert bis zur Gegenwart*, München 2002 [Sonderausgabe].
Bade, Klaus J./Pieter C. Emmer/Leo Lucassen/Jochen Oltmer (Hgg.): *Enzyklopädie Migration in Europa. Vom 17. Jahrhundert bis zur Gegenwart*, Paderborn/München/Wien/Zürich 2007.
Balakian, Peter: *Black Dog of Fate. A Memoir*, New York 1998.
Balakian, Peter: *The Burning Tigris. The Armenian Genocide and America's Response*, New York 2003.
Banken, Roland: *Die Verträge von Sèvres 1920 und Lausanne 1923. Eine völkerrechtliche Untersuchung zur Beendigung des Ersten Weltkrieges und zur »Auflösung« der sogenannten »Orientalischen Frage« durch die Friedensverträge zwischen den alliierten Mächten und der Türkei*, Berlin 2014 [= *Geschichte der internationalen Beziehungen im 20. Jahrhundert*, Bd. 5].
Baron, Lorenz: »Das nichtaufgerichtete Kreuz in Rudolfsgnad«, in: Nenad Stefanović: *Ein Volk an der Donau. Das Schicksal der Deutschen in Jugoslawien unter dem kommunistischen Tito-Regime. Gespräche und Kommentare serbischer und deutscher Zeitzeugen*, München/Eggenfelden/Belgrad 2005 [3. deutsche Auflage], S. 111–125.
Bashkin, Orit: *New Babylonians. A History of Jews in Modern Iraq*, Stanford 2012.
Bashkin, Orit: *Impossible Exodus. Iraqi Jews in Israel*, Stanford 2017.
Bator, Joanna: *Dunkel, fast Nacht*, Roman, aus dem Polnischen von Lisa Palmes, Berlin 2016.
Batra, Ritesh: »At the Stroke of Midnight My Entire Family Was Displaced«, in: *The New York Times* (14. August 2017).
Bauer, Patrick/Tanja Kernweiss: »Schaffen sie das?«, in: *SZ Magazin* (22. September 2017).
Bauman, Zygmunt: *Flüchtige Moderne*, aus dem Englischen von Reinhard Kreissl, Frankfurt am Main 2003.
Bausinger, Hermann/Markus Braun/Herbert Schwedt: *Neue Siedlungen. Volkskundlich-soziologische Untersuchungen des Ludwig-Uhland-Instituts Tübingen*, Stuttgart 1959.
Beer, Mathias: *Flucht und Vertreibung der Deutschen. Voraussetzungen, Verlust, Folgen*, München 2011.
Beer, Mathias (Hg.): *Auf dem Weg zum ethnisch reinen Nationalstaat? Europa in Geschichte und Gegenwart*, Tübingen 2007 [2. Auflage].
Beier-de Haan, Rosmarie (Hg. für das Deutsche Historische Museum): *Zuwanderungsland Deutschland. Migrationen 1500–2005*, Berlin/Wolfratshausen 2005.

Benz, Wolfgang: *Ausgrenzung – Vertreibung – Völkermord. Genozid im 20. Jahrhundert*, München 2006.

Berg, Nate: »A Rich History of Pre-Genocide Armenia Hides in Family Heirlooms and Handwritten Notes«, in: *Los Angeles Times* (17. Januar 2020).

Bernhard, Patrick: »Im Rücken Rommels. Kriegsverbrechen, koloniale Gewalt und Judenverfolgung in Nordafrika, 1940–1943«, in: *Zeitschrift für Genozidforschung* 17 (2019), Heft 1/2, S. 83–122.

Bernhof, Reinhard: *Fluchtkind oder Die langen Schatten der toten Lokomotiven. Roman in Folgen*, Leipzig 2006.

Bernstein, Eduard: »Die Leiden des armenischen Volkes und die Pflichten Europas«. Rede, gehalten in einer Berliner Volksversammlung am 26. Juni 1902, in: Eduard Bernstein/Otto Umfrid: *Armenien, die Türkei und die Pflichten Europas*, hg. von Helmut Donat, Bremen 2005, S. 21–55.

Binay Sara: »Flucht im Islam«, in: Claudia Rammelt (Hg.) in Verbindung mit Jan Gehm und Rebekka Scheler: *Pluralität und Koexistenz. Gewalt, Flucht und Vertreibung. Christliche, jesidische und muslimische Lebenswelten in den gegenwärtigen Umbrüchen im Nahen Osten*, Münster 2019 [= *Studien zur Orientalischen Kirchengeschichte*, Bd. 59], S. 189–196.

Bisky, Jens: »Die Heimat hat mir die Treue nicht gehalten«, in: *Süddeutsche Zeitung* (17. Dezember 2012).

Bisky, Lothar: *So viele Träume. Mein Leben*, Berlin 2005.

Bode, Sabine: *Die vergessene Generation. Die Kriegskinder brechen ihr Schweigen*, München 2006 [4. Auflage].

Böckem, Jörg: »Der Geist hockt noch in der Flasche, bereit auszubrechen«, Interview mit dem Sänger Heinz Rudolf Kunze, in: *ZEIT Doctor* Nr. 10/2017 (2. März 2017).

Böhler, Jochen: *Civil War in Central Europe, 1918–1921. The Reconstruction of Poland*, Oxford 2018.

Böhler, Jochen: *Auftakt zum Vernichtungskrieg. Die Wehrmacht in Polen 1939*, Frankfurt am Main 2006.

Bömelburg, Hans-Jürgen/Renate Stößinger/Robert Traba (Hgg.): *Vertreibung aus dem Osten. Deutsche und Polen erinnern sich*, Olsztyn 2006 [2. Auflage].

Bösch, Frank: »Engagement für Flüchtlinge. Die Aufnahme vietnamesischer ›Boat People‹ in der Bundesrepublik«, in: *Zeithistorische Forschungen/Studies in Contemporary History* 14 (2017), S. 13–40.

Bogdal, Klaus-Michael: *Europa erfindet die Zigeuner. Eine Geschichte von Faszination und Verachtung*, Berlin 2011.

Boochani, Behrouz: *No Friend But the Mountains. Writing from Manus Prison*, aus dem Persischen übersetzt von Omid Tofighian,Toronto 2019.

Borck, Karin/Lothar Kölm (Hgg.): *Gefangen in Sibirien. Tagebuch eines ostpreußischen Mädchens 1914–1920*, Osnabrück 2001.

Borodzej, Włodzimierz/Maciej Górny: *Der vergessene Weltkrieg. Europas Osten 1912–1923*, aus dem Polnischen von Bernhard Hartmann, 2 Bände, Darmstadt 2018.

Borutta, Manuel/Jan C. Jansen (Hgg.): *Vertriebene and Pieds-Noirs in Postwar Germany and France. Comparative Perspectives*, Basingstoke 2016.

Bos, Emiliano/Livio Senigalliesi: »Vor den Augen meines Sohnes«, in: *Die Welt* (7. Juli 2005). Übersetzung Uta Keseling.

Bosman, William: *A new and accurate description of the coast of Guinea, divided into the Gold, the Slave, and the Ivory Coasts. Containing A Geographical, Political and Natural History of the Kingdoms and Countries: With a Particular Account of the Rise, Progress and Present Condition of all the European Settlements upon that Coast; and the Just Measures for Improving the several Branches of the Guinea Trade. Illustrated with several cutts. Written originally in Dutch by William Bosman, Chief Factor for the Dutch at the Castle of St. George D'Elmina. And now faithfully done into English. To which is prefix'd, an exact map of the whole coast of Guinea, that was not in the Original*, London 1705.

Bossong, Nora: »Das Geschäft mit dem Leid. Dadaab, das größte Flüchtlingslager der Welt, liegt in Kenia«, in: *Frankfurter Allgemeine Zeitung* (31. März 2018).

Bothe, Alina/Gertrud Pickhan (Hgg.): *Ausgewiesen! Berlin, 28. Oktober 1938. Die Geschichte der »Polenaktion«*, Berlin 2018.

Brandt, Bronisław: »Vertreibung im Herbst 1939«, in: Hans-Jürgen Bömelburg/Renate Stößinger/Robert Traba (Hgg.): *Vertreibung aus dem Osten. Deutsche und Polen erinnern sich*, Olsztyn 2006 [2., überarbeitete Auflage], S. 42–52.

Brecht, Bertolt: »Über die Bezeichnung Emigranten«, in: *Bertolt Brecht, Werke in fünf Bänden*, Band 3: *Gedichte*, hg. von Werner Mittenzwei unter Mitarbeit von Fritz Hoffmann, Berlin/Weimar 1981, S. 314.

Brecht, Bertolt: »Auf der Flucht vor meinen Landsleuten«, in: *Bertolt Brecht, Werke in fünf Bänden*, Band 3: *Gedichte*, hg. von Werner Mittenzwei unter Mitarbeit von Fritz Hoffmann, Berlin/Weimar 1981, S. 350.

Brecht, Bertolt: *Flüchtlingsgespräche*, Berlin/Frankfurt am Main 1961.

Bresselau von Bressendorf, Agnes (Hg.): *Über Grenzen. Migration und Flucht in globaler Perspektive seit 1945*, Göttingen 2019.

Bresslau, Harry: »Harry Bresslau«, in: Siegfried Steinberg (Hg.): *Die Geschichtswissenschaft der Gegenwart in Selbstdarstellungen*, Leipzig 1926, S. 29–83.

Brett, Lily: »Die Politik des Hasses«, in: *Frankfurter Allgemeine Zeitung* (5. August 2018).

Brown, DeNeen L.: »A symbol of slavery – and survival«, in: *Washington Post* (29. April 2019).

Bruinessen, Martin van: »Genocide in Kurdistan? The Suppression of the Dersim Rebellion in Turkey (1937–38) and the Chemical War Against the Iraqi Kurds (1988)«, in: George D. Andreopoulos (Hg.): *Genocide. Conceptual and Historical Dimension*, Philadelphia 1994, S. 141–170.

Budnickij, Oleg: »Dienst in der Höhle des Löwen. Juden in der russischen Armee«, in: *Osteuropa* 64 (2014), Heft 2–4, S. 171–184.

Buono, Zora del: *Canitz' Verlangen*, Roman, Hamburg 2008.

Burgos, Elisabeth: *Rigoberta Menchú. Leben in Guatemala*, aus dem guatemaltekischen Spanisch übersetzt von Willi Zurbrüggen, mit einem Nachwort von Christoph Links, Leipzig/Weimar 1987 [ursprüngliche deutschsprachige Ausgabe: Bornheim-Merten 1984].

Carstens, Uwe: »Strohsack und Kekssuppe. Flüchtlinge und Vertriebene in Flensburg«, in: Broder Schwensen (Hg.): *Lange Schatten. Ende der NS-Diktatur und frühe Nachkriegsjahre in Flensburg*, Flensburg 2000, S. 157–209.

Casdorff, Stefan/Lorenz Maroldt: »Die Liste«, in: *Der Tagesspiegel* (9. November 2017).

Cattaruzza, Marina/Egidio Ivetić: »Der ›Exodus‹ der Italiener aus Istrien: Kollektive Entscheidung oder Zwangsmigration?«, in: *Comparativ. Zeitschrift für Globalgeschichte und Vergleichende Gesellschaftsforschung* 26 (2016), Heft 1, S. 95–108.

Chamisso, Adelbert von: *Sämtliche Werke*, Band 1, München 1975.

Chan, Yuk Wah (Hg.): *The Chinese/Vietnamese Diaspora. Revisiting the boat people*, London/New York 2011.

Chaudhury, Sabyasachi Basu Ray/Ranabir Samaddar (Hgg.): *The Rohingya in South Asia. People Without a State*, London/New York 2018.

Chawla, Devika: *Home, Uprooted. Oral Histories of India's Partition*, New York 2014.

Chwin, Stefan: *Tod in Danzig*, Roman, aus dem Polnischen von Renate Schmidgall, Reinbek 1999.

Chwin, Stefan: *Ein deutsches Tagebuch*, hg. von Krystyna Turkowska-Chwin und Marta Kijowska, aus dem Polnischen von Marta Kijowska, Berlin 2015.

Clark, Bruce: *Twice A Stranger. How Mass Expulsion Forged Modern Greece and Turkey*, London 2006.

Clark, Christopher: *Die Schlafwandler. Wie Europa in den Ersten Weltkrieg zog*, aus dem Englischen von Norbert Juraschitz, München 2013.

Claussen, Johann Hinrich: »Weltgeschichte der Heimatlosigkeit. Die Bibel – ein Flüchtlingsroman«, in: *Der Spiegel* (19. Dezember 2015).

Claussen, Johann Hinrich: *Das Buch der Flucht. Die Bibel in 40 Stationen*, München 2018.

Cohen, Robin: *Migration. The Movement of Humankind from Prehistory to the Present*, London 2019.

Cohn, Willy: *Kein Recht, nirgends. Tagebuch vom Untergang des Breslauer Judentums 1933–1941*, hg. von Norbert Conrads, Band I, Köln/Weimar/Wien 2006.

Çomu, Asli Emine: *The Exchange of Populations and Adana 1830–1927*, Istanbul 2011.

Cooper, James Fenimore: *Der letzte Mohikaner*, Einleitung, Stuttgart 1841.

Cwiertina, Laura: »Zeigst du mir die Heimat, in der du noch nie warst, von der du aber ständig träumst, Papa?«, in: *Die Zeit* (19. Januar 2017).

Dabag, Mihran/Kristin Platt: *Verlust und Vermächtnis. Überlebende des Genozids an den Armeniern erinnern sich*, Paderborn 2016 [2. Auflage].

Dahlinger, Miriam: »Topfgefühle«, in: *SZ Magazin* (29. November 2019).

Dalos, György: *Geschichte der Russlanddeutschen. Von Katharina der Großen bis zur Gegenwart*, deutsche Bearbeitung von Elsbeth Zylla, München 2014.

Danto, Arthur C.: »Embarkation for Chios: Kalliopi Lemos's Trilogy With Broken Boats«, in: Johannes Odenthal/Elina Kountouri (Hgg.): *Kalliopi Lemos. Crossings. A Sculptural Trilogy about Migration*, Göttingen/Berlin 2011 [ohne Paginierung].

Daod, Jwan Joo (unter Mitarbeit vieler anderer): *Zu Gast bei Freunden. 12 Geschichten und Rezepte aus Syrien*, Wiener Neustadt 2015.

Dardan, Asal: *Betrachtungen einer Barbarin*, Hamburg 2021.

Darnstädt, Thomas/Klaus Wiegrefe: »Heimat kann man mitnehmen«. Gespräch mit Bernd Fabritius, Präsident des Bundes der Vertriebenen, über Entschädigungsforderungen, das Identitätsgefühl einer neuen Generation und sein Elternhaus in Siebenbürgen, in: *Der Spiegel* (29. August 2015).

Denemarková, Radka: *Ein herrlicher Flecken Erde*, aus dem Tschechischen von Eva Profousová, München 2009.

Der Neisser Bote (Weihnachten 2018). Reprint Rundbrief für die St. Jakobuspfarrei Neisse (Weihnachten 1948) Pfarrer Coelestin Zopp. Nettlingen (Schloss) bei Hildesheim, S. 33.

Deutsche Gesellschaft für Osteuropakunde e.V. (Hg.): »Migration, Identität, Politik. Trans-inter-national: Russland, Israel, Deutschland«, *Osteuropa* 69 (2019), Heft 9–11.

Deutsches Historisches Museum/International Association of Museums of History/Stiftung Flucht Vertreibung Versöhnung (Hgg.): *Flucht Vertreibung, ethnische Säuberung. Eine Herausforderung für Museums- und Ausstellungsarbeit weltweit*, Berlin 2011.

Dhompa, Tsering Wangmo: *A Home in Tibet*. London 2013.

Díaz-Mas, Paloma: *Sephardim. The Jews from Spain*, hg. und übersetzt von George K. Zucker, Chicago/London 2007.

Dieckmann, Christoph: *Deutsche Besatzungspolitik in Litauen 1941–1944*, Bände 1–2, Göttingen 2011.

Doherty, Ben: »Behrouz Boochani, voice of Manus Island refugees, is free in New Zealand«, in: *The Guardian* (14. November 2019).

Dolabdjian, Haig: *Mein Vater. Der Armenier*, Frankfurt am Main 2012.

Donauschwäbisches Zentralmuseum Ulm/Stiftung Flucht Vertreibung Versöhnung (Hgg.): *Vom »Verschwinden« der deutschsprachigen Minderheiten. Ein schwieriges Kapitel in der Geschichte Jugoslawiens 1941–1955*, zweisprachige Ausgabe Deutsch und Serbokroatisch, Berlin/Ulm 2016.

Donnerberg, Luisa/Ulrich Schreiber (Hgg.): *Refugees Worldwide. Literarische Reportagen*, Berlin 2017.

Dostojewski, Fjodor: *Aufzeichnungen aus einem Totenhaus*, aus dem Russischen von Hermann Röhl, Frankfurt am Main 1986.

Douglas, R. M.: *»Ordnungsgemäße Überführung«. Die Vertreibung der Deutschen nach dem Zweiten Weltkrieg*, aus dem Englischen übersetzt von Martin Richter, München 2012.

Draesner, Ulrike: *Sieben Sprünge vom Rand der Welt*, Roman, München 2014.

Dubnow, Simon: *Weltgeschichte des jüdischen Volkes*, Bd. 1: *Die älteste Geschichte des jüdischen Volkes: Orientalische Periode*, Berlin 1925.

Dubnow, Simon: *Weltgeschichte des jüdischen Volkes. Von seinen Anfängen bis zur Gegenwart. Europäische Periode*, Band V: *Das späte Mittelalter*, Berlin 1927.

Dubnow, Simon: *Weltgeschichte des jüdischen Volkes. Von seinen Anfängen bis zur Gegenwart. Die Neueste Geschichte*, Band X: *Das Zeitalter der zweiten Reaktion*, Berlin 1929.

Dufoix, Stéphane: *Diasporas*, übersetzt von William Rodarmor, Berkeley/Los Angeles/London 2008.

Dündar, Can: » Wo ich schreibe, ist die Türkei«, Hamburger Rede zum Exil 2018, in: »Exile Media Forum« der Körber-Stiftung, 29. Oktober 2018. https://www.koerber-stiftung.de/fileadmin/user_upload/koerber-stiftung/presse/pdf/2018/2018-10-30_Rede-Transskript-Duendar.pdf.

Dziri, Amir: »›An Meine gläubigen Diener: Meine Erde ist weit‹ (Sure 29:56). Figurationen von Raum, Zeit und Flucht in der religiösen Ideengeschichte des Islams als theologische Herausforderung für die Gegenwart«, in: Judith Könemann/Marie-Theres Wacker (Hg.): *Flucht und Religion. Hintergründe –*

Analysen – Perspektiven, Münster 2018 [= *Münsterische Beiträge zur Theologie*, Bd. 1], S. 137–156.
Eckert, Andreas: *Geschichte der Sklaverei. Von der Antike bis ins 21. Jahrhundert*, München 2021.
Eden, Caroline: *Black Sea: Dispatches and Recipes Through Darkness and Light*, London 2018 [deutsch: *Schwarzes Meer. Ein Reise- und Kochbuch*, übersetzt von Christine Schnappinger, München/London/New York 2019].
Eiden, Maximilian (Hg. für das Schlesische Museum Görlitz): *Von Schlesien nach Israel. Juden aus einer deutschen Provinz zwischen Verfolgung und Neuanfang*, Görlitz 2010.
Eiynck, Andreas (Hg. im Auftrag der Stadt Lingen): *Alte Heimat – Neue Heimat. Flüchtlinge und Vertriebene im Raum Lingen nach 1945*, Lingen 1997.
Elliger, Katharina: *Und tief in der Seele das Ferne. Die Geschichte einer Vertreibung aus Schlesien*, Reinbek 2006 [3. Auflage].
Englund, Peter: *Schönheit und Schrecken. Eine Geschichte des Ersten Weltkrieges, erzählt in neunzehn Schicksalen*, aus dem Schwedischen von Wolfgang Butt, Berlin 2011.
Erker, Paul: »Revolution des Dorfes? Ländliche Bevölkerung zwischen Flüchtlingszustrom und landwirtschaflichem Strukturwandel«, in: Martin Broszat/Klaus-Dietmar Henke/Hans Woller (Hgg.): *Von Stalingrad zur Währungsreform. Zur Sozialgeschichte des Umbruchs in Deutschland*, München 1988, S. 367–425.
Erpenbeck, Jenny: *Heimsuchung*, Frankfurt am Main 2008.
Erpenbeck, Jenny: *Gehen, ging, gegangen*, Roman, München 2018 [2. Auflage].
Ertel, Manfred: »Stumme Tafeln. Warum kamen Tausende deutsche Kinder noch nach Kriegsende in dänischen Flüchtlingslagern um? Eine Ärztin hat ihren Leidensweg dokumentiert«, in: *Der Spiegel* (5. Mai 2003).
Erzbistum Köln (Hg.): *1945–2015. Aus dem Schatten des Krieges. Impulse für eine Pastoral der heilenden Erinnerung und Versöhnung*, Köln 2016.
Esch, Michael G.: »Zur historischen Verortung von ›ethnischer Säuberung‹ und Völkermord«, in: Mathias Beer/Dietrich Beyrau/Cornelia Rauh (Hgg.): *Deutschsein als Grenzerfahrung. Minderheitenpolitik in Europa zwischen 1914 und 1950*, Essen 2009, S. 15–34.
Eugenides, Jeffrey: *Middlesex*, deutsch von Eike Schönfeld, Reinbek 2003 [2. Auflage].
Farzana, Kazi Fahmida: *Memories of Burmese Rohingya Refugees. Contested Identity and Belonging*, New York 2017.
Faye, Gaël: *Kleines Land*, aus dem Französischen von Brigitte Große und Andrea Alvermann, München 2020 [2. Auflage].
Fioretis, Aris: *Flucht und Verwandlung. Nelly Sachs, Schriftstellerin, Berlin/Stockholm. Eine Bildbiographie*, aus dem Schwedischen von Paul Berf, Berlin 2010.
Florian, Reinhard: *Ich wollte nach Hause, nach Ostpreußen! Das Überleben eines deutschen Sinto*, hg. von Jana Mechelhoff-Herezi und Uwe Neumärker für die Stiftung Denkmal für die ermordeten Juden Europas, Berlin 2012.
Foltyn, Rafal: »Die Ansiedlung von Polen aus dem Wilna-Gebiet in Mittelpommern nach 1945«, in: *Zeitgeschichte regional*, Sonderheft 6 (August 2015), S. 64– 67.
Frank, Meta: *»Schalom, meine Heimat«. Lebenserinnerungen einer hessischen Jü-*

din 1914–1994, hg. und kommentiert von Michael Dorhs, Hofgeismar 1998 [= *Die Geschichte unserer Heimat*, Band 17, 3., unveränderte Auflage].

Frantzioch, Marion: *Die Vertriebenen. Hemmnisse, Antriebskräfte und Wege ihrer Integration in der Bundesrepublik Deutschland*, Berlin 1987.

Fritz, Susanne: *Wie kommt der Krieg ins Kind*, Göttingen 2018.

Ganor, Solly: *Das andere Leben. Kindheit im Holocaust*, aus dem Englischen übersetzt und mit einer Vorbemerkung versehen von Sabine Zaplin, Frankfurt am Main 1997.

Gardon, Victor: *Brunnen der Vergangenheit*, aus dem Französischen von Gerda von Uslar, Zürich 2016.

Gatrell, Peter: *A Whole Empire walking. Refugees in Russia during World War I*, Bloomington/Indianapolis 2005 [ursprünglich 1999].

Gatrell, Peter: *The Unsettling of Europe. How Migration Reshaped a Continent*, New York 2019.

Gatrell, Peter: *The Making of the Modern Refugee*, Oxford 2015.

Gauck, Joachim: »Die existentielle Erfahrung eines Heimatverlustes ist Flüchtlingen auf der ganzen Welt gemein«. Rede zum Tag der Heimat des Bundes der Vertriebenen, 3. September 2016, in: Bundespräsidialamt (Hg.): *Joachim Gauck. Reden und Interviews*, Band 5, Berlin 2016, S. 193–210.

Gaunt, David: »The Ottoman Treatment of the Assyrians«, in: Ronald Grigor Suny/Fatma Müge Göçek/Norman M. Naimark (Hgg.): *A Question of Genocide. Armenians and Turks at the End of the Ottoman Empire*, Oxford 2011.

Gaunt, David: »Failed Identity and The Assyrian Genocide«, in: Omar Bartov/Eric D. Weitz (Hgg.): *Shatterzone of Empires. Coexistence and Violence in the German, Habsburg, Russian and Ottoman Borderlands*, Bloomington 2013, S. 317–333.

Gebhardt, Miriam: *Als die Soldaten kamen. Die Vergewaltigung deutscher Frauen am Ende des Zweiten Weltkriegs*, München 2015.

Gebhardt, Miriam: *Wir Kinder der Gewalt. Wie Frauen und Familien bis heute unter den Folgen der Massenvergewaltigungen bei Kriegsende leiden*, München 2019.

Geisler, Rudi: *Tränen am Kornfeld. Heimatlos nach dem Zweiten Weltkrieg*, Oldenburg 2008.

Geißler, Cornelia: Interview mit Christian Petzold: »Heimat fordern die, die andere nicht reinlassen«, in: *Berliner Zeitung* (2. April 2018).

Gerlach, Christian: *Kalkulierte Morde. Die deutsche Wirtschafts- und Vernichtungspolitik in Weißrußland 1941 bis 1944*, Hamburg 2000 [2. Auflage].

Gerwarth, Robert: *Die Besiegten. Das Blutige Erbe des Ersten Weltkriegs*, aus dem Englischen von Alexander Weber, München 2017.

Gesellschaft für bedrohte Völker: »N.M. geboren 1947 in Podzeplje, Gemeinde Han Pijesak. Lebte seit ihrer Heirat im Dorf Bajramovici, Gemeinde Srebrenica, bis zum Fall von Srebrenica«. http://www.gfbv.ba/index.php/Genozid_in_Srebrenica/articles/aussagen-ueberlebender-opfer.html.

Gesellschaft für bedrohte Völker: »H.P. geboren 1964 in Cerska, Gemeinde Vlasenica. Verheiratet. Hat im Krieg drei Brüder, den Vater und zahlreiche Verwandten verloren. Auf dem Weg nach Tuzla hat er zahlreiche Hinterhalte überlebt und nach 130 Tagen das freie Territorium von Kladanj und Tuzla betreten«. http://www.gfbv.ba/index.php/Genozid_in_Srebrenica/articles/aussagen-ueberlebender-opfer.html.

Gessen, Masha: *Leben im Exil. Über Migration sprechen. Drei Vorträge*. Aus dem Englischen von Ursel Schäfer, Berlin 2020.

Ghosh, Madhushree: »At the Stroke of Midnight My Entire family Was Displaced«, in: *The New York Times* (14. August 2017).

Giesbrecht, Waldemar: »Die Verbannung der Wolhyniendeutschen im 1. Weltkrieg«, 2. Teil: »In der Verbannung«, in: *Wolhynische Hefte*, 4. Folge (1986), S. 9–98.

Gingeras, Ryan: *Sorrowful Shores. Violence, Ethnicity, and the End of the Ottoman Empire 1912–1923*, Oxford 2009.

Ginio, Eyal: »Paving the Way for Ethnic Cleansing. Eastern Thrace during the Balkan Wars (1912–1913) and their Aftermath«, in: Omar Bartov/Eric D. Weitz (Hgg.): *Shatterzone of Empires. Coexistence and Violence in the German, Habsburg, Russian and Ottoman Borderlands*, Bloomington 2013, S. 283–297.

Goddar, Jeannette /Dorte Huneke (Hgg.): *Auf Zeit. Für immer. Zuwanderer aus der Türkei erinnern sich*, ein Projekt der Bundeszentrale für politische Bildung und des KulturForums TürkeiDeutschland e.V., Bonn 2011.

Goethe, Johann Wolfgang: *Hermann und Dorothea*, hg. von Waltraud Wiethölter in Zusammenarbeit mit Christoph Brecht, Frankfurt am Main 1994 [= *Sämtliche Werke. Briefe, Tagebücher und Gespräche*, Bd. 8].

Goethe, Johann Wolfgang: *Faust. Texte*, hg. von Albrecht Schöne, Frankfurt am Main 1994 [= *Sämtliche Werke. Briefe, Tagebücher und Gespräche*, Bd. 7/1].

Goldberg, Lea: »Föhren – Ilanot«, übersetzt von Tuvia Rübner, in: *Frankfurter Allgemeine Zeitung* (30. November 1990).

Goldin, Farideh: *Wedding Song. Memoirs of an Iranian Jewish Woman*, Hanover/London 2003.

Gombrowicz, Witold: *Tagebücher 1953–1969*, aus dem Polnischen von Olaf Kühl, Frankfurt am Main 2004.

Gorelik, Lena: »Dieses Gefühl von Fieber«, in: *Süddeutsche Zeitung* (26./27./28. März 2016).

Gouma, Vinda: »Ich bin die Flüchtlinge«, Leserbrief in: *Der Tagesspiegel* (27. Januar 2019).

Grass, Günter: *Beim Häuten der Zwiebel*, Göttingen 2006.

Grass, Günter: *Aus dem Tagebuch einer Schnecke*, Göttingen 2007 [= *Günter Grass. Werkausgabe*, Band 7].

Grass, Günter: *Vonne Endlichkait*, München 2017.

Greenfield, Patrick: »Liverpool mayor condemns ›fascist thugs‹ for vandalism of refugee memorial«, in: *The Guardian* (10. September 2018).

Grjasnowa, Olga: *Der Russe ist einer, der Birken liebt*, München 2020 [9. Auflage].

Gross, Jan Tomasz: *Fear. Anti-Semitism in Poland after Auschwitz. An Essay in Historical Interpretation*, New York 2006 [deutsche Ausgabe: *Angst. Antisemitismus nach Auschwitz in Polen*, aus dem Polnischen von Friedrich Griese unter Mitarbeit von Ulrich Heiße, Berlin 2012].

Grossmann, Atina: »Provinzielle Kosmopoliten: Deutsche Juden in New York und Anderswo«, in: Stiftung Jüdisches Museum/Stiftung Haus der Geschichte der Bundesrepublik Deutschland (Hgg.): *Heimat und Exil. Emigration der deutschen Juden nach 1933*, Frankfurt am Main 2006, S. 218–224.

Gruschka, Gerhard: *Zgoda. Ein Ort des Schreckens. Als Vierzehnjähriger in einem polnischen Konzentrationslager*, Görlitz 2013 [3. Auflage].

Habbal, Rasha: »Ich erlaube dir nicht, mich zurückzulassen«, aus dem Arabischen von Larissa Bender, in: *Sinn und Form* 70 (2018), Heft 1, S. 65–74 [sowie in: Ulrich Schreiber/Mira Soldo (Hgg.): *Ankunft. Literarische Reportagen geflüchteter Autorinnen und Autoren*, Berlin/Tübingen 2018, S. 52–65].

Halo, Thea: *Not Even My Name*, New York 2000.

Hammelehle, Sebastian: »... dass sie uns Kindern das Taschengeld aus den Sparbüchsen klaute«, Interview mit dem Bestsellerautor Ralf Rothmann , in: *Der Spiegel* (2. Mai 2018).

Hampe, Henrike (Hg.): *Heimat im Koffer. Flüchtlinge und Vertriebene aus Südosteuropa im Nachkriegsdeutschland*, Begleitheft zur Ausstellung im Donauschwäbischen Zentralmuseum Ulm, Ulm 2008.

Haneke, Alexander: »Dieses unerfüllbare Versprechen«. Im Gespräch: Edgar Reitz, Regisseur der »Heimat«-Trilogie, in: *Frankfurter Allgemeine Zeitung* (28. Dezember 2017).

Hansen, Dörte: *Altes Land*, München 2015 [19. Auflage].

Hartmann, Elke: »Armenisches Leben im Osmanischen Reich vor 1915: Zwischen Hoffnung und Gefährdung«, in: Bundeszentrale für Politische Bildung: »Dossier: Aghet – Genozid an den Armeniern« (26.04.2016); http://www.bpb.de/geschichte/zeitgeschichte/genozid-an-den-armeniern/218100/armenier-imosmanischen-reich.

Hashemi, Mahdi: »Häutungen«, aus dem Dari übersetzt von Nerges Azizi, in: Ulrich Schreiber/Mira Soldo (Hgg.): *Ankunft. Literarische Reportagen geflüchteter Autorinnen und Autoren*, Berlin/Tübingen 2018, S. 84–90.

Hein, Christoph Hein: *Landnahme*, Frankfurt am Main 2005.

Heinemann, Isabel: *»Rasse, Siedlung, deutsches Blut«. Das Rasse- und Siedlungshauptamt der SS und die rassenpolitische Neuordnung Europas*, Göttingen 2003 [2. Auflage] [= *Neue Forschungen zur Gesellschafts- und Kulturgeschichte des 19. und 20. Jahrhunderts*, Bd. II].

Heinemann, Mirko: *Die letzten Byzantiner. Die Vertreibung der Griechen vom Schwarzen Meer. Eine Spurensuche*, Berlin 2019.

Heinemann, Mirko: »Das vergessene Volk. Die Vertreibung der pontischen Griechen aus der Türkei ist ein wenig bekanntes Kapitel des Ersten Weltkrieges«, in: *Frankfurter Allgemeine Zeitung* (12. August 2017).

Herbert, Zbigniew: »Kraj/Das Land«, in: *Polnische Gedichte des 20. Jahrhunderts*, polnisch und deutsch, hg. und übersetzt von Karl Dedecius, Frankfurt am Main/Leipzig 2008, S. 80/81.

Herdan-Zuckmayer, Alice: *The Farm in the Mountains*, aus dem Deutschen übersetzt von Ida H. Washington und Carol E. Washington, Einführung von Elisa Albert, New York 2017.

Herling, Gustaw: *Welt ohne Erbarmen*, deutsch von Hansjürgen Wille, nach der polnischen Originalausgabe vollständig revidiert von Nina Kozlowski, München 2004.

Hermon, Aleksandar: »God's Fate«, in: Viet Thanh Nguyen (Hg.): *The Displaced. Refugee Writers on Refugee Lives*, New York 2018, S. 91–104.

Herrmann-Neiße, Max: »Heimatlos«, in: Herbert Hupka (Hg.): *Max Herrmann-Neiße. Im Fremden ungewollt zuhaus*, München o.J.

Heye, Uwe-Karsten: *Vom Glück nur ein Schatten. Eine deutsche Familiengeschichte*, München 2006.

Hillenbrand, Klaus: *Nicht mit uns. Das Leben von Leonie und Walter Frankenstein*, Frankfurt am Main 2008.
Hirsch, Helga: *Schweres Gepäck. Flucht und Vertreibung als Lebensthema*, Hamburg 2004.
Hirschfeld, Michael/Markus Trautmann (Hgg.): *Gelebter Glaube. Hoffen auf Heimat. Katholische Vertriebene im Bistum Münster*, Münster 1999.
Hirschon, Renée: »The Consequences of the Lausanne Convention. An Overview«, in: Dies. (Hg.): *Crossing the Aegean: An Appraisal of the 1923 Compulsory Population Exchange between Greece and Turkey*, New York/Oxford 2006 [= *Studies in Forced Migration*, Bd. 12], S. 13–20.
Hödl, Klaus: *»Vom Shtetl an die Lower East Side«. Galizische Juden in New York*, Wien/Köln/Weimar 1991 [= *Böhlaus zeitgeschichtliche Bibliothek*, Bd. 19].
Höflinger, Laura: »Der Exodus der Rohingya«, in: *Der Spiegel* (9. September 2017).
Hofmann, Gunter: *Willy Brandt und Helmut Schmidt: Geschichte einer schwierigen Freundschaft*, München 2015.
Hofmann, Tessa: *Annäherung an Armenien. Geschichte und Gegenwart*, München 2006 [2., aktualisierte und ergänzte Auflage].
Hofmann, Tessa/Matthias Bjørnlund/Vasilos Meichanetsidis (Hgg.): *The Genocide against the Ottoman Greeks: Studies on the State-Sponsored Campaign of Extermination of the Christians of Asia Minor, 1912–1922 and Its Aftermath: History, Law, Memory*, Athen 2011.
Hoppe, Bert/Hildrun Glass (Bearbeiter): *Sowjetunion mit annektierten Gebieten I. Besetzte sowjetische Gebiete unter deutscher Militärverwaltung, Baltikum und Transnistrien*, München 2011 [= *Die Verfolgung und Ermordung der europäischen Juden durch das nationalsozialistische Deutschland 1933–1945*, Bd. 7].
Horn, Alexander: *Culturbilder aus Altpreußen*, Leipzig 1886.
Hosfeld, Rolf: *Tod in der Wüste. Der Völkermord an den Armeniern*, München 2015.
Hosfeld, Rolf/Christin Pschichholz (Hgg.): *Das Deutsche Reich und der Völkermord an den Armeniern*, Göttingen 2017.
Hosseini, Khaled: *The Kite Runner*, London 2004.
Hryciuk, Grzegorz/Małgorzata Ruchniewicz/Bożena Szaynok/Andrzej Żbikowski: *Illustrierte Geschichte der Flucht und Vertreibung. Mittel- und Osteuropa 1939 bis 1959*, Augsburg 2009.
Hu, Hua-Ling/Zhang Lian-hong (Hgg.): *The Undaunted Women of Nanking. The Wartime Diaries of Minnie Vautrin and Tsen Shui-Fang*, Carbondale/Edwardsville 2010.
Huber, Florian: *Kind versprich mir, dass du dich erschießt: Der Untergang der Kleinen Leute 1945*, Berlin 2015.
Huchel, Peter: »Das Gesetz«, in: *Sinn und Form* 2 (1950), Heft 4, S. 127–136.
Hugues, Pascale: *Marthe & Mathilde. Eine Familie zwischen Frankreich und Deutschland*, deutsch von Lis Künzli, Reinbek 2009 [6. Auflage].
Ihlau, Olaf: *Der Bollerwagen. Unsere Flucht aus dem Osten*, München 2014.
Isaacs, Mark: »There's No escape From Australia's Refugee Gulag«, in: *Foreign Policy* (30. April 2018). https://foreignpolicy.com/2018/04/30/theres-no-escape-from-australias-refugee-gulag/#. Letzter Zugriff 16. Februar 2019.
Jaczyńska, Agnieszka: *Sonderlaboratorium SS. Zamojszczyzna. Pierwszy obszar Osiedleńczy w Generalnym Gubernatorstwie*, Lublin 2012 [Instytut Pamięci Narodowej, dreisprachig: polnisch – deutsch – englisch).

Jensen, John V.: *Tyskere på flugt*, Aarhus 2020.
Jessen-Klingenberg, Manfred: »›In allem widerstrebt uns dieses Volk‹. Rassistische und fremdenfeindliche Urteile über die Heimatvertriebenen und Flüchtlinge in Schleswig-Holstein 1945–1946«, in: Karl Heinrich Pohl (Hg.): *Regionalgeschichte heute. Das Flüchtlingsproblem in Schleswig-Holstein nach 1945*, Bielefeld 1997, S. 81–98.
Jirgl, Reinhard: *Die Unvollendeten*, Roman, München 2007.
Kästner, Erich: »Notwendige Antwort auf überflüssige Fragen«, in: Ders.: *Kurz und bündig. Epigramme*, Köln/Berlin 1950, S. 54.
Kakmi, Dmetri: *Mother Land*, Artarmon 2008.
Kakutani, Michiko: »When History Repeats«, in: *The New York Times* (15. Juli 2018).
Kasper-Holtkotte, Cilli: *»They called us Bloody Foreigners«. Jewish Refugees in Kenya 1933 until the 1950s*, aus dem Deutschen übersetzt von Alexandra Berlina, Berlin/Leipzig 2019.
Kaya, Yaşar: Rede im NRW-Landtag. www.fdg-dersim.org.
Kemal, Yaşar: *Die Ameiseninsel*, aus dem Türkischen von Cornelius Bischoff, Zürich 2003.
Kemal, Yaşar: *Der Sturm der Gazellen*, aus dem Türkischen von Cornelius Bischoff, Zürich 2006.
Kent, Martha: *Eine Porzellanscherbe im Graben. Eine deutsche Flüchtlingskindheit*, aus dem Englischen von Klaus Kochmann, Frankfurt am Main 2004.
Kermani, Navid: *Einbruch der Wirklichkeit. Auf dem Flüchtlingstreck durch Europa*, mit Photographien von Moises Saman, München 2016 [2. Auflage].
Kerr, Judith: *Als Hitler das rosa Kaninchen stahl*, aus dem Englischen von Annemarie Böll, Ravensburg 1984.
Keßler, Sandra: *Koreanische Kriegserinnerungen. Interkulturelle Perspektiven auf den Umgang mit Vergangenheit in Südkorea*, Münster/New York 2017 [= *Mainzer Beiträge zur Kulturanthropologie/Volkskunde*, Bd. 15].
Kévorkian, Raymond: *The Armenian Genocide. A Complete History*, London/New York 2012.
Khan, Yasmin: *The Great Partition: The Making of India and Pakistan*, New Haven/London 2007.
Khan, Yasmin: »Sibling Wars«, in: Deutsches Historisches Museum/Stiftung Flucht Vertreibung Versöhnung/International Association of Museums of History (Hgg.): *Flucht, Vertreibung, ethnische Säuberung. Eine Herausforderung für Museums- und Ausstellungsarbeit weltweit*, Berlin 2011, S. 84–90.
Khayadjian, Edmond: *Archag Tchobanian et le mouvement arménophile en France*, Paris 2001.
Kieser, Hans-Lukas: *Der verpasste Friede: Mission, Ethnie und Staat in den Ostprovinzen der Türkei 1839–1938*, Zürich 2000.
Kieser, Hans-Lukas: *Talaat Pasha. Father of Modern Turkey, Architect of Genocide*, Princeton 2018. Deutsche Ausgabe: Ders.: *Talât Pascha. Gründer der modernen Türkei und Architekt des Völkermords an den Armeniern. Eine politische Biografie*. Aus dem Englischen übersetzt von Beat Rüegger, Zürich 2021.
Kirstein, Emma: *»Aus schwerer Zeit«. Tagebuch – Ostpreußen 1945*, mit einer Einführung von Hans Rothe, Bonn 1999 [5. Auflage].
Kismaric, Carole (Hg.): *Forced out. The Agony of the Refugee in Our Time*, New York u. a. 1989.

Klatt, Martin: »Ein schleswigsches Volk. Das nationale Selbstverständnis der dänischen Minderheit und ihr Bild vom ›Deutschen‹ unmittelbar nach dem Zweiten Weltkrieg«, in: Gerhard Paul/Broder Schwensen/Paul Wulf (Hgg.): *Lange Schatten. Ende der NS-Diktatur und frühe Nachkriegsjahre in Flensburg*, Flensburg 2000, S. 287–310.

Klodt, Rolf, in: »Die Nachkriegszeit. Als Deutschland sich neu erfand«, Reihe *Spiegel Geschichte*, Ausgabe 1/2018, S. 49.

Klukowski, Zygmunt: *Tagebuch aus den Jahren der Okkupation 1939–1944*, hg. von Christine Glauning und Ewelina Wanke, aus dem Polnischen übersetzt von Karsten Wanke, mit einer Einleitung von Ingo Loose, Berlin 2017.

Knaus, Gerald: *Welche Grenzen brauchen wir? Zwischen Empathie und Angst – Flucht, Migration und die Zukunft von Asyl*, München 2020.

Kochanowski, Jerzy: »Völkerwanderung. Tagebuch Alma Heczko, 18. Mai 1945«, in: *Karta. Zeitzeugnisse aus Ostmitteleuropa* 2 (2001), S. 103/104.

Kochanowski, Jerzy/Maike Sach (Hgg.): *Die »Volksdeutschen« in Polen, Frankreich, Ungarn und der Tschechoslowakei. Mythos und Realität*, Osnabrück 2006 [= *Einzelveröffentlichungen des DHI Warschau*, Bd. 12].

Koch-Thalmann, Dorothea: *Mein Dorf oder die Reise rückwärts*, Dortmund 2000.

Köller, Heinrich: »Die drei Uniformen Vater Köllers«, in: *Nenad Stefanović: Ein Volk an der Donau. Das Schicksal der Deutschen in Jugoslawien unter dem kommunistischen Tito-Regime. Gespräche und Kommentare serbischer und deutscher Zeitzeugen*, München/Eggenfelden/Belgrad 2005 [3. deutsche Auflage], S. 138–151.

Koester, Elsa: *Couscous mit Zimt*, Frankfurt am Main 2020.

Kohn, Hans: *Bürger vieler Welten. Ein Leben im Zeitalter der Weltrevolution*, Frauenfeld 1965.

Kollenscher, Max: *Jüdisches aus der deutsch-polnischen Übergangszeit. Posen 1918–1920*, Berlin 1925.

Komsta, Anna: *Opowieści Stołu. Ze Wschodu na Zachód*, Pilchowice 2019.

Kopelew, Lew: *Aufbewahren für alle Zeit! Aus Ostpreußen in russische Straflager – Ein Sowjetmajor im Widerstand*, autorisierte Übersetzung aus dem Russischen von Heddy Pross-Weerth und Heinz-Dieter Mendel, Hamburg 1976.

Kossert, Andreas: *Ostpreußen. Geschichte und Mythos*, München 2007.

Kossert, Andreas: *Kalte Heimat. Die Geschichte der deutschen Vertriebenen nach 1945*, München 2009.

Kossert, Andreas: »Wo du hingehst. Die Geschichte einer kleinen Todesanzeige und einer großen Liebe in Zeiten des Hasses«, in: *Die Zeit* (17. Oktober 2013).

Kossert, Andreas: »›Und drescht ihr nur die Reußen‹. Der Erste Weltkrieg in Ostpreußen, in: *Osteuropa* 64 (2014), Heft 2–4, S. 59–72.

Kossert, Andreas: »Böhmen, Pommern, Syrien«, in: *Die Zeit* (29. Januar 2015).

Krause, Martin: *Rötzenhagen. Ein Dorf in Pommern 1945–1947*, Selbstverlag 1996.

Krauss, Marita/Sarah Scholl-Schneider/Peter Fassl (Hgg.): *Erinnerungskultur und Lebensläufe. Vertriebene zwischen Bayern und Böhmen im 20. Jahrhundert – grenzüberschreitende Perspektiven*, München 2013.

Kretschmann, Winfried: »Ich spreche schwäbischer als früher«, in: *FAZ* Magazin 04 (2018).

Krug, Martina/Karin Mundhenke: *Flüchtlinge im Raum Hannover und in der Stadt Hameln 1945–1952*, Hildesheim 1988 [= *Quellen und Studien zur Geschichte Niedersachsens nach 1945*, Bd. 2].

Krug, Nora: *Heimat. Ein deutsches Familienalbum*, München 2018.

Kruk, Erwin: »Aus dem Land der Verstorbenen«, aus dem Polnischen von Ursula Fox, in: Winfried Lipscher/Kazimierz Brakoniecki (Hgg.): *Meiner Heimat Gesicht. Ostpreußen im Spiegel der Literatur*, München 1996, S. 153/154.

Kubiak, Jacek/Agnieszka Łuczak (Hgg.) unter Mitarbeit von Małgorzata Schmidt: *Vertriebene 1939 … Deportationen von polnischen Bürgern aus den ins Dritte Reich eingegliederten Gebieten*, Ausstellungsführer, Poznań 2015 [2., bearbeitete Auflage].

Kuhländchen – Schicksalsjahre 1945/46, Verständigung heute, Ausstellungskatalog, Eigenverlag 2016 [deutsch und tschechisch].

Kulischer, Alexander und Eugen: *Kriegs- und Wanderzüge. Weltgeschichte als Völkerbewegung*, Berlin/Leipzig 1932.

Kulischer, Eugene M.: *Europe on the Move*, New York 1948.

Kunze, Heinz Rudolf: »Ich bin auch ein Vertriebener«, aus dem Album: *Dein ist mein ganzes Herz*, erschienen 1985.

Kurowski, Józef K. (Hg.): *Byli siewcami dobra i miłości … Kurowscy z Wileńszczyzny we wspomnieniach*, Łódź 2018.

Kurtz, Eugene: *Zwangsrekrutiert. Ein Elsässer in Hitlers Armee*, aus dem Französischen übersetzt von François-Xavier Laufenbuchler, Freiburg/Basel/Wien 2008.

Lätzel, Martin: *Alte Wurzeln, neue Heimat. Die Enkel der Flüchtlinge und Vertriebenen als Avantgarde Europas*, Nordhausen 2015.

Landau, Julia/Irina Scherbakowa (Hgg.): *Gulag. Texte und Dokumente 1929–1956*, Bonn 2014.

Lang, Stefan: »1946 – Jahr der großen Flüchtlingstransporte«, in: *Neue Württembergische Zeitung Göppingen* (22. Januar 2016).

Lauder, Ronald S.: »Das Mädchen mit dem roten Mantel«, in: *Frankfurter Allgemeine Zeitung* (28. Januar 2020).

Le, Vinh Hiep: »Glückstränen und heißer Tee nach vier Horrortagen«, in: Rupert und Christel Neudeck (Hgg.): *Was man nie vergessen kann. Erinnerungen vietnamesischer Bootsflüchtlinge*, redaktionelle Bearbeitung Bettina von Clausewitz, Wuppertal 2017, S. 105–113.

Lehnstaedt, Stephan: *Der vergessene Krieg. Der Polnisch-Sowjetische Krieg 1919–1921 und die Entstehung des modernen Osteuropa*, München 2019.

Lenz, Siegfried: *Heimatmuseum*, Roman, München 1997 [11. Auflage].

Lermontow, Michail: *Ein Held unserer Zeit*, hg. und übersetzt von Arthur Luther, Zürich 1982.

Leszczynska-Koenen, Anna: »›Zionisten ab nach Siam!‹ Das polnische Jahr 1968 und die Juden«, in: *Osteuropa* 11/12 (2017), S. 153–161.

Levene, Mark: *The Crisis of Genocide*, Band 1: *Devastation. The European Rimlands 1912–1938*, Oxford 2013.

Levene, Mark: *The Crisis of Genocide*, Band 2: *Annihilation. The European Rimlands 1939–1953*, Oxford 2013.

Lexikon der Vertreibungen. Deportation, Zwangsaussiedlung und ethnische Säuberung im Europa des 20. Jahrhunderts, hg. von Kristina Kaiserová, Dmytro

Myeshkov und Krzysztof Ruchniewicz, Revision: Detlef Brandes, Holm Sundhaussen und Stefan Troebst, Wien/Köln/Weimar 2010.

Liedtke, Klaus-Jürgen: *Die versunkene Welt. Ein ostpreußisches Dorf in Erzählungen der Leute*, Frankfurt am Main 2008 [= *Die Andere Bibliothek*, Bd. 286].

Liedtke, Klaus-Jürgen: *Nachkrieg und Die Trümmer von Ostpreußen. Ein Roman aus Dokumenten*, Berlin 2018 [= *Die Andere Bibliothek*, Bd. 399].

Lienert, Wilhelm: »Der Alltag der Menschen in den ersten Notjahren«, in: Ulrich Müller (Hg.): *Verlorene Heimat – gewonnene Heimat. Die Vertriebenen in Schwäbisch Gmünd und im Ostalbkreis*, Schwäbisch Gmünd 2016 [2. Auflage], S. 183–206.

Linck, Hugo: *Im Feuer geprüft ... als die Sterbenden, und siehe, wir leben ... Berichte aus dem Leben der Restgemeinden nach der Kapitulation in und um Königsberg*, Leer 1973.

Lindenstraus, Jerry: *Eine unglaubliche Reise. Von Ostpreußen über Schanghai und Kolumbien nach New York. Jüdische Familiengeschichte 1929–1999*, hg. von Erhard Roy Wiehn, Konstanz 1999.

Lohr, Eric: *Nationalizing the Russian Empire. The Campaign against Enemy Aliens during World War I*, Cambridge/London 2003.

Lorenz, Hilke: *Heimat aus dem Koffer. Vom Leben nach Flucht und Vertreibung*, Berlin 2009.

Lubrich, Oliver (Hg.): *Alexander von Humboldt. Die Russland-Expedition. Von der Newa bis zum Altai*, mit einem Nachwort von Karl Schlögel, München 2019.

Ludwig, Michael: »Rückkehrrecht nach 500 Jahren«, in: *Jüdische Allgemeine* (29. Juli 2014). Zitiert: https://www.juedische-allgemeine.de/juedische-welt/rueckkehrrecht-nach-500-jahren (letzter Zugriff 25. Oktober 2019).

Lübcke, Walter, im Interview. »Ich bleibe bei meiner Aussage«, in: *Hessisch-Niedersächsische Allgemeine* (16. Oktober 2015).

Lüdke, Steffen/Maximilian Popp: »Das ist eine Schande«, Interview mit dem UNO-Flüchtlingskommissar Filippo Grandi, in: *Der Spiegel* (21. Dezember 2019).

Mackridge, Peter: »The Myth of Asia Minor in Greek Fiction«, in: Renée Hirschon (Hg.): *Crossing the Aegean: An Appraisal of the 1923 Compulsory Population Exchange between Greece and Turkey*, New York/Oxford 2006 [= *Studies in Forced Migration*, Bd. 12].

Madajczyk, Piotr: *Czystki etniczne i klasowe w Europie XX wieku: szkice do problemu*, Warszawa 2010.

Madieri, Marisa: *Wassergrün. Eine Kindheit in Istrien*, aus dem Italienischen von Ragni Maria Gschwend, Wien 2004.

Malhotra, Aanchal: *Remnants of Partition. 21 Objects from a Continent Divided*, London 2019.

Malkki, Liisa H.: *Purity and Exile: Violence, Memory, and National Cosmology among Hutu Refugees in Tanzania*, Chicago/London 1995.

Mallmann, Klaus-Michael/Jochen Böhler/Jürgen Matthäus: *Einsatzgruppen in Polen. Darstellung und Dokumentation*, Darmstadt 2008 [= *Veröffentlichungen der Forschungsstelle Ludwigsburg der Universität Stuttgart*, Bd. 12].

Mangold, Ijoma: *Das deutsche Krokodil. Meine Geschichte*, Reinbek 2017.

Mann, Michael: *Die dunkle Seite der Demokratie. Eine Theorie der ethnischen Säuberung*, aus dem Englischen von Werner Roller, Hamburg 2007.

Mansour, Ahmad: »Beharren auf der Opferrolle«, in: *Tageszeitung* (30. Juli 2019).

Manto, Saadat Hassan: *Schwarze Notizen. Geschichten der Teilung*, ausgewählt und aus dem Urdu übersetzt von Christina Oesterheld, mit einem Nachwort von Tariq Ali, Frankfurt am Main 2006.

Marchand, Laure/Guillaume Perrier: *Turkey and the Armenian Ghost*, Vorwort von Taner Akçam, übersetzt von Debbie Blythe, Montreal/Kingston/London/Ithaca 2015.

Margolin, Julius: *Reise in das Land der Lager*, aus dem Russischen übersetzt und mit einem Nachwort versehen von Olga Radetzkaja, Berlin 2013.

Marsh, Sarah: »Bangladesh prepares to move Rohingya to island at risk of floods and cyclones«, in: *The Guardian* (19. Juli 2019).

Marsoobian, Armen T.: *Fragments of a Lost Homeland. Remembering Armenia*, London/New York 2015.

Marsoobian, Armen T.: *Reimagining a Lost Armenian Home. The Dildilian Photography Collection*, London/New York 2017.

Marrus, Michael R.: *Die Unerwünschten. The Unwanted. Europäische Flüchtlinge im 20. Jahrhundert*, aus dem Englischen übersetzt von Gero Deckert. Berlin/Göttingen/Hamburg 1999 [ursprüngliche englischsprachige Version: *The Unwanted. European Refugees in the Twentieth Century*, New York/Oxford 1985].

Mashghdost, Mohamad, in: *The Poetry Project. Berliner Anthologie*, mit einem Vorwort von Susanne Koelbl, Berlin 2016, S. 28/29.

Matthes, Eckhard (Hg.): *Als Russe in Ostpreußen. Sowjetische Umsiedler über ihren Neubeginn in Königsberg/Kaliningrad nach 1945*, Ostfildern 1999.

Mattioli, Aram: *Verlorene Welten. Eine Geschichte der Indianer Nordamerikas 1700–1910*, Stuttgart 2018.

Maurer, Trude: *Ostjuden in Deutschland 1918–1933*, Hamburg 1986 [= *Hamburger Beiträge zur Geschichte der deutschen Juden*, Bd. XII].

Mayer, Verena: »Der Geschmack der Heimat. In Berlin eröffnen immer mehr syrische Flüchtlinge eigene Lokale«, in: *Süddeutsche Zeitung* (14./15. April 2018).

Mazower, Mark: *The Balkans. A Short History*, New York 2000.

Mazower, Mark: *Der dunkle Kontinent. Europa im 20. Jahrhundert*, aus dem Englischen von Hans-Joachim Maass, Berlin 2000.

Mazower, Mark: *Salonica. City of Ghosts. Christians, Muslims and Jews, 1430–1950*, London 2005.

Mechitharisten-Congregation Wien (Hg.): *200 Jahre Mechitharisten in Wien*, Symposion, Wien 2012.

Medicus, Thomas: *In den Augen meines Großvaters*, München 2004.

Meinhof, Renate: *Das Tagebuch der Maria Meinhof. April 1945 bis März 1946 in Pommern. Eine Spurensuche*, Reinbek 2006.

Meyer, James H.: *Turks Across Empires. Marketing Muslim Identity in the Russian-Ottoman Borderlands, 1856–1914*, Oxford 2014.

Meyer, Winfried, u. a. (Hg.): *Geschlossene Grenzen. Die Internationale Flüchtlingskonferenz von Évian 1938*, Berlin 2018.

Miller, David: *Fremde in unserer Mitte. Politische Philosophie der Einwanderung*, aus dem Englischen von Frank Lachmann, Berlin 2017 [englische Originalausgabe: *Strangers in Our Midst. The Political Philosophy of Immigration*, Cambridge/London 2016].

Miller, Donald E./Lorna Touryan Miller: *Survivors. An Oral History of the Armenian Genocide*, Berkeley/Los Angeles/London 1999.

Morasch, Viktoria: »Angekommen«, in: *Die Zeit* (7. April 2016).
Morris, Benny/Dror Ze'evi: *The Thirty-Year Genocide: Turkey's Destruction of its Christian Minorities, 1894–1924*, Cambridge, MA/London 2019.
Morsztyn, Zbigniew: *Ein Lied in großer Pein*, aus dem Polnischen von Peter Steger, in: Winfried Lipscher/Kazimierz Brakoniecki (Hgg.): *Meiner Heimat Gesicht. Ostpreußen im Spiegel der Literatur*, München 1996, S. 322–327.
Motyka, Grzegorz: *Wołyń '43. Ludobójcza czystka – fakty, analogie, polityka historczna*, Kraków 2016.
Motyka, Grzegorz: *Od Rzezi wołyńskiej do Akcji »Wisla«. Konflikt Polsko-Ukraiński 1943–1947*, Kraków 2011.
Moursela, Maria/Christiane Schlötzer: »Ihre letzte Reise«, in: *Süddeutsche Zeitung* (1./2. März 2014).
Müller, Georg/Heinz Simon: »Aufnahme und Unterbringung«, in: Eugen Lemberg/Friedrich Edding (Hgg.): *Die Vertriebenen in Westdeutschland*, Bd. 1, Kiel 1959, S. 300–446.
Müller, Herta: *Atemschaukel*, Roman, München 2009.
Müller, Herta: »Herzwort und Kopfwort«, in: *Der Spiegel* (28. Januar 2013).
Müller, Herta: »Heimweh nach Zukunft«, in: *Süddeutsche Zeitung* (23. November 2015).
Müller, Ulrich (Hg.): *Verlorene Heimat – gewonnene Heimat. Die Vertriebenen in Schwäbisch Gmünd und im Ostalbkreis*, Schwäbisch Gmünd 2016 [2. Auflage].
Murawska, Halina: *Przesiedlency z Kresów Północno-Wschodnich II Rzeczypospolitej w Olsztyńskiem*, Olsztyn 2000 [= *Rozprawy i Materiały OBN*, Nr. 193].
Nabi, Widad: »Der Ort von Erinnerung beleuchtet«, aus dem Arabischen von Suleman Taufiq, in: Annika Reich/Lina Muzur (Hgg.): *Das Herz verlässt keinen Ort, an dem es hängt. Weiter Schreiben – Literarische Begegnungen mit Autorinnen und Autoren aus Krisengebieten*, Berlin 2018, S. 39–41.
Nabokov, Vladimir: *Erinnerung, sprich. Wiedersehen mit einer Autobiographie*, deutsch von Dieter E. Zimmer, überarbeitete Neuausgabe, Reinbek 2009 [= *Gesammelte Werke*, hg. von Dieter E. Zimmer, Bd. XXII].
Nagel, Adelheid: »Ich war doch erst zehn ...«, in: Hans-Jürgen Bömelburg/Renate Stößinger/Robert Traba (Hgg.): *Vertreibung aus dem Osten. Deutsche und Polen erinnern sich*, Olsztyn 2006 [2. Auflage], S. 203–215.
Naimark, Norman: *Genocide. A World History*, New York 2017.
Naimark, Norman: *Stalin und der Genozid*, aus dem Amerikanischen von Kurt Baudisch, Berlin 2010.
Naimark, Norman: *Flammender Haß. Ethnische Säuberungen im 20. Jahrhundert*, aus dem Amerikanischen von Martin Richter, Frankfurt am Main 2008.
Naimark, Norman: »Zwangsmigration im Europa des 20. Jahrhunderts: Probleme und Verlaufsmuster«, in: *Comparativ. Zeitschrift für Globalgeschichte und Vergleichende Gesellschaftsforschung* 26 (2016), Heft 1, S. 11–27.
Nartouni, Chavarche: »Abschied von Armash«, in: Corry Guttstadt (Hg.): *Wege ohne Heimkehr. Die Armenier, der Erste Weltkrieg und die Folgen. Eine literarische Anthologie*, Bonn 2014 [= *Schriftenreihe der Bundeszentrale für politische Bildung*, Bd. 1497], S. 104–110.
Némirovsky, Irène: *Suite française*, Roman, aus dem Französischen von Eva Moldenhauer, München 2007 [12. Auflage].

Neudeck, Rupert: *In uns allen steckt ein Flüchtling. Ein Vermächtnis*, München 2016 [2. Auflage].
Neugebauer, Luise: *Luise Goldt aus Krone an der Brahe: Lebenserinnerungen*, Münster 2002.
Neumärker, Uwe/Andreas Kossert (Hgg. für die Stiftung Denkmal für die ermordeten Juden Europas und Stiftung Flucht Vertreibung Versöhnung): *»Das war mal unsere Heimat«. Jüdische Geschichte im preußischen Osten*, Berlin 2013.
Ngo, Chi Dung: *Heimat für Fortgeschrittene. Vom Mekong in die Mitte Deutschlands*, München 2017.
Nguyen, Quy Dai: »Gleichgültig schauten die Möwen der Tragödie zu«, in: Rupert und Christel Neudeck: *Was man nie vergessen kann. Erinnerungen vietnamesischer Bootsflüchtlinge*, redaktionelle Bearbeitung Bettina von Clausewitz, Wuppertal 2017, S. 98–104.
Nguyen, Thomas H.: »Unser Boot war wie ein schwimmender Sarg«, in: Rupert und Christel Neudeck: *Was man nie vergessen kann. Erinnerungen vietnamesischer Bootsflüchtlinge*, redaktionelle Bearbeitung Bettina von Clausewitz, Wuppertal 2017, S. 27–37.
Nguyen, Viet Thanh: *The Refugees*, New York 2018 [deutsch: *Die Geflüchteten. Erzählungen*, aus dem Englischen von Wolfgang Müller, München 2018].
Nguyen, Viet Thanh (Hg.): *The Displaced. Refugee Writers on Refugee Lives*, New York 2018.
Nitsch, Gunter: *Eine lange Flucht aus Ostpreußen*, mit einem Vorwort von Arno Surminski, Hamburg 2011.
Nordhausen, Frank: »Völkermord an Aleviten. Das Massaker von Dersim«, in: *Frankfurter Rundschau* (26. August 2013).
Norwood, Frederick A.: *Strangers and Exiles. A History of Religious Refugees*. 2 Bde., Nashville/New York 1969.
Nowak, Włodzimierz: *Die Nacht von Wildenhagen. Zwölf deutsch-polnische Schicksale*, aus dem Polnischen von Joanna Manc, Frankfurt am Main 2009.
Nusseibeh, Sari: »Negotiating the city. A perspective of a Jerusalemite«, in: Tamar Mayer/Suleiman Ali Mourad (Hgg.): *Jerusalem. Idea and Reality*, London/New York 2008, S. 198–204.
Nusseibeh, Sari, mit Anthony David: *Es war einmal ein Land. Ein Leben in Palästina*, aus dem Englischen von Gabriele Gockel, Katharina Förs und Thomas Wollermann, Berlin 2017 [8. Auflage].
Odischaria, Guram: *Der Pass der Flüchtlinge*, hg. von Manana Tandaschwili und Jost Gippert, übersetzt von Luka Kamarauli, Wiesbaden 2015.
Ohlbaum, Rudolf: »Menschen in Flüchtlinglagern – Besuch im Lager II, München-Allach« (aus dem Nachlass den Herausgebern überlassen von Isolde Ohlbaum), in: Ulrich Schreiber/Mira Soldo (Hgg.): *Ankunft. Literarische Reportagen geflüchteter Autorinnen und Autoren*, Berlin/Tübingen 2018, S. 107–111.
Oltmer, Jochen: *Migration und Politik in der Weimarer Republik*, Göttingen 2005.
Oltmer, Jochen: *Globale Migration. Geschichte und Gegenwart*, München 2016 [2., überarbeitete und aktualisierte Auflage].
Osterhammel, Jürgen: *Die Verwandlung der Welt. Eine Geschichte des 19. Jahrhunderts*, München 2009.
Ostermaier, Albert: »Am Ende Licht«, in: Davide Enia: *Schiffbruch vor Lampedusa*, aus dem Italienischen von Susanne Van Volxem und Olaf Matthias

Roth, mit einem Nachwort von Albert Ostermaier, Göttingen 2019, S. 231–236.

Othmann, Ronya: »Hundert Flüche, hundert Segenswünsche«, in: *Literatur Spiegel* (28. April 2018).

Othmann, Ronya: *Die Sommer*, München 2020.

Oz, Amos: *Eine Geschichte von Liebe und Finsternis*, Roman, aus dem Hebräischen von Ruth Achlama, Berlin/Frankfurt am Main 2017 [11. Auflage].

Paléologue, Maurice: *An Ambassador's Memoirs*, Band 1 (July, 1914–June 2nd, 1915), New York 1925 [5. Auflage; der französische Originaltitel lautet: *La Russie des tsars pendant la grande guerre*, Paris 1921].

Pamuk, Orhan: *Istanbul. Memories and the City*, übersetzt von Maureen Freely, London 2006.

Parisius, Bernhard: *Viele suchten sich ihre neue Heimat selbst. Flüchtlinge und Vertriebene im westlichen Niedersachsen*, Aurich 2004 [2. Auflage].

Partanen, Päivi: »The Expulsion of the Karelians«, in: Deutsches Historisches Museum/Stiftung Flucht Vertreibung Versöhnung/International Association of Museums of History (Hgg.): *Flucht, Vertreibung, ethnische Säuberung. Eine Herausforderung für Museums- und Ausstellungsarbeit weltweit*, Berlin 2011, S. 68–73.

Passen, Pierre van: *Days of Our Years*, New York 1939.

Patterson, Orlando: *Slavery and Social Death. A Comparative Study*, Cambridge/London 1982.

Peikert, Paul: *»Festung Breslau« in den Berichten eines Pfarrers. 22. Januar bis 6. Mai 1945*, hg. von Karol Jonca und Alfred Konieczny, Berlin 1966.

Pentzopoulos, Dimitri: *The Balkan Exchange of Minorities and its Impact on Greece*, London 2002 [1. Auflage Paris/The Hague 1962].

Perras, Arne: »Gestrandet. Exodus: 400 000 muslimische Rohingya sind binnen drei Wochen aus Myanmar nach Bangladesch geflohen. Was sie erzählen, sprengt alle Vorstellungskraft«, in: *Süddeutsche Zeitung* (18. September 2017). Vgl. auch den Folgebericht drei Monate später: »Obdachlos und ohne Hoffnung auf eine Zukunft«, in: *Süddeutsche Zeitung* (12. Dezember 2017).

Phillips, William D./Carla Rahn Phillips: *A Concise History of Spain*, Cambridge 2016 [7. Auflage].

Piegsa, Bernhard: »›Zigeuner‹, ›Neubürger‹, ›Entwicklungshelfer‹ – Schlaglichter auf Ankunft und Aufnahme der Heimatvertriebenen in Bayern 1945 bis 1950 am Beispiel der Oberpfalz«, in: *Jahrbuch für fränkische Landesforschung* 60 (2000), S. 745–785.

Piskorski, Jan M.: *Die Verjagten. Flucht und Vertreibung im Europa des 20. Jahrhunderts*, aus dem Polnischen von Peter Oliver Loew, München 2013.

Plamper, Jan: *Das neue Wir. Warum Migration dazugehört: Eine andere Geschichte der Deutschen*, Frankfurt am Main 2019.

Pleschinski, Hans: *Wiesenstein*, Roman, München 2018.

Polcz, Alaine: *Frau an der Front. Ein Bericht*, aus dem Ungarischen von Lacy Kornitzer, Berlin 2012.

Pollack, Martin. *Kontaminierte Landschaften*, St. Pölten/Salzburg/Wien 2014.

Pollack, Martin: *Topografie der Erinnerung*, St. Pölten 2016.

Posener, Julius: *In Deutschland 1945 bis 1946*, kommentierte Ausgabe mit einem Nachwort von Alan Posener, Berlin 2001.

Posener, Julius: *Heimliche Erinnerungen. In Deutschland 1904 bis 1933*, mit einem Anhang »In Germany Again (1948)«, aus dem Englischen von Ruth Keen, hg. von Alan Posener, München 2004.

Prantl, Heribert: »Vor achtzig Jahren began in Evian die Konferenz über die Rettung der in Nazi-Deutschland verfolgten Juden«, in: *Süddeutsche Zeitung* (1. Juli 2018).

Preu, Christl und Andreas (Hgg.): *Deutsche Flüchtlinge in Deutschland und Österreich. Schicksale Siebenbürger Sachsen nach 1944. Ein Geschichtsbuch in 256 Briefen und Tagebucheinträgen*, Altdorf/Bonn 2010.

Prusin, Alexander V.: »A ›Zone of Violence‹. The Anti-Jewish Pogroms in Eastern Galicia in 1914–1915 and 1941«, in: Omar Bartov/Eric D. Weitz (Hgg.): *Shatterzone of Empires. Coexistence and Violence in the German, Habsburg, Russian and Ottoman Borderlands*, Bloomington 2013, S. 362–377.

Puškin Alexandr: *Die Reise nach Arzrum während des Feldzugs im Jahre 1829*, aus dem Russischen übersetzt und herausgegeben von Peter Urban, Berlin 1998.

Quiring, Manfred: *Der vergessene Völkermord. Sotschi und die Tragödie der Tscherkessen*, mit einem Vorwort von Cem Özdemir, Berlin 2013.

Raabe, Katharina/Monika Sznajderman (Hgg.): *Odessa Transfer. Nachrichten vom Schwarzen Meer*, Frankfurt am Main 2009.

Rabinovici, Doron: »Das Versagen der Heimat«, in: *Frankfurter Allgemeine Zeitung* (9. April 2018).

Raszkiewicz, Aurelia: »Die Wanderung«, in: *Karta. Zeitzeugnisse aus Ostmitteleuropa* 2 (2001), S. 64–88.

Rathgeb, Eberhard: *Am Anfang war Heimat. Auf den Spuren eines deutschen Gefühls*, München 2016.

Rawlence, Ben: *Stadt der Verlorenen. Leben im größten Flüchtlingslager der Welt*, aus dem Englischen von Bettina Münch und Kathrin Razum, Bonn 2016.

Rees, Elfan: »The Refugee Problem: Joint Responsibility«, in: *The Annals of the American Academy of Political and Social Science*, Bd. 329 (Mai 1960), S. 15–22.

Reiche, Steffen: »Schaudernd ob der Unmöglichkeit, aus der Zeit zu schreiten« – denn »Dein Herz ist durchstochen«. Rede, gehalten zum Gedenktag des Genozids an den Armeniern in Berlin am 24. April 2004, in: Eduard Bernstein/Otto Umfrid: *Armenien, die Türkei und die Pflichten Europas*, hg. Helmut Donat, Bremen 2005, S. 127–139.

Reich-Ranicki, Marcel: *Mein Leben*, München 2009 [18. Auflage].

Reinke, Andreas: »›Man fügt ihnen unendlich Schmach zu‹. Proteste und Widerstände gegen die Hugenotten in den deutschen Staaten«, in: Sabine Beneke/Hans Ottomeyer (Hgg. für das Deutsche Historische Museum): *Zuwanderungsland Deutschland. Die Hugenotten*, Berlin/Wolfratshausen 2005, S. 65–72.

Reiswich, Magdalena: *Herbstfrucht. Flucht und Vertreibung – angekommen nach 29 Jahren. Die dramatische Geschichte einer ungewöhnlichen Frau. Aufgeschrieben von Maria Kreiser*, Freiburg 2008.

Rejwan, Nissim: *Last Jews in Baghdad. Remembering a Lost Homeland*, Austin 2004.

Reski, Petra: *Ein Land so weit*, München 2002.

Reski, Petra: *Meine Mutter und ich*, München 2005.

Reynolds, Henry: *A History of Tasmania*, Melbourne 2012.

Romer, Robert H.: *Slavery in the Connecticut Valley of Massachusetts*, Florence, MA, 2009.

Rosenzweig, Franz: *Jehuda Halevi. Zweiundneunzig Hymnen und Gedichte. Deutsch. Mit einem Nachwort und mit Anmerkungen. Der sechzig Hymnen und Gedichte zweite Ausgabe*, Berlin o. J. [1926].

Ross, Jan: »Und jetzt, wohin? Die muslimischen Rohingya sind Waisenkinder des Imperialismus. Ihre brutale Vertreibung aus Myanmar ist eine späte Folge der britischen Kolonialpolitik«, in: *Die Zeit* (14. Septemner 2017).

Ruchniewicz, Krzysztof: »Zwangsmigration als Instrument deutscher und sowjetischer Besatzungs- und Annexionspolitik in Polen 1939–1941/45«, in: *Comparativ. Zeitschrift für Globalgeschichte und Vergleichende Gesellschaftsforschung* 26 (2016), Heft 1, S. 125–140.

Rudiš, Jaroslav: *Winterbergs letzte Reise*, Roman, München 2019 [2. Auflage].

Rüb, Matthias: »Italien hilft nur den Italienern«, in: *Frankfurter Allgemeine Zeitung* (21. Juni 2018).

Sabar, Ariel: *My Father's Paradise. A Son's Search for His Family's Past*, Chapel Hill 2009.

Sachs, Hans: »Ein Faßnacht-spil mit sechs personen, und wirdt genandt die fünff armen wanderer«, in: *Hans Sachs*, Band 9, hg. von Adelbert von Keller, Tübingen 1875 [= *Bibliothek des Litterarischen Vereins in Stuttgart*, Bd. 125], S. 12–22.

Sahl, Hans: »Charterflug in die Vergangenheit«, in: Ders.: *Die Gedichte*, hg. von Nils Kern und Klaus Siblewski, München 2009, S. 122.

Schendel, Willem van: *A History of Bangladesh*, Cambridge 2009.

Schieb, Roswitha/Rosemarie Zens (Hgg.): *Zugezogen. Flucht und Vertreibung – Erinnerungen der zweiten Generation*, Paderborn 2016.

Schlink, Bernhard: *Heimat als Utopie*, Frankfurt am Main 2000 [8. Auflage].

Schlögel, Karl: *Das russische Berlin. Eine Hauptstadt im Jahrhundert der Extreme*, aktualisierte und erweitere Ausgabe, Berlin 2019.

Schlötzer, Christiane: »Abschied vom Bosporus«, in: *Süddeutsche Zeitung* (26./27. April 2014).

Schmidt, Gudrun (Red.): *Heimat geht durch den Magen. Hörer erzählen von Gerichten mit Geschichten. Ein Rezept-Wettbewerb der WDR-Sendung »Alte und neue Heimat«*, Bad Münstereifel 2001.

Schmidt, Ute: *Die Deutschen aus Bessarabien. Eine Minderheit aus Südosteuropa (1814 bis heute)*, Köln/Weimar/Wien 2006 [3., unveränderte Auflage].

Schmidt, Zilli: *Gott hat mit mir etwas vorgehabt! Erinnerungen einer deutschen Sinteza*, hg. von Jana Mechelhoff-Herezi und Uwe Neumärker für die Stiftung Denkmal für die ermordeten Juden Europas, Berlin 2020.

Schneider, Richard C.: »›Wuswus‹ und ›Blondinit‹. Seit 70 Jahren leben Aschkenasim und Misrachim gemeinsam in Israel. Eine historische und persönliche Betrachtung des ARD-Journalisten Richard C. Schneider«, in: *Jüdische Allgemeine* (19. April 2018).

Schönauer, Tobias: *Flüchtlinge und Vertriebene in Ingolstadt nach 1945*, Ingolstadt 2008 [= *Dokumentation zur Stadtgeschichte*, Bd. 7].

Scholz, Wolfgang: *Quinauer Wallfahrt in Trutzhain*, Trutzhain 2003.

Schulz, Kristina: *Die Schweiz und die literarischen Flüchtlinge (1933–1945)*, Berlin 2012 [Deutsche Literatur. Studien und Quellen, Bd.9].

Schulz-Semrau, Elisabeth: *Suche nach Karalautschi. Report einer Kindheit*, Halle/Leipzig 1984.

Schuster, Frank M.: *Zwischen allen Fronten. Osteuropäische Juden während des Ersten Weltkrieges (1914–1919)*, Köln/Weimar/Wien 2004 [= *Lebenswelten osteuropäischer Juden*, Bd. 9].

Schwartz, Michael: »Ethnische ›Säuberungen‹ in der Moderne. Globale Wechselwirkungen einer Politik der Gewalt«, in: *Comparativ. Zeitschrift für Globalgeschichte und Vergleichende Gesellschaftsforschung* 26 (2016), Heft 1, S. 28–48.

Schwartz, Michael: *Ethnische »Säuberungen« in der Moderne. Globale Wechselwirkungen nationalistischer und rassistischer Gewaltpolitik im 19. und 20. Jahrhundert*, München 2013 [= *Quellen und Darstellungen zur Zeitgeschichte*, Bd. 95].

Sciaky, Leon: *Farewell to Salonica. City at the Crossroads*, Philadelphia 2003.

Searle, Ronald/Kaye Webb: *Refugees 1960. A Report in Words and Drawings*, Harmondsworth 1960.

Sebald, W. G.: *Die Ausgewanderten. Vier lange Erzählungen*, Frankfurt am Main 2015 [15. Auflage].

Seferis, Giorgos: *Ionische Reise*, aus dem Neugriechischen übertragen und mit einem Nachwort versehen von Gerhard Emrich, Frankfurt am Main 2016 [2. Auflage].

Segal, Ronald: *The Black Diaspora*, New York 1995.

Segev, Tom: *Die ersten Israelis. Die Anfänge des jüdischen Staates*, aus dem Englischen von Helmut Dierlamm und Hans Freundl, München 2010.

Seghers, Anna: *Transit*, Berlin 2007 [11. Auflage].

Seibt, Gustav: »Jenseits des Aufrechnens. Die Deutschen, der Luftkrieg und die Vertreibung«, in: *Süddeutsche Zeitung* (26. Februar 2007).

Seifert, Ruth: »Krieg und Vergewaltigung. Ansätze zu einer Analyse«, in: Alexandra Stiglmayer (Hg.): *Massenvergewaltigung. Krieg gegen Frauen*, Freiburg 1993, S. 85–108.

Sennett, Richard: *The Foreigner. Two Essays on Exile*, Widworthy Barton 2017.

Serke, Jürgen: *Nach Hause. Eine Heimat-Kunde*, Köln 1979.

Shavit, Ari: »Lydda 1948. A city, a massacre, and the Middle East today«, in: *The New Yorker* (21. November 2013).

Shawcross, William: »A Tourist in the Refugee World«, in: Carole Kismaric (Hg.): *Forced out. The Agony of the Refugee in Our Time*, New York u. a. 1989, S. 28/29.

Sheldon, George: *A History of Deerfield, Massachusetts*, Greenfield 1895/96. Faksimile der Ausgabe von 1895/96 mit einem Vorwort von Amelia F. Miller und Donald R. Friary, Band 2, Deerfield 1983.

Singer, Isaac B.: *Verloren in Amerika. Vom Schtetl in die Neue Welt*, deutsch von Ellen Otten, München 1991 [5. Auflage].

Singer, Israel J.: *Von einer Welt, die nicht mehr ist. Erinnerungen*, aus dem Amerikanischen von Gertrud Baruch, Frankfurt am Main 1993.

Slater, Ann Tashi: »The Literature of Uprootedness«, Interview with Reinaldo Arenas, in: *The New Yorker* (5. Dezember 2013), http://www.newyorker.com/books/page-turner/the-literature-of-uprootedness-an-interview-with-reinaldo-arenas.

Snyder, Timothy: *Bloodlands. Europe between Hitler and Stalin*, New York 2010.

Sobków, Michał: »Völker am Scheideweg«, Teil II: »In ein anderes Land,« in: *Karta. Zeitzeugnisse aus Ostmitteleuropa* 1 (2000), S. 87–97.

Solschenizyn, Alexander: *Ostpreußische Nächte. Eine Dichtung in Versen*, aus dem Russischen von Nikolaus Ehlert, Darmstadt/Neuwied 1976.

Sommer, Michael: *Flüchtlinge und Vertriebene in Rheinland-Pfalz. Aufnahme, Unterbringung und Eingliederung*, Mainz 1990 [= *Veröffentlichungen der Kommission des Landtages für die Geschichte des Landes Rheinland-Pfalz*, Bd. 15].

Sotiriu, Dido: *Grüß mir die Erde, die uns beide geboren hat*, übersetzt von Inge van Meerendonk, Köln 1994 [2. Auflage].

Sparr, Thomas: *Grunewald im Orient. Das deutsch-jüdische Jerusalem*, Berlin 2017.

Spatz, Christopher: *Ostpreußische Wolfskinder. Erfahrungsräume und Identitäten in der deutschen Nachkriegsgesellschaft*, Osnabrück 2016 [= *Einzelveröffentlichungen des DHI Warschau*, Bd. 35].

Spiegel-Titelgeschichte: »Eine Million auf dem Sprung«, in: *Der Spiegel* (27. Juli 1992).

Stadt Leipzig, Bürgerservice und Verwaltung: »Banner am Neuen Rathaus thematisiert Flucht 1945 und heute«, 8.10.2015, www.leipzig.de/news.

Stadtgemeinde Bad Radkersburg (Hg.): *Im Brennpunkt des Geschehens 1918–1920. Vom Übermurgebiet über Radkersburg bis Mureck/V Žarišču dogodkov 1918–1920. Od prekmurja prek radgone do Chmureka*, Bad Radkersburg 2018.

Stampflmeier, Nina: »Köln versinkt in Flüchtlingsflut«, in: *Bild* (16. April 2015).

Stanišić, Saša: *Herkunft*, München 2019.

Stelaku, Vasso: »Space, Place and Identity. Memory and Religion in two Cappodocian Greek Settlements«, in: Renée Hirschon (Hg.): *Crossing the Aegean: An Appraisal of the 1923 Compulsory Population Exchange between Greece and Turkey*, New York/Oxford 2006 [= *Studies in Forced Migration*, Bd. 12], S. 179–192.

Stern, Fritz: *Fünf Deutschland und ein Leben. Erinnerungen*, München 2007 [7. Auflage].

Stiftung Flucht Vertreibung Versöhnung. Archiv. D000055/1: Heimatstudie: Der Evakuierungsweg der Dorfbewohner von Räihälä. Autorin: Kyllikki Savolainen geb. Airikka. Seminararbeit in Hämeenlinna 1964 (übersetzt von Klaus Reichel).

Stiftung Flucht Vertreibung Versöhnung. Archiv. D000055/2: Reisebericht von Pirjo Airikka »Mein erster Besuch in Revonsaari 2007 – dort, wo meine Familie früher in Karelien gewohnt hat« (übersetzt von Klaus Reichel).

Stiftung Jüdisches Museum Berlin/Stiftung Haus der Geschichte der Bundesrepublik Deutschland (Hgg.): *Heimat und Exil. Emigration der deutschen Juden nach 1933*, Frankfurt am Main 2006.

Stiglmayer, Alexandra (Hg.): *Massenvergewaltigung. Krieg gegen Frauen*, Freiburg 1993.

Stöver, Bernd: *Geschichte des Koreakriegs. Schlachtfeld der Supermächte und ungelöster Konflikt*, München 2015 [3. Auflage].

Straaten, Werenfried van: *Sie nennen mich Speckpater*, Recklinghausen 1989.

Südkoreanisches Rotes Kreuz: »Die Geschichte von Noh Cho-Heon« (24. Oktober 2014), https://reunion.unikorea.go.kr/museum/archive/EngMain.do (»Die Geschichte von Noh Cho-Heon übermittelt und aus dem Koreanischen übersetzt und transkribiert von ihrem Enkel Gyoonho Kong«, Middlebury, 8. August 2019).

Sumowski, Hans-Burkhard: *»Jetzt war ich ganz allein auf der Welt«. Erinnerungen an eine Kindheit in Königsberg 1944–1947*, München 2007.

Suny, Ronald Grigor: »Writing Genocide: The Fate of the Ottoman Armenians«, in: Ronald Grigor Suny/Fatma Müge Göçek/Norman M. Naimark (Hgg.): *A Question of Genocide. Armenians and Turks at the End of the Ottoman Empire*, Oxford 2011, S. 15–41.

Szczepański, Jan Józef: *Der polnische Herbst*, Roman, deutsch von Klaus Staemmler, Frankfurt am Main 1983.

Tankielun, Mieczysław: »Aus dem Wilnaer Gebiet nach Pommern und Großpolen«, in: Hans-Jürgen Bömelburg/Renate Stößinger/Robert Traba (Hgg.): *Vertreibung aus dem Osten. Deutsche und Polen erinnern sich*, Olsztyn 2006 [2., überarbeitete Auflage], S. 370–383.

Tau, Max: *Das Land, das ich verlassen mußte*, Hamburg 1961.

Thadden, Rudolf von: *Nicht Vaterland, nicht Fremde. Essays zu Geschichte und Gegenwart*, München 1989.

Ther, Philipp: *Die dunkle Seite der Nationalstaaten. »Ethnische Säuberungen« im Modernen Europa*, Göttingen 2011 [= *Synthesen. Probleme europäischer Geschichte*, Bd. 5].

Ther, Philipp: *Die Außenseiter. Flucht, Flüchtlinge und Integration im modernen Europa*, Berlin 2017.

Thies, Jochen: *Evian 1938. Als die Welt die Juden verriet*, Essen 2018 [3. Auflage].

Thum, Gregor: *Die fremde Stadt. Breslau 1945*, Berlin 2003.

Törne, Annika: »*Dedes* in Dersim. Narratives of Violence and Persecution«, in: *Iran and the Caucasus* 16 (2012), S. 71–95.

Törne, Annika: *Dersim – Geographie der Erinnerungen. Eine Untersuchung von Narrativen über Verfolgung und Gewalt*, Berlin/Boston 2019 [= *Welten des Islams*, Bd. 12].

Tokarczuk, Olga: »Eine Freske menschlicher Schicksale«. Vorwort in: Helga Hirsch: *Schweres Gepäck. Flucht und Vertreibung als Lebensthema*, Hamburg 2004, S. 7–10.

Toller, Ernst: *Eine Jugend in Deutschland*, Reinbek 1963.

Tomaszewski, Jerzy: *Auftakt zur Vernichtung. Die Vertreibung polnischer Juden aus Deutschland im Jahre 1938*, übersetzt von Victoria Pollmann, Osnabrück 2002 [= *Klio in Polen*, Bd. 10].

Tooze, Adam: *Sintflut. Die Neuordung der Welt 1916–1931*, aus dem Englischen von Norbert Juraschitz und Thomas Pfeiffer, München 2015.

Topol, Sarah A.: »The Schoolteacher and the Genocide«, in: *The New York Times Magazine* (11. August 2019).

Toumarkine, Alexandre: *Les Migrations des populations musulmanes Balkaniques en Anatolie (1876–1913)*, Istanbul 1995 [= *Les Cahiers du Bosphore*, Bd. XIII].

Tournier, Michel: *Der Erlkönig*, Roman, deutsch von Hellmut Waller, Frankfurt am Main 1996.

Traverso, Enzo: *Im Bann der Gewalt. Der europäische Bürgerkrieg 1914–1945*, aus dem Französischen von Michael Bayer, München 2008.

Treichel, Hans-Ulrich: *Der Verlorene*, Frankfurt am Main 1999.

Treichel, Hans-Ulrich: *Menschenflug*, Frankfurt am Main 2005.

Treichel, Hans-Ulrich: *Anatolin*, Frankfurt am Main 2008.

Troebst, Stefan/Michael Wildt (Hgg.): »Zwangsmigration im Europa der Moderne. Nationale Ursachen und transnationale Wechselwirkungen«, in: *Com-*

parativ. Zeitschrift für Globalgeschichte und Vergleichende Gesellschaftsforschung 26 (2016), Heft 1.
Trojanow, Ilja: *Nach der Flucht*, Frankfurt am Main 2017.
Tsoukala, Anastassia: »The perception of the ›other‹ and the integration of immigrants in Greece«, in: Andrew Geddes/Adrian Favell (Hgg.): *The Politics of Belonging: Migrants and Minorities in Contemporary Europe*, Aldershot 1999, S. 109–124.
Tüne, Anna: *Von der Wiederherstellung des Glücks. Eine deutsche Kindheit in Frankreich*, Berlin 2010.
Turki, Fawaz: *Soul in Exile. Lives of A Palestinian Revolutionary*, New York 1988.
Üngör, Uğur Ümit: »›Turkey for the Turks‹. Demographic Engineering in Eastern Anatolia, 1914–1945«, in: Ronald Grigor Suny/Fatma Müge Göçek/Norman M. Naimark (Hgg.): *A Question of Genocide. Armenians and Turks at the End of the Ottoman Empire*, Oxford 2011, S. 287–305.
Üngör, Uğur Ümit: *The Making of Modern Turkey. Nation and State in Eastern Anatolia, 1913–1950*, Oxford 2012.
Umutesi, Marie Béatrice: *Surviving the Slaughter. The Ordeal of a Rwandan Refugee in Zaire*, übersetzt von Julia Emerson, Madison 2004.
Urbach, Karina: *Das Buch Alice. Wie die Nazis das Kochbuch meiner Großmutter raubten*. Berlin 2020.
Urban, Thomas: *Der Verlust. Die Vertreibung der Deutschen und Polen im 20. Jahrhundert*, München 2004.
Veihelmann, Tina: *Aurith/Urad. Zwei Dörfer an der Oder/Dwie wioski nad Odrą*, Potsdam 2009 [2. Auflage].
Venesis, Ilias: *Äolische Erde. Roman einer griechischen Kindheit*, aus dem Neugriechischen von Roland Hampe, Frankfurt am Main/Leipzig 2001.
Ville de Sanary sur Mer (Hg.): *Sur les pas des Allemands et des Autrichiens en exil à Sanary, 1933–1945*, Sanary-sur-Mer 2004.
Virdree, Pippa: *From the Ashes of 1947. Reimagining Punjab*, Cambridge 2018.
Vitali, Séverine: *Heimat im Kochtopf: Rezepte von Flüchtlinge aus aller Welt*, Zürich 2015.
Vo, Nghia M.: *The Vietnamese Boat People, 1954 and 1975–1992*, Jefferson/London 2006.
Völklein, Ulrich: *»Mitleid war von niemand zu erwarten«. Das Schicksal der deutschen Vertriebenen*, München 2005.
Vosganian, Varujan: *Buch des Flüsterns*, Roman, aus dem Rumänischen von Ernest Wichner, München 2018.
Waal, Thomas de: *Great Catastrophe. Armenians and Turks in the Shadow of Genocide*, Oxford 2015.
Waal, Thomas de: *The Caucasus. An Introduction*, Oxford 2019 [2. Auflage].
Wagner, Johannes: »Erlebnisse eines Wolhyniendeutschen aus Cezaryn«, in: *Wolhynische Hefte*, 2. Folge (1982), S. 80–90.
Wagner, Mathias: *Fremde Heimat. Alltag in einem masurischen Dorf*, mit einem Vorwort von Andreas Kossert und einem Nachwort von Ulla Lachauer, Potsdam 2004.
Wagnerová, Alena: *1945 waren sie Kinder. Flucht und Vertreibung im Leben einer Generation*, mit einem Vorwort von Peter Glotz, Köln 1990.

Wampole, Christy: *Rootedness. The Ramifications of a Metaphor*, Chicago/London 2016.

Wampole, Christy: »Clinging to our Roots«, in: *The New York Times* (30. Mai 2016) (https://www.nytimes.com/2016/05/30/opinion/clinging-to-our-roots.html).

Weber, Andreas Otto/Patricia Erkenberg/Brigitte Steinert (Hgg. für das Haus des Deutschen Ostens): *Kann Spuren von Heimat enthalten. Typische Rezepte der Deutschen aus dem östlichen Europa*, München 2018.

Weber, Claudia: *Der Pakt. Hitler, Stalin und die Geschichte einer mörderischen Allianz 1939–1941*, München 2019.

Weidermann, Volker: »Ein Haus in deiner Brust«, in: *Der Spiegel* (27. Mai 2017).

Weidle, Barbara (Hg.): *Kurt Wolff. Ein Literat und Gentleman*, Bonn 2007.

Weil, Simone: *Die Verwurzelung. Vorspiel zu einer Erklärung der Pflichten dem Menschen gegenüber*, aus dem Französischen von Marianne Schneider, Zürich 2011.

Weissenstein, Rudi: *Rudi. Discovering the Weissenstein Archive*, hg. von Anna Patricia Kahn/Ben Peter/Michal Amram, Heidelberg/Berlin 2016.

Werfel, Franz: *Die vierzig Tage des Musa Dagh*, Roman, Frankfurt am Main 2015 [20. Auflage].

Werth, Léon: *33 Tage. Ein Bericht*, aus dem Französischen von Tobias Scheffel, mit einem Vorwort von Antoine de Saint-Exupéry und mit einem Nachwort von Peter Stamm, Frankfurt am Main 2016.

Wiatr, Marcin: *Literarischer Reiseführer Oberschlesien. Fünf Touren durch das barocke, (post)industrielle, grüne, mystische Grenzland*, Potsdam 2016.

Widmann, Arno:»Ich wurde aus meinem Haus und aus meiner Sprache vertrieben«, Interview mit Yildiz Cakar, in: *Frankfurter Rundschau* (6. August 2017).

Wieck, Michael: *Zeugnis vom Untergang Königsbergs. Ein ›Geltungsjude‹ berichtet*, Heidelberg 1996 [6. Auflage].

Wodin, Natascha: *Sie kam aus Mariupol*, Reinbek 2017.

Wolf, Christa: *Kindheitsmuster*, München 2002 [2. Auflage].

Wolf, Christa: *August*, Erzählung, Berlin 2012.

Wolff, Alexander: *Endpapers. A Family Story of Books, War, Escape, and Home*, New York 2021. Deutsche Ausgabe: Ders.: *Das Land meiner Väter. Die deutsch-amerikanische Geschichte meines Großvaters Kurt Wolff*, Köln 2021.

Wolff, Helen: *Hintergrund für Liebe*, Roman, hg. und mit einem Essay von Marion Detjen, Bonn 2020.

Wolff, Kurt: *Autoren/Bücher/Abenteuer. Betrachtungen und Erinnerungen eines Verlegers*, Berlin o. J.

Wunn, Andreas: *Mutters Flucht. Auf den Spuren einer verlorenen Heimat*, Berlin 2018.

Yildirim, Onur: »Repräsentation und Realität. Historiografie, nationale Meistererzählungen und persönliche Erfahrungen des griechisch-türkischen Bevölkerungsaustausches von 1923«, in: Ulf Brunnbauer/Michael G. Esch/Holm Sundhaussen (Hgg.): *Definitionsmacht, Utopie, Vergeltung. »Ethnische Säuberungen« im östlichen Europa des 20. Jahrhunderts*, Berlin 2006, S. 49–76.

Yimsut, Ronnie: *Facing the Khmer Rouge. A Cambodian Journey*, New Brunswick/London 2011.

Zand, Bernhard: »Dieses System kommt einem kulturellen Genozid gleich«, China-Experte über Internierungslager für Uiguren, in: *Der Spiegel* (23. November 2019).

Zdrenka, Joachim (Hg.): *Kreis Flatow am Scheideweg 1918–1922. Aufzeichnungen von Erich Hoffmann*, Złotów 2008.

Zimmerer, Jürgen/Joachim Zeller (Hgg.): *Völkermord in Deutsch-Südwestafrika. Der Kolonialkrieg in Namibia (1904–1908) und die Folgen*, Berlin 2003.

Zuckmayer, Carl: *Als wär's ein Stück von mir. Horen der Freundschaft*, Frankfurt am Main 2007 [33. Auflage].

Zülch, Tilman: »Bis der letzte ›Zigeuner‹ das Land verlassen hat. Massenvertreibung der Roma und Aschkali aus dem Kosovo«. Herausgegeben am 6. September 1999. Siehe den Link auf der Seite der Gesellschaft für bedrohte Völker. http://www.gfbv.it/3dossier/rom-dt.html.

Żur, Leon (Hg.): *Polacy i Ukraińcy. Zabliźnić rany*, Suwałki 2001.

Żur, Leon: *Mój wołyński epos*, Suwałki 1997.

Zweig, Stefan: *Die Welt von Gestern. Erinnerungen eines Europäers*, Frankfurt am Main 2016 [42. Auflage].

Zwerger, Veronika/Ursula Seeber: *Küche der Erinnerung. Essen & Exil*, Wien/Hamburg 2018.

Zychlinski, Rajzel: *di lider. Die Gedichte 1928–1991. Jiddisch und deutsch*, hg. und übertragen von Hubert Witt, Frankfurt am Main 2003.

Personenregister

Bildnachweis

Alamy Stock Photo: 10 (EyeEm), 249 (History collection)
Australian Government: 237 (Australian Customs and Border Protection Service)
Cap Anamur: 167, 217 (Jürgen Escher)
Central Tibetan Administration, Dharamshala: 333 (DIIR/Tenzin Jigme)
Central Zionist Archives, Jerusalem: 203
Dokumentationsstätte Gnadenkirche Tidofeld, Norden: 277
Éditions Marivole: 305
Eggers, Carsten: 175, 281, 323
F.A.Z.-Foto: 125 (Wolfgang Eilmes)
Getty Images: 223 (AFP/Tobias Schwarz)
Guida, Jill: 313
Herb Block Foundation: 349 (Image courtesy of the Library of Congress, Prints & Photographs Division)
houshamadyan.org: 35 (Babigian Sammlung), 87 (Christine Gardon Sammlung), 161 (Christine Gardon Sammlung), 183 (Khanigian Sammlung, Beirut), 243 (Grégoire Takankejian Sammlung)
Imperial War Museum: 73 (IWM Q 10898)
iStockphoto: 10–11 (Mr. Budee Wiangngorn)
Jüdisches Museum Berlin: 221 (Inv.-Nr. DOK 75/4/0, Foto: Jens Ziehe), 301 (Inv.-Nr. 2011/73/15/003, Schenkung von Leonie und Walter Frankenstein)
Kong, Gyoonho: 215
Kossert, Andreas: 12, 91, 157, 321
Kurowska, Kornelia: 261
Lebanon County Historical Society, Lebanon, Pennsylvania: 271 (Lebanon Daily News/Garry Lenton)
Library of Congress: 57 (African and Middle East Division, Omar Ibn Said Collection), 67 (Prints & Photographs Division, Alfred and Elizabeth Bendiner Collection)
Malhotra, Aanchal: 317
Mathieu, Thomas: 193
Ministero dello sviluppo economico, Rom: 293 (Zeichnung R. Fantini)
Nininahazwe, Hilaire: 129
Oberlin College Archives: 83
Overhoff, Kerstin: 131
Penguin Books: 337
picture alliance: 115 (AP Photo), 173 (Reuters/Ulli Michel), 179 (AP Photo/Rodrigo Abd)
Pixabay: 61 (Dimitris Vetsikas)
Polish Institute and Sikorski Museum, London: 99
Public domain, via Wikimedia Commons: 201, 251

Skladmann, Ekaterina: 10–11, 134–135, 141, 338–339
Stiftung Flucht, Vertreibung, Versöhnung, Berlin: 107
The PhotoHouse, Tel Aviv: 143 (Rudi Weissenstein)
UNHCR: 343 (Olivier Laban-Mattei)
Vollmer, Nicolas: 49 (CC BY 2.0)
Wagner, Mathias: 109